明治初期の滋賀の教育

近代教育成立史

木全清博
Kimata Kiyohiro

文理閣

序

今年（二〇二四）は一八七二（明治五）年八月三日（新暦九月五日）に「学制」が頒布されてから、一五二年目にあたる年である。一昨年が一五〇年にあたる節目の年であった。「学制」は、明治政府が近代国家の社会を作り出すため、欧米の教育制度から学んで新たな学校制度を創出するものであった。旧来の寺子屋や藩校を廃止して、近代社会に生きる人間を育成するため全国を統一した教育制度の導入を図ろうとした。

明治政府は一八七一（明治四）年に廃藩置県を行い、文部省を設置して「学制」を定めて学校制度の体系を小学・中学・大学として、全国各地の府県に学校を設置していった。なかでも小学校の設立はもっとも重要な課題として、明治一〇年代には小学校の設置と就学奨励が熱心に取り組まれたのである。本書でとりあげた小学校の設置・開校、教員を養成する師範学校の開校、学校の教育課程・教則の制定、学区取締による地域民衆への教育の啓蒙、廃藩置県後の郷土地誌教科書の編纂・発行は、全国の各府県で取り組まれていった。

明治初期の地域における小学校の充実と発展は、明治政府の主導下での学校制度の基盤整備ではあったが、たんに国家による教育政策の浸透ということだけではない。全国各地では維新による社会変革を受け止めて、主体的に新しい近代社会の担い手を育てたいとする人々の歴史の営みがあった。

本書は、滋賀県という一地域における明治初期の教育史である。明治維新後から一八七六（明治一九）年の「小学校令」公布まで、主として明治一〇年代における地域の近代教育の成立史を扱っている。廃藩置県以前と直後の学校改革や、学制実施後の小学校の設立・開校、明治一〇年代の小学校や教員養成学校における地域の教育の実相を明らかにしようとしたものである。地域における教育史の叙述にあたって、国家による学校制度の導入による沿革史や変

遷史に終わらせるのでなく、近代学校の成立にかかわる地域民衆の営為としてとらえて描くことを心掛けた。滋賀県においては、地域の教育行政にあたった行政官はもちろん、町村の商人・農民の有識者が全国各地の情報を集めて新時代に対応する学校づくりをめざしたのである。力量ある教員を呼び寄せ、子弟のために近代社会で生きる力と能力を身につけさせ、学校施設の充実を図り良質な教員養成を確保する努力を積み重ねた。

本書に登場する滋賀の教育史の人物は、一部に著名な人物もいるが、これまで知られていない人物が大多数である。明治維新後の諸変革の中では、滋賀県の地域出身の人物だけでなく、他府県出身の人物が草創期滋賀の学校づくりや教育施策に貢献している。明治維新の変革の時代には、人物の階層間移動や地域的移動が活発にかつ広範に行われており、滋賀県の近代教育史でもこうした動きを見ることができる。さらに、滋賀県教育史では、近隣の大阪や京都、また福井や岐阜や愛知の教育改革や教育動向を視野に入れて論じる必要があった。

本書では、滋賀県の教育史資料に関して、官公庁文書の県庁文書、市町村役所文書をはじめ市町村区有文書、県下の諸学校所蔵資料などの地域資料を駆使して叙述することを心掛けた。一九九〇年代初頭から現在までにわたって、自ら現地調査した収集資料をできるだけ活用して、明治初期における地域教育成立史の実相を明らかにしたつもりである。

滋賀県教育史に関する前の三著（『滋賀の学校史』、編著『地域に根ざした学校づくりの源流』、『滋賀の教育史』）でも述べたが、滋賀県教育史の通史や資料集はまだ一度も刊行されていない。滋賀県は、全国で唯一の自治体による教育史が刊行されていない県のままである。体系的な県の教育行政文書の整理や、県下各地の公的な教育関係機関の資料の収集と整理が行われてきていない。こうした状況下にあって、本書が、滋賀県の地域教育史の解明のためにささやかながらも貢献できれば幸いである。

明治初期の滋賀の教育―近代教育成立史―◉目次

第三部 滋賀の小学校教員養成史

第四部　学区取締正野玄三の『黌御用日誌』

第五部　滋賀の郷土地誌教科書の編纂

第一部

滋賀の小学校の設立・開校史

第1章　郷学校から小学校へ
―明治四～六年の学校設立―

はじめに

滋賀県の小学校の設立・開校の歴史は、長浜県・犬上県下で一八七一～七二（明治四～五）年に設立された長浜町（現長浜市）の開知学校、高宮村（現彦根市）の先鳴学校、柏原村（現米原市）の開文学校、海津村（現高島市）の興化学校、彦根小道具町（現彦根市）の訓蒙学校の五校の設立から始めるのが通例であった。(1) しかし、ここ三〇年間の滋賀県の学校史研究において、各自治体史の教育史の資料発掘や県下の学校沿革史の調査・解読が進み、さらには戦前・戦後の郡史（志・誌）や市町村史（誌）の再調査が行われ、新たな知見が得られるようになった。小学校の設立・開校の研究においても新しい段階に入ってきたといえる。

図1は、一八七一～七二（明治四～五）年の設立・開校の滋賀県の小学校位置を示した。

小学校の設立・開校の研究では、一八七〇～七一（明治三～四）年段階における地域住民による郷学校、郷学の設立の動きや、滋賀県に先行する膳所県や大津県、彦根県の郷学校構想と計画案、長浜県、犬上県の小学校政策の資料が県下各地で発見されてきた。明治維新後の地域住民の新しい社会に相応した教育要求とそれに答えようとした為政者たちの努力を垣間見ることができるのである。

もちろん、公的な教育史資料として、国立公文書館内閣文庫所蔵『滋賀県史』第一編～第四編「政治部学校」明治

五〜一五年[2]や、『文部省年報』第一年報〜第五年報「滋賀県公立小学校表」及び『第三大学区滋賀県』第五〜六年報（明治一〇〜一二年）、『滋賀県学事』第七〜一二年報（明治一二〜一七年）における「滋賀県管内公学校表」の滋賀県学事統計は、基本中の基本となる（第七年報の表題のみ『滋賀県』である）。

小学校の設立・開校の月日に関して、設立書類届の提出日、県からの認可日、開校式の挙行日、授業開始日など、各種資料によってさまざまな月日が記載されている。学校沿革史や地域の区有文書の資料においても、設立・開校の年月日には異同が多く見られる。設立・開校月日を資料面で確定することは困難であり、創立年月日も同様で、文部省年報や滋賀県学事年報でも各年度によって異なっている場合が多くあり、自覚して慎重に対応すべきである。

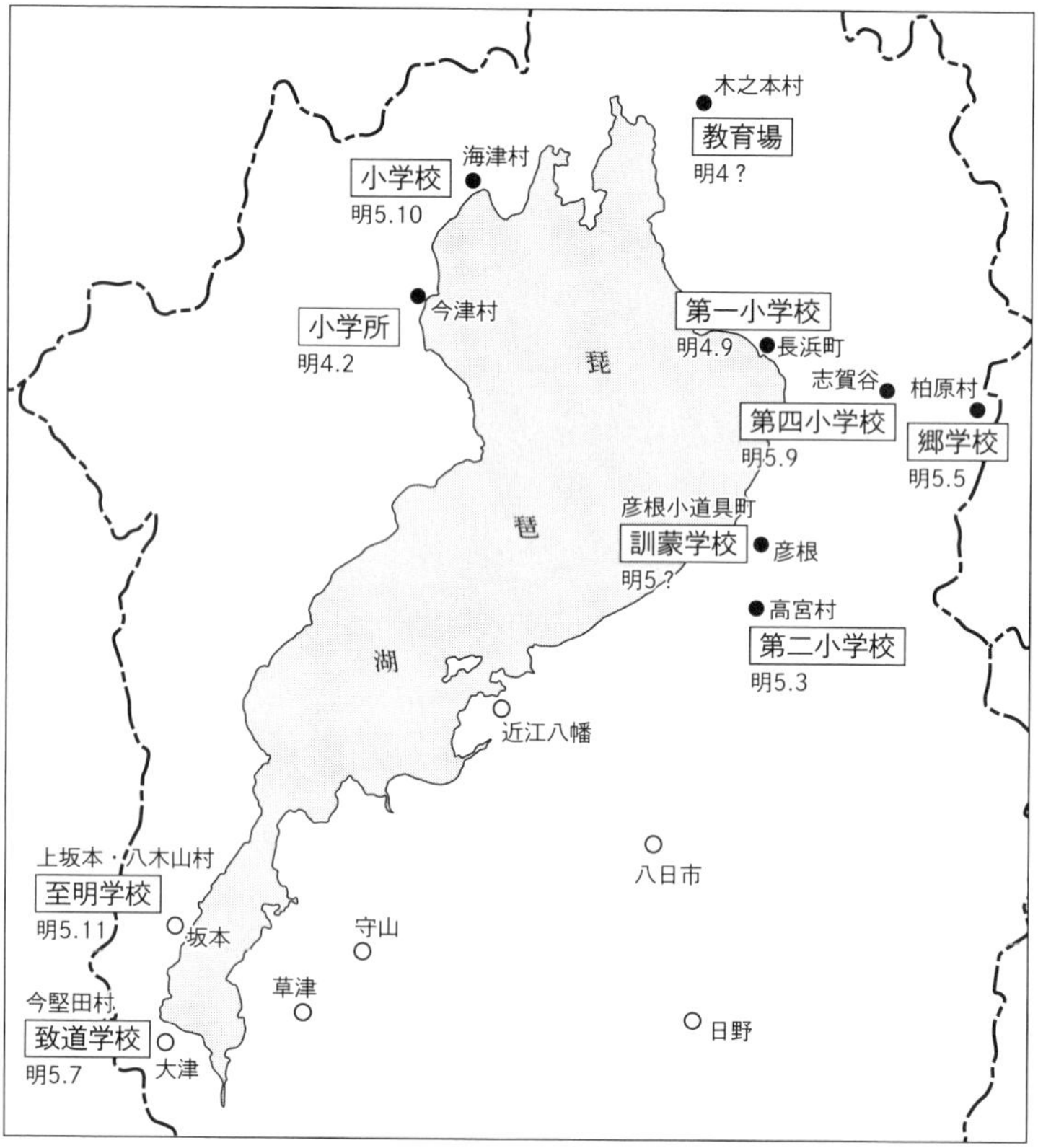

図１　明治４〜５年開校の小学校

＊今津村小学所は後に時習学校、海津村小学校は後に興化学校、木之本村教育場は後に教先学校、長浜町第一小学校は後に開知学校、志賀谷村第四小学校は後に秉彝学校、柏原村郷学校は後に開文学校、高宮村第二小学校は後に先鳴学校となる。

1　明治四〜五年の小学校の設立・開校―滋賀県成立以前の学校設置の構想―

(1) 高島郡今津村の「小学所」設立―明治四年二月設立の金沢藩今津小学所

高島郡今津村（現高島市今津町）は金沢藩の飛地であったが、金沢藩今津役所の黒川平二が今津村の肝煎《きもいり》、組合頭宛てに「小学所」を開設するので、七歳以上の男女生徒を毎日出校させる旨を布達している。金沢藩は、一八七〇（明治三）年一一月に「小学所仕法」を布告して、金沢市中で小学校五カ所を開設した。読書・会読・習字・算術を「四民一同」に教授するとして、一二月二日に開校と定め同年中に一〇カ所が設立された[3]。今津村役所で史生として勤務していた黒川は、金沢での小学所設置の情報を得て、今津村でも「小学所」を設置しようとした。

今津村の『明治四年御達留』には、一八七一（明治四）年二月一一日付の今津役所から村の肝煎、組合頭への達書で、二月一六日に八郎左衛門宅にて「小学所取開《とりひらき》候ニ付村方男女幼稚之者不拘《かかわらず》身元入学可為致《いたさせるべ》し　規則之義は追《おっ》て可申渡候也」と書いている[4]。学科に関しては、読書・手習《てならい》の二科で、手跡《しゅせき》教師は朝五ツ（午前八時）から七ツ半（午後四時）、読書教師は五ツから九ツ（正午）までの勤務とした。小学所の八郎左衛門宅は金沢藩今津区所の所在地であり、役所内において小学所を開設したのである。

黒川平二は一八七〇（明治三）年から今津村に在勤しており、七一（明治四）年五月一九日に金沢藩庁に提出した彼の小学校教育普及を図る資料がある。「人民教育開化ヲ勧《すすめ》ルハ緊要之急務ニ付於今津駅《つきいまづえきにおいて》小学所ヲ開《ひらき》幼稚之者共へ手《しゅ》跡《せき》・算数・読字之稽古《けいこ》取立申度御座候（中略）　先《まず》素読《そどく》ヲ取立追々為趣度教師ノ義ハ当分所方医師様ニテ相済追々成立候ハバ見計《みはからい》学校教師出役も相願度奉存候」とあり、習字・読書・算術の三科を教えること、当分医師を教師に充てること、素読から始めることを述べて、後段では教師の給料や学校備品の費用を村で負担させること、四書五経《ししょごきょう》・孝経《こうきょう》・小学などの教材費は金沢藩庁から借用したい旨を述べている。

この今津小学所は、一八七一（明治四）年七月に廃藩置県で金沢藩から金沢県に移管され、一一月には長浜県の管轄となった。金沢藩より支援を受けてきた小学所の敷地・建物などは、管轄が変わり経費の支援がなくなった。明治五年正月から五月までの会計収支が残されているが、同年二月に犬上県管下に入っても財政的支援はされなかった。「当分小学所を廃し、教師自宅ニ於いて幼童《ようどうに》教諭為致可申《いたさせもうすべき》候」となり、今津村住民が小学校を維持管理していった。

一八七三（明治六）年二月八日に松田道之県令のもとで布達された「小学校立校方法概略」に基づき、今津村は南新保村とともに、七四（明治七）年一〇月に時習《じしゅう》学校を設立していく。同校の教員数と生徒数は、『文部省年報』第二年報（明治七年）で教員三人、生徒一二六人（男子七二女子五四）、第三年報（明治八年）で教員三人、生徒一四〇人（男子八四女子五六）、第四年報（明治九年）で教員四人、生徒一五九人（男子九四女子六五）、第五年報（明治一〇年）で教員四人、生徒一七〇人（男子一二〇女子五〇）となっている。時習学校は、高島郡内で教師数、生徒数とも最大規模の小学校であり、勝野《かつの》村設立の旧大溝藩校修身堂《しゅうしんどう》の系譜をひく鴻溝《こうこう》学校と並ぶ郡内屈指の学校であった。

(2) 膳所県、大津県の郷学校構想と小学校設立

―明治四～五年の栗太郡草津村、大津今堅田村致道学校、坂本八木山村至明学校

一八七一（明治四）年一〇月（日不詳）に膳所県が「郷学校《ごうがっこう》を設《もうける》之《の》法《ほう》」を通達して、管下の町村に小学校を設立しようとした。[5] 表1の「郷学校を設之法」は、膳所県が草津村（現草津市）に布達した資料で『草津市所蔵文書』の「役中日誌」に残されているものである。膳所県の郷学校設置の資料は、同県領であった高島郡安曇川町（現高島市）の資料でも確認できる。「明治四年一一月七日、膳所県は県内（旧藩領内）村々の役人を呼出して郷学校を設けるの法を示し」たとして、「郷学校を設之法」を要約している。[6]

膳所県の教育政策担当者は、旧膳所藩領内の村々の役人を呼び出して郷学校の設置を告げた。主な内容は、一　学校は村の最寄《もよ》りを選んで一カ所設ける、教場は寺院を借りるか相応の建物をあてる、二　教師は膳所県が人選の上で

派遣する、一校に二人か三人を見通す、三　経費は無高の者は月に一匁掛、高一石から十石迄は二文掛、以下一〇石毎に銭一匁ずつ増やす、掛銭は村の代表が取り纏《まと》めて、教師の給料や学校費用にあてる、四　教則校則は学校創立の時に申達する、の四点であった。膳所県の郷学校設置の計画がどのように実施されたかは、現段階では明らかにできる資料が発見されていない。

膳所県は一八七一（明治四）年一一月二二日には大津県に変わり、翌七二（明治五）年一月一九日に六郡を管轄する旧滋賀県となっていき、他の六郡を管轄した犬上県と統合して、近江国一二郡を管轄下におく滋賀県が成立するのは、同年九月二八日であった。

草津村は、膳所県の通達によりただちに郷学校を設立したわけではない。依然として従来の寺子屋師匠の経営する教育機関に子どもの教育をゆだねており、栗太郡最初の小学校の開校式は一八七三（明治六）年三月二八日に、穴村の寺子屋師匠駒井深美宅で行われた。『滋賀県達書簡明目録』第二によると、滋賀県布達第三一四号が三月二四日付で栗太郡第七区宛に出されており、[7]「第二九番小学校」の開校式を布達している。同校はのちに済美学校と改称されていく。

膳所県、大津県下における一八七二（明治五）年の設立・開校の

表1　膳所県の「郷学校を設之法」明治4年10月5日

郷学校を設之法

一　無高之者　　月ニ一匁づヽかける　　一　高一石より一〇石迄　月ニ二匁づヽ

一　高一〇石より二〇石迄　月ニ三匁づヽ　一　高二〇石より三〇石迄　月ニ四匁づヽ

一　高三〇石より四〇石迄　月ニ五匁づヽ　一　高四〇石より五〇石迄　月ニ六匁づヽ

但し右已上ハ高一〇石ニ付月ニ一匁まし

右掛ケ銭ハ毎月、其村の里正・年寄之者ニテ之ヲ取纏メ計算シテ教師の給料、或ハ其他学費ニナス

一　学校ハ最寄ヲ撰ミ一ケ所ヲ設ベシ　尤モ然るべき寺院等ヲ借リ受クカ、又ハ相取ノ物等　これ有り候ハヽ之ニ設ケルベキ事

一　教師ハ県ヨリ人撰シテ差し遣スへき事、但シ一校ニ二人或は三人の見通シ

右の通予め相示シ候ニ付　弥《いよいよ》　創立候ハヽ申し達すべき候事

組合　野路、丸尾新田、矢倉、草津、部田、追分、渋川、笠川、中沢の九カ村他

（明治四年）未一〇月五日　　　　膳所県

小学校として、『新修大津市史』近代　第五巻（一九八二年）では滋賀郡の二校をあげている。(8) 七月一日設立の今堅田村致道学校と、同年一一月（日不詳）設立の上坂本村八木山村の至明学校である。

致道学校の設立資料は、『近江国滋賀郡誌』「今堅田村」（明治一五年二月）に「人民共立小学校本村南部ニアリ　生徒男三一名女一〇名　明治五年七月一日設立　村会所　致道学校中ニアリ　明治十年十月営造」とある。今堅田村致道学校の明治五年七月の記事はこれだけで、教員数や教則などの記録は不明である。致道学校の名称は明治六年以降の校称であり、明治五年七月設立を裏付ける他の資料は現段階では確認できない。『文部省年報』第三年報（明治八年）には、致道学校は明治八年設立、教員一人、生徒五一人（男子三八女子一三）で旧郷倉を教場にしたとある。第四年報（明治九年）には、明治七年設立、教員三人、生徒四三人（男子三三女子一〇）とあり、第五年報（明治一〇年）では、設立は同じ明治七年、教員二人（首座教員服部正路）、生徒四〇人（男子二八女子一二）、教場数四とあり、授業料を徴収している。なお、首座教員の氏名は『第三大学区滋賀県学事』第五年報（明治一〇年）に依る（以下の各校の首座教員名も同様）。

滋賀郡上坂本村枝郷の八木山村の至明学校は、明治五年一一月設立として紹介されている。八木山村の「専称寺文書　永代記録張」には、明治五年五月に氏神獲得運動を開始して成功し、次いで学校設立のため住民が教場作りや教師の給料分支援のために働いている。続けて明治五年九月一六日に「役人当村に罷り出られ候様此度《このたび》一一区内の学校相改め村々ニテ建立申し付けられ」たので、村民一同は「家別ニ木材持ち出シ九月一八日より学校家作にかかり一〇月廿七日」に完成させた。さらに、教師三人分の給金や学校費用の総計約二八〇両を稼ぐため、村中で草履づくりの夜なべ仕事に精を出したとある。

八木山村の至明学校に関しては、『滋賀新聞』第三号（明治五年一〇月）が五〇〇人余の村人が「習字算術等ニ志シ小学校ヲ設クル商議ヲ定メテ毎戸職業ノ暇ニ草履ヲ編成シ一〇日間ニ二六〇〇余足」を編んで学校費用を捻出したとの記事を掲載している。記事は、被差別部落住民による小学校建設の熱意を伝えており、至明学校が明治五年一一月

段階で設立・開校されたことを裏付けるものである。

しかしながら、至明学校に関して『文部省年報』第四年報（明治九年）では明治九年設立、公有の校舎新築、教員一人、生徒三〇人（男子二四女子六）とある。第五年報（明治一〇年）でも明治九年設立とし、教員一人（首座教員西川恵琳）、生徒一五人（男子一三女子二）、教場数一とある。『文部省年報』第四年報、第五年報では、このように設立を一八七六（明治九）年としている。明治五年一一月設立・開校と書かれなかった理由は明らかでなく、明治九年から一〇年への生徒数が激減している理由も不明である。『第三大学区滋賀県学事』第六年報（明治一一年）では、教員一人、生徒一八人（男子一五女子三）となっている。

(3) 彦根県の郷学校構想と「木之本教育場」―伊香郡木之本村の郷学校―

伊香郡では、北国街道の宿場町木之本村（現長浜市）で一八七〇（明治三）年に地域の篤志家が資金を出しあって、坂田郡池下村から学者の木村貫輔《かんすけ》を招聘して民家で小塾を開設している。『木之本尋常高等小学校沿革誌』第壱号によれば、地域の富裕な有識者たちが新しい時代と社会に対応するため、地元の寺子屋師匠による教育でなく、近隣坂田郡から木村貫輔を招いて新しい教育施設を作った[9]。この家塾は地域の子弟の子どもだけでなく、夜に青年への教育も行う施設であった。招聘された木村貫輔の人物像はよくわかっておらず、「木之本小学校沿革誌」には氏名と出身地のみしか記載されていないのである。

『日本教育史資料』巻八（一八九二年）の「滋賀県私塾寺子屋表」に、幕府領坂田郡池下村には塾主木村寛翁《かんおう》が一八〇二（文化二）年から一八七二（明治五）年まで和学・漢学の責善舎を開塾していたとある。木村貫輔と木村寛翁は、同一人物である可能性が高い。『改訂坂田郡志』巻三下（一九三四年）によれば、木村寛翁は坂下村（現長浜市、旧坂田郡山東町）で私塾責善舎の経営主であり、美濃国で生まれ幼年時に池下村木村家の養子となり、肥後国で医術、伊予国で儒学を学んだ。いったん郷土に帰るが、すぐに仙台藩に招かれて文学を講じ、数年後に帰郷して彦根藩校弘道館

に招聘されて教授を勤めている[10]。

木之本村は、地域住民の手によって教員確保と施設を恒常的に維持する教育機関としての郷学校を設置した。『近江伊香郡志』下巻には、郷学校の設置から小学校の設立・開校につながる資料が記載されている。「明治四年彦根藩知事は、地方教育の普及刷新を図り、国札三貫匁を木之本村の有志富田八郎《とみたはちろう》、藤田庄左衛門《ふじたしょうざえもん》に託し、彦根領に属する伊香郡の地を設置区域とし、郷学校を起さんことを囑《しょく》せり」とある。一八七一（明治四）年七月二二日の立県以降、彦根県は管轄下の地域に郷学校を普及させるため、まず四地域の町村で先行して設置構想をたてた。「蓋《けだ》しこの企図たる、彦根藩治下の要地高宮《たかみや》、長浜《ながはま》、春照《すいじょう》、木之本《きのもと》の四ケ所に於いて、四郷学校を起すべき計画に基《もとづ》けるが如し」[11]。

木之本では、明治四年に篤志家の富田八郎と藤田庄左衛門がさっそく各村戸長等に諮《はか》って同志を勧誘して、米三〇俵の寄附を募った。二二俵を住民から集めたが不足分八俵は自分たちで補い、一民家を借り受けて「木之本教育場」を設立し、明治四年度中に彦根藩儒森漁山（弘平《こうへい》）を教師として招聘したのである[12]。この森漁山は、明治六年四月一日に「第二五番教先学校」と校名変更した後も同校教員として読書科を担当した。習字科担当の藤田九十郎とともに、生徒五〇人に読書、習字の二科を教えた。翌明治七年八月に校名を変更「教先学校」としている。森漁山は引き続き小学校教員として勤務に就き、一八七四（明治七）年末まで在職した。七五（明治八）年一月に滋賀県小学教員伝習所卒業生で準訓導資格を取得した木本来乗《らいじょう》が着任したのに伴い退職している。明治八年の生徒数は、一六五人（男子九二女子七三）で伊香郡では屈指の大規模小学校であった。

彦根県は、管轄下で経済的に豊かな四つの地域（犬上郡高宮村、坂田郡長浜町、同春照村、伊香郡木之本村）には新しい時代の教育に熱心な名望家が多いことから、財政的支援を得やすく学校の維持・管理を継続することができる郷学校を設置しようとした。郷学校は、私塾や寺子屋のような一時的で不安定な私的な教育機関とは異なり、町村が財政支援をして管理していく学校である。他府県でも、近隣の愛知県・岐阜県の「義校」や、大阪府・堺県の「郷校」や「郷学」が、明治維新直後の時期から続々と誕生していた。彦根県では、旧藩校関係者の外村省吾らはこうした情報を得

て郷学校の設置を構想したと考えられる。

2　犬上県下における「第四小学校」の設立・開校

(1)　明治五年九月二八日の坂田郡志賀谷村「第四小学校」の開校

犬上県は小学校設置を管内で積極的に展開して、明治四～五年の設立・開校の小学校は、いずれも長浜県・犬上県管轄下の六郡内にあった。明治五年五月設立の坂田郡柏原村（現米原市、旧山東町）の郷学校（後に開文学校）と、同年一〇月設立の高島郡海津村（現高島市）の小学校（後に興化学校）の間の時期、九月二八日に坂田郡志賀谷村（現米原市、旧山東町）に新しい小学校が設立・開校されていた（柏原村と海津村は旧郡山藩領）。志賀谷村の「第四小学校」の設立・開校の資料は、『明治三〇年一月坂田郡東黒田西尋常高等小学校沿革誌』第一編中に綴じ込まれていた(13)。明治五年九月二八日の設立・開校の経緯と開校初期の学校経済を示す犬上県庁小学校掛との往復文書で計六点が残されていた。

犬上県は一八七二（明治五）年二月二七日の立県だが、前身の長浜県時代から学校掛を置き管轄下で小学校設置政策を熱心に展開していた。七月に『犬上県内小学建営説諭書』を管下九一小学区に頒布し、京都上京・下京の番組小学校六四校にならって小学校の設置を図ろうとした。「郷学ハ人民共立」の学校であるとして、郡惣代・町年寄・戸長に官費に頼らずに「費用一条永続《えいぞく》之《の》目論見《もくろみ》」を立てさせて、犬上県庁に八月一五日までに小学校の維持管理の書面を提出させた。同時に「小学校《しょうがっこう》取設《とりもうけ》目論見《もくろみ》心得方《こころえかた》」を布告して、学校建物が新築できない町村は旧来からの本陣、寺院、道場、掛所を利用してもよいと指示した。

坂田郡第六区志賀谷村の区長森田源蔵、副戸長奥田武平は八月二〇日に願書を連名で提出、二四日に区長森田が単独で再度「学校取設之願書」を提出した（図2）。学校取設願書の内容は、「今般小学校取設《とりもうけ》之《の》御趣意《ごしゅい》被為仰出候《おおせいだせられそうろう》御儀《おんぎ》ニ《に》付《つき》告諭《こくゆ》之《の》御本《おんもと》　被下置《くだしおかれ》難有《ありがたく》奉拝承《はいしょうけたまわり》候《そうろう》」として、第一に開校趣旨を理解できたので村民一同が学校設立

を進めており、後日目論見方法に従い具体的方法を提出する、第二に同村は百姓専業のものが多く、現在秋作の取入れで多忙なので開校式は出席できないが、早急に開校準備を進めていく、第三には教師には同村福願寺《ふくがんじ》住職の縁戚《えんせき》藤本泰通《たいつう》（二三歳）を雇い入れ、助教を同区内の僧侶に依頼する、との願書を提出した。

犬上県庁は八月中に結論を出して、同月末日に「開校御届書」の返書を村に送った。犬上県の割印が二カ所に押された朱書きの公文書であった。志賀谷村の希望通りの条件で開校を認可した。「本書告諭《こくゆ》之旨ヲ体認《たいにん》シ速《すみやか》ニ目論見ヲ立開校願出候段神妙《しんみょう》之事候　課程規則其外爰《ここ》ハ一般ノ方法ハ追テ各区申出事　相揃評議之上可申希望候得共《そうらえども》　其内不取敢願書之通致開校候処者聞届候事《かいこういたしそうろうところはききとどけのこと》」（図５）。

区長森田と副戸長奥田は、九月二〇日付で「小学校開校式認可ニ付九月二三日開校式届書」を犬上県に提出した。校舎は同村福願寺住職霊園《れいえん》の居宅を使い、二三日に開校式を挙行する旨を記した（図４）。志賀谷村は同日に開校式を行って、「第四小学校」が設立・開校されたのである。ちょうど、八月から九月のこの時期には「学制」が公布された時期と重なり、また犬上県が廃されて五年九月二八日に一

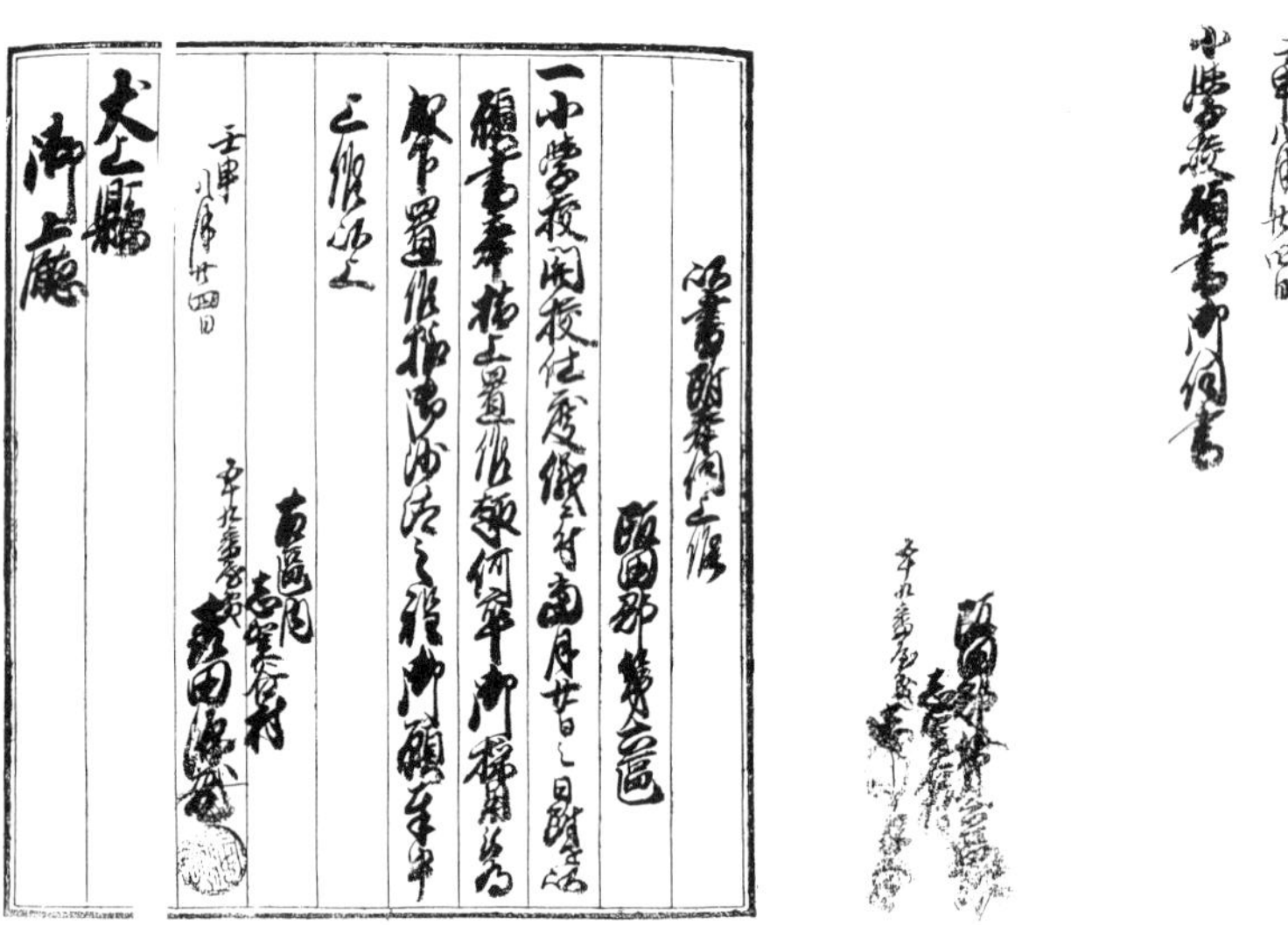

図２　志賀谷村の「小学校願書御伺書」明治５年８月24日

二郡の滋賀県が誕生する時でもあった。

(2)「第四小学校」の学校入費・出費─明治五年九月～六年六月の学校財政─

開校当初の「第四小学校」の学校財政の資料は、「第四小学校学校入費取調書上帳」で、明治五年九月から一一月と、明治六年一月から六月の二点の入費・出費に関するものである。明治五年一二月資料がないのは、暦制改革により五年一二月三日が六年一月一日とされたからである。二点とも、滋賀県令松田道之宛に明治六年八月一二日付で提出されたもので、区長森田と副戸長奥田の署名、捺印がある。開校した「第四小学校」は、坂田郡第六区を構成する志賀谷村、堂谷村、本郷村、大鹿村、北方村、菅江村、山室村の七カ村共同で運営し、校地を志賀谷村の福願寺内にしていた。

明治五年九月から一一月の二カ月半の小学校運営資金の内訳は、区内七カ村からの集金五円五〇銭と、生徒よりの出金二円五〇銭の計八円で、支出は教師給料、校舎借受賃、炭油蝋燭《ろうそく》代、筆紙・筆墨代《ひつぼくだい》に充《あ》てられている（図3〈①②〉）。各月とも教師給料一円五〇銭、寺への借受賃五〇銭、炭油蝋燭代五〇銭であり、筆紙・筆墨代は九月のみ二円、一〇・一一月が二五銭であった。犬上県下では七カ村で小学校を維持管理してきたが、滋賀県と合併すると他の六カ村は一二月に「凡十町二十町又一里斗《ばかり》も通路《つうろ》隔《へだて》有之候　凡小児之生徒出席致兼《しゅつせきいたしかね》候ニ付　大村ハ一村ニテ一校小村者合シテ一校可相立様説諭之御趣意ニ基キ」一月より分離したいと訴え出た。滋賀県は一月より分離を認可した。志賀谷村は一村で「第四小学校」を維持することとなって、明治六年一～六月の学校入費・出費は、一村単独の資料である。

志賀谷村では一村で小学校を維持するために、区長森田源蔵、副区長奥田武平が村民と協議を重ねて、半年間分の基金三〇円を村民から集めた。内訳は篤志者から出金一〇円余、寺住職霊園から一〇円、手習生徒から三円半、夜学生徒から一円半、松茸山売拂金《まつたけやまうりはらいきん》の二円であった。村内の篤志者や僧侶からの寄付に加えて、手習生徒の子どもや夜間青年・大人からも寄付を得たり、共有地の松茸山まで売り拂って資金を集めたのである。

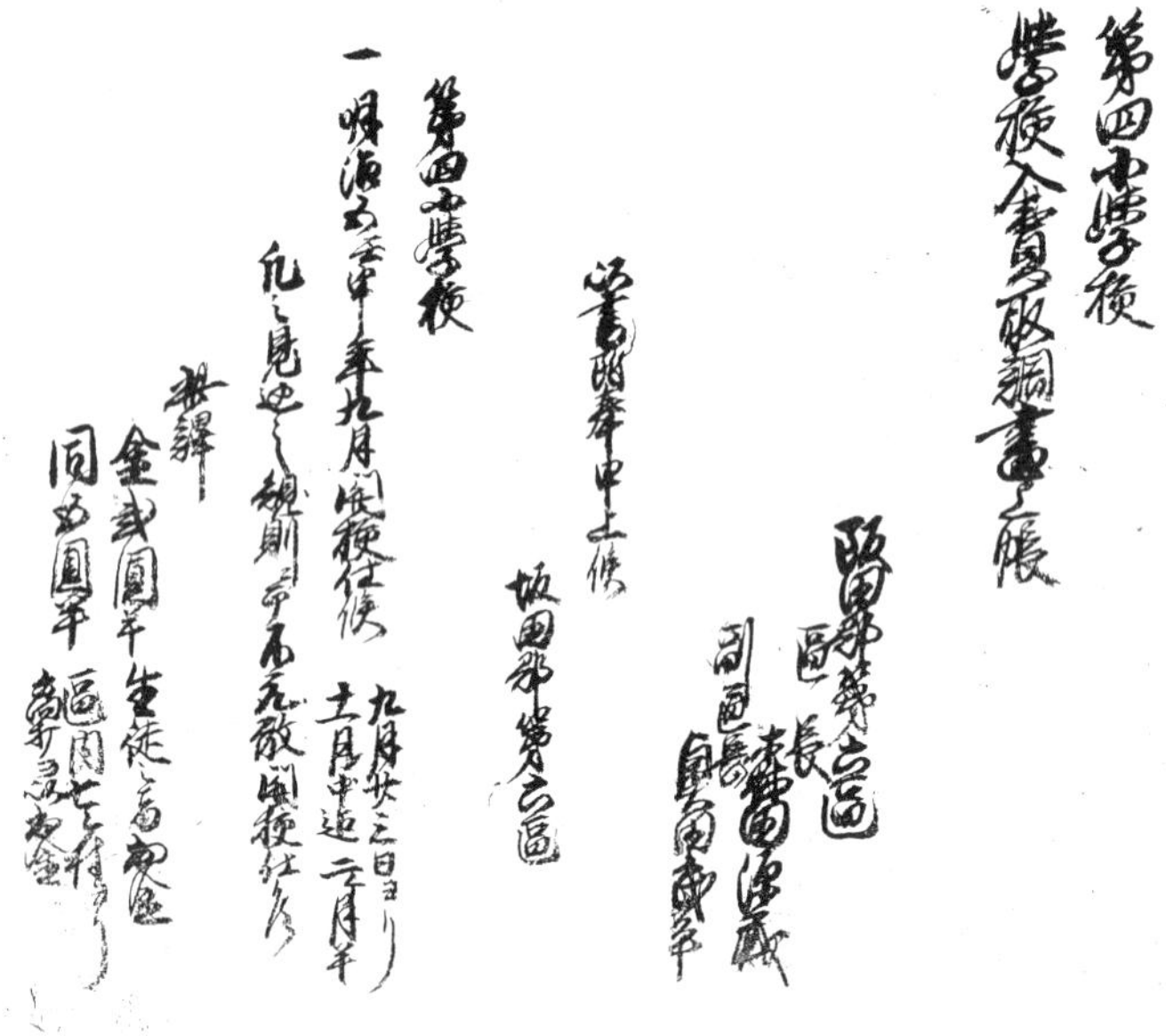

図３　「第四小学校学校入費取調書上帳」①

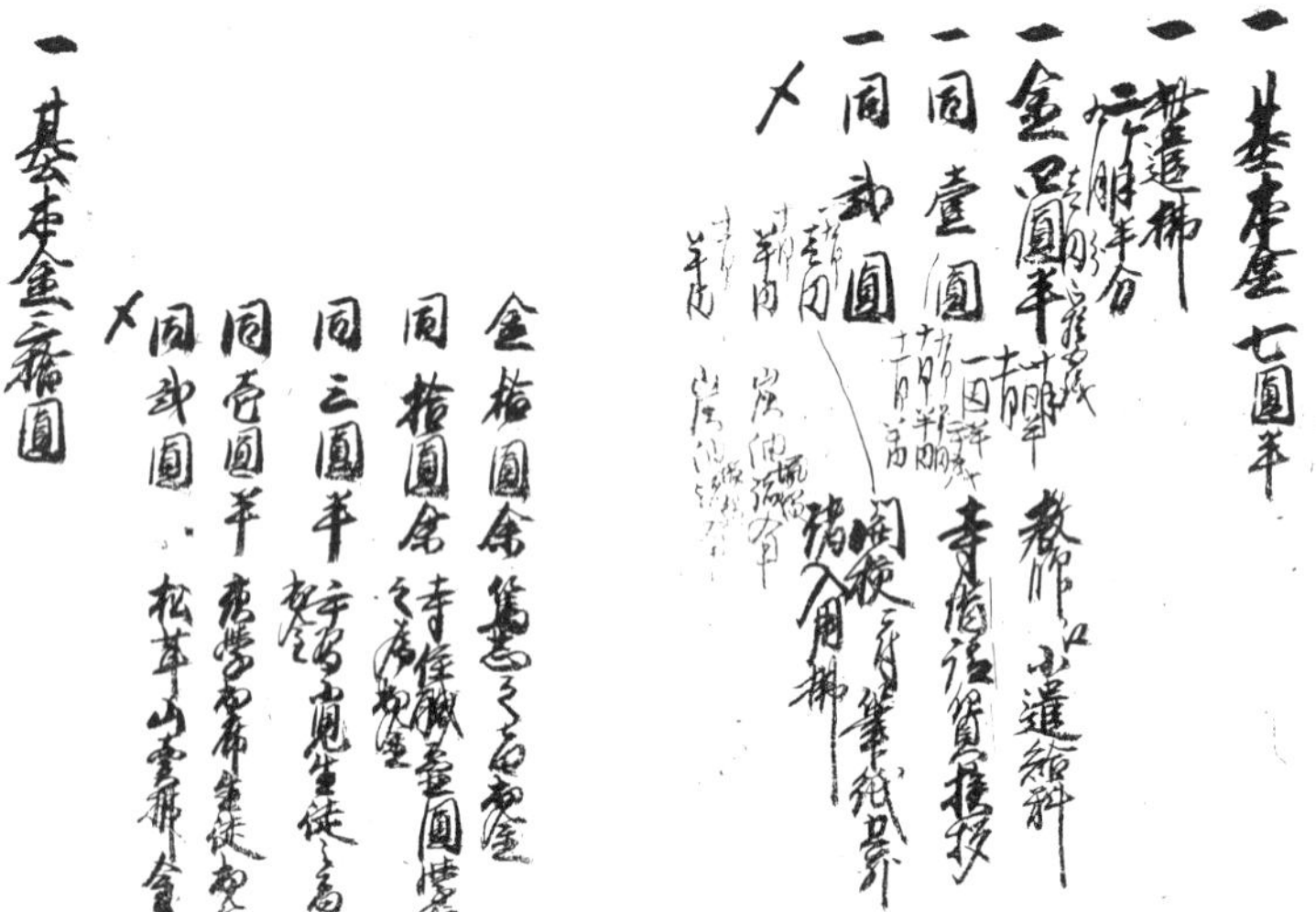

図３　同上②

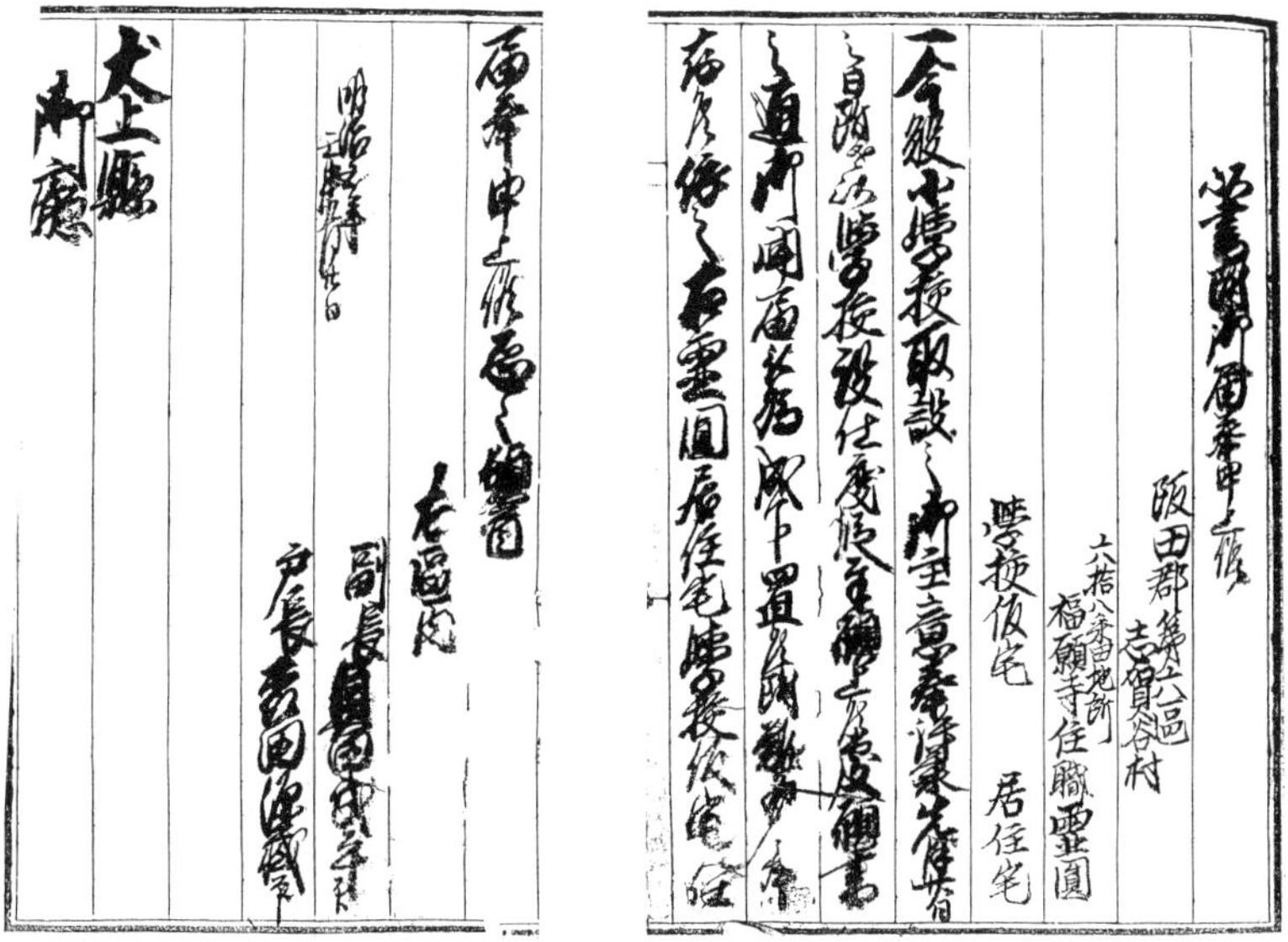

図 4　「第四小学校」開校式届出書　明治 5 年 9 月 20 日

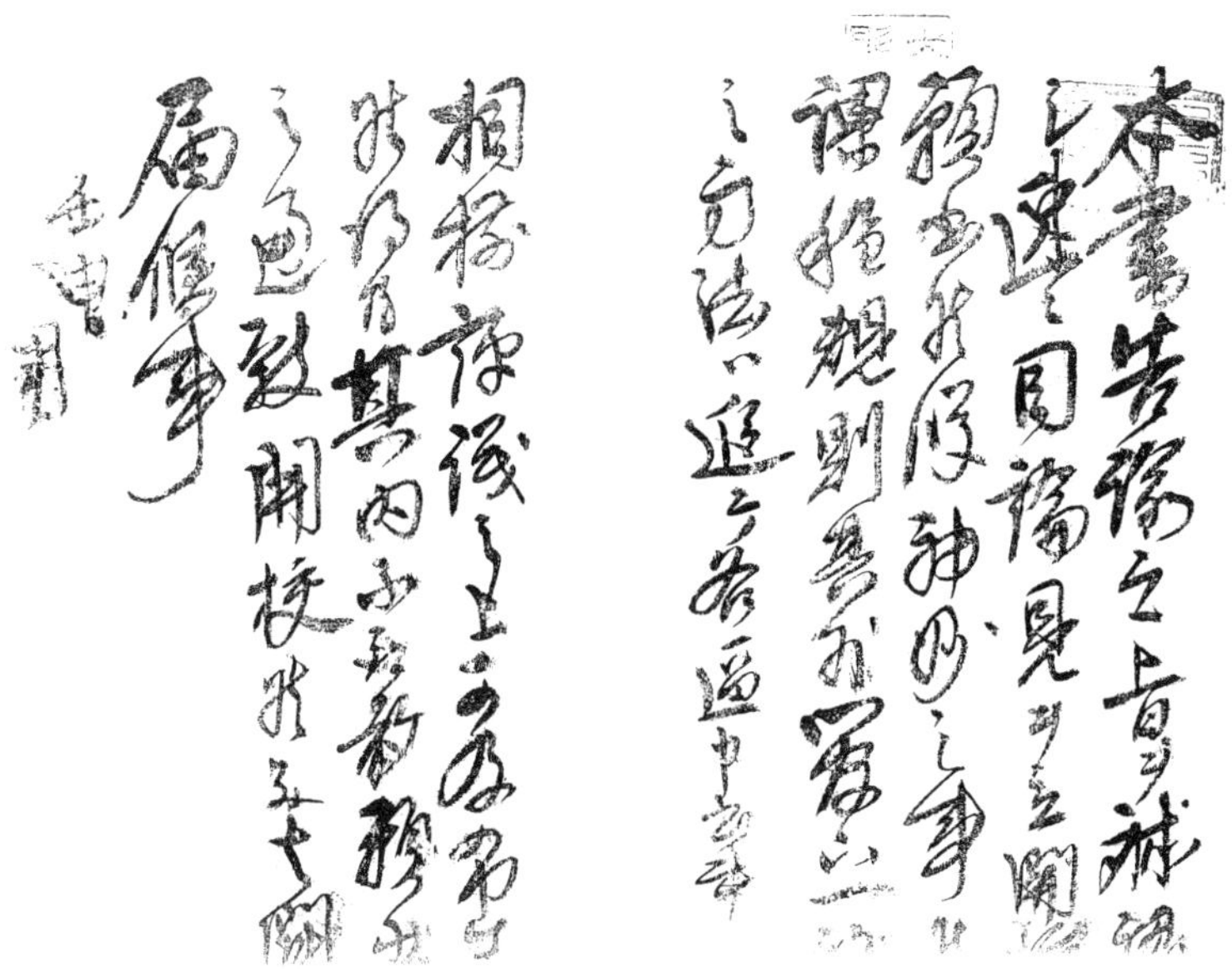

図 5　滋賀県からの開校聞届書　明治 5 年 9 月 28 日

各月ごとの学校の入費・出費の収支表があるが、ここでは一〜六月の六カ月間の支出の総計のみを示しておく。

（明治六年一〜六月の「第四小学校」の支出金内訳）

・教師小遣《こづかい》給料　毎月三円　計一八円　・寺借請賃　毎月一円　計六円
・炭油蠟燭《ろうそく》代計　三円二五銭　・筆紙・筆墨《ひつぼく》代　毎月二五銭　計一円五〇銭
・机二脚生徒名札　七五銭　・生徒筆墨（席書）　一円　合計三〇円五〇銭

明治六年の半年間の収支は、少額の赤字ではあったが、志賀谷村の一村単独での恒久的な小学校の維持管理が困難であることは明白であった。「第四小学校」は、犬上県小学校掛の小学校設置計画に基づき当初七カ村共同で小学校を設立・開校したが、滋賀県に移管直後に六カ村が学校設置に動き出し、一村だけの維持管理を強いられたのであった。

『文部省年報』第三年報（明治八年）には、志賀谷村の「第四小学校」は改称して秉彝《へいい》学校となっている。同校は、明治六年設立、教場古民家、教員一人、生徒四五人（男子四一女子四）とあり、第四年報（明治九年）は、設立年・教場は前年と同じ、教員一人、生徒五九人（男子四六女子一三）である。第五年報（明治一〇年）では、志賀谷村は大鹿村と共に学校を設立、秉彝《へいい》学校から啓明《けいめい》学校と再改称した。所在地を志賀谷村にした啓明学校は、明治六年設立、教場数四、教員二人（首座教員龍巳之吉）、生徒九二人（男子七二女子二〇）となり、大規模校となっている。ここには明治五年設立の記載がなく、六年設立の秉彝学校を源流としている。

3　明治六年二月八日の滋賀県の小学校設立方針と開校の原則

(1) 県令松田道之の「告諭管下人民」（就学告諭）—滋賀県の小学校設立の理念

一八七二（明治五）年九月二八日に旧滋賀県と犬上県が統合・合併して、近江国一二郡を管轄下に置く滋賀県が誕生した。初代県令には、旧滋賀県令の松田道之が就き、積極的な小学校設置政策を展開していった。

松田道之は、元鳥取県士族で、一八三九（天保一〇）年に鳥取藩家老鵜飼藤輔の家臣久保市郎左衛門の次男に生まれた(14)。一一歳の時、木下主計の養子となり、藩校尚徳館に学び、一七歳の時豊後国に行き、広瀬淡窓《ひろせたんそう》没後の咸宜園《かんぎえん》で四年間学ぶ。帰郷した後、松田一太夫の養子となり、養父と京都に出て勤王派志士と交わり、鳥取藩勤王派として活動する。一八六八（明治元）年二月に西園寺公望が山陰道鎮撫使《ちんぶし》で鳥取に来訪した時、勅使《ちょくし》御用掛を勤めて知己を得る。同年明治政府の徴士《ちょうし》となり、太政官に召されて内国事務局権判事《ごんはんじ》となって京都府判事に就いた。一八六九（明治二）年七月に京都府大参事に昇進する。大参事として洋学校と番組小学校の教育政策に関わって、槇村正直《まきむらまさなお》知事の下で教育による開化啓蒙政策を積極的に推進していった。

松田は一八七一（明治四）年一二月に三一歳で大津県令となり着任した。七五（明治八）年三月に大久保利通の命で内務大丞《ないむだいじょう》に転じるまでの約三年間、滋賀の草創期の教育の基礎を築

表2　「小学校建築ニ付告諭書」明治6年2月8日

告諭管下人民

凡そ人天地の間に生れ抑も万物の霊たるの天爵を有すれば　必す其天恩に答えずんばあるべからず　何にをか其天恩に答うと謂う　能く其人たるの道を尽すと謂う各其職業を勉励し　小は一身一家の事を謀り　大は国家の公益世界の有用を謀るなり　而て之を為す
皆其知識を研き其方法を究めざれば難し　其知識を研き其方法を究むるは即ち学問にあるなり
自古和漢此民を教ゆる　必ず此道を以てす　恐れ多くも本朝

歴帝の遺法漢土聖賢の教に就て考うれば　其古への教の人事世態に切にして　其天地の化育を助くるの至大なる歴々観るべし　然るに後世に至り腐儒迂生出て　漫に高尚迂遠の説を附会し或は文華の流弊に陥り　徒らに詩を賦し文を作る等の事を是務め　世に向て傲然即ち日是学問の道也　聖賢の教也と甚しき哉

歴帝の遺法聖賢の教に背く也　所謂学問は即ち否らず　人間必用たる衣食住を離れざるものにして　一端を挙て之を謂へば農の農事の学問工は工業の学問商は商法の学問と謂うが如く　各其職其業に就て必ず其学問あり　即ち彼の知識を研き方法を究め　一身一家の事より国家の公益世界の有用を謀るの大事業を起し　遂に万世に美名を揚ぐるに至る也　況や当今文明進歩世界万国と比隣の交りを為し　凡そ百の学事日新月盛の時に際せり　学ぶべきは正に此時也　然るに今の父兄たる者眼前の愛に溺れ　其子弟たる者をして遊惰に日月を送らせ或は之を教ゆるも不文明不開化の職業に従事いたさせ　就中女の子へは専ら遊芸のみを教え動もすれば　淫猥の風儀に陥らしむる等の悪弊間々有之開明の時節に不適のみならず　結局終身の損害と成る也　実に可恐可慎故に之を教ゆるは父兄の責也　之を学ぶは子弟の責也　之を監督保護するは官の責也　此三つの者此三つの責共に免るべからず　為に今数百の言を述べ懇々と告示す　凡そ父兄子弟たる者此の意を体し　前日の旧習を去り日新の事業に注意し　専ら実用の学問に従事し一日も怠ることなかれ　是管下一般各所に小学校を設くる所以也

明治六年二月

いた。七二（明治五）年に大津欧学校の開校を実現した後、七二（明治六）年二月からは県下全域の町村に積極的に小学校を設置・開校させる政策に取り組んでいった。小学校の設立・開校の基本方針を打ち出したのが、七三（明治六）年二月八日の滋賀県布達第一五九号「小学校建築ニ付告諭書」（いわゆる「就学告諭」）であった。この告諭書は、「告諭管下人民」として、県下の民衆に対して文明開化の時代にあたり、「知識を研《みが》き其方法を究《きわ》める」必要性を強調し、各自の職業おいてそれぞれの知識の元となる学問が必要であるとした。

　教育は各人の職業生活の向上だけでなく、「文明進歩世界万国と比隣の交を為し凡百学事日進月盛の時」に生きる人間には必須であり、「学ぶべきは正にこの時にある」と述べた。

　県令松田道之は、小学校開校式では必ずこの告諭書を読ませた。松田が自ら出席した開校式では自身が朗読し、他の県高官が出席した時には代理で告諭書を朗読させたのである。このいわゆる「就学告諭」の基本的な考え方は、明治五年八月頒布の「学制被仰出書《おおせいだされしょ》」の開化啓蒙主義思想に立脚しており、実学主義の教育を施す場所として学校を位置づけている。個人の立身出世と家族の繁栄、公益生活の有益とを結びつけ、実利的知識の重要さを強調した。とくに、学校おける学びの内容は、古来の学者風の空理空論の知識でなく、農工商の職業生活における実用的な知識が根本であるとした。

(2) 小学校の設立・開校方法と手順―明治六年二月八日の「立校方法概略」

　上記の告諭書と同時に、明治六年二月八日の同日に「立校方法概略」が布達された。これは、小学校の設置に関する具体的な設立・開校の方法と手順を示す文書であった。小学校の設置形態、学校入費などの学校経済、教師や校舎・校地の選定、開校願の書式、開校式の執行手順などを書いたものであった。

　「立校方法概略」の要点を列挙しておこう。

一　小学校は人家稠密な町村では、一区に一校を設置すること、人口粗離な村落はこの限りでなくて良い、相応の

教員を雇い私学私塾で教授しても良い。

二　学校入費は、上・中・下の三等に分けて戸別割に貧富に応じて賦課する、極貧者は除外してもよい、町村内で積講方式や有志者の会社方式で集金しても良い、無用の入費を省き、学校積金出金の方法を取り設けること。

三　教師は、区長総戸長が相応の人物を選び県に申し出る、試験の上に許可する、県庁より試験検査ために係官を派遣することもある。

四　校舎は新築するのが良いが、当分は相応の家屋や寺院を借りいれても良い。

五　立校願書は、区内絵図面・戸数・人口・学校入費の備方方法を添えて、区内各町村戸長の連

表3 「立校方法概略」明治6年2月8日

立校方法概略

一　人家稠密幾町村接続之土地ハ一区ニ一校可取設事

一　人家疎離彼之町より此町彼ノ村より此村迄之間　格別遠隔不便利之土地ハ一区ニ必す一校を設くるニ不及候条　一町内一村内ニ而相応之教授者相雇私学私塾等相設候様見込可相立事

一　学校入費備へ方ハ戸別割りニして一戸一ヶ年に何程宛出金ト定め　尤も上中下に分ち貧富に応して相当ニ割賦シ　極貧窮之者除之等之方法取設候乎

一　同断又ハ町内村内申合積講取結候乎　有志之者申合会社取結候乎等之方法取設候乎

一　同断又ハ町内村内従来無用之入費を省略シ　相当積金出金等之方法取設候乎

一　教授者ハ相応之人物相撰ミ　其区総戸長より申出候へハ　定期試験之上可差許時宜により県庁より差向ケ候儀も可有之事

一　場所ハ新タニ建立候へハ此上も無き儀ニ候得共　入費相掛リ迷惑ニ可有之候依而当分之所相応之家屋等借入候乎　又ハ寺院借入候乎何れにても不苦候事

一　立校願出候節ハ其区内之絵図面并戸数人口学校入費備へ方之方法相添へ　区内各町村戸長連印総戸長奥印シテ可申立事

　但シ一町一村之私学私塾モ同様ノ振合を以可願出　尤も活計之為め一分一箇ニテ私塾相開候分ハ此例ニ非ス　兼而布達之文部省規則ニ照準すべく事

一　開校之節ハ県庁官員出張開校式可執行儀を可心得事

　但私学私塾相開候節ハ　官員出張不致儀を可心得事

一　年ニ一度或ハ両度県庁官員出張各校生徒検査いたし候事

　但私学私塾生徒も同様検査いたし候事

一　教則ハ県庁より可相渡事

一　追々ハ篤志寺院献金之内　勧業社利益金之内其他県庁別額方法之金等を以　各所学校入費之何歩分を助力以たし遣ワシ候儀も可有之事

右之條々可相心得事

右管内江無洩相達候者也

明治六年二月八日　　　　滋賀県令　松田道之

印、総戸長の奥印のうえ提出する、但し、私学私塾も同様である。
六　開校式は、県庁官員が出張して式を執行する、但し私学私塾は出張しない。
七　年に一度か二度は、官員が出張して生徒検査を行う、但し、私学私塾も同様である。
八　教則は、県庁より渡す。
九　追々、篤志寺院献金、勧業社利益金から学校入費に援助する。

以上が「立校方法概略」の内容であり、この概略に従って各町村は小学校を設立していくこととなった。滋賀県は、小学校設置を強行的に推し進めていくのでなく、町村の財政事情に応じて現実的な設置方法を提案して、小学校の開校を進めていく漸進的な方針をとった。人民共立による小学校づくりを漸進的な方法を採用して実現していこうとしたのである。

旧来の私塾・寺子屋との関係について、見ておこう。小学校の設置は一区に一校を原則とするが、人口粗離な村落の区長・総戸長に対して実情に合わせて、私学私塾を代替機関として認めるとした。私学とは旧来の寺子屋・私塾をさし、校地・教場が経営主の家屋やその付属建物を使って、教授者は試験の上で教える力量があれば良いとしたのである。教員と校舎は私的教育機関だが、学校経費は地域住民全体で負担するものであった。いわば郷学、郷学校を容認したといえる。

滋賀県は、一八七二（明治五）年一一月二三日の滋賀県布達第二七二号「私学家塾願文例」を公布して、私学家塾を届け出の上承認する方針を出していた。だが、地方の町村の区長、戸長たちは私学家塾の出願より、小学校の設立願書を提出する方を選んでいった。地域の有識者たちは、「学制」を移牒する滋賀県布達と「立校方法概略」布達を受け取る中で、財政的に困難さがあっても小学校を設立する方を選んだのである。滋賀県も地域住民の新時代の教育機関の小学校の設立・開校を積極的に支援していった。

一八七五（明治八）年五月三一日に滋賀県は布達甲第三〇号で「学制頒布ニ付家塾開業出願方」を出した。これは滋賀県における寺子屋禁止の最終的な法令となった。「従前寺子屋ト唱ヘ習字算術等教授シ来リ候者ハ勝手ニ開業不相成（中略）其儘《そのまま》開業致シ居候者有之不都合ニ付以来差止《さしと》メ候」とした。滋賀県下の寺子屋の廃業は、明治維新後まで存続した寺子屋三九〇校のうち、明治五年の「学制」頒布の年の廃業は一〇三校で最大多数であった。ついで明治七年が八四校、次に明治六年が六七校と続き、明治四年が五四校であった(15)。

小学校の立校願に関して、明治六年八月三一日付で滋賀県布達第八一三号「小学校設置願書」が出されている。実際の小学校の設立願書の書式を示したものである。前段は学校の収支計画表で、収入の部、支出の部の収支計算を載せ、後段は学校位置、教員履歴、生徒員数を書きあげさせ、最後に正副戸長、正副区長の氏名捺印を記入させるものであった。六年二月八日に立校方法概略を呼びかけると、さまざまな願書が出されたので書式の統一化を図ったのである。九月以降に提出願書は、すべてこの書式で行われていく。

4　明治六年の滋賀県の小学校設立・開校

(1)　大津と彦根の各区の小学校の開校―明治六年二月―

一八七三（明治六）年二月八日に滋賀県が二つの布達で小学校設置・開校を呼びかけると、いち早く大津と彦根の各町が呼応して小学校の開校式をあげていった。前年より小学校の設置の動きあった大津の各町は、二月一一日に南保町の打出浜学校と下栄町の明倫学校を皮切りに、三月上旬までに滋賀郡第三区から第九区の八校すべてが開校式を挙行した。

大津各町の小学校八校は、三月に「大津各区小学校維持取締規約」を作成して、授業料を一戸二銭とし、各戸に協議費を賦課し積立講を行うことを決めた。四月には寺子屋風の教育から脱して、句読《くとう》・習字・算術の三科中心ではあ

るが、各科ごとに甲乙丙等の学力を酌量《しゃくりょう》して授業を行い始めていった(16)。

彦根の小学校の設立・開校に関しては、明治六年二月「小学校巡校臨時試験」記事から、犬上県第四区の瓦焼町（後に小道具町）の訓蒙《くんもう》学校（第七番小学校）、第一区の下魚屋町の博文《はくぶん》学校（第一七番小学校）、第三区の上片原町（後に白壁町）の入徳《にゅうとく》学校（第一八番小学校）、第五区の上藪下町の教蒙《きょうもう》学校の四校に、松田道之県令が庶務課学校専務の担当官員を引き連れ臨席していることがわかる。松田らは、長浜「第一小学校」と高宮「第二小学校」にも巡校して試験に臨席して、優秀生徒に褒章を与えている。二月中に日不詳だが、開校式を挙行していることは確実である（『琵琶湖新聞』第五号　明治六年四月）。

また、『滋賀県達書簡明目録』第二の明治六〜九年布達から、彦根の小学校開校がわずかだが明らかにできる(17)。二月二〇日付の犬上郡第九区布達で、上川原町の階梯《かいてい》学校が開校式を挙行している（日は不詳）。また、第六区外馬場町の修繕《しゅうぜん》学校と第七区中藪片原町の明道《めいどう》学校が四月二四日付に、第八区池洲町の芹水学校が四月三〇日付に開校を布達されている。各区内は布達後に開校式を挙行していくので、その直後に開校式が実施されたと推測できるが、月日は確定できない。彦根の町内の八校は、明治六年二月から五月初旬の時期に次々と開校している。残りの第二区松原馬場町の初葉《はつは》学校と第四区古沢町の集義《しゅうぎ》学校は明治七年に開校、第一〇区後三条町の青年《せいねん》学校は明治九年に開校していく。なお、第一〇区の大橋町開明《かいめい》学校は、『文部省年報』第五年報（明治一〇年）では、明治六年創立とあるが確認できる資料は見つかっていない。

表４　彦根各町の小学校開校の年月　明治５〜９年

明治５年—第４区訓蒙学校
明治６年２月—第１区博文学校、第３区入徳学校、第５区教蒙学校、第９区階梯学校
　　　　４月—第６区区修善学校、第７区明道学校、
　　　　５月—第８区芹水学校
明治７年—第２区初葉学校、第４区集義学校
明治９年—第 10 区青年学校
　年不明—第 10 区開明学校

（『滋賀県達書簡明目録』第二）

彦根の城下各町の小学校設立・開校は、各校の小学校沿革史が散逸しているためか、自治体史でも詳細な設立・開校がたどれていない。ここでは上記の二資料から、彦根各町の小学校開校年月を、表4のように整理しておく。

(2) 明治六年二月の野洲郡守山村「第十六小学校」の設立・開校

滋賀郡大津各町と犬上郡彦根各町に次いで三番目に早く開校した地域は、野洲郡第三区守山村で、明治六年二月二〇日付の小学校開校の布達が『滋賀県達書簡明目録』に掲載されている。[18] 同じ野洲郡では第一区宛の森川原村・金森村などへ三月二四日付の開校布達がある。

『旧守山町吉身小学校沿革史　明治六～昭和三二年』は、守山村有志総代と正副戸長名で二月八日に開校願書を提出、その後に滋賀県庁との間で開校期日、教員任用の試験、小学校名に関する往復文書を記録している。[19] 守山村は開校日を二月二〇日との希望を述べたが、県から雇入教員に関して教員免許試験の上決定するので、二二日までに再度届け出るよう回答があった。村内で協議を重ねて一八日に願書を再提出して、開校式は二五日を希望するとした。県からの再回答書は表5であり、校名を「第十六番小学校」と指定してきた。数字を冠する小学校名の正式決定は、開校式の期日への回答書であったことが判明した。

小学校は守山東門院庫裏《くり》を借用して校舎として、守山村・吉身村・岡村・立入村の四カ村で設立した学校で、二月二二日午後一時から念願の開校式を挙行した。式当日には、県令松田道之、学校専務少属加茂伴恭、権少属河村祐吉が列席して「第十六小学校」の開校を祝う盛大な式典を行った。しかしながら、翌年七年八月に吉身村と岡村・立入村が分離して「弘《こう》明《めい》学校」を設立した。守山村は単独で「第十六小学校」を維持管理することとなり、「守山《もりやま》学校」と校名を改めた。だが約三年後の明治一〇年一一月には、再び守山村と吉身村は両校

表5　滋賀県から守山村への開校式回答書　明治6年2月

初ケ条	提灯之儀ハ左之通可認事
表	滋賀県　第十六小学校
裏	野洲郡第三区
二ケ条	第十六小学校ニ候条掛札之儀ハ　前条提灯表書之通可認事
三ケ条	開校ノ儀ハ廿二日午後第一時二可致事

を合併して、「守山学校」に統合していった。

『文部省年報』第三年報（明治八年）では、守山学校は教員二人、生徒七六人（男子五五女子二一）で、弘明学校は教員一人、生徒四八人（男子三〇女子一八）であった。第四年報（明治九年）では、守山学校は教員二人、生徒九一人（男子七〇女子二一）、弘明学校は教員二人、生徒四九人（男子三一女子一八）となり、第五年報（明治一〇年）には統合した守山学校は教員六人、生徒一六一人（男子一二七女子三四）となっている。

おわりに

一八七三（明治六）年二月八日に始まる滋賀県の小学校設置・開校の政策は、全県の各郡の町村にくまなく布達され、一二郡の全域に普及していった。布達書資料では、明治六年三月二四日付で野洲郡第一区と同日に栗太郡第七区の穴《あな》村《むら》他九カ村で第二九番小学校が、三月二七日付で伊香郡第六区の木之本村で第二五番小学校と、同郡第五区の余呉村で積善学校が、続く四月五日付が蒲生郡第五区で八幡西学校、第六区で八幡東学校がそれぞれ開校通達を受けている。もっとも八幡西、東の両校は、すでに権令籠手田安定の列席の下で四月一日に開校式を挙行していた[20]。

明治六年の四月から六月の比較的早い時期の開校記録では、栗太郡、神崎郡から大津、彦根の市街地をはじめ、東海道・中山道・朝鮮人街道、北国街道沿いの交通が便利で人口稠密な街道筋の町場で早く開校している。近江商人の故地の蒲生郡の近江八幡、日野や神崎郡の五箇荘では明治六年度中に多数の小学校が開校している。

『滋賀県達書簡明目録』の明治六年中の開校式布達では、伊香郡、高島郡、坂田郡の湖北・湖西地方で明治六年に小学校が開校している。江戸時代の寺子屋が多数設立されていた地域とも重なる。これに対して、布達には浅井郡は一校出てくるのみ、甲賀郡と愛知郡は一校も出てきていない。これらの郡では、翌年明治七年になってから続々開校していった。

『文部省年報』第一年報（明治六年）の「滋賀県学事」には、同年九月から一二月に許可を得ての設立校は一一校、許可を得ず仮の設立校は七〇校としている（この許可区分の根拠は不明である）。分布は第九中学区（高島・滋賀・栗太郡）一八、第一〇中学区（甲賀・野洲・蒲生郡）一一、第一一中学校区（神崎・愛知・犬上郡）一九（内私立一）、第一二中学区（坂田・浅井・伊香郡）二三の総計八一校と記している（『府県史料教育　第十四巻滋賀県』「滋賀県史」十九「政治部十二学校」明治六年では、公立八〇校で、第九―二七、第一〇―一五、第一一―一八、第一二―二〇としている）。

『文部省年報』第二年報（明治七年）は、二九二校で前年より二一一校増大と報告している。しかし、「公学校表」には「未ダ不経伺候ニ付不登記」の学校一八五校を除いて、一〇七校しか掲載されていない。明治六年までの小学校数は、大津各町八校を含む一四校のみである。『文部省年報』第三年報（明治八年）は、「公学校表」に六三八校（創立年明治四年一、五年三、六年五六、七年二〇〇、八年三七八）を掲げている。『文部省年報』第四年報（明治九年）は、六九八校（創立年明治四年一、五年四、六年六六、七年一五五、八年三三七、九年一四二）となっている。明治初期の官庁統計は、数値が不安定であり、概観を得るにしても慎重に取り扱う必要がある。

注

（1）拙著『滋賀の教育史』文理閣　二〇一五年、『滋賀の学校史』近代文芸社　二〇一九年
（2）国立公文書館内閣文庫所蔵『滋賀県史』第一編～第四編「政治部学校」明治五～一五年。復刻版が佐藤秀夫編『府県史料教育　第十四巻滋賀県』ゆまに書房　一九八六年に刊行
（3）『石川県史』第四編　一九三一年（復刊　一九七四年）　六三四～六三九頁、『石川県教育史』第一巻　第五章第二節初等教育の胎動　一九七四年　一二九～一三七頁
（4）『今津町史』第三巻近代・現代　第二節近代学校の成立　二〇〇一年　六〇～六三頁、教育史の執筆者北野裕子さんから今津小学所の資料提供を受けた。
（5）『草津市史』第三巻近代史　一九八六年　一六四～一六六頁、「郷学校を設之法」『草津市所蔵文書』中の「役中日誌」
（6）『安曇川町史』第六章第四節学校と教育　八〇〇～八〇一頁、「同年（明治四年）一一月七日、膳所県は県内（旧藩領内）村々の役

人を呼出して『郷学校』を設けるの法を示している」として、「郷学校を設之法」を要約説明している。一一月七日の根拠となる資料は示されていない。

（７）西脇正信『滋賀県達書簡明目録』第二「明治六年分」赫赫堂　一八八二年七月

（８）『新修大津市史』近代　第五巻　一九八二年　九六頁、『新修大津市史　北部地域』第七巻　一九八四年　一四三～一四六頁

（９）『木之本尋常高等小学校沿革誌』第壱号（現長浜市木之本小学校所蔵）年不詳

（10）『改訂坂田郡志』巻三下　一九三四年

（11）『近江伊香郡志』下巻　一九六五年　四五頁

（12）彦根藩士森漁山は、中川祿郎門下で旧名大林権之進、のち森弘右衛門に改名、漁山と号した。大塩平八郎と交流あり、家老宇津木大炊の弟静斎（静区）を大塩に紹介、大塩の乱が起こって大阪で幽囚二年、彦根帰国後一年蟄居、家禄を没収された。宇津木静区の弟岡本黄石が彦根藩の実権を握り、藩論を勤王へ政策転換して下級武士の外村省吾や山本大造らを抜擢して藩政改革を行っていった。大林は森漁山と改名、一時藩校弘道館教授となる。一八〇九年生まれで、一八七九（明治一二）年四月没。黄檗宗広慈庵境内に「森漁山之墓」がある（西川太治郎『長等の桜』一九二七年）。

（13）『明治三〇年一月坂田郡東黒田西尋常高等小学校沿革誌』第一編（現米原市山東西小学校所蔵）

（14）宮坂朋幸「松田道之」（滋賀県教育史研究会編『近代滋賀の教育人物史』サンライズ出版　二〇一八年）、『滋賀の百年』「三人の名県令」（毎日新聞社　一九六八年）。松田道之は、内務大丞となり沖縄の「琉球処分」の責任者となり、その後東京府知事になる。在任中に四二歳で逝去。

（15）滋賀県の明治以降の寺子屋廃業年は、文部省『日本教育史資料』八　一八九〇年に依る。

（16）『滋賀県滋賀郡第三学区高等尋常科大津小学校沿革史』上篇　一八九一年（大津市中央小学校所蔵、同市逢坂小学校所蔵）。拙著『滋賀の教育史』二〇一五年（前掲１）第四章（九～一五頁）で、大津各町の小学校の設立・開校を詳述した。

（17）彦根の小学校の設立・開校は、『滋賀県達書簡明目録』明治六年（前掲書７）の布達資料より復元。「第一九〇号二月二〇日犬上郡第九区小学開校」「第三九九号四月二四日同郡第六区同」「第四〇〇号第七区同」「第四二一号第八区同」「第四九六号第一二区同」

（18）『滋賀県達書簡明目録』第二（前掲書７）「第一九一号二月二〇日野洲郡第三区小学開校」「第三一三号三月二四日同郡第一区同」

（19）『旧守山町吉身小学校沿革史　明治六～昭和三二年』（現守山市吉身小学校所蔵）、同沿革史の明治初年は明治二四年編纂である。『守山市史』中　一九七四年、『守山市誌　教育編』第一章　一九九七年も参照。

（20）『近江八幡の歴史』第八巻近現代　二〇一九年

第2章　長浜県・犬上県の「小学校開学建議書」と小学校の設立・開校

1　長浜県・犬上県の教育行政と外村省吾《とのむらしょうご》・山本大造《やまもとだいぞう》

一八七一（明治四）年七月一四日の廃藩置県後、近江国には彦根・朝日山・山上・宮川・膳所・水口・西大路の七つの県が生まれた。一八六八（慶応四）年閏四月二八日に大津県が誕生しているので、八県となった（大溝藩は明治四年六月に大津県に合併）。この四カ月後の一一月二二日に近江国を大津県と二分して、湖北・湖西の六郡を管轄する「長浜県」が設立された。図1に滋賀県成立までの変遷図を示す。

長浜県権令は元高知県士族神山郡廉《くにきよ》（君風）が着任したが、県庁は彦根に置かれたままであった。湖北・湖西地域の教育行政を担って教育施策を推進していったのは、旧彦根藩校弘道館の教授・助教を勤めた人びとであり、幕末期に下士の足軽層から抜擢されて藩校教師に登用された人たちであった。県庁が長浜の大通寺に移転したのは、一八七二（明治五）年二月二七日に県名を「犬上県」と改称してのちであった。「犬上県」は、二月から六月まで大通寺に県庁を置き、高島郡海津《かいづ》に出庁所を設置した、のち再び彦根に県庁を移している。

「長浜県」の教育行政の担当で着任したのは、幕末期の彦根藩で尊皇派として活躍した外村省吾とその人脈に連なる山本大造らであった。彼らは長浜県出仕となり、「小学校御用掛」の役職に就き、長浜県管轄下の小学校設置計画

を策定して、県名変更後も犬上県下の町村の名望家に呼びかけて小学校を普及させていった。「犬上県」下の教育政策として、一八七二（明治五）年三月から一〇月にかけて、「私学取締令」、「犬上県内小学建営説諭書《けんえいせつゆしょ》」、「小学校取設《とりもうけ》目論見《もくろみ》心得方《こころえかた》」、「犬上県管内小学校課程表」という一連の政策を打ち出して、小学校設置計画を実現していったのである。

ここでは、長浜県・犬上県の教育行政の中心的指導者の外村省吾と山本大造の人物像を最初に取りあげて、次に犬上県下の小学校政策について検討していく。

(1)　外村省吾の略歴

外村省吾の略歴を、以下に簡単に記して見よう。外村は幼名を巳之助、後に程輔、号を半雲と称した。外村省吾は、一八二一（文政二）年四月八日に並河重太郎（敬道）の子に生まれ、代々銃卒の家柄で、一五歳で外村一郎（清蓮）の養子となった。一七歳で経史を修め、二二歳で藩校弘道館において中川禄郎《なかがわろくろう》に学んだ。一八四三（天保一四）年一月一六日に家塾「学修舎」を開くや、弟子五〇余人が集まったといわれ、一八五四（安政元）年には六〇有余人となった。一八六一（文久元）年頃より家老岡本黄石（半介）に抜擢され、谷鉄臣・石黒務・西村捨三などと「至誠組」（勤王派）として活躍した。一八六三（文久三）年に十分となり、京都の彦根藩屋敷で外交掛に任じられ、諸藩の藩士と交流した。

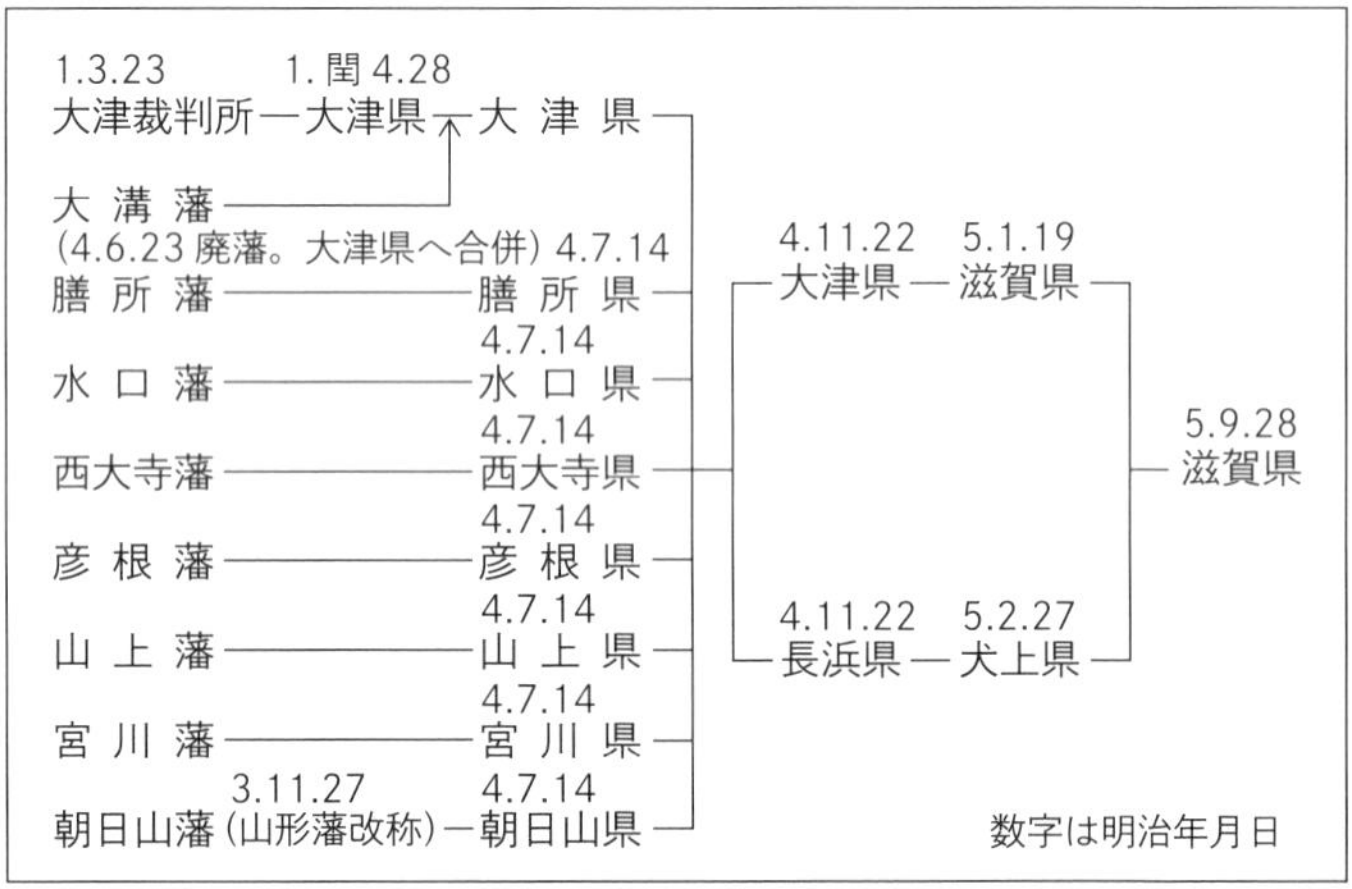

図１　滋賀県の成立過程

朝日山藩は出羽国山形藩が浅井郡内に移封されたもの。

（『滋賀県の歴史』山川出版社　1997 年　287 頁を一部修正）

一八六七（慶応三）年五月に藩校弘道館教授に任命された。明治維新後、明治政府に徴士として、一八六八（明治元）年一〇月から六九（明治二）年九月まで刑法判事試補で出仕した。「新律綱領」の制定に従事したが、病気で帰郷。帰郷後は同年一一月に彦根藩大属となり、翌七〇（明治三）年七月には彦根藩権小参事になった。[1]

彦根藩は七一（明治四）年七月廃藩置県で彦根県となり、一一月には彦根県から長浜県になる。外村は七二（明治五）年正月から長浜県十等出仕となって「長浜県小学校御用掛」に就き、七二年二月から県名変更後の「犬上県小学校御用掛」を一〇月まで勤めた。幕末期から明治初期にかけての長年の私塾経営や弘道館教授など、豊富な教育経験を買われての登用であった。[2] 外村は長浜県の小学校掛に就任するや、自らの教育人脈を活用して学校政策を打ち出していく。ところが、再度明治政府から出仕命令が届いた。一八七二年一一月から七三年四月の六カ月間、政府から陸軍省八等出仕を命ぜられ上京するが、病の為に帰郷した。

その後、一八七五（明治八）年五月三日に、滋賀県第一一番中学区第一〇六番～第一二二番小学区担当の学区取締に就き、七六（明治九）年には第九番～第一二番中学区を統轄する学区取締総頭取に就任した。外村は、同年八月に元川町に彦根学校を開校させるため尽力し、彦根学校初代校長に就任した。しかしながら、五カ月間勤めるも、一八七七（明治一〇）年一月五日病のため死去した。[3]

外村省吾は、彦根県から長浜県へ、さらに犬上県へと移行する時期の小学校設立を推進した中心的人物であった。彦根市立図書館には「外村省吾文書」が所蔵されているが、残念ながら犬上県の小学校設立政策の資料は残されていなかった。

(2) 山本大造の略歴

山本大造は、外村省吾に連なる弘道館人脈の一人である。弘道館素読方教授（文学教授）になった渡辺弘人《わたなべひろと》、西村《にしむら》捨三《すてぞう》、渋谷啓蔵《しぶやけいぞう》ら、副教授の横内平《よこうちたいら》や亘理新《わたりしん》、習字助教の川瀬益二郎《かわせえきじろう》、助教田中荘吉《たなかそうきち》、数学助教青木弥太郎《あおきやたろう》も同様で

ある。その多くは藩中の身分は高くなく、井伊直弼の暗殺後に岡本黄石の藩政改革により抜擢された人物群である。弘道館教授では、権大属の宮崎音人、教頭で皇学の青木千枝、教頭で洋学の鈴木貫一の上士層や、副教頭で詩文教授田中芹波《たなかきんば》らがいた。彼らも彦根県・長浜県に出仕しているが、外村の人脈とは異なる系譜であり、小学校政策には関わらなかった人物群である。

山本大造の略歴を、長浜県の罫紙に書かれた自筆履歴書から見ていく（「山本大造家文書綴」）。山本大造は、別名を大助、希曽、聖興《まさおき》と称しており、号を反求斎《はんきゅうさい》と称した。一八二四（文政七）年三月に芹橋一〇丁目四〇番屋敷で江澤又作の四男に生まれた。山本家の養子になり、一八三九（天保一〇）年一一月一三日に家督相続し、大造と改名した。一八六八（慶応四）年二月一一日に弘道館素読役に任じられ文学教授となり、家老の連名による推薦であった(4)。一八六八（明治元）年九月一五日に明治政府から行政官書記「弁事」を命ぜられて上京、一一月八日に「筆生」となる。六九（明治二）年二月一〇日に明治天皇の東幸供奉《とうこうくぶ》を命ぜられ、三月に京都を出発、八月八日に太政官岩倉具視より「主記」に任命され、七〇（明治三）年四月一八日まで勤めた。依願退職して帰郷後、同年六月五日に「権小属政治庁書史試補」に任ぜられ、一一月に試補に昇進した。

一八七一（明治四）年七月七日になり、山本大造は「学校教授塾頭《じゅくとう》申付候事」の辞令を受けた。彦根県で管内の小学校設立構想を作成することになる。しかし政策構想を立案している中で、七二（明治五）年一月二一日に「長浜県十五等出仕」の辞令が届き、ついで同年二月二七日には「犬上県十四等出仕」の辞令を受け取ることとなった。外村省吾が一月に「長浜県小学校御用掛」に就任して、幅広く弘道館人脈を集めたからであった。

2　山本大造による小学校開学建議書—明治五年二月—

「山本大造家文書」中の「諸事御用願出届書」に、一八七二（明治五）年の長浜県—犬上県の小学校設立・開校の

学校政策に関する次の二つの重要な資料がある。[5]

一「長浜県庁への小学校開学建議書」（二月二九日）

二「犬上県小学校掛への口達」（四月一〇日）

一「長浜県庁への小学校開学建議書」は、長浜県下において小学校を設立・開校していく具体的方策の資料である。「当県下六郡内地理ニ随《したがっ》テ　小学校ヲ開ク事　并《ならびに》営繕等官費ヲ仰カス共立之方法」から始まる小学校設置構想は、具体的かつ詳細に小学校の設置計画を述べている。その主な内容は、①犬上県内の小学校設置・開校の場所、②小学校の学校維持の財政計画、③教員の人事、④学規、⑤県内六郡の学校収支計画である。

二月二九日付文書末尾の作成者署名は、山本大造と森幹一（号漁山）が連名で署名して、長浜県庁宛に提出している（森幹一は、伊香郡木之本村教育場設立から教先学校教員になった人物である—第一章参照）。

①最初に、山本大造と森幹一は、長浜県の管轄六郡の一五カ所に小学校を設立すべきだとしている。小学校の設立・開校は「官費ヲ仰《あお》カス共立之方法」で設けるものとして、人民が積極的に関与する形で小学校を設置すべきとして、次の箇所を指定した。

「元彦根県四カ所、高宮《たかみや》駅、枝《えだ》村、小田刈《こたかり》村、鳥居本《とりいもと》駅、米原《まいはら》駅、醒ヶ井《さめがい》駅、春照《すいじょう》駅、長浜《ながはま》県、速水《はやみ》村、木之本《きのもと》村、海津《かいづ》駅」。各地域の小学校の教場や建物は、交通と要地の宿駅では本陣を転用し、その他の場所では寺院を借用としている。

②小学校の維持・管理にあたって学校経費の収支計画書の試算を示している。元彦根県では士卒禄高四万六一石一斗三升五合で、そこから取立高二〇〇石三斗、また工商戸数三五六七戸から百疋《ぴき》ずつ取り立てて総額八八一両二分を見込み、他にそれぞれ各校が百両ずつ融通会社利益中から出すものと計算している。さらに元朝日山県、元宮川県の士卒からも協力金を得るとした。これらの基金をもとに貸付元金に充《あ》てて、学校の維持運営を図るものとした。

③設立する小学校の教員は、一校に「教授一名で月給一二円、助教二名で月給各八円」の三人体制をとり、「習字・

算学兼務及ヒ会計営繕等之事務官有之」とした。また雇助教一人を二円で雇用し、生徒の多寡により二・三人を増やすものとした。

④ 教則は上・中・下の三等級に分け、次のような教科書名をあげている。教則はこの段階では十分練り上げられているとはいえず、一〇月の「犬上県内小学校課程表」のように整備されたものとなっていない。教科は、句読《くとう》・習字・算学の三科を中心としていた。

⑤ 県内六郡の学校収支計画では、以下のように収支を試案している。

〈収入〉六郡収納―士卒と工商戸別割取立高　九三四四両二朱

〈支出〉一カ年一校　五〇〇両×一五校＝七五〇〇両

〈内訳〉・人件費　三七八両

（教授一人　一四四両、助教二人　一九二両、雇助教一人　二四両、使丁一人一八両）

・書籍買上費　五〇両

・営繕器械家賃茶油炭諸雑費　七二両

〈差引不足分〉一五〇〇両

〈内訳〉御貸渡分（諸官員禄高取立、生徒ヨリ取立、朝日山・宮川県士卒禄高取立）

3 犬上県小学校御用掛の人物像と小学校の設立・開校

「犬上県小学校掛への口達」資料には、犬上県下で具体的に小学校政策を担当していた人物名が明記されている(6)。

表1　長浜県「小学校学規」―「小学校開学建議書」

上等	十八史（欠略）、日本外史、小学、鮮義、太政官布告、日誌書類
中等	日本政記、小学―素読
下等	孝経、四書―素読
算学	九九法、乗除定位法―日用算法後、撞除法、日用算法前、但異乗同除
習字	啓蒙手習ノ文、世界国尽、万国往来、大統歌

但し書きに、筆紙を用いず塗板《ぬりばん》に水書きを行って教えるとしている。授業にあたり「大凡《おおよそ》男女五・六才ヨリ小学ニ入リ」とし、「大意ヲ通シ優秀ノ者ハ試験ノ上中学校ヘ貢進《こうしん》ス」と上級学校への進学にもふれており、附書には「男女席ヲ同フスベシ」と男女別の授業を示唆した。

この資料は、犬上県庁が小学校掛六人を十四等出仕で任命した口達を写した文書である。この資料は、犬上県から「山精之介、渋谷啓蔵、山本大造、渡辺弘人、松浦果、原作蔵」の六人への任命状であり、四月一〇日の一〇時に出頭を命じている。同資料には、権大属宮崎音人に学校掛を申し付けていたが、彼の職務を免じて新たに六人に対して、毎月二人ずつ輪番で勤務することを指示したものである。

六人の人物中で五人は、外村省吾の弘道館教授時代の同輩や後輩であり、外村の弘道館人脈に連なる人びとであった（山精之助は不明）。彼らは長浜県小学校御用掛に任命され、県名改称後の犬上県小学校御用掛に引き続き任用されていった。

六人のうち、履歴事項とその後の略歴が判明しているのは、次の五人である。

渡辺弘人は、一八六七（慶応三）年に外村の弘道館教授と同じ年に文学教授に就任している同僚である。渡辺は、犬上県小学校御用掛の退任後、七三（明治六）年一二月に長浜「第一小学校」の教員となる。七四（明治七）年に同校は開知学校と改称するがそのまま在勤し、後に彦根上魚屋町の博文学校に転じて七六（明治九）年一月まで在任した。その後滋賀県師範学校教員に招かれて、彦根伝習学校が創設されるや同校幹事に就任している。伝習学校廃止後も滋賀県師範学校教員にとどまり、一八八一～八五（明治一四～一八）年の間在勤した。

松浦果は、藩校弘道館では外村省吾の門下生で江戸へ藩費で遊学しており、一八七五（明治八）年六月に滋賀県小学教員伝習所が開所するやただちに入所し、六〇日間伝習をわずか二〇日間で卒業している。卒業後、神崎郡山本村（現東近江市五箇荘）啓発学校の首座教員、八一（明治一四）年から校長となり、八三（明治一六）年まで同校に在任した。松浦は、郷土史や郷土地誌教科書の編纂を行うと同時に神崎郡教育会の指導者ともなっている。[7]

原作蔵は、一八六九（明治二）年に一八歳で弘道館助教に抜擢された逸材であり、長浜県出仕の時期は二一歳であった。

渋谷啓蔵は、一八六五（慶応元）年に江戸に遊学して帰郷直後に弘道館教授となり、藩主の命で「左伝輯釈」を校訂して弘道館から出版・刊行した。一八七二（明治五）年に家督を弟に譲り上京し、中村敬宇《けいう》から英学を学ぶ。後に

学習院教授、東京高等師範学校教授となっていった。

山本大造は、一八七二(明治五)年五月に「犬上県七等教官」の辞令を拝命しており、その辞令書の写しが残っている。「七等教官」の職務内容は教育行政官として学校教育の意義と理想を管内住民に普及させ、管内の町村に小学校を設立して子どもを就学させることが主な任務であった。外村省吾のもとで教育政策を策定し、実施する中心的役割を果たしていったのである。

一八七二(明治五)年八月二日(太陰暦)〈太陽暦九月四日〉に、太政官布告第二一四号で「学事奨励に関する被仰出書」が出された。八月三日に文部省布達第十三号別冊「学制」が公布された。外村省吾のもとで山本大造は、渡辺弘人や松浦果などと教育政策を練りあげて、管内の町村に対して小学校設立を働きかけるため、二月二九日の「長浜県庁への小学校開学建議書」に基づき、七月に犬上県下全域に『犬上県内小学建営説諭書』を作成して配布した。説諭書には「学制」の趣旨である学校設置目的を先取りする文言が各所に書き込まれ、福沢諭吉の実学思想や人民共立の学校という学校管理の考えや京都の番組小学校を例に引いて住民自治の発想が盛り込まれている。

「学制」公布のすぐ後、同年九月二八日に犬上県と旧滋賀県(湖東・湖南地方の六郡の滋賀県)が、統合された。長浜県・犬上県において展開された教育政策と小学校設置・開校施策は、統合されて一二郡になった近江国一円を管轄する滋賀県に引き継がれていく。山本大造は、一八七二年一二月書簡(期日不明)に「滋賀県へ学校引き渡し御用済みになる」と短く記している。「学制」公布後も職にとどまり在任していたが、一二月に犬上県下の小学校引き渡しが行われた時点で、退職したと考えられる。

山本は退職後近江八幡に移り、一八七三(明治六)年四月一日に設立された八幡東学校の句

表２　犬上県「学則」明治５年４月

第４等	句読―孝経、小学、四書、国史略 習字―大統歌、諸国郡名、万国往来、啓蒙手習文
第３等	日本政記、日本外史、小学、大学、以上講義
第２等	文章規範、地球説略、左伝、孟子
第１等	書経、格物入門、中庸、論語

読教師として招聘されて小学校教員になっていった。四月一〇日の開校式には、滋賀県庁から大参事榊原豊が来て盛大な式典を行っている。同校の算術教師となった青木弥太郎は藩校弘道館時代の同僚の算術教授であった。山本は一八七五（明治八）年四月まで八幡東学校に在職した。(8)

「山本大造家文書」中には、一八七二（明治五）年四月一〇日付の犬上県「学則」資料が綴じ込まれている。この学則は、表1の長浜県「小学校学規」とは句読などの共通点もあるが、算術が全く欠落する点や「格物入門」や「地球説略」の自然科学系科目がある点で異なり、また等級制の名称も異なっている。現段階では、犬上県下の小学校表2の犬上県「学則」が実施されたかを判定する資料は見つかっていない。犬上県で当該時期に検討された小学校教則の一つの構想としておきたい。

4　犬上県における明治五年の教育施策―『犬上県内小学建営説諭書』と「犬上県管内小学校課程表」―

一八七二（明治五）年に長浜県と犬上県において外村省吾と山本大造らが中心になって立案した教育政策を検討していく。彼らが教育政策を推進する時期は、「学事奨励に関する被仰出書」（八月二日）、「学制」（八月三日）が公布される前後の時期であった。地域住民からの教育要求を「郷学校」設置で受容しつつ、私塾・寺子屋形態での形を残しながらも、他方で文明開化による啓蒙的な思想による「小学校」設立を推進して、旧来の発想や施設・設備と断絶を図っていく政策を行おうとした。

彼らの推し進めた教育政策は、犬上県下への布告四点の資料から確認できる。(9)一「私学取締令」年三月晦日《みそか》、二『犬上県内小学建営説諭書』七月、三「小学校取設目論見心得方」七月、四「犬上県管内小学校課程表」一〇月。

二月二七日に成立したばかりの犬上県は、三月晦日に「私学取締令」を管轄下の町村に伝達した。この時期は外村

と山本大造以外のメンバーは揃っておらず、教育政策も打ち出しえなかった。『東浅井郡志』巻三（一九二七年）に犬上県が「私学取締令を管轄下の町村に伝達し、官許を許さざる者の私塾を開くことを禁じた」とあるが、その詳細は明らかでない。「山本大造家文書」には、同月同日付の文部省布達第六号の写し書きがあるので、犬上県では文部省布達を移牒して伝達したものと考えられる。

四月一〇日に「犬上県小学校御用掛」が任命されて、山本大造に五人を加えた教育政策のスタッフが整ってきた。すでに犬上県下では、前年の一八七一（明治四）年九月に富裕な商人の多い長浜町では小学校が設立されており、中山道筋の宿場高宮村でも有力商人層を中心にして小学校が七二年四月一日に設立されていた。同じ中山道の宿場町柏原村でも、小学校を開設する動きが具体化して、五月一日に郷学校が設立された。また、中山道筋の志賀谷村での小学校開設に向けて村内有力者が動き出していた。北国街道の木之本宿でも村内の有力者たちが基金を出し合って、一八七〇（明治三）年から教師を招聘して、教育場を作って小学校開設の準備を整えていた。

(1)『犬上県内小学建営説諭書』七月—犬上県の小学校の理念と思想

犬上県庁が出した教育政策の原則を知ることの出来る基本資料である[10]。同資料は、滋賀県立図書館と彦根市立図書館で確認できる。犬上県の小学校設置政策の基本文書として、説諭書の内容を次の四点から分析していく。

第一点は、小学校を「人民共立《じんみんきょうりつ》」の学校の「郷校《きょうこう》」と規定した点である。犬上県は「小学郷校取設《きょうこうとりもうけ》管内一統」に男女に拘わらず修行させるため、県下九一地区に小学校を設置することを目標にしていると明示した。そのために当分各郡に本校一校と分校二〜三ないし四〜五カ所を建設することを説諭した。

小学校建営にあたって、「郷学《きょうがく》は人民共立の学校にして官費をあおぐべき筋」でないので、各郡で費用を工面して永続目論見《えいぞくもくろみ》を立てて八月一五日までに県庁に書面で申し出るよう指示した。人民共立の学校である「郷校」の取り設け（設立）に関して、「長浜、高宮はすみやかに庁旨を呈しすでにその端緒を開き、その他目論見差し出したる村方も

あるので」、一定の方法を相定めて各区から申し出るようとしたのである。長浜、高宮の二校は犬上県内で先駆けて開校していたこと、両校に続いたのは柏原村や志賀谷村であったことが資料で裏付けられている（八月二〇日と二四日付で志賀谷村は、犬上県庁あて学校取設願書を提出、九月二三日に第四小学校として開校した）。

第二点として、小学校の教育目的を明記して、学校で学ぶことは、「人の人たるの道を知り、身家を修斉し、職業を繁盛させ、子孫を長久し」、才徳次第では官員にも備えられる基になるとした。福沢諭吉の『学問のすすめ』の精神と同じであり、同書を県下九一地区へ各二冊宛配布するので熟読するようにと説諭した。明治維新により世の中は変わり、これまでの学問の意味が変わって生活に役立つ知識を学ぶために学校ができたことを強調した。学ぶ内容は、「手習・十露盤《そろばん》・請取証文《うけとりしょうもん》之《の》認方《したためかた》・日用取遣《にちようとりやり》之《の》文通《ぶんつう》・三枚《さんまい》之《の》御高札《ごこうさつ》・当国郡村名《とうこくぐんそんめい》・府県《ふけん》之《の》名称《めいしょう》・歴代《れきだい》之《の》年号《ねんごう》・和《わ》漢洋《かんよう》之《の》治乱《ちらん》・沿革《えんかく》之《の》大略《たいりゃく》」などとした。

第三点は、小学校の維持・管理に関しての学校財政について、学校が永続するような財政計画を立てるよう指示したことである。毎区の村の役職者は「郷校」建築で集めた米金の会計管理をしっかりして請け払い、貸付方も規則を定め、学校永続の手段をとるようにとした。学校財政の永続と村財政の管理の健全化を図って、「民間共立の便を持つ」ものとした。学校の積立金は、村の将来を考えて使うように述べて、「天災《てんさい》地妖《ちよう》の非常教育の手当」や、貧民救済のために使うようにすべきとした。旧来の私塾や寺子屋などの教育機関との差異を明確化して、小学校を永続的に町村が管理する施設と位置づけた。

村の役職者は、小学校が開校したら学校に時々罷り出て、「子弟の成立方《なりたちかた》」や「村方の利害得失を考えて」行動し、小学校を「万事集議《しゅうぎ》之《の》場所《ばしょ》」とし県庁よりの布告の場所とするように指示した。県庁の官員は出張して小学校の場で告諭《こくゆ》して、「郷校」が出来て「万事都合よく村方の仕合わせも多かるべし」とすべきだとした。このように小学校はたんなる教育機関の役割だけでなく、村落の中枢施設であるコミュニティセンターとして位置づけている。

第四点は、「御一新前の景況」とは全く異なる時代となって身分の差の解消したことが前代未聞のありがたい世に

なったことを強調している。個人の力量次第で活躍できる社会が広がって、「学問せざるは禽獣《きんじゅう》にも劣る」から学校で学ぶことが重要とした。京都府下では、上京・下京の各三二区の番組小学校が六四校設立され、男女一万五一六八人が管下一一郡で学んでいる例をあげ、京都で都の風俗が一変して盛んに繁昌しているとした。

説諭書の最後には、官から村落に不同意を無理矢理押しつけるわけにはいかないので、村落の指導者は、「人民共立の学校」で学び新しい知識を得ることが財を得て、身を立てていくことにつながるので、早急に小学校を建営するように説諭している。

以上のように、犬上県庁は管轄下六郡九一区に対して小学校の設立の意義を説き、村落の行政上と教育上の中核施設であるとして、村落の繁栄と個人の幸福につながることを強調して、小学校の設立・開校を早急に行うように村落指導者に説諭した。長浜の「第一小学校」、高宮の「第二小学校」の設立・開校に続いて、他の村落にも早急に「郷校」を設立することを呼びかけている。

犬上県は、七月に『犬上県内小学建営説諭書』を配布して、「小学校取設《しょうがっこうとりもうけ》日論見《もくろみ》心得方《こころえかた》」を布達した。小学校設置の方法と手順を示して、犬上県庁へ提出する願書の形式を示したものである。同資料は、おもに小学校の校舎に関する布達で「当分其区内在来之本陣《ほんじん》又は寺院・道場・掛所を以て、仮に取設《とりもう》け度向者《たきむきは》、其存付之《そのぞんじづけの》廉々《かどかど》、委曲《いきょく》可申出《もうしですべく》」旨を示達した（『東浅井郡志』巻三）。小学校の校舎・教場を新築することは財政上の困難が多いので、当分の間は宿駅では本陣、各村落では寺院・道場・掛所を借用して設立せよというものであった。

八月二〇日までに犬上県庁に提出する「学校取設之願書」は、採用する教員の身分、住所、氏名、年齢に関する教員関係の事項の記載も必要として、村落の正副区長に願書を求めた。

(2)「犬上県管内小学課程表」─犬上県の教育課程と教則

犬上県は文部省布達第十三号「学制」(一八七二年八月三日公布)で第二大学区となり、旧滋賀県は第四大学区に属すると定められた。第二大学区は大学本部愛知県で、愛知・額田・浜松・岐阜・三重・度会・犬上の七県とされ、第四大学区は大学本部大阪府で、大阪・京都の二府と兵庫・奈良・堺・和歌山・飾磨・豊岡・高知・名東・香川・岡山・滋賀の十一県であった。しかし、同年一一月には文部省布達第四一号で「第二大学区は犬上県を削り、計六県とする」とされた。これは同年九月二八日に犬上県が旧滋賀県(湖南・湖東地域の六郡管轄)と合併・統合して、近江一二郡を管轄下におく滋賀県となったからであった。翌七三(明治六)年四月に滋賀県は第三大学区(本部大阪府)の二府一〇県に編入されていった。

「犬上県管内小学校課程表」は、八月三日の「学制」公布直後の一〇月に県下に頒布されたようである。「犬上県管内小学校課程表」は次章で表6(六八頁)に掲げるが、ここでは簡単に犬上県の小学校教育課程の特色をみていく。この小学校課程表は、学習段階区分をこれまでの四等ないし五等の区分でなく、第五級~第一級に区分して、教科を「句読《くとう》」「暗誦《あんしょう》」「習字」「算術」の四つの教科に分けている。教科書には文部省編纂の『史略』(皇国)(支那)、福沢諭吉著作の『世界国尽』『西洋事情』、慶応義塾関係者による編纂の『生産道案内』・『地学事始』・『天変地異』などがあげられている。他方で儒学の古典や史書の『十八史略』・『日本政記』があげられている。また、身近な滋賀県や犬上県など郷土的知識の『犬上県郡名』・『犬上県区名』・『近江国郡村名』・『告諭大意』など地域や生活に結びつく教科書があげられている。

次章で見るように、高宮村「第二小学校」は、一〇月に「犬上県ヨリ頒布《はんぷ》ナリタリ『犬上県内小学校課程表』」に基づいて教授し始めたとして、五月一日の開校以来採用してきた「素読《そどく》」「会読《かいどく》」「習字」「算術」「作文」の「五月教則」を改めている。[11]「犬上県管内小学校課程表」は前書きが記すように、課程表にある全ての教科書を実際上取り揃えることは難しく、「在来之書籍ヲ以テ施行《せこう》候《そうろう》儀《ぎ》不苦《くるしからず》候《そうろう》」という状態で授業が行われたものと考えられる。

5　京都府と大阪府の小学校課業表との関係

犬上県で制定された小学校の教育課程は、近隣の京都府、大阪府の小学校教育課程とどのような関係あるのだろうか。外村省吾は、幕末から明治維新にかけて尊王攘夷派志士で京都で外交掛として活動して、維新後に明治新政府に徴用、東京で新しい教育動向や学校政策の動向を見聞していた。一八七二（明治五）年七月の『犬上県内小学建営説諭書』には、京都市中の上京・下京で創設されていた番組小学校の内容を引用しており、外村省吾や山本大造らは新しい小学校の教育課程や教授形態として京都府や大阪府をモデルしていこうとする姿勢があった。「犬上県管内小学校課業表」が学び取ったと考えられる先進的な二つの府の小学校教育課程を次に見ていこう。

表３の京都府の「小学校課業表」は、一八七一（明治四）年八月制定の教育課程である。出典は『京都小学三十年史』一九〇二年で、「府庁始メテ小学課業表ヲ制定シ

表３　京都府小学校課業表　明治４年８月

	句読	暗誦	習字	算術
第５等	小学子弟心得	五十音	五十音	珠算兼筆
	孝経		(平カナ片カナ)	加法
	市中制法		数字	減法
	郡中制法		干支	
	町役村役心得		三枚御高札	
	府県名		名頭	
第４等	職員令	年号	受取証文	珠算兼筆
	戸籍法	国名	苗字尽	乗法
	世界国尽		京都町名	除法
	中庸		山城郡村町名	
	論語			
	窮理図解			
第３等	国史略	帝号	諸国郡名	珠算兼修
	孟子	英独語学一百言	商売往来	諸等諸法
	小学			分数諸法
	地学事始			
	生産道案内			
第２等	日本政記	内国里程	世話千字文	比例法
	五経	本邦環海里程	諸券状	比例雑問
	真政大意	英独語学三百言	諸職往来	
	西洋事情		復文	
第１等	日本外史	内外国旗章	公用文	必用雑問
	易知録	外国里程	即題手束	求積
	太政官諸規則	英独語学五百言		開平方
				開平雑問
				開立方
				開立雑問

発布セラル　従来ノ課程ニ比シ大ニ其度ヲ進メタリ」としている。課程表は、五等にして四科に分け、「読物ノ程度最モ高シ蓋《けだ》シ読書力ヲ養成スルニ力ヲ用ヒシナリ」と、読書力の強化を重点に置いたと説明している。(12) また、第三等以上で英独語学を配置して、外国語の習得を重視している。さらに、「市中制法、郡中制法、町役村役心得、三枚御高札」をあげて、地域社会の自治的組織の基本を教えようとした。

表４　大阪府小学校課業表　明治５年５月

	読書	暗誦	習字	算法
第５等	孝経	五十音	五十音	数目
	市中制法	大阪橋名	（平カナ片カナ）	九々表
	郡中制法	府県名	干支数名	加法
	町役村役心得		三枚高札	減法
			名尽（実名・通称）	
			啓蒙天地文	
第４等	会社弁略	帝号	受取証文	乗法
	中庸		苗字尽	除法
	世界風俗往来	内国国尽	大阪町名	諸等雑問
	世界国尽		摂津郡村町名	小数四則
	地学事始		啓蒙地球文	
第３等	道（窮）理図解	年号	諸国郡名	求等最大小数法
	国史略	世界国尽	消息往来	約分
	小学	内国物産	私用文	分化小数
	論語		窮理問答文	小化分数
	西洋事情			分数四則
	慶弘記聞			
第２等	日本政記	内外海陸里	世話千字文	正比例
	博物新編	程	諸券状	転比例
	五経	窮理問答	写字五百字	合率比例
	十八史略	内外度量	復文	逓折比例
	真政大意		執行相談文	相違準法
第１等	日本外史	内外国旗章	公用文	開平
	万国公法	外国里程	即題手束	開立
	瀛環史略	欧語三百語		雑題
	官途必携			
	易地録			

次に、大阪府の一八七二（明治五）年五月と一〇月の二つの「小学校課業表」を見てみよう。表４の明治五年五月の「大阪府小学校課業表」の出典は、「愛日小学校文庫」を引用の大森久治『明治の小学校』一九七三年(13)で、表５の一〇月一五日改正の「大阪府小学校課業表」は『大阪府教育百年史』第一巻　一九七三年である。(14) 大阪府は、一八七二（明治五）年四月に府知事渡辺昇が就学の「告諭」を出して、東京や京都ではすでに学校数一〇〇校近くあるのに、三都の大阪では眼前の家業にのみ専念する傾向が強く、学校建設が進んでいない。今後は、個人の人格を磨くとともに、世のため人のために、さらに商業従事者にも正当な利潤追求の道を習得するためにも、町役人

表５　大阪府小学校課業表　明治５年10月15日

	読書	暗誦	習字	算法
第５等	孝経	五十音	五十音	数字図
	市中制法	大阪橋名	（平カナ片カナ）	加算九々図
	郡中制法	府県名	数字・干支	加法・減法
	町役村役心得		三枚高札	羅馬数字図
			名尽（実名·通称）	
第４等	中庸	帝号	受取証文	乗算九々図
	論語	国名	苗字尽	乗法
	職員令		大阪町名	除法
	戸籍法		摂津郡村町名	形体線度図
	生産道案内			四則雑問
	世界国尽			
第３等	国史略	年号	諸国郡名	分数法
	孟子	西洋品物	消息往来	諸等法
	小学	内国物産	私用文	比例法
	西洋事情			
	世界通商往来			
	地学初歩			
第２等	日本政記	内国里程	世話千字文	比例法
	十八史略	窮理問答	証文案	罫画
	五経	内外度量	写字五百字	幾何大意
	真政大意		復文	累乗開法大意
	博物新編			
	世範			
第１等	日本外史	内外国旗章	公用文	雑問
	万国公法	外国里程	即題手束	罫画
	瀛環史略	欧語三百語		対数用法
	官途必携			幾何応用大意
	易知録			

中心にして学校を建設して、子弟の教育に努めるようにと布達した。渡辺昇府知事は、福沢諭吉の『京都学校記』を買い入れて各区長に配布し、地域の有力者から学校興隆の機運を起こそうと図ったのである。

　五月の「大阪府小学課業表」は、「京都府小学校課業表」を基本的に踏襲して、教科名や教科書を一部入れ替えている。『大阪橋名』・『大阪町名』・『摂津郡村町名』などで大阪の郷土色を出しつつ、京都府が外国語（英独語）を重視するのに対して、大阪府は数学（算法）を重視している点が異なる。大阪府は一〇月一五日に算法の一部を修正した「大阪府小学校課業表」も発表した。

　一一月には「小学校建営心得廉書」（愛日小学校文書）を発して、具体的な小学校の建営の方針を示した。これにより、既に開校していた東区平野町の幼学校（明治四年一月）、久太郎町の東本願寺掛所などは、いったん廃止され、大阪府の統一方針の下で一八七二（明治五）年五月から東大組で若松、和泉、北浜、金田など、西大組で栄、北大組で伊勢、中島など各所で小学校が続々と設立されていった。

注

（1）外村省吾の経歴は、文部省『日本教育史資料』五「旧彦根藩」一八九一年、滋賀県教育会編『近江人物史』一九一七（大正七）年、久保田重幸「外村省吾」（滋賀県教育史研究会編『近代滋賀の教育人物史』サンライズ出版　二〇一八年）を参照。
（2）彦根史談会編『彦根旧記集成』第六号「彦根藩職員録」一九六〇年
（3）『同上』、彦根市史編さん事務所『彦根百年譜稿』一九六一年
（4）「山本大造家文書」資料（近江八幡市立図書館所蔵）。同綴中に長浜県、犬上県の罫紙入りの履歴書綴の下書きが数枚、長浜県、犬上県に関する教育政策の原案や提案文書が綴じ込まれている。近江八幡市立図書館が現在地に移転する前、荒木優元館長に複写させていただいた。
（5）「山本大造家文書」中の「慶応四年戊申二月十一日　諸事御用願出届書」
（6）『前掲書』（1）及び（3）
（7）松浦果（神崎郡山本村・啓発学校教員）は、『小学国史略』上下　一八七五年や『滋賀県管内神崎郡誌』一八八〇年などの国史・郷土地誌教科書を編纂している。渡辺弘人は、彦根初等師範学校幹事から滋賀県師範学校教員として初等教員養成に携わり、『滋賀県管内犬上郡誌』一八八一年の編纂を行っている。両人とも藩校弘道館教授を歴任。藩校の教授だった人物が、設立・開校直後の小学校や小学校教員養成にどうかかわったかの先行研究はきわめて少ない。
（8）『八幡尋常高等小学校沿革誌』第一編　一八九七年五月
（9）東浅井郡教育会『東浅井郡志』巻三「第九編現代志」一九二七年（四三七～三八頁）。犬上県庁に関する出典を「大村文書」としているが、その出典の詳細は不明。
（10）小熊伸一「滋賀県の就学告諭」（荒井明夫編『近代日本黎明期における「就学告諭」の研究』三六九～七一頁）、『新修彦根市史』第八巻史料編近代一　二〇〇三年に翻刻
（11）『高宮小学校沿革誌　高宮尋常高等小学校』上・下　一八九六年
（12）『京都小学三十年史』一九二〇年、後に『京都府教育史』上　一九四〇年
（13）大森久治『明治の小学校』泰流社　一九七三年　四二～四四頁
（14）『大阪府教育百年史』第一巻　一九七三年　六八頁

第3章　犬上県下の「第一小学校」「第二小学校」の設立・開校

1　長浜町の「第一小学校」（開知学校）の設立・開校

(1)　長浜町の寺子屋から郷学校、「第一小学校」の設立

一八七一（明治四）年七月の廃藩置県後の「彦根県」は、彦根藩時代から管轄下で屈指の経済的先進地長浜町で、いちはやく郷学校を設立しようとした。長浜は、幕末期から明治初年に人口も稠密であり、町内には寺子屋が数軒も開業しており、町民の学習熱も高かった。一八七七（明治一〇）年の人口は男子二九一七女子三二一四の合計六一三一人、学齢人員は男子四七七女子四二五の合計九〇二人であった。幕末期には北船町で佐藤文平と無量館（中川謙）、錦町で心酔亭（沢田五平）、伊部町で鵞群堂（道慶長俊）、西本町で海北礼造らが、寺子屋を経営しており、多数の寺子が通う大規模な寺子屋が存在していた。心酔亭は男子一〇〇女子六〇の計一六〇人、鵞郡堂は男子九〇女子六〇の計一五〇人、無量館は男子六〇女子二〇の計八〇人の寺子屋であり、女子の寺子数も多かった(1)（心酔亭・鵞郡堂・無量館の寺子屋の調査は明治三年）。

こうした教育熱の背景には、長浜町の商工業者が、幕末期から養蚕業の生糸生産や縮緬の生産・流通・販売で全国的な市場経済や、横浜・神戸での外国貿易の情報に敏感であったことによる。維新後の新時代が、新しい情報と知識

を必要とする時代であり、他の地域に先駆けての学校設立が必要と認識していた。こうして長浜町に同年九月九日（八日とする資料もあり）に小学校が誕生して「第一小学校」となった。長浜には、「彦根県」の教育行政政策と地域の名望家の熱意と彼らの強力な財政的支援によって、他の地域よりいち早く学校が設立・開校されたと推測される。

しかしながら、一八七一（明治四）年九月前後の「第一小学校」の具体的な設立経緯や、明治四年から九年までの校則や教則、試験法、教授法などの基本資料は、現在まで見つかっていない。『長浜尋常高等小学校沿革誌』第壱巻（一八九六年）によれば、坂田郡第一六区・一七区総戸長浅見又蔵が正副区長らとともに篤志金を募り、学校の設立基金を集めて開校に至ったとあり、小学校設立に主導的役割を果たした。彦根県下で最初の小学校の「第一小学校」は、西本町の下村藤右衛門宅を本校にして設立され、一八七四（明治七）年になり神戸《ごうど》町に擬洋風《ぎようふう》校舎（洋風四階櫓付）を新築した。[2] 八間四面の校舎で屋根は銅板葺《どうばんぶ》き、基壇に石垣を回しており、一階から三階まで一六の教場、二つの職員室、四階には太鼓《たいこ》櫓《やぐら》を備え付け、時を知らせる時報太鼓《じほうたいこ》をおいた。この年に校名を「開知学校」と改称した。

一八七一（明治四）年九月の開校時の「第一小学校」の教員は、大岡松堂、上川良平、佐藤文平、田辺喜太郎の四人であり、佐藤文平は寺子屋の越後屋経営主であった。上川は彦根在住の士族、他の三人は平民、経歴は佐藤文平のみ寺子屋師匠で一八七七（明治一〇）年一〇月まで六年一カ月在勤しているが、他の者の経歴は不詳である。教員スタッフに元彦根藩校弘道館文学教授で、長浜県・犬上県の小学校御用掛であった渡辺弘人が加わったのは、一八七三（明治六）年一二月であった。渡辺は二年一カ月間在勤して、彦根の博文学校に転じて、のち彦根伝習学校幹事となっていく。[3]

開校年の一八七一（明治四）年から七二（明治五）年の生徒数は、資料がなく不明である。七三～七四（明治六～七）年は『長浜尋常高等小学校沿革誌』第壱巻の児童数調査表から

表１　「第一小学校」（開知学校）の生徒数・教員数
明治６～10年

	生徒数（人）	教員数（人）
明治６年	男282 女132　414	
７年	男275 女214　489	
８年	男301 女198　499	男10
９年	男287 女208　495	男11
10年	男337 女247　584	男12 女1　13

生徒数のみが、七五～七七（明治八～一〇）年は『文部省年報』第三～五年報の官庁統計から生徒数と教員数が判明する。表1に見るように、長浜「第一小学校」は県下で最も大規模の生徒数・教員数の小学校であった(4)。

生徒数の急増していく開知学校では、七五（明治八）年一月から元寺子屋師匠の道慶長俊、沢田五平、海北礼造、中川謙を教員に雇用し、寺子屋を支校にして教員不足と教場不足をしのごうとした。また、同年九月には六月一日開所した滋賀県小学校教員伝習所を卒業した日比久太郎（後に区長）と岩崎春造の二人と、川瀬常次郎を教員に採用した。

さらに開知学校は、官立東京師範学校卒業生の藤田清（明治八年一一月卒業）を年俸二〇〇円の高額で七六（明治九）年一月に招聘して、最先端の小学校教授法を摂取して教育レベルを高めようとした。同僚の渡辺弘人が七円、他の教員の月俸が三～四円であった。藤田は一八七一（明治一四）年五月まで五年四カ月間在職して転勤すると、官立大阪師範学校卒業生で石部学校在勤の加名生邦次郎を七〇（明治一三）年一一月に招聘して、藤田の後任にすえた。

(2)「滋賀県第一小学校」の校名に関する問題

「滋賀県第一小学校」の校名に関して、一般書や研究書は『長浜尋常高等小学校沿革誌』第壱巻の記載に依拠するのみで、疑問点や問題点を指摘していない。滋賀県下で最初の小学校を強調するあまり、この校称への問題点に言及していないのである。近江国一二郡の滋賀県は、一八七二（明治五）九月二八日の成立である。まだ立県されていない滋賀県の名称を冠した校名が、開校当初からつけられたとは到底考えられない。どの時点から、何を根拠として命名されたかを検討してみよう。

『長浜市史』第四巻（二〇〇〇年）は、「明治四年一二月に滋賀県令松田道之によって滋賀県第一小学校と命名された」としているが、この根拠となる出典や根拠は明らかでない。松田は明治四年一二月のこの時期は「大津県令」に在任中で、翌五年一月一九日には主に湖東・湖南地域の六郡管轄の「旧滋賀県令」になっている。一二郡管轄の「滋賀県令」となるのは、明治五年九月二八日の滋賀県成立によってであった。

長浜の小学校が設立・開校された明治四年九月九日は、廃藩置県直後の「彦根県」の管轄下であり、当初の校名は現段階で資料的には明らかでない。上で見てきたように郷学校形態で設立されたので、「郷学校」かたんに「学校」の名称であった可能性が強い。四年一一月二二日に「彦根県」から「長浜県」に、翌明治五年二月二七日に「犬上県」と県名が変わっていくが、「長浜県」、「犬上県」の管轄下の学校では、数字を冠した小学校は「第二小学校」、「第四小学校」のみである。

小学校名の上に数字を冠した校名が登場するのは、滋賀県令松田道之が一八七三（明治六）年二月八日に「小学校建築ニ付告諭書」を出して、同日に「小学校設立方法概略」を管内に布達して以後である。松田県令は、二月八日の県令告諭書を「告諭管下人民」として発して、まず大津町総区長より区内へ「小学校建営」一〇カ条を示して、小学校の開校を急がせた。滋賀県最初の小学校開校式は大津の南保町打出浜《うちではま》学校、下栄町明倫《めいりん》学校で行われ、『滋賀新聞』第一〇号（明治六年二月）が開校式の様子を詳細に伝えている。明治六年二月から始まる大津各町の開校式に、松田道之県令、榊原豊参事、籠手田《こてた》安定権参事、学務課員が列席している。

長浜の小学校が「第一校」として資料上で確認できるのは、『琵琶湖新聞』第五号（明治六年五月）である。「明治六年二月当県令松田道之殿管下小学校巡校ノ節臨時試験有之夫々褒賞《ほうしょう》給ハリ候生徒人員并《ならび》ニ御賞品左之通」の以下の記事である。松田県令が学務課員を引き連れ、小学校試験を行って巡校していく資料の中に、数字を冠した小学校名が登場してくるのである。

表2　明治6年2月松田県令巡視の小学校臨時試験結果

第一校	坂田郡長浜町	日新書籍　1人	筆墨紙　6人	筆墨38人
第十九校	犬上郡彦根上薮下町	日新書籍　3	筆墨紙　6	筆墨　6
第七校	同　彦根瓦焼町＊（小道具町）		筆墨紙　3	筆墨41
第十七校	同　彦根下魚屋町	日新書籍　3		筆墨18
第十八校	同　上片原町＊（白壁町）	日新書籍　3		筆墨15
第二校	同　高宮村	日新書籍　13	筆墨紙　6	筆墨84
合而	日新書籍23人　筆墨紙21人　筆墨202人　総人員246人			

（『琵琶湖新聞』第5号　明治6年5月）

「県令巡校之節小学校ニテ試験アリ　入賞ノ者ニハ書籍筆墨紙《ひつぼく》等ノ賞賜アリ　嗚呼《ああ》此ノ児童等令公ヨリ手ツカラ賞賜セラレ豈栄華《あにえいが》ニアラスヤ　方今学術進歩ノ際斯《か》ク文筆ニ勉励《べんれい》ス真ノ佳児《ヨイコドモ》タリ　況《いわん》ヤ成人ノ輩余暇《ヒマアルトキ》学バズンバ有ル可カラズ　令公コレヲ賞セラレルモ他ノ強励ヲ勧《すす》ムル所為ナリ　然ルニ郷村未ダ小学開校ヲモ遂ゲザル者アリ　豈恥《あには》ズベキニアラズヤ」

第一校は長浜の開知学校、第二校は高宮の先鳴《せんめい》学校、第七校は彦根瓦焼町の訓蒙《くんもう》学校、第一七校は彦根下魚屋町の博文《はくぶん》学校、第一八校は彦根上片原町の入徳《にゅうとく》学校、第一九校は彦根上藪下町の教蒙《きょうもう》学校である。

松田道之県令はじめ県高官、学務課員が県内の主要な町村の小学校の開校式に出向き、臨時試験に臨席して終了後に生徒に褒賞を与え、正副戸長総代など地域の篤志家に褒賞状を与えた。長浜の開知学校資料には、坂田郡第一六区町々正副戸長総代宛ての一八七三（明治六）年二月二七日付の褒賞状が残っているが、ここには正式の校名は記されていない。

松田道之県令が、長浜の小学校を「第一小学校」としたのは、明治六年二月八日の滋賀県の小学校設立方針の発表前後に、合併・統合前の滋賀県下で明治四〜五年設立の郷学や郷学校の中では、最も早い時期に設立されたといわれていたからと推測される。おそらく、松田は「最初に設立された小学校」という意味で、「滋賀県第一小学校」と呼んだのであろう。正式の校名としての命名であるならば、滋賀県の公文書に正規に記載されているはずであるが、県庁の公文書中には記載がどこにも見られない。[5] こうした事情を考えれば、彦根県→長浜県→犬上県下で早い時期に設立され財政的にも継続的に維持・管理できる小学校として、一二郡管轄になった滋賀県令松田道之が認めたという意味で、たんに「第一小学校」とだけ呼称するのがよいと考える。高宮の「第二小学校」（現彦根市）や坂田郡志賀谷村の「第四小学校」（現米原市）のように、ナンバーだけの校称にして、滋賀県を冠しないほうが適切に思われる。

なお、小学校の校名が「開知学校」「先鳴学校」のような名称となるのは、明治六年一一月五日の滋賀県布達第一〇

二三号が出されて以後のことである。

2　高宮村の「第二小学校」（先鳴学校）の設立・開校

（1）一八七二（明治五）年四月の小学校の設立経緯

中山道の宿場町高宮村に、長浜県、犬上県下では第二番目に設立・開校した小学校が誕生している。高宮村には、郷学校から小学校の設立に至る経過、草創期の小学校の教則・校則や試験法や教授法の詳細な資料が残されており、ここから滋賀県下における明治初年の小学校の教育実態を知ることができる。[6]

高宮村の小学校誕生の契機は、一八七二（明治五）年初めに犬上県庁より高宮村大総代北川忠四郎に学校設立の働きかけがあったことによる。「創立基本金五〇円ヲ賜《たま》ヒ、更ニ他ノ同志ヲ誘導《ゆうどう》セシメ、又特ニ川窪二郎八・北川長衛・小林正策・小林他造・馬場新三・大堀正平・小林嘉十郎・塩屋四郎等ノ数氏ニ命ジ、創始万般《そうしばんぱん》ノ事務ヲ負担セシム」とあり、犬上県が宿場町の名望家に働きかけて学校設立を行っていった。すでに中山道の宿場町での商人層や高宮上布《たかみやじょうふ》の商工業者は、江戸時代中期以降から子弟を手習いの寺子屋や私塾で学ばせており、維新の変革後の新しい教育機関の設立に積極的に取り組んでいった。

幕末期には高宮村には画工石田永蔵、平民中島丈太郎、中山太内の三カ所の寺子屋があったが、石田の菊里亭には男八〇女五〇の計一三〇人、中島の寺子屋には男八〇女七〇の計一五〇人の生徒が通っていた（両寺子屋の調査年代は明治三年）。中山の寺子屋の生徒数は不詳である。高宮村の寺子屋の特徴は、男女の生徒数が一三〇～一五〇人という大規模な寺子数であったことと、女子生徒数が男子生徒数と同数近くであったことである。[7]

一八七二（明治五）年四月一日に高宮村では、旧本陣に「仮学校」を設けて小学校を設立して、句読《くとう》・習字・算術の三科の授業を開始した。句読教師は上野耕一郎《うえのこういちろう》、算術と習字の教師は竹村賢七《たけむらけんひち》であった。上野と竹村両人とも旧彦

根藩士で、藩校弘道館で外村に学ぶとともに外村省吾の私塾学修舎で学んでいた。外村が長浜県小学校御用掛となり、長浜県・犬上県の小学校設置政策を推進していくとき、門下生の両名を「高宮仮学校」の教員に推薦したのである。「第二小学校」の教員になった上野と竹村の二人のほか、高宮村の有識者五人が助教となって二人を補佐していった。

「第二小学校」の生徒は、「毎月一回寺子屋ニアル処ノ男女子弟ヲ試験シ　俊英ノ児童ヲ選抜シ　以テ本校ノ生徒トス」として、三つの寺子屋生徒から選抜して入学させている。さらに「村内ハ勿論隣村ノモノニシテ入学ヲ望ム者ハ　皆無謝《むしゃぎ》儀入学ヲ許セリ」としていた。高宮村役人層が小学校授業料の無償化を財政的に支援して、自村や隣村からの生徒を集めて有為な人材養成を図ろうとしたのである。滋賀県が寺子屋廃止布達を出すのは一八七三（明治六）年三月であった。

寺子屋廃止の時点で、廃業した寺子屋の生徒をすべて小学校に収容していくが、校舎が足りず「男女ヲ分離シテ本校ニ男生ヲ集メ　中山太内ノ旧宅ヲ以テ分校トシ女生ヲ集メ　本支校両校ニ於テ授業ヲナス」。同時に石田・中島・中山の三人の寺子屋師匠を教員助手として、翌年七四（明治七）年度中まで雇用している。

高宮村は、滋賀県に一八七四（明治七）年六月二一日付で「小学校設立方法申上書」を提出した。「第二小学校」は、県から認可されて「先鳴学校」と校名を改称した。提出願書によれば生徒数は、男子二三九女子一四〇の合計三七九人の大規模な小学校として出発している。(8)

(2)　一八七二（明治五）年の「第二小学校」の校則と教則

①　「第二小学校」の明治五年校則

開校した「第二小学校」は、一八七二（明治五）年（月日不詳）に「校則」と「教則」を定めている。「校則」は表３の五カ条の簡素なものであった。

八歳以上で「読物」だけ受ける生徒は午前八時から午後四時までで退校、一〇歳以上で毎日登校する生徒は午後三

時まで授業を受けて退校とした。登校と下校は教員への届出を必要とした。三科の中でも毎日の「句読」授業は午前・午後のどちらで学んでもよいが、「算術」は毎日午後に稽古とした。喧嘩口論や無作法の行為をした生徒は登校停止の処分とした。

経済的に困難な子どもで俊英なものに対しては、全額を「校費」で負担して村内の篤志者からの寄付金などで賄っている。休業日の朔は一日、望は一五日、五節句は正月七日（人日）、三月三日（上巳）、五月五日（端午）、七月七日（七夕）、九月九日（重陽）である。

開校当初の学校では、「句読」や「算術」の時間は定めてはいるものの、全員で一斉にそろって授業をうけていない。定まった時間内に登校して、教員から各自が「読物」を聞き、各自が読むという授業形態で、終わり次第それぞれ退校している。「習字」は記載されていないが、同様に各自の個別学習だった。小学校の開校当初は、寺子屋形態での授業方法が行われていたことがわかる。

②「第二小学校」の明治五年五月教則

「第二小学校」は、一八七二年五月から一〇月まで実施した教則を掲げている。第二小学校の一八七二年「五月教則」は、表4のとおりである。第二小学校の「五月教則」は、どのような教育課程が編成されていただろうか。「五月教則」の特徴として、次の三点が指摘できる。

第一点は、学習段階では五等級の等級制を採用して、第五等から第一等に進級していく教育課程の編成にしている点である。

表3　「第二小学校」明治5年校則

第一条	八歳以上ニシテ読物ノミヲ修行セント欲スルモノハ　毎日午前第八時ヨリ第四時迄登校シ　受業次第退校ノ事　但出入共教官ニ届済可進退事
第二条	十歳以上毎日常出ノモノハ　午前第八時登校午後第三時退校ノ事　但出入同断
第三条	生徒互ニ喧嘩口論ハ不及申　総テ無作法有之節教戒不相用者ハ常出差留候事
第四条	貧困人ノ子弟ニシテ俊英ノモノアルトキハ　悉皆校費ヲ以テ修行為致候事
第五条	算術ハ毎日午後稽古ノ事、輪講ハ毎日午前午後勝手ノ事 休業ハ毎月朔望五節句ノ事

表４　「第二小学校」明治５年５月教則

	素読	会読	習字	算術	作文
第５等	大学 中庸 論語 孝経		五〇音 啓蒙手習文 三枚御制札 苗字書	乗算九九 除算九九 見一割声	
第４等	孟子 小学 古文真宝		近江郡村町名 告諭大意 府県概表	八算乗除加減法 撞乗法前・後	
第３等	詩経 易経 国史略		商売往来 諸券状 公私用文 百官名	乗除定位法	即題尺牘 及諸証券 ノ文章
第２等		西洋事情 万国公法 都鄙問答 輿地誌略 勧善訓蒙	千字文 正気歌 師説 出師表 西銘等但楷書	日用算法前・後 比例式	同上
第１等		国史略 日本外史 日本政記 十八史略 通鑑覧要 論語	同上	百好集前・後	同上

第二点は、教則表は、「素読《そどく》」・「会読《かいどく》」・「習字」・「作文」・「算術」と五区分にしており、教科区分にやや混乱が見られる。「習字」・「作文」・「算術」の三教科はよいが、「素読」・「会読」は「読書」とすべきであろう。教則表では、前の三つの教科区分と後者の授業方法の区分が混然一体となっている。「素読」レベルを第五等から第三等までとし、「会読」レベルは第二等、第一等に配置している。

第三点として、教則表の素読・会読には当時発行された成人用の書物が多数あげられ、他方で習字には政府・県や郡市町の布告・制札等があげられている。また、算術では教科書ではなく、扱う学習レベルの内容を書きあげているように、教則表中に統一性が見られない。

教則表に示された教科書名から教育内容について検討していこう。

「素読」には、「孝経・論語・大学・中庸」から「孟子・小学・古文真宝・詩経・易経」など儒学の古典があげられている。第五等から第三等までの初学年では、学習の基礎に儒学が配置されている。「会読」では、第二等で「西洋事情・万国公法・勧善訓蒙・輿地誌略」などの啓蒙主義思想の最新本が配置され、第一等では「国史略・日本外史・日本政記」に「十八史略・通鑑覧要」など日本史・中国史の史書が配置されている。その間に心学の古典の「都《と》鄙《ひ》問《もん》

答《どう》」があげられている。

「習字」には、日常生活で必要な文字習得のため、「啓蒙手習文・制札・苗字書・近江郡村名《おうみぐんそんめい》・告諭大意《こくゆたいい》・府県概表《ふけんがいひょう》・商売往来・公私用文・百官名」などの身近な教科書をあげ、第二等以上になると、「千字文《せんじもん》・正気歌《しょうきか》・出師表《すいしひょう》」などをあげている。

この「五月教則」は、一方で儒学の古典から日本・中国の史書、洋学者による啓蒙主義の翻訳本をあげ、他方で心学も含めて日常生活に役立つ実用的知識の書物をあげており、統一されないまま教則表につめこんでいる。この時期に刊行されている書物で新しい時代に学ぶ知識として必要としたものをすべて教科書としてリストアップしたものであった。

ところで、この「第二小学校」の一八七二年「五月教則」は、「長浜県」、「犬上県」の教育行政官がどこから、どのように採り入れた教育課程であろうか。長浜県、犬上県では、小学校御用掛の担当者がいくつかの教育課程案を作成していた。長浜県では「小学校学規」（明治五年二月）を、犬上県は「学則」（明治五年四月一〇日）を小学校教則として作成して、普及する構想を進めていた（第二章四三～四六頁）。しかしながら、第二小学校「五月教則」は、前二者とは異なる小学校教則であったことがわかる。

実は、この教育課程と全く同じ教則が滋賀県内に存在していた。それは一八七〇（明治三）年九月制定とされる高島郡の大溝藩校修身堂の「小学校課業表」である[9]。修身堂の閉校直前に制定された「小学校課業表」が、なぜ「第二小学校」の五月教則に採用されたのか、どのようにして、だれによって結びつけられたかは、現段階では資料面であとづけることができない。修身堂は一八七〇年三月に学制改革を行い、五カ条の掲示を出してこの学科表に改めたとされている。翌一八七一年六月二三日に大溝藩は廃藩、藩校は閉校して大津県に合併しており、関係資料が残っていない。

3 「第二小学校」の明治五年の授業実態―試験法と教授法―

(1) 「第二小学校」の生徒検査法（試験法）

「五月教則」は、第五等に入学して第一等にまで進級していく教育課程となっていた。第二小学校では「生徒検査法」を定めており、生徒検査を「句読」「習字」「算術」の三教科について上・中・下の三段階レベルを制定した。基本的姿勢は、試験で「中」レベルのものを進級させるとした。「凡ソ検査法ハ　中ヲ得ル者ヲ相当トシ以テ一等ヲ進メ　上ヲ得ル者ヲ超進セシメ　下ナル者ハ習熟セシム　但　科毎ニ不時或ハ定期ヲ以テ検査ス」。続いて、三教科の上・中・下のレベル分けが次のように示された。

〈上レベル〉句読―音訓一失なく朗読するもの、習字―字画端正運筆《じかくたんせいうんぴつ》巧なるもの、算術―即題即答違算《いさん》なきもの
〈中レベル〉句読―随失随価のもの、習字―字画端正運筆巧なるもの、算術―違算あり考え得るもの
〈下レベル〉句読―忘失過多思得ざるもの、習字―字画不正運筆粗体なるもの、算術―違算あり考え得ざるもの

(2) 「第二小学校」の明治五年の「教授法」

「試験法」に続いて、「教授法」六カ条が制定されている。この「教授法」により、表4の「五月教則」がどのように教えられていたかがわかり、授業の実際に迫ることができる。以下の表5に「教授法」を示して、具体的にその内容を検討していく。

一八七二（明治五）年という明治初期の小学校の教場の様子や雰囲気がよく伝わってくるとともに、授業方法や教授法の実際がよくわかる資料である。

第一条は、登校と教場に関する規定であり、生徒一人ひとりに机・硯《すずり》・墨《すみ》・筆・草紙《そうし》・読むべき書籍を提供して、

登校した後、順次各自に席を決めて机に座らせた。

第二条は、授業方法の規定であり、毎日午前八時から正午までは「読物」の授業を行う。教師は生徒をかわるがわる呼び寄せ、五・六人ずつ長机に座列させて、教師の前で「素読」させ、「講義」を受けさせる。

第三条も、授業方法の規定で、午後は「算術」の授業で珠算のみを授ける。授業法は、「読物」と同じく「素読」・「講義」である。

第四条も、授業方法の規定で、「習字」の授業ではすべて教師の書いた手本を用いること、清書を毎月七日に提出することとしている。

第五条では、終業時間は午後三時として、退校時には毎日乗算九々と除算九々の暗誦をするとした。時間に余裕があるときには、適宜習字の字形や筆法を口授した。

第六条では、上記の第一条～第五条と異なり、「近隣村落ノ中年子弟」＝地域住民の教育の規定である。毎月三・八のつく日には、午後三時に通常の生徒（子ども）が退校した後で、地域住民に日本史や中国史の歴史書を「輪講」形態で学習させる。

最後の第六条は、郷学校としての特徴をとどめている規定である。すなわち、小学校は子どもの学習の場であるとともに、地域住民の学習する場であると位置づけられている。

「読物」と「算術」の授業方法では、前代の寺子屋や藩校で行われていた「素読」と「講義」の授業形態がとられている。「習字」の授業方法

表5　「第二小学校」の教授法6カ条　明治5年

一　総テ生徒ハ　各自机・硯・墨・筆・草紙及読マント欲スル処ノ書籍等ヲ提携登校セシメ　校内ニ在リテハ各生徒順次ニ座ヲ与ヘ　以テ各机ニ凭《ヨ》ラシム

一　始業ハ毎日　午前第八時（日ノ長短ニ依リ伸縮アリ）ヨリ正午ニ至ル迄　読物ヲ授ク　其法左ノ如シ　各生徒ヲシテ交《カワ》ル々《ガワル》　教官ノ前ニ至ラシメ五・六名ツツ長机（ママ椅子）ニ座列セシメ　以テ各自ニ素読或ハ講義ヲ授ク

一　午後算術（珠算ノミナリ）ヲ授ク　其法モ亦素読・講義ヲ授クルニ同シ

一　習字ハ総テ手本ヲ与ヘ（手本ハ悉皆其教官ノ筆跡ニ係ル）　清書ハ毎七日トス

一　終業時間ハ午後第三時トス　其退校ニ臨ムヤ各生徒ヲシテ　一斉ニ乗算九々及除算九々等ヲ暗誦セシムベシ　但　毎日時間ニ余裕アルトキハ　看版板或ハ直シ草紙ニテ字形ヲ訂正シ　且筆法等ヲ口授ス

一　毎日三八ノ日　午後第三時常出生徒退校ノ後　近隣村落ノ中年子弟ヲ集メ　国史略・十八史略・日本外史等ノ輪講ヲナス

も、教師の書いた手本をもらって教師の筆跡どおりに書いて、清書を毎月提出するというもので、従来からの伝統的なやり方である。「算術」は乗算九々、除算九々は午後に毎日行い、退校時に暗誦を繰り返し行うというものであった。伝統的な三教科体制の踏襲がなされているので、授業方法の革新は行われなかったのである。

「第二小学校」は、近隣町村から入学生も可能としたので、高宮村以外の町村から入学する生徒もおり、一八七二年八月には「校内寄宿規則」を制定している。この規定で面白い箇所がある。「校内飲酒ヲ許サズ」とか「喫煙ハ撃《げき》柝《たく》ヲ以テ進退スベシ」の項目である。子どもだけでなく青少年の生徒が通学や寄宿していたので、そこでは飲酒、喫煙が公然と行われていたので禁止する旨の規定である。撃柝とは拍子木を打ち鳴らすこと。

『高宮小学校沿革誌』上（一八九六年）には、一八七二（明治五）年八月に犬上県令神山郡廉《こうやまくにきよ》が同校に臨校した記事がある。神山郡廉は、学校世話役北川忠四郎、総戸長郡田義次郎、副総戸長上田新平、戸長北川与平らを小学校に集めて、「本校ヲシテ永久ニ維持シ追時旺盛ナラシムベシ」と説諭した。神山ら犬上県高官が「第二小学校」へ学事視察に来た時期は、八月三日の「学制」頒布の時期と重なり合うが、「学制」の前なのか後なのかは日付記載がないのでわからない。いずれにしろ、犬上県の自立的な教育施策から、明治政府の主導による「学制」による教育政策へと転換していくことになっていく。

4　明治五年一〇月の「犬上県管内小学校課程表」

一八七二（明治五）年九月二八日には、犬上県は旧滋賀県（六郡）と統合・合併して、滋賀県となっていく。犬上県の廃県直前か、直後かは不明であるが、犬上県は管下の小学校に対して、「犬上県管内小学校課程表」を配布した。高宮の「第二小学校」は、この小学校課程表を受け取り、先の「五月教則」から一〇月配布の「犬上県管内小学校課程表」に切り替えたとしている。しかし、切り替えた月日は同校沿革誌に明記していない。

前章（五〇頁）でもふれたように、この教育課程表は犬上県の体系的な教育理念を具現したものである。犬上県が七月に制定した『犬上県内小学建営説諭書』とともに、小学校教育政策の最も重要な資料である。表6に「犬上県管内小学校課程表」を掲げて、その内容を検討していく⑽。

「犬上県管内小学校課程表」の教育課程の特色を見ていこう。表4の「五月教則」では、教科名と授業方法とが混然として示されていたが、この表においても教科名の「句読」・「習字」・「算術」と授業方法の「暗誦」が混然としている。この時期には三つの教科が基本であり、「句読」で学ばせる読物を教科書名で指し示している。その一方で、それとは異なる教科書名を「暗誦」であげている。小学校の学習レベルは五段階の等級別にしている点は、「五等」と「五級」の表現は変えているものの、「五月教

表6　「犬上県管内小学校課程表」明治5年10月

	句読	暗誦	習字	算術
第5級	孝経	九々之数	五十音	加減
	史略（皇国）	五十音	（平カナ片カナ）	乗除
	史略（支那）		啓蒙天地文	分数
	条約十一国記		日用略文	
			受取証文	
			小学子弟心得	
第4級	論語	犬上県郡名区名	五倫名頭	正転合
	万国一覧	同　戸数人員	五等親順次	転合
	世界国尽	歴代年号	当県町名	連鎖
	慶弘記聞		近江国郡村名	諸比例
	王代一覧		府県名称	杉併法
			三枚御高札	
			告諭大意	
			啓蒙地球文	
第3級	十八史略	歴代帝号	百官略頌	自二乗至数乗
	西洋列国史略	日本国尽	諸券状	求根法
	西洋易知録	本邦戸数人員	商売往来	同　雑題
	仏蘭西総記	独米英仏語学	窮理問答文	
	話聖東軍記			
	西洋英傑伝			
第2級	日本政記	内国里程	世界国尽	加減乗除
	地学事始	世界国名尽	日用文章	分数
	天変地異	独米英仏語学	執行相談文	諸乗法
	格物入門			最大公約法
	窮理図解			変商
	博物新編			
	同　補			
	生産道案内			
第1級	輿地誌略	本邦環海里程	公用文章	代数方程式
	西洋事情	外国里程	布告全書	
	同　二編	独米英仏語学		
	同　外編			
	万国公法読本			
	日本外史			

則」と基本的に同じである。

次に、教科内容に即して特質を四点から見ていく。第一点は、「句読」に関して、「五月教則」と同じく、儒学の古典や日本・中国の史書類を教科書であげている半面で、開化啓蒙主義に基づく福沢諭吉著作の『世界国尽』・『西洋事情』や慶応義塾刊行の『天変地異』・『地学事始』・『生産道案内』などがあげられている。「五月教則」になかったが、『史略』（皇国）・同（支那）をあげており、一八七二年に文部省が編纂・刊行したばかりの歴史教科書を使おうとしている点が目を引く。

開化啓蒙主義の教科書の『西洋列国史略』・『西洋易知録』・『西洋英傑伝』・『輿地誌略』・『万国公法読本』などは、大部の欧米の歴史・地理・政治法律の翻訳書や抄訳書であった。これに欧米の自然科学の『博物新編』・『格物入門』・『窮理図解』などが羅列的にあげられている。

第二点は、「暗誦」には、第三級までは「九九」・「五十音」・『犬上県郡名区名』・『戸数人員』・『歴代年号』・『同帝号』・『日本国尽』など、身近な地域や日本の生活実用的な知識を学ばせる意図がある。第三級から第一級まで「独米英仏語学」が配当され外国語の習得をめざしており、『世界国尽』・『外国里程』など世界・外国の知識の習得が中心とされた。

第三点は、「習字」の学習では第五級から第一級まで、身近な生活実用的な知識習得に役立つ内容が配置されている。『五十音』・『日用略文』・『受取証文』・『近江郡村名』・『府県名称』・『商売往来』・『告諭大意』、及び新政府の法令の『三枚御高札』・『百官略図』・『布告全書』などを書けるようにすることが目的とされた。なお、「算術」に関しても、基本的には生活実用的なものが主眼とされて、第三級以上はレベルをあげている。

第四点として、開化啓蒙主義の教科書を多数配置しているように、重点は啓蒙的知識の習得に置いていることがわかる。他方では、旧来の寺子屋などでの生活実用的な知識習得にも配慮した教科書名をあげている。また、漢学の儒

教主義の古典学習や日本の歴史書・地理書も学ばせようとした。多数の教科書名をあげているが、現実的に初等教育でどこまで可能であるかの検討はなされていない。新時代に生きる小学生についての知識内容とその程度は、明治初年の時期には検討されていなかったといえよう。

「犬上県管内小学校課程表」は、基本的な骨格を「京都府小学校課業表」一八七一（明治四）年八月に学びながら、犬上県の地域の独自性を打ち出そうとした教則である。また、「大阪府小学校課業表」一八七二（明治五）年五月からも一部を採用している。京都府の教則からは、四教科五等（級）制の採用と外国語学（英独仏語）の重視の観点を摂取している。京都の五等制が犬上県では五級制としているが基本は同じで、第三等（級）以上の外国語も同様で、犬上県では仏語を加えている。

一方、京都府の教則は算術で筆算の基礎と珠算でとどめたが、大阪府の教則では高度な数学を重視をして特色を出しており、犬上県はこの点を大阪府から採りいれている。「学制」後の教育課程は第三大学区本部が大阪府となり、官立大阪師範学校の作成した小学校教則表が第三大学区の各府県で普及して摂取されていくこととなる。

注

（1）文部省『日本教育史資料』八「滋賀県私塾寺子屋表」一八九二（明治二五）年
（2）『長浜尋常高等小学校沿革誌』第壱巻　一八九六年、『長浜市史』第四巻「4市民の台頭」二〇〇〇年
（3）『近江長浜町志』第三巻本篇下　一九八八年では、開校当初の教員名を「上川《かみかわ》良平、佐藤文平、高木長吾、吉田作平、山本松陰等」が「漢学を教授せり、此時猶町内五家の寺子屋は専ら習字を教えているが、之を支校とした」としている。『長浜尋常高等小学校沿革誌』職員名簿には、高木・吉田・山本の三人は記載されていない。校長上川辞職後に渡辺弘人が替って校長になったとあるが、校長職はこの時期はまだなく、学校の中心教員ということであろう。「支校は時間割を定めて、各自その生徒を引率し本校に到り授業を受けたり」とあり、支校では習字（手習い）のみ行い、本校で句読で漢学を教えた。なお、吉田作平は一八二〇（文久三）年生れ、代々書肆を営む吉田家にあって漢学の造詣深く一時宮川藩の藩儒《はんじゅ》となり、廃藩後戸長となり、又新聞販売業も営んだ（『改

定坂田郡志』巻三下)。

(4)『文部省年報』第三〜五年報　明治八〜一〇(一八七五〜七七)年

(5)滋賀県『滋賀県史』(一九二八年)。第一巻概説「教育方面では同二(ママ四)年長浜に第一小学校設けられ」(二一五頁)とあり、第四巻最近世「(四年)九月坂田郡長浜は卒先して『滋賀県第一小学校』創立」(四七頁)と括弧をつけて記述している。第一巻では「第一小学校」とのみ記し、第四巻では「滋賀県第一小学校」と記しており、第一巻と第四巻とでは正式校名の記載に違いがある。

(6)『高宮小学校沿革誌　高宮尋常高等小学校』上・下　一八九六(明治二九)年一〇月。編纂者は辻勝太郎校長。辻の緒言によれば、明治五年より七年までの規則類がほぼ残されており、不明な点を昔時の識者からの聞き取りと反古《はご》書類を収集して編纂したとある。『高宮小学校百年史』一九七二年は、学校沿革誌を踏襲して聞き取りを加えて草創期の高宮小学校の沿革を詳細に記述。同窓会編の小学校百年史としては出色の沿革史である。『高宮町史』一九五八年、『新高宮町史』二〇〇七年も参照のこと。辻勝太郎ついては、久保田重幸「辻勝太郎」(『近代滋賀の教育人物史』サンライズ出版　二〇一八年)

(7)『前掲書』(1)。乙竹岩造『日本庶民教育史』三　目黒書店　一九二九年に、寺子屋師匠の石田永藏の子石田正太郎の聞きとりが七カ所掲載されている。

(8)『文部省年報』第三年報(明治八)年では、明治七年創立、校舎新築、公有、教員男八人、生徒男二三二女一五六の計三八八人となっている。

(9)高島郡教育会『高島郡誌』一九二七年　八三七頁。

(10)「犬上県管内小学校課程表」一八七二(明治五年)一〇月は、『高宮小学校沿革誌　高宮尋常高等小学校』上・下には未記載。『東浅井郡志』巻参　一九二七年に四三七〜四三八頁に掲載。

第4章　籠手田安定の小学校政策と明治一〇年代の就学実態

はじめに

第二代滋賀県令籠手田安定は、一八七七（明治一〇）年を振り返って、「滋賀県学事」について次のように述べた。「緒ヲ明治六年ニ開キ同八年ニ至リ大ニ従前措置ノ法ヲ一変シ人民ヲ勧奨シテ小黌《しょうこう》（小学校）ヲ各区ニ設ケシメ」、さらに伝習学校を開所して小学校の速成教員を養成してきた。明治九年五月から八月まで一二郡各地を巡校して、学務課員三人、師範学校教員一人の計四人を引き連れて生徒試験に臨席した。実に百十一日間をかけて八月二七日までに、県内一三カ所の試験場の巡視を終えた。「是ヨリ教育ノ事一朝辺隅《へんぐう》ニ普及シ　人民ノ頑愚《がんぐ》ナルモノ亦其緊急至貴《しき》タルヲ知リ　共ニ進歩ヲ競争シ其退歩ヲ警戒シ　生徒ノ学級日ヲ進テ上進シ向キ　速成派出スル教員又教授ノ任ニ勝《た》ヘサルニ至レリ」[1]。

明治一〇年には大津で師範学校を創設して小学校教員の本格的養成を図った。まだ十分ではないとはいえ、「国家ノ福祉人民ノ慶祥《けいしょう》之ニ加フルアランヤ」と述べ、「本県ノ学事ハ明治六年ヲ以テ第一回ノ創業トシ明治八年ヲ以テ第二回ノ創業トシ更ニ明治一〇年ヲ以テ第三回ノ創業トナス」。

本章では、明治七〜一〇年の滋賀県の小学校の設立・開校から始め、明治一〇年代の滋賀県下の小学校教員と就学生徒の実態に迫っていく。ここでは、滋賀県の学事統計資料を中心に取りあげて、『文部省年報』「滋賀県学事」や、『滋

賀県学事年報』の各年度の資料をもとに県内一二郡の教員の概況、就学・不就学生徒、就学率、日々出席生徒、現級生徒の等級実態、在学期間年数などを検討していくこととする。なお、明治初年の官庁統計には各年報間で数字に異同が見られたり、明確な誤記入もあったりする。学事年報の各年度を照合して訂正可能な点は修正した数値を示していくが、確定できないない点もある。明治初期における滋賀県の教育史を概観する上で、克服すべき点は多々あるが、これらの学事統計資料は一隅を照らす手がかりと考えて、慎重に取り扱っていきたい。

1　籠手田安定の施策と明治七〜一〇年の小学校の設立・開校

滋賀県の小学校の設立・開校の概観をうるために、小学校の設立年度から見ていく。基本資料は、『文部省年報』第二年報〜第五年報（明治七〜一〇年）「滋賀県公立学校表」及び『第三大学区滋賀県』第五〜六年報（明治一〇〜一一年）、『滋賀県学事』第七年報（明治一二年）〜第一二年報（明治一七年）「滋賀県公学校表」各年度（第九年報以降は「公立学校表」と表記）と第一五年報（明治二〇年）である。[2]『文部省年報』は、各年度に府県学事を記しており「滋賀県学事」を経年的に読むことができる。『滋賀県年報』と『文部省年報』の二資料が重なる第五年報（明治一〇年）はほぼ同一内容である。上記以外の資料では、『従明治六年至明治一三年　滋賀県管内学事統計一覧表縮図』（明治一五年六月）が、明治六年より一三年までの学事統計を各種の表やグラフに製表している。[3]

表1は、滋賀県の一二郡別の小学校の設立年である。『文部省年報』第二年報（明治七年）は各郡で記載漏れが多く数値でも誤記が見られ、第三〜四年報（明治八〜九年）は、全一二郡で記載されているが、両年度間の数値に異同が多く見られた。ここでは文部省の第五年報（明治一〇年）「滋賀県公立学校表」と同じ第五年報の『第三大学区滋賀県』「滋賀県学事統計」の資料を基準にして表を作成した。

一八七四（明治七）年に小学校一六五校が開校して県全体で二九二校を数え、一八七五（明治八）年には、これまで

少なかった高島郡、甲賀郡、浅井郡の設立・開校が増加している。蒲生郡や坂田郡や愛知郡では富裕な町村での設立が早かったが、周辺の農村部の村々で小学校設立が遅れていた地域もあった。しかし八年に入って続々と設立・開校している。明治八年には二九五校が開校し、小学校の設立・開校の総数は六三八校となり、設立の大きなピークを迎えた。

滋賀県の小学校の総数は、明治四年～一〇年では次のように変遷している。明治四年　一校↓明治五年　五校↓明治六年　八〇校↓明治七年　二九二校↓明治八年　六三八校↓明治九年　六九八校↓明治一〇年　六八三校。一八七六（明治九）年から一八八〇（明治一三）年までは旧敦賀県管下の若狭三郡と敦賀郡の四郡が滋賀県に編入されているが、ここでは近江国一二郡の校数のみを示した（『府県史料教育　第十四巻滋賀県』「滋賀県史」の初編一九、二編二三の明治五～一〇年の小学校数と照合した）。

籠手田安定は、一八七五（明治八）年三月に松田道之の内務省転任に伴い、五月二日に滋賀県権令《ごんれい》に就任して滋賀県のトップ行政官となり、松田の小学校開校政策を発展させていった。彼は権令から七八（明治一一）年五月一五日県令に昇進して、八四（明治一七）年七月まで六年間県令《けんれい》を勧め、滋賀県教育の基礎作りをした。

表１　滋賀県の小学校の設立年（校）12 郡別

明治	4年	5年	6年	7年	8年	9年	10年	不明	郡計
高島郡		1	4	26	36	8	1		76
滋賀郡			14	12	11	16	1		54
栗太郡			7	11	15	11			44
甲賀郡			5	29	26	12		1	73
野洲郡			5	15	8	4	1		33
蒲生郡			6	14	50	9	2		81
神崎郡			6＊	17	17				40
愛知郡			1	3	29	20	3		56
犬上郡		2	12	9	26	6	4		59
坂田郡	1	1	5	11	29	13			60
浅井郡			2	2	42	13	7		66
伊香郡			9	17	7	6	2		41
総計	1	4	76	166	296	118	21	1	683

＊神崎郡伊庭学校—明治４年は誤記なので明治６年に訂正。
（『文部省年報』第五年報、『第三大学区滋賀県』第五年報　いずれも明治 10 年）

籠手田安定は、一八四〇（天保一一）年三月二一日に平戸藩士桑田《くわた》家に生まれ、源之丞《げんのじょう》を名乗り、後に籠手田性に改性した。平戸藩校の維新館に学び、一八八一（文久元）年より句読《くとう》教授となり、また藩主松浦詮《あきら》の近習となる。一八六七（慶応三）年一〇月大政奉還に際して探索方《たんさくかた》として京都で情報収集にあたった。翌六八（慶応四）年三月に新政府の外国事務判事であった五代友厚、伊藤博文と面会して、平戸藩を攘夷思想から転換するよう説得され了承した。五代と肝胆相照《かんたんあいて》らす仲となり、六八（明治元）年七月、明治政府から大津県判事試補《はんじしほ》を命じられた。初代県令松田道之より早い時期に滋賀の地に赴任していた。大津県—旧滋賀県の行政官として多羅尾光弼《たらおみつすけ》（元信楽代官）と共に主に民生面を担当した(4)。

籠手田は、当初文明開化思想と政府の急速な改革には慎重な姿勢を取っていたが、地方の民衆にとって政府の諸改革の推進が重要であるとの認識を深めていった。初代県令松田道之は急進的な改革思想と方法をとっていたが、彼とは異なる思想の持ち主であった。籠手田は、いったん小学校設置・開校の重要性を理解すると、地道だが徹底した普及・展開の方策を実行していったのである。籠手田は「勧学告諭書《かんがくこくゆしょ》」を書き、『県令告諭書』を一八七八（明治一一）年一一月一二日に発表して小学校教育の重要性を説いた(5)。

「教育令」（第一次教育令＝自由教育令）が公布されると、第一回地方官会議で「学制」理念を後退させるものと批判した。その後、籠手田は島根県、新潟県の知事を歴任し、九六（明治二九）年二月に再度滋賀県知事に再任され一年間在勤した。九九（明治三二）年三月三一日に長年居住した大津で永眠した(6)。

籠手田が権令（一八七五年）から県令（一八七八年）時代の明治一〇年代に、滋賀県の小学校総数は、表2に見るように変遷している。一八七七（明治一〇）年に六八〇校に達した小学校は、その後の一〇年間近江国一二郡は六七〇～六八〇校でほとんど変化していない。県下各郡の町村に多少の変化はあるが、学校数はほぼこの規模であった。明治一〇年から以降の学事の課題は、良質な小学校教員の養成、生徒の就学率の向上、女子教育の必要性、教育課程や教則の改善など、教育の質的内容を向上させる問題であった。

2　籠手田安定の小学校教員政策の展開

(1)　小学校教員数と教員配置

籠手田安定の教育行政において、小学校教員の配置政策は彼が重視した重要な施策であった。その一つは、管轄一二郡に質の高い小学校教員を適切に配置していくことであり、もう一つは、経済力ある市街地の小学校に官立師範学校卒業生を招聘するよう県が後押しすることであった。前者は、旧時代の教育機関であった寺子屋や郷学・郷学校の師匠や経営主による教育から、新しい教育内容・教則・教科書を使って授業ができる小学校教員の教育へと転換させていくことであった。いわゆる「正則教授」による授業法を身に着けた教員による学校づくりのため、小学校の教員養成に力点を置く政策をとっていった。明治八年五月三一日に小学教員伝習所を開所させ、師範学校教育への道を開いていく。

後者は、すでに地方名望家や有力指導者たちが中核教員として招いていた旧藩校の教授や助教ではなく、官立東京師範学校や官立大阪師範学校、官立新潟師範学校、官立愛知師範学校の小学師範学科卒業生を招聘・雇用して、新たに地域の中枢小学校の指導者にしていくことであった。大津に設立した教員養成学校に招聘するだけでなく、郡部の中核的な町村小学校にも官立師範学校の卒業生を招聘させていった。

長浜の開知学校には明治八年に官立東京師範学校卒業生から藤田清、近江八幡の八幡東学校には並河尚鑑、五箇荘の金堂村明新学校には柳田昌方らが赴任している。明治一〇年には、大津開達学校に大島一雄、長浜講習学校に中矢正意が着任した。(7) 官立愛知師範学校からは、明治一〇年に日野の啓迪学校に武野元房が赴任。官立新潟師範学校からは、小林撰蔵が長浜講習学校に着任。官立師範学校卒業生中で最も多数を占めたのは、第三大学区本部所在地の官立大阪師範学校の卒業生であった。明治七年一一月の第一次卒業生横関昂蔵《よこせきこうぞう》の一二月招聘から始まり第一〇次卒業生ま

で二四人、さらに明治一一年二月廃校時の在学生一一人の招聘も含めると、三五人の卒業生が、滋賀県の師範学校や町村の中心小学校に招聘されて在職した(8)。ことに大津各町小学校では、三等訓導として各校が競って首座教員に招き、「正則教授」による新しい授業法による教育を子どもに受けさせた(9)。

(2) 明治五〜一七年の小学教員配置の変遷

明治初年の小学校教員数の変遷を概観しておこう。表2には、明治五〜一七年の変遷を示すが、小学校の教員表記は『滋賀県学事年報』第六年報(明治一一年)までは「教員」としていた。その後、第七・八年報(明治一二・一三年)では、「教員」「補助員」の二区分に、第九年報(明治一四年)では「教員」「助教員」「授業生及助手」、第一〇〜一二年報(明治一五〜一七年)では、「訓導」「準訓導」「授業生若クハ助手」の三区分に変更して、教員資格別の区分を明示した。任用は「教員」・「訓導」・「準訓導」を滋賀県の採用、「授業生・助手」を郡役所の採用としている。

小学校の校数増大につれて、教員数が増大するのは当然であるが、小学校生徒数の量的増大には対応できていない。とくに「訓導」資格で師範学科の卒業証書取得者は、校数に比べて極めて少なく、一八八三(明治一六)年段階でも一校に一人がやっ

表2　滋賀県12郡の小学校数・教員数の変遷　明治5〜17年

年	校数	教員数	総計
明治5 (1872)	5校	男9	9人
6 (1873)	81	男194	194
7 (1874)	292	男473 女7	480
8 (1875)	637	男880 女2	882
9 (1876)	698	男1380 女14	1394
10 (1877)	683	男1342 女29	1371
11 (1878)	672	男1495 女37	1532
12 (1879)	676	〈教員〉男136　〈補助員〉男1378 女108	1622
13 (1880)	677	〈教員〉男206　〈補助員〉男1427 女117	1750
14 (1881)	675	〈教員〉男242　〈助教員〉男485 女10 〈授業生及助手〉男986 女56	1779
15 (1882)	680	〈訓導〉男263 女8　〈授業生・助手〉男1590 女109	1970
16 (1883)	682	〈訓導〉男596 女11　〈授業生・助手〉男1380 女164	2151
17 (1884)	673	〈訓導〉男717 女10　〈授業生・助手〉男1394 女244	2365

(『文部省年報』第1〜12年報　明治6〜17年、『第三大学区滋賀県』第5・6年報、『滋賀県学事』第7〜12年報　明治10〜17年)

とであり、多数の無資格教員が存在していた。この解決策は、師範学校卒業生では対応できず、また検定試験による教員免許状の交付でも対応できなかった。この時期の検定試験の交付の問題点として、「学力未熟ニ及第スルモノ少ナク」という現状があった。『文部省年報』第一二年報（明治一七年）によると、この解決策として、教員免許状を「数年管下小学ニ従事シ将来授業熟錬、品行端正ニシテ児童ノ師範タルヘキモノヲ撰ミ授与シタル」として五九四人に与えた。

現職教員の数年間の教職経験だけを免許状交付の要件にしたのである。

(3) 明治八〜一〇年の一校あたりの教員配置

次に、明治八〜一〇年の小学校一校当たりの滋賀県の教員配置数を見てみよう。表3に示すように、一八七五（明治八）年には、一校一教員の学校が実に七八%を占めていたが、明治九年に六四%となり、明治一〇年には四六%となっていく。年代を経るごとに、小学校は単数教員から二〜三人へと複数教員が増えていき、生徒数の増大に対応して教員数も増大した。もちろん、明治四〜六年の早い時期から、六人以上の多数教員を雇用する小学校も存在していた。長浜町、大津各町、彦根各町、近江八幡、高宮村の町村は商業活動が活発な地であり、前時代の寺子屋、私塾の教育機関も多数存在していたこともあり、教員需要には困らなかった。設立当初から男子教員の数も多く、女子教員の雇用も早くから見られた。

表4は、明治一〇年における滋賀県内一二郡の教員配置による校数分布である。六人以上の多数教員がいるのは、滋賀郡（大津各町）六校、神崎郡（旧五箇荘町）五校、犬

表3　滋賀県1校当たりの小学校教員配置（校と%）　明治8〜10年

	1人	2人	3人	4人	5人	6人	7人	8人以上	計
明治8年	496校 78.1%	92校 14.5%	21校 3.3%	11校 1.7%	6校 0.2%	1校	3校	5校	635校
9年	446 64.3	157 22.7	53 7.6	16 2.3	6 0.9	6	3	6	693
10年	315 46.3	211 31	80 11.8	33 4.9	8 1.2	11	7	12	680 (内3校不明)

（『文部省年報』第3〜5年報　明治8〜10年）

上郡（彦根各町）六校が目を引き、蒲生郡八幡町二校と日野の啓迪《けいてき》学校が続く。五人以上となると、大津各町計八校、彦根各町一〇校、神崎郡六校（旧五箇荘町）などであった。坂田郡は長浜町開知学校で教員数一三人と県下最大数の教員を雇用している。五人以上の小学校では、高島郡は朽木市場村の雲渓学校、栗太郡は草津村の知新学校、甲賀郡は三雲村三雲学校、頓宮村敬業学校、野洲郡は守山村守山学校、浅井郡は吉槻村東谷学校であった。女子教員は大津各町八校で八人、郡部では日野大窪町啓迪学校三人、甲賀郡頓宮村敬業学校二人、彦根外馬場町修善学校と中藪上片原町明道学校が各二人、他は一人が多く、県下全体でも、総計数二七人であった。

3　明治一〇年代の小学校生徒の就学状況と現級生徒数

(1)　就学生徒・不就学生徒と出席生徒数

明治一〇年代の滋賀県の小学校生徒の就学状況を見るために、基本的な学事統計の資料で概観を押さえていく。表5に明治一〇年代の就学生徒・不就学生徒の状況、出席生徒数の推移を示した。滋賀県の学齢人員は、一八七三（明治六）年の八万五千人から八万八千人の間が続き、一八八一（明治一四）年に九万四一八九人、翌八二（明

表4　明治10年の教員配置の校数分布（校）12郡別

人数	1人	2人	3人	4人	5人	6人以上	不明	郡計
高島郡	52校	18校	3校	2校		1校		76校
滋賀郡	25	11	6	4	2	6		54
栗太郡	14	23	5	1		1		44
甲賀郡	36	23	4	5	1	1		70
野洲郡	21	11	1			1		34
蒲生郡	30	33	7	6		3	2	79
神崎郡	9	13	8	4	1	5		40
愛知郡	18	22	13	2				55
犬上郡	11	16	13	6	4	6		56
坂田郡	16	20	19	2		1		58
浅井郡	49	15		1	1	1		66
伊香郡	34	6	1					41
総計	315校	211校	80校	33校	9校	26校	3校	680校

（『文部省年報』第5年報　明治10年）

表 5　就学生徒数と不就学生徒数、出席生徒平均数の推移（人）　明治 10～17 年

年	就学生徒数　計（男・女）	不就学生徒数	出席生徒平均
明治10年	41731 (29280・12424)	43586 (16369・29307)	27559
11年	44654 (30584・14070)	40205 (13532・26673)	20453
12年	45481 (30550・14931)	40972 (14383・26589)	27453
13年	50571 (33888・16683)	未就学男女27119 既就学同17509	36105 計44628
14年	在籍生徒-55191 ＊ (34872・20319)	38998 (13919・25079)	出席生徒数-53227 (34670・18607)
15年	同69572 ＊ (41130・28442)	34713 (13032・21681)	63665 (39035・24630)
16年	77626 ＊ (49757・28369)	34791 (12338・21753)	65491 (39953・25538)
17年	71965 (43605・28360)	37160 (13545・23615)	66780 (41234・25546)

（『第三大学区滋賀県』第 5・6 年報　明治 10・11 年、『滋賀県学事』第 7～12 年報　明治 12～17 年）　＊ 6 歳以下・14 歳以上生徒を含む

表 6　不就学生徒の事由別の人数（人）　明治 14～17 年

年	未就学	未卒初等学科	既卒初等学科 修他学科	不修他学科
明治14年	22041 (6009・16032)	11324 (5133・6191)	392 (138・254)	3561 (1659・1902)
15年	18626 (5550・13076)	11331 (4820・6511)	314 (181・133)	4442 (2481・1961)
16年	17528 (4748・12780)	11366 (4647・6719)	428 (206・222)	4769 (2737・2032)
17年	18661 (5534・13127)	13505 (5100・8405)	472 (217・255)	4522 (2694・1828)

（『滋賀県学事』第 9～12 年報　明治 14～17 年）

治一五）年に一〇万人を超えている。就学生徒の人数は、小学校数の増大に連れて増えていき、就学率（男女平均）は次のように向上していく。明治一〇年四七・四％→明治一二年五一・六％→明治一四年五三・三％→明治一六年六〇％→明治一八年六三・三％[10]。

多数の不就学の生徒数と出席生徒数の低い状況を打開する対策がとられていく（就学生徒には、六歳以下及び一四歳以上を含む）。就学率をあげて就学生徒を増大化するには、女子生徒の就学率をあげることが最大の問題であった。就学生徒・不就学生徒の男女別での差異は歴然であり、女子の就学生徒を増大させるために裁縫科や作法・習礼の科目設置が試みられていく。また、いったん就学生徒になったり、在籍生徒になったりしても、出席するかどうかはこの時期には、まだ不安定であった。資料では出席生徒平均や出席生徒数が、たえず調査の対象になっていた。

不就学生徒の人員に関して、一八八〇（明治一三）年の第八年報から学事統計表の区分を詳細にしている。すなわち、全くの未就学生徒と既就学したが未就学状態の生徒に分けている。また、明治一四年の第九年報からは、初等科を卒業したかしなかったかで分類して、学事統計表上に示していく。分類区分の事由によって、対応策を打ち出すためであったと考えられる。表6には、明治一四年から一七年の四年間のデータを示した。いったん就学したが、現在不就学の生徒や、初等科の未卒業の生徒を持続的に就学させていくかが、課題となってきたのである。

(2) 就学生徒の現況—生徒数の規模別の校数—

表7と表8には滋賀県一二郡の生徒規模による小学校数を掲げた。一八七七（明治一〇）年と一八八四（明治一七）年の二カ年の表を作成して、比較を試みた。表7には一八七七（明治一〇）年を、表8には一八八四（明治一七）年を学事統計表から作成した。

一八七七（明治一〇）年で生徒数別の学校は、一一～三〇人が一二三校、三一～五〇人が一九二校、五一～七〇人が一五七校となっていた。一一人から七〇人規模の生徒数の小学校が、六八〇校中四七三校を占めた。

表7　明治10年の小学生徒数分布（校）12郡別

人数	1〜10人	11〜30人	31〜50人	51〜70人	71〜100人	101〜200人	201〜300	301人以上	郡計
高島郡	3校	29校	24校	10校	7校	3校			76校
滋賀郡	1	12	12	8	10	8	6		57
栗太郡	3	5	6	13	9	8	1		45
甲賀郡		16	25	18	8	5	9		81
野洲郡		3	7	11	5	1	6		33
蒲生郡		10	26	20	11	10	3		80
神崎郡		5	5	5	9	9	8		41
愛知郡	5	5	13	19	9	6			57
犬上郡	1	6	10	14	12	9	7	2	61
坂田郡	2	3	18	12	16	7		1	59
浅井郡		15	30	15	6	1			67
伊香郡		11	15	12	3	2			43
総計	15校	123校	192校	157校	105校	69校	44校	3校	680校

（『第三大学区滋賀県』第5年報　明治10年）

表8　明治17年の小学生徒数分布（校）12郡別

人数	1〜10人	11〜30人	31〜50人	51〜70人	71〜100人	101〜200人	201〜300	301人以上	郡計
高島郡	1校	14校	22校	12校	19校	10校	1校		79校
滋賀郡	1	1	14	13	6	11	6	2	54
栗太郡		2	5	2	9	16	4	5	43
甲賀郡			13	13	11	24	6	2	76
野洲郡		7	1	1	3	17	9	1	32
蒲生郡		5	11	15	17	21	3	3	76
神崎郡		1	4	4	17	8	8	2	36
愛知郡	1	5	6	9	12	3	3		52
犬上郡		3	6	7	10	21	9	2	58
坂田郡		1	4	3	15	21	10		55
浅井郡		7	19	18	11	15	1		71
伊香郡		6	11	15	8	6			46
総計	3校	52校	116校	112校	130校	186校	60校	18校	677校

（『滋賀県学事』第12年報　明治17年）

七年後の一八八四（明治一七）年では、二〇一～三〇〇人が六〇校、一〇一～二〇〇人規模が最も多く一八六校、七一～一〇〇人が一三〇校となっており、三一～五〇人が一一六校、五一～七〇人が一一二校と続いている。

(3) 現級生徒数の分布と卒業生徒数の変遷、在学年数

小学校生徒の学習進歩の景況を示すものに、現級生徒数の等級分布がある。また、等級分布表と共に、各等級の卒業生徒の数やさらに在学年数のデータを見てみよう。まず、表9の明治八～一一年と表10の明治一二～一七年の現級生徒の変遷表を示してみる。表9の明治八～一一年の現級生徒の実数をみると、「学制」期の滋賀県小学教則下の明治八年と九年では、下等小学第八級と第七級（一年前期ないし後期）の生徒がほとんどであったことがわかる。割合で見ていくと、明治八年で下等八級が八七％を占めており、七級の八％を加えると、実に九五％であった。明治九年でも八級で七六％、七級が一％で計七七％が一年前・後期にしか就学していない。明治一〇年になると、八級四四％と七級二五％の一年前・後期が計六九％という状態で、ほぼ一年間のみが就学実態であった。明治一〇年になり、下等八級から六級までの一・二年の前・後期の二年間で、九六％となっていき、また初めて上等小学への進級生徒が生まれている。明治一一年は、二年間の就学生徒の割合が九四％となることと、上等小学の第六級生までの進級を確認できる。

表9　明治8～11年の現級生徒数（人）

		明治8年	明治9年	明治10年	明治11年
下等8級	1年前期	26818人	33102人	17145人	17989人
7級	後期	2584	5256	10169	9193
6級	2年前期	849	3340	5635	6310
5級	後期	410	1554	4689	4814
4級	3年前期	75	153	1689	2462
3級	後期		76	893	1383
2級	4年前期		5	423	771
1級	後期			174	305
上等8級	5年前期			48	177
7級	後期				44
6級	6年前期			4	5
計		30736人	43486人	39180人	40791人

（『第三大学区滋賀県』第5・6年報　明治10・11年）

表10　明治12～17年の現級生徒数（人）

	明治12年	13年		明治14年		明治15年	16年	17年
普通6級	2万3024	2万4176	下等4級	1万6734	初等6級	2万4114	2万0633	1万9258
5級	1万2649	1万3527	3級	1万0234	5級	1万2003	1万1144	1万1684
4級	7373	7452	2級	7074	4級	5711	8976	9407
3級	4771	4895	1級	5835	3級	4122	7741	7933
2級	3305	3353	中等6級	4711	2級	3340	6360	6864
1級	2686	2705	5級	3269	1級	3250	5037	5895
高等6級	1256	1273	4級	1954	中等6級	6263	5658	3802
5級	611	655	3級	1282	5級	3782	3102	2744
4級	262	273	2級	961	4級	2139	1917	1720
3級	145	160	1級	734	3級	1053	984	1149
2級	36	85	上等6級	398	2級	790	501	672
1級	28	49	5級	236	1級	746	308	411
			4級	44	高等4級	1319	80	207
			3級	15	3級	703	59	118
			2級	10	2級	192	36	55
			1級	9	1級	35	11	46

＊明治12・13年は若越4郡含む

表11　卒業生徒数の変遷（人）　明治13～17年

明治13年	全科卒業男23人		
14年	初等7130 （男5034 女2096）	中等1089 （884・205）	高等144 （140・4）
15年	同　6194 （4840・1354）	同　306 （280・26）	同　99 （97・2）
16年	同　6449 （5016・1433）	同　241 （228・18）	同　20 （19・1）
17年	同　7372 （5547・1825）	同　493 （472・21）	同　65 （64・1）

（『滋賀県学事』第8～12年報　明治13～17年）

表12　就学生徒の在学年数（人）　明治14～17年

	3年未満在学	3年以上在学	6年以上在学
明治14年	39728 （男20303・女10425）	17068 （12097・4971）	2766 （2113・653）
15年	46475 （25199・21276）	19727 （13365・6372）	3350 （2556・794）
16年	48202 （26316・21866）	20846 （14004・6841）	3499 （2626・873）
17年	45682 （25529・20153）	22888 （15327・7561）	3395 （2749・646）

（『文部省年報』第9～11年報　明治14～16年、『滋賀県学事』第12年報　明治17年）

表10には、明治一二年から一八年までの現級生徒の実数の分布を示す。表10からは、「教育令」期と「改正教育令」期の教則による現級生徒の区分になるが、着実に下等・初級の等級から高等への進級生徒が増え始めていることがわかる（『滋賀県学事年報』第七・八年報〈明治一二・一三年〉には、近江国一二郡と若越四郡を合計した現級生徒数しか記載していない）。

就学生徒数の推移に続いて、各等級での卒業生徒の状況を表11で一八八〇〜八四（明治一三〜一七）年の変遷を追ってみよう。一八八〇（明治一三）年の統計資料では、全科卒業生の数値しか示されていないが、八一（明治一四）年以降は、「滋賀県模範教則」による初等科二年・中等科三年・高等科三年の各等級別の卒業人数が明記されている。初等科の四級〜一級の二年間の卒業生徒は、六千人台から七千人台だが、三年目以上の卒業生徒は激減している。中等科や高等科へは進級はするものの卒業までには至らない状況であったことがわかる。

次に、この時期の就学生徒の在学年数の分布を見てみよう。表12に、在学年数が三年未満、三年以上、六年以上の三区分した統計表を掲げてみる。すでに見てきたように、明治初期にあっては在学年数三年未満が圧倒的に多数を占めており、一八八一（明治一四）年にあっては六六・八％であった。明治一五年に六六・八％、明治一六年に六六・四％、明治一七年でも六三・五％となっている。明治一六年以降になると、三年以上在学が二万人を超えて二八・八％、明治一七年には三一・八％となっている。六年以上在学の生徒数も明治一五年に三三五〇人（四・六％）となり、その後も三四〇〇人から三五〇〇人の間となり漸増していく。三年以上の在学年数となると、男子生徒と女子生徒にはまだ顕著な差があった。

おわりに

第二代滋賀県令籠手田安定の小学校政策を教員配置の施策と就学生徒の状況から検討してきた。明治初年の草創期

の滋賀県における小学校の全体的概観を得るために、『文部省年報』や『滋賀県学事年報』などの公的な官庁統計資料から明らかにしようと試みた。個別の市町村ごとの小学校設立・開校や明治初期の学校経済の資料は、近年の自治体史の教育史で学校公文書、地区の区有文書の資料発掘で研究が大きく進んできている。だが、県全体の小学校の実態解明となると、それらの自治体史では全く取りあげられず、研究の蓄積はないのが現状である。本章では、明治元（一八六八）年から一八七四（明治一七）年の間で大津県判事試補から滋賀県大参事、権令、県令を勤めた籠手田安定が行った小学校教育政策の実態を分析した。一八七五（明治八）年から八四（明治一七）年の約一〇年間、滋賀小学校教育の基礎作りの段階の一端を統計上から明らかにした。

注

（1）『文部省年報』第五年報（明治一〇年）「滋賀県年報」巻頭序文
（2）「滋賀県学事年報」の第五〜一一年報は近江八幡市江頭区の所蔵、第一二年報は旧木之本町（現長浜市）の江北図書館所蔵（現滋賀大学経済学部に寄託）であり、第一五年報は国立国会図書館デジタルライブラリーで読むことができる。
（3）『従明治六年至明治一三年　滋賀県管内学事統計一覧表縮図』（明治一五年六月）
（4）馬場義弘「籠手田安定」（滋賀県教育史研究会編『近代滋賀の教育人物史』サンライズ出版　二〇一八年）、鉅鹿敏子《おおがとしこ》『県令籠手田安定』中央公論社事業出版　一九七六年　四七〜五三頁、同『史料県令籠手田安定』私家版　一九八五年
（5）籠手田安定『勧学告諭書』一八七八（明治一一）年一一月一二日　九丁、「管内尚三万八千三九〇人ノ不就学児アリ」を二度も書き、「我職任ノ挙ラザル」責任を自覚して、県民に「父兄タル者深ク注意ヲ致スヘク」と述べた。
（6）鉅鹿敏子『前掲書』（注4）によれば、北川舜治『牧民偉績』は籠手田安定の事蹟をまとめたとされる。
（7）『東京高等師範学校沿革略志』一九一一年
（8）『大阪師範学校一覧』一八七七（明治一〇）年一一月
（9）拙著『滋賀の教育史』二〇一五年　六一頁
（10）国立公文書館内閣文庫所蔵『滋賀県史』第一編〜第四編　「政治部学校」　明治五〜一五年、『文部省年報』第一一〜一三年報　明治一六〜一八年

第二部　滋賀県の小学校教育課程史

第5章 「学制」期の教則—明治七・八・一〇年教則—

はじめに

一八七二（明治五）年八月三日に文部省は、全一〇九章からなる「学制」を公布した。第二七章に下等小学と上等小学を区分し、それぞれの教科を定めた。「尋常小学ヲ分テ上下二等トス　此二等ハ男女必ス卒業スヘキモノトス教則別冊アリ」として、教科名をあげている。下等小学には、「綴字《つづりじ》・習字・単語・会話・読本・修身・書牘《しょとく》・文法・算術・養生法《ようじょうほう》・地学大意・理学大意・体術・唱歌」の一四科で、上等小学はこれに加えて「史学大意・幾何学罫画《けいが》大意・博物学大意・化学大意」の四科を授けるとした。また、土地の状況によっては、「外国語・記簿法《きぼ》・画学・天球学」を加えてもよいとした(1)。

文部省は同年九月八日に「小学教則」を出し、一一月一〇日には「小学教則概表」を公表して、教則中別冊を具体化したものであった。教科の名称に若干の変更や増減を行っている。同月一八日には「国体学」一科が加えられている。休業日を変更して日曜日から一と六の日にしたので、授業時数を一週三〇時間から二〇時間へ変更した。

さらに、文部省は布達第七六号「改正小学教則」を一八七三（明治六）年五月二〇日に発布して、「改正小学教則概表」も出して変更している。一日六時間、週五日で三〇時間から一日五時間の週四日の二〇時間へと授業時数を減らしたことによるものである。「学制」期の文部省教則は、明治六年五月「改正小学教則」でいちおう完成したといえる(2)。

1　滋賀県最初の小学校教則「滋賀県小学校教則校則」―明治七年一〇月

滋賀県の最初の小学教則は、滋賀県布達第一三三八号「滋賀県小学校教則校則」である。(3) 一八七四（明治七）年一〇月一四日に、「当県下公立小学校教則校則文部省へ伺済之上別冊之通相定候　是迄《これまで》毎校ニ於テ適宜　窺《うかがい》置《おく》教則校則等ハ渾《すべ》テ相廃止　自今別冊ニ照準《しょうじゅん》イタシ教授可致事《いたすべきこと》　右管内公立小学校へ無洩《もれなく》布達スルモノ也」と布達した。(4)

滋賀県の小学校の設立・開校政策は、一八七三（明治六）年二月から始まったばかりで開校したての小学校に適用するには多くの困難があった。文部省の小学教則には、従来の私塾・寺子屋とは全く異なる教育内容が編成されており、これらを教えることのできる教員がほとんどいなかったからである。滋賀県下の小学校教員が旧来の「句読《くとう》、習字、算術」から脱却して、新しい教育課程の教則を教えるためには、新しい教科の教授法を身につけた教員を養成することが課題となってきた。

県下の学校沿革誌の中で、明治初期の最も詳しい学科課程表の変遷を掲載しているのは『甲賀郡岩室《いわむろ》尋常小学校沿革誌』一八九六（明治二九）年である。(5) 甲賀郡岩室村の移新《いしん》学校（現甲賀市甲南町佐山小学校）時代を「明治六年九月本校創設ノ際ハ未タ教則ノ頒布ナキヲ以テ　仮リニ年齢及ヒ能力ヲ計《はか》リ甲乙丙《こうおつへい》ノ三組ニ分チ　読・書・算ノ三科ヲ課セシ」としている。一八七三〜七四（明治六〜七）年の設立・開校の学校では、教則の頒布が行われず、生徒の年齢や能力差によって教授内容を変えて教えるだけで、三科の教員を揃えることで精いっぱいだったことがわかる。

一八七四（明治七）年一〇月の「滋賀県小学校教則校則」は、表1のとおりである（教則表の左端に通算の学年を附した。以下の表2以降も同様）。各等級の教科内容は、授業時間を示して一日の各教科の授業時間を明記している。

「第八級　六ケ月　一日五時ノ課定　一月二・三ノ休暇ヲ与フ　以下之ニ従エ

明治7年10月14日

上等小学

		習字	算術	読本論講	物理学論講	書牘復文作文	地理論講	歴史論講	博物論講	化学
5年	第8級 (6ケ月)	細字行書 平仮名交 リ書簡用 文 1日 (30分)	比例算 (1時)	西洋事情 ノ類 (1時)	多識新書 理学摘要 ノ類 (1時)	作文 複文手引 草ノ類 (1時)	世界国尽 挿画地学 往来 亜細亜州 世界地図 ノ用法 地球儀 (30分)			
	第7級 (〃)	細字 同　上 (〃)	比例算 (〃)		理学階梯 の類 (〃)	作文 簡単ナル 日用文 (〃)	挿画地学 往来 欧羅巴州 同上 (〃)	史略 文部省 板本 (1時)		
6年	第6級 (〃)	細字楷書 片仮名交 リ　又ハ 行書平仮 名交リ文 (1時)	差分算 (〃)		博物新編 訳解 同補遺ノ 類 (〃)	同　上 (〃)	皇国地理 書ノ類 兼テ 日本地図 ノ用法 (〃)	内国史略 ノ類 (〃)		
	第5級 (〃)	同　上 (〃)	同　上 (〃)		格物入門 和解ノ類 (〃)	日用文ヲ 作ラシム (30分)	輿地誌略 ノ類 地球儀ヲ 用ユ (1時)	五州紀事 条約国史 略ノ類 (〃)		
7年	第4級 (〃)	細字速写 (30分)	同　上 (〃)		同　上 (〃)	同　上 (〃)	同　上 (〃)	万国史略 ノ類 (30分)	博物新編 家畜ノ部 ノ類 (30分)	
	第3級 (〃)	同　上 (〃)	開平法 (〃)		同　上 (〃)	公用文ヲ 作ラシム (〃)	同　上 (30分)	王代一覧 ノ類 (1時)	同　上 野獣ノ部 の類 (〃)	
8年	第2級 (〃)	同　上 (〃)	開立法 (30分)		気海観瀾 広義ノ類 (1時)	同　上 (〃)		参考 太平記ノ 類 (30分)	同　上 草木ノ部 ノ類 (1時)	化学訓蒙 ノ類 (1時)
	第1級 (〃)		利息算 連級　及 対数用法 (30分)		同　上 (〃)	同　上 (1時)		同　上 (1時)	同　上 魚鳥介虫 ノ部の類 (30分)	化学入門 ノ類 (〃)

表１ 滋賀県小学校教則校則

下等小学

		綴字	習字	単語読方	算術	修身口授	単語暗誦	読本読方	地理読方	読本論講	養生口授	物理学論講	地理論講	書牘
1年	第８級（6ケ月）	智恵の環初篇詞ノ巻 1日 （1時）	平仮名 47字 片仮名 50音 数字 西洋数字 （1時）	童蒙必読（州名年号帝諡） （1時）	九九 （1時）	童蒙教草 （30分）	前日ヨリ学フ所ヲ （30分）							
1年	第７級（〃）	絵入智恵ノ環初篇二篇 4巻（〃）	楷書 （〃）	府県名 国尽 単語篇ノ類（〃）	加減法 （〃）	同上 （〃）	同上 （〃）							
2年	第６級（〃）	〃 三篇・四篇 4巻（〃）	〃 （〃）	近江国郡村町名 地方往来 農家日用往来 商売往来ノ類 （〃）	乗除法 （〃）	同上 （〃）		物理訓蒙ノ類 （30分）						
2年	第５級（〃）		行書 （〃）	単語書取 童蒙必読（州名年号帝諡） （〃）	四則応用 （〃）	勧善訓蒙 （1時）		啓蒙智恵ノ環ノ類 （1時）						
3年	第４級（〃）		楷書 片仮名交リ （〃）	地方往来 農家日用往来 商売往来 （〃）	諸等加減乗除法 （〃）	修身論 （30分）		戸籍法 商法必携ノ類 （〃）	近江風土志 日本国尽ノ類 （30分）					
3年	第３級（〃）		行草書 平仮名交リ （〃）		分数算 （〃）				世界国尽 （1時）	戸籍法 商法必携ノ類 （1時）	養生法 （30分）	窮理図解 天変地異ノ類 （30分）		
4年	第２級（〃）		同上 （〃）		同上 （〃）					皇朝史略 西洋新書 （1時）		発明紀事 窮理便解 （1時）	近江風土志 日本国尽ノ類 世界地図ノ用法 （1時）	12月帖ノ類 （30分）
4年	第１級（〃）		同上 （〃）		分数と比例算 （〃）					皇朝史略 御国史 西洋新書ノ類 （30分）		窮理発蒙 理学問答ノ類 （1時）	皇国地理書ノ類 （〃）	日用諸証文等 （1時）

綴字　一日一時
　同級ノ生徒ヲ順列ニ並ハセ　智恵ノ環初篇詞ノ巻ヲ教師盤上《ばんじょう》ニ大書《たいしょ》シテ之ヲ授ク　大抵二十分ニテ生徒ヲ交換セシム　受業了《おわ》レハ本席ニ復テ復習ス　未受ノ生徒ハ受業ノ時間マテ自席ニ在テ前日受ル所ヲ温習《うんしゅう》ス
習字　一日一時
　平仮名四十七字　片仮名五十音　数字・西洋数字ヲ教ユヘシ　尤《もっとも》字形運筆ノミヲ主トシテ訓読《くんどく》ヲ授ケルヲ要セス　教員ハ順廻シテ之ヲ親（ママ指）示ス
単語読方　一日一時
　同等ノ生徒順列ニ並ハセ　童蒙必読ノ類州名・年号・帝謚ヲ盤上ニ記シ高唱シ　生徒一同之ニ準誦セシム
算術　一日一時
　教授前ニ同ク九九声ヲ教ユ
修身口授　一日三十分
　童蒙教草ノ類ヲ以テ教員口ツカラ縷々《るる》之ヲ説示《せつじ》ス
単語暗誦　一日三十分
　一人ツツ教員ノ前ニ出テ前日ヨリ学フ処ヲ暗誦セシム」

下等小学の各等級には、教育内容を教科書名で示しており、新たにこの時期に次々と発行された書籍や教科書を掲載している。「学制」前の小学校課業表と比べると、下等・上等とも自然科学系科目が重視されており、下等第三級から物理学が、上等では化学、博物学、生理学が配置されている。人文科学系では、下等から重視されたのが地理学で下等第四級から配置されているが、歴史学は上等第七級からの配置となっている。

滋賀県の一八七四（明治七）年一〇月教則は、文部省の七三年五月の「改正小学教則」「改正小学教則概表」に基づ

いて作成されたと考えられ、教科の名称や時間数もほぼ同様である。この教則の特質を三点からみておこう。

第一点は、滋賀県独自の教育内容として、「地理読方」「地理輪講」に河村祐吉『近江風土誌（志）』、「単語読方」に琵琶湖新聞会社編『近江国郡村町名』があげられている。「単語読方」には河村祐吉『農家日用往来』があげられている。河村の二著は琵琶湖新聞会社からの「官許」発行本で一八七五（明治八）年一月刊である。(6) 滋賀県「官許」の発行本として小学校教則に採用された。明治七年教則では郷土の地理・地名を重視して、下等小学第六級から第二級まで（現小学二年前期～四年前期）学ばせている。

第二には、この教則には民衆の日常生活に関わる知識となる往来物の教科書名があげられている点である。文部省教則では「単語読方」は第八・七級のみであるが、滋賀県教則では第八級から第四級まで配当されている。その内容として「府県名・国尽・地方往来・農業日用往来・商売往来」などがあげられている。これらは『学制』前の小学課業表と同じ発想にたって、生活と結びつく実用主義的内容を学ばせようとするものであった。

第三には、文部省教則にあって、滋賀県教則にはない教科がある。下等小学の「国体学口授」「会話読方」「会話暗誦」「会話書取」「各科温習」、上等小学では「罫画」「幾何」「生理」である。文部省教則はアメリカのニューイングランド地方のボストンの公立学校のカリキュラムの影響を受けて作成されており、会話に関する教科目を多く配置していた。これに対して、一八七四年の滋賀県教則では、会話系科目を一切排除して、旧来の「読み・書き」にこだわった教則表を作成したのである。

2　「学制」期の「滋賀県上下等小学教則」―明治八年四月

滋賀県は、翌一八七五（明治八）年四月一三日に滋賀県布達第一九五号で「小学校上下等小学教則」を出して、明治七年一〇月教則を改めた。その二年後の、一八七七（明治一〇）年六月七日には一部改正して、滋賀県布達乙第五

○号で「改正小学教則」を出していく。この二種の教則は、前の教則とは大きく異なる教科構成をとっており、一八七三（明治六）年の東京師範学校作成の教則からの影響を受けたものである。東京師範学校は、七五年二月に「下等小学教則」を作成して、五月に「改正下等小学教則」「上等小学教則」を定めている。[7] 同教則の文部省教則と異なる最大の点は、「問答科」の導入である。自然系、人文系の個別学問名を関した教科を整理しており、下等小学では「読物」「算術」「習字」「書取」「問答」「復読」「体操」「作文」の八教科に簡素化した。物理学、化学、博物学、地理学、歴史学などは、「問答科」と「読物科」に組み入れられた。

一八七五（明治八）年四月一三日布達は、滋賀県参事籠手田安定名で「当県上下等小学教則之儀別冊之通　文部省改定之則ニ相定候条校則共右ヲ遵守シ生徒へ授業可致候事」としている。但し書きには、下等小学教則について「是迄立校之分エ相渡置候教則之儀ハ当分不相用儀ト可心得事」と書いている。しかし、布達に「文部省改定」と述べているが、文部省の小学校教則は一八七三（明治六）年五月教則以後には改定も作成もされていない。滋賀県は、前回と大きく異なる東京師範学校作成の教則を、文部省で改訂された教則ととらえてしまったのであろう。当時の各府県の地方行政官にとっては、文部省と東京師範学校から発せられた教則には見分けがつきにくく混同してしまったと考えられる。

ところで、この明治八年四月教則には、興味深いことがある。この教則の別冊表紙には「文部省改定　下等小学教則　明治七年九月　大阪師範学校」とある。この教則は官立大阪師範学校の教則から多くの点を取り入れた教則であるが、前年明治七年九月の大阪師範学校教則から何をどのように取り入れたか、どこが滋賀県の独自性かは明確にしておらず、滋賀県小学校教則としてしまっているのである。この時期は、官立東京師範学校の小学師範学科卒業生が全国各地の官立師範学校、府県立の師範学校、あるいは地方の大都市の中核的小学校に派遣され始めた時期であった。東京師範学校の教則は、彼らを通じて官立の師範学校や府県立師範学校に影響を及ぼしていったのである。[8]

滋賀県は、第三大学区本部大阪府の官立大阪師範学校をモデルとして滋賀県の小学校教則を改訂するとともに、新しい教授法や教科書の伝達講習を行うため、一八七五（明治八）年六月一日に滋賀県小学教員伝習所を開設して、官立大阪師範学校第一次卒業生の横関昂蔵（元彦根藩士）を招聘した。官立大阪師範学校卒業生は、大津の伝習所のみならず、明治六年から一〇年にかけて訓導資格をもつ教員として県内の小学校に多数が招聘された[9]。ほとんどが大津各町や近江商人故地の町村（近江八幡、日野、五箇荘、八日市など）の中核的小学校であった。

次に、表２「滋賀県上下等小学教則」明治八年四月一三日を掲げてみよう。この教則と一八七四（明治七）年一〇月教則との相違点は、次の四点である。

第一に、教科名が下等小学、上等小学とも八教科として整理された。上等・下等に共通する教科は、「読物」「算術」「習字」「作文」「体操」の五教科である。下等のみの教科は「問答」「書取」「復読」で、上等のみが「輪講」「暗記」「罫画」である。明治七年教則においても、学科内容を示す教科と教授方法が混在していたが、この一八七五（明治八）年四月教則においても踏襲されている。「問答・復読・暗記・輪講」は、具体的には教授方法を示す概念であるが、教科として配置されている。「問答」を除く三科は、江戸時代以来の生徒の学習方法であり、近世の学び方の伝統を引き継いでいるといえよう。

第二には、教科内容の示し方は教科書名をあげているが、その多くが官立東京師範学校編纂本と文部省編纂本である。明治七年教則では、福沢諭吉編や慶応義塾関係者編の開化啓蒙主義的内容の教科書が見られたが、明治八年教則ではほとんだが姿を消している。

第三に、新しい教科の「問答科」には、日本と万国の地理・歴史教科書が多数取り入れられている。下等第六級の『地理初歩』や『地球儀』から入り、『日本地誌略』、『万国地誌略』や『日本略史』、『万国史略』へと配置されている。自然科学系科目に関しては、下等の第八級で人体図と第一級の博物図だけになっている。「読物科」においても、上等

明治８年４月13日
※文部省改定教則ヲ以テ授業

上等小学教則

		読物	算術	習字	論講	暗記	作文	体操	罫画	
5年	第８級 (6ケ月)	文法書 巻1 日本地理書 巻1・2 1日（1日30分） 以下之ニ倣エ	分　数 (1時) 以下同じ	細字楷書 (1時) 以下同じ	論　講 (1時30分) 以下同じ	暗　記 (30分) 以下同じ	手紙ノ文 (30分) 以下同じ	時間足リナシト雖5・6分ツツ一日両三度スヘシ		
	第７級 (〃)	同　上 巻2 同　上 巻3・4	正比例	前級ノ如シ	同　上	同　上	問題ヲ出シテ答ヲ文ニ綴ラシム	同　上		
6年	第６級 (〃)	日本地理書 巻4 万国地理書 巻1・2	鍵比例 及合率比例	細字草書	同　上	同　上	前級ノ如シ	同　上		
	第５級 (〃)	万国地理書 巻3・4・5 修身談 巻1	按分逓拆 比例	同　上	同　上	同　上	同　上	同　上		
7年	第４級 (〃)	修身談 巻2 日本略史 巻1・2・3	利息算	草書細字ヲ早写セシム（手本与ヘス教師ノ口述）	同　上	同　上	同　上	同　上		
	第３級 (〃)	修身談 巻3 日本略史 巻4・5 万国略史 巻1・2	幾何　及 係数	※ (作文ノ課テ書法ヲ論スヘシ)	同　上	同　上	同　上	同　上	点線正形ノ類 (1時)	
8年	第２級 (〃)	万国略史 巻3・4・5 物理階梯 巻1・2	累乗開法 ノ大略		同　上	同　上	同　上	同　上	直線弧線及平面ノ類	
	第１級 (〃)	物理階梯 巻3 化学説略 博物誌 巻1・2・3 国体論略	開立法 対数用法		暗記ヲ兼ヌ		同　上	同　上	同　上	諸科復習

表２ 滋賀県上下等小学教則

下等小学教則

		読物	算術	習字	書取	問答	復読	体操	作文	
1年	第８級 (6ケ月)	50音図濁音図ニテ 仮名 単語図第1～8 連語図第1～8 小学読本 巻1～2	数字図ト算用数字図ヲ用イ数字ノ読方ト一～百ノ書方 位取 算盤ニテ数ヘ方 加算九九ノ諳誦	仮名ノ字形習字本ニテ筆ノ持方	50音並ニ単語ノ文字ヲ仮名ニテ綴ラシム	単語図ヲ用イテ、諸物ノ性質・用イ方	復読	体操図ニ依テ		
	第７級 (〃)	小学読本 巻1・2	同 上 百～万ノ数方 乗算九九ノ暗誦 羅馬数字	習字本ニテ楷書	単語	人体ノ部分通常物及ヒ色ノ図ヲ問答ス	同 上	同 上		
2年	第６級 (〃)	同 上 巻3 地理初歩 地球儀ヲ示ス	加 法 最初ハ（小学算術書ヲ用イテ暗誦ヲ主トス）	同 上	小学読本中ノ句ヲ書取ラシム	形体線度図及地理初歩地球儀等ヲ問答ス	同 上	同 上		
	第５級 (〃)	同 上 巻4 日本地誌略 巻1兼テ地図ヲ示ス	減 法 (〃)	同 上		日本地誌略及地図、地球儀等フ問答ス	同 上	同 上	単語中ノ1・2字題ニ与ヘ一句ニ綴ラシム或ハ一句ノ題ヲ与ヘテ二三句ヲ綴ラシム	
3年	第４級 (〃)	同 上 巻5 日本地誌略 巻2兼テ地図ヲ示ス	乗 法	行書		同 上	同 上	同 上	同 上	
	第３級 (〃)	日本地誌略 巻2 及 日本史略 巻1兼テ地図ヲ示ス	除 法	同 上		日本地誌略及日本史略ヲ問答ス	同 上	同 上	同 上	
4年	第２級 (〃)	日本史略 巻2 万国地誌略 巻1兼テ地図ヲ示ス	容易キ分数	草書手紙ノ文		日本史略 万国地誌及暗射地図	同 上	同 上	容易キ手紙ノ文ヲ綴シム	
	第１級 (〃)	万国地誌略 巻2 及 万国史略 巻1・2	分数	同 上		万国地誌略 万国史略 及博物図第1～ マデ		同 上	同 上	諸科復習

でわずかに第二・一級で『物理階梯』・『化学説略』・『博物誌』があげられているにすぎない。

第四には、民衆の日常生活に関わる生活実用的知識を授ける教科、教科書が全く姿を消してしまっている。

最後に、下等小学第八級の内容をあげて、明治七年教則との違いを見ておこう。

「第八級

読物　五十音図ト濁音図ニテ仮名ノ音及ビ呼法ヲ教ヘ　単語図第一ヨリ第八マデト連語図第一ヨリ第八マデヲ教ヘ　或ハ兼テ小学読本巻之一二回ヲ授ク

算術　数字図ト算用数字図ヲ以テ数字ノ読方ト一ヨリ百マデノ書キ方位取リ　並ニ算盤《そろばん》ニテ物数ノ数ヘ方ヲ教ヘ　兼テ加算九々ヲ暗誦セシム

習字　石盤《せきばん》ニテ仮名ノ字形ヲ教ヘ　次ニ習字本ヲ与ヘ筆ノ持チ方ヲ教フ

書取　五十音並ニ単語ノ文字ヲ仮名ニテ綴ラシム

問答　単語図ヲ用イテ諸物ノ性質及ヒ用イ方等ヲ問答ス

復読

体操　体操図ニ依テ授ク（以下之ニ倣ヘ）」

3　「学制」期の「滋賀県改正小学教則」―明治一〇年六月

一八七七（明治一〇）年六月七日に、再び教則は改訂された。改訂理由は、「教則ハ従来専《もっぱら》大阪師範学校ヲ模範トセシカ地方ノ実態ニ適セサルノミナラス　該教則ハ頗《すこぶ》ル繁密《はんみつ》ニ過キ　反テ実益ヲ視サルモノノ如シ　是ニ於テ稍《よう》ク之ヲ改正シ　珠算《しゅざん》及女子裁縫科《さいほうか》ヲ増加セリ」と説明された。(10)　明治一〇年六月の改訂は地域の実情に合わせた教則とす

ることであった。地域の教育要求に即した教科内容として珠算、女子の裁縫科をあげ、民衆生活上の必要な知識や技能を授ける教則にしたのである。

『文部省年報』第五年報（明治一〇年）は、明治八年教則には「管内地理書ヲ除ノ外ハ、悉ク官板ニシテ文部省編纂連語図・小学読本ハ文章ノ婉曲《えんきょく》ナルト意義ノ高尚《こうしょう》ナルニ因《よ》リ　生徒ノ知覚力ニ適セサルモノアル」として、生徒の知識水準と関心や意欲とかけはなれた教科書が並べられていると批判した。「寒郷僻遠《かんきょうへきえん》ノ貧民《ひんみん》」のための実情に即した教科書や教則とすべきだと述べている。

一八七七（明治一〇）年六月の改正教則は、表3のとおりである。明治一〇年教則は、前文のあとに「凡例」を設けて、各教科の指導法を丁寧に説明している。その主要な点は、①女子には一日一時間〜二時間は裁縫科を教授すること、②「小学読本」は、文部省編纂本でも師範学校編輯本でもどちらでもよいとし、生徒の都合に合わせて選択してよいとした、③「読物」では発音を明らかにし、読声を正しくし、熟語の意味を詳しく説明する、など細かく留意事項を述べている。

このように明治一〇年教則にあっては、地域の実情や生徒の実態に合わせて教則を適用することが強く打ち出された。「毎級六カ月ノ修業定ムト雖モ　生徒学術ノ進否《しんぴ》ニヨリ斟酌《しんしゃく》増減ハ教師ノ意ニ任ス」としたのであった。

しかしながら、実際に改定された一八七七（明治一〇）年一〇月教則表には、地域の教育実態を反映した教育内容はほとんど入っていない。「読物」・「問答」の第五級に「管内地理書」が配置されただけで、奥田栄世編纂『滋賀県管内地理書』明治一〇年のみであった。これ以外の地域の実情を反映した教科書は、教則表にはあげられていない。かえって、下等小学から上等小学への「読物」「問答」には、歴史・地理の内容で普遍的な文明史を学ばせる教科書があげられていた。地理では下等の第六級の『地理初歩』・『地球儀』を、第二・一級では『日本地誌略』・『万国地誌略』を、上等の第七・六級で『輿地誌略』を配置している。歴史では下等第二・一級で『日本略史』・『万国史略』、上等第八級で『巴来《パーレー》万国史』を配置している。さらに、上等小学には自然科学系の教科が上等第三・二級で『物理階

明治10年6月7日
6月27日改正追加正誤

上等小学教則

		読物	暗記	作文	算術	習字	復読	体操	罫画学
5年	第8級(6カ月)	巴来万国史 上・下	読物ノ部	記事一事跡ノ問題ヲ与エテ事ノ前後、顚末ヲ記取記セシム	利息算 諸等法	習字手本ヲ与エ草書楷書細字	復読	体操	
	第7級(〃)	輿地誌略 初篇	読物ノ部中要所	前級ノ如シ	正比例 転比例	草書及ヒ行書ノ細字速写	前級ノ如シ	前級ノ如シ	
6年	第6級(〃)	同　上 2篇	同　上	同　上	合率 比例	草書細字速写	同上	同上	
	第5級(〃)	同　上 3篇	同　上	同　上	級数及ヒ按分近接比例(折)		同上	同上	点線面体ノ類
7年	第4級(〃)	初学人身究理 修身論	同　上	問題ヲ与エテ論説ヲナサシム但シ級ノ上進スルニ応シ逐次題数ヲ増加シ或ハ細密ニ事ノ利害損失ヲ詳論セシム	開平法		同上	同上	同　上
	第3級(〃)	物理階梯 巻1・巻2の前半マデ 具氏博物学 巻1・2	同　上	同　上	開立法求積方		同上	同上	同　上
8年	第2級(〃)	物理階梯 巻2ノ後半 巻3 具氏博物学 巻3・4	同　上	同　上	幾何学ノ初歩		同上	同上	幾何罫画法
	第1級(〃)	具氏博物学 巻5・6・7 百科全書 百工応用 化学篇	同　上	同　上	同　上		同上	同上	地図其他種々ノ物体

表３ 滋賀県改正小学教則

下等小学教則

		読物	問答	書取	算術	習字	復読	体操	作文	
1年	第８級 (6カ月)	50音図、伊呂波図濁音図ニヨリ仮名単語図 第1～8	単語図ヨリ諸物ノ性質及用イ方ヲ問答ス	50音、草体、変体(伊呂波)及ビ濁音、(欠清音)ヲ書取、単語ノ文字正草変体ノ仮名ニテ綴ラシム	数字図、算用数字図ニヨリ数字ノ読ミ方一～百ノ書方、位取並指数器ニテ物数ノ数ヘ方 加算九九図ヲ暗誦	石盤ニテ仮名字形（正体、草体、変体等）容易キ習字手本ヲ与ヘテ筆ノ持方運ヒ方等	復読	体操 （毎級必ズ適宜ニ施行スヘシ）		6月27日改正追加 8級—書取課（ ）削除 6級—読物課（ ）削除 5級— 〃 （ ） 〃 3級—作文課「 」加える 2級—問答課「 」加える 1級— 〃 「 」加える
	第７級 （〃）	連語図 第1～10 小学読本 巻1	人体ノ部分及色ノ図ヲ問答シ連語読本中ノ修身養生及ビ通常物等ヲ口授或ハ問答ス	単語ノ文字及連語中ノ熟字	加法並加減心算兼テ減算九九乗算九九図ヲ暗誦セシム	習字手本ヲ与エテ楷書ヲ授ク	同上	同　上		ア．小学読本ニ専ラ文部省改定読本ニ因ル（購入ノ上デ）文部省、師範学校共互用スベシ
2年	第６級 （〃）	小学読本 巻2（巻3第47マデ） 地理初歩	地理初歩ト地球儀及面体線度ヲ問答シ読本ニヨリテ口授或ハ問答ス	読本中ノ句	減法及加減心算	前級ノ如シ	同上	同　上		イ．女子ハ1日1～2時間必ス裁縫科ヲ教授スヘシ
	第５級 （〃）	小学読本 巻3（第48ヨリ） 巻4 管内地理書 日本地誌略 巻1 ※	管内地理書 日本地誌略及ビ同暗射地図ヲ問答ス	同　上	乗法加減 乗心算　及 珠算加法 珠算割音図ヲ暗誦	同　上	同上	同　上		※管内地理書 当分之ヲ欠ク 但　上刻ノ後ハ日本地誌略ヲ第4級ニ操リ込ム
3年	第４級 （〃）	小学読本 巻5 日本地誌略 巻2	前級ノ如シ		除法加減 乗除心算　及 珠算減法	同　上	同上	同　上	単語連語、読本ノ中ノ名詞等ヲ題ニ与エ二三句ヨリ五六句ヲ綴ラシメ、傍ラ小学作文階梯ニヨリ授ク	
	第３級 （〃）	日本地誌略 巻3・4 日本略史上巻	日本地誌略 同暗射地図 日本略史		四則応用 四則心算 珠算乗法	習字手本ヲ与エテ行書	同上	同　上	短簡「ナル」私用文 請取諸券	
4年	第２級 （〃）	日本略史下巻 万国地誌略 巻1・2	前級ノ如シ 「読物ノ部並ニ万国暗射地図ヲ問答ス」		分数安易キ分数 心算及ヒ 珠算除法	同　上	同上	同　上	同　上	
	第１級 （〃）	万国地誌略 巻3 万国略史 巻1・2 （東京師範学校）	同　上 「読物ノ部並ニ兼テ博物図ニヨリ博物ノ大旨ヲ問答ス」		小数諸等法安易キ小数諸等 心算及ヒ 珠算異乗同様利息算	同　上	同上	同　上	公私用文	

図１　滋賀県上下等小学日課表　明治10年7月

滋賀縣下等小學日課表

	自午前九時至十時	自十時至十一時	自十一時至十二時	自十二時至一時	自十一時至十二時		自一時至二時	自二時至三時
	復讀	讀物	問答	体操	書取	作文	算術	習字
一級		萬國地誌畧 萬國史畧	萬國暗射地圖 讀物之部 并ニ 博物圖		此課ハ問答ト隔日ナリ	公私用文	小數 諸等法 珠算異乗同除 利息算	行書
二級		日本略史 萬國地誌畧	讀物之部 并ニ 萬國暗射地圖			短簡私用文 諸證券	珠算除法 分數	行書
三級		日本地誌畧 日本略史	日本地誌略 日本暗射地圖 日本略史			短簡私用文 請取諸券	四則心算 珠算乗法 四則應用	行書
四級		小學讀本 日本地誌畧 并ニ 地圖ヲ示ス	讀物之部 并ニ 日本暗射地圖			短簡文 復文類	除法 加減乗除心算 珠算減法	楷書
五級		小學讀本 管內地理書 日本地誌畧 并ニ 地圖ヲ示ス	讀物之部 并ニ 日本暗射地圖		讀本中ノ句		乗法 加減乗心算 珠算加法 珠算割音圖	楷書
六級		小學讀本 地理初歩 并ニ 地球儀ヲ示ス	讀物之部 并ニ 地球儀 面体線度		讀本中ノ句		減法 加減心算	楷書
七級		連語圖 小學讀本	單語人体ノ部 連語圖 色ノ圖 小學讀本		單語 連語熟字		減算乗算ノ九々圖 加法 加減心算	單語楷書
八級		五十音圖 濁音圖 イロハ圖 單語圖	單語圖		五十音 單語 濁音		數字圖 算用數字圖 加算九々圖 數ヘ方并ニ命位	五十音楷書

明治十年六月廿日出版御届
同年七月中旬刻成發兌

翻刻出版人 滋賀縣平民 澤宗次郎
近江國滋賀郡第四區丸屋町第拾番地住

弘通人 大津升屋町書林 小川義平

定價

滋賀縣上等小學日課表

時間割合	自前午九時至十時	自十時至十一時	自十一時至十二時	自十二時至一時	自一時至二時	自二時至三時	
課目	讀物	暗記	算術	体操	作文	習字	罫畫
一級	具氏博物學 百工應用 百科全書化學篇	讀物ノ部	幾何學ノ初歩ヲ授ク		論說		地圖其他種々ノ物体
二級	具氏博物學 物理揩梯	讀物ノ部	幾何學ノ初歩ヲ授ク		論說		幾何罫畫法
三級	物理揩梯 具氏博物學	讀物ノ部	開立求積		論說		點線面体ノ類
四級	人身究理 脩身論	讀物ノ部	開平方		論說		點線面体ノ類
五級	輿地誌略	讀物ノ部	級數比例		記事		點線面体ノ類
六級	輿地誌略	讀物ノ部	比例		記事	草細字速寫	
七級	輿地誌略	讀物ノ部	比例		記事	草書 行細字速寫	
八級	巴來萬國史	讀物ノ部	利息算 諸等法 分數及ヒ小數		記事	草書 楷書細字	

明治十年六月廿日出版御届
同年七月中旬刻成發兌

翻刻出版人　滋賀縣平民　澤宗次郎
近江國滋賀郡第四區丸屋町第拾三番地住

弘通人　大津升屋町書林　小川義平

梯』、第一級で『具氏博物学』・『百工応用化学篇』を配置している。

これらの教科書の内容は、明治八年教則の採用の際に生徒はもちろん、教える教師にとっても難解すぎて教授困難とされて削除された教科書であった。復活させた意図は、どのような考えからなされたのかは不明である。明治一〇年六月教則における「問答」は、次のように説明されていた。「問答ハ　諸課中ニ教ヘシ所ヲ以テ譬《たとえ》ヲ引キ類ヲ推シ　生徒ヲシテ勉メテ思考ノ工夫ヲ提起セシムルヲ肝要《かんよう》トス」。「問答科」がどのような教科であるのか、扱われる地理、歴史、物理、化学、博物の教育内容をどうとらえるべきかが示されておらず、専ら教師の教授法において工夫・努力だけが強調されているだけであった。

文部省は、一八七八（明治一一）年五月二三日に布達第四号により、「学制」期の教則類を廃止した。文部省策定の「小学教則」「小学教則概表」「改正小学教則」「改正小学概表」が廃されて、この時期の小学校教則類は姿を消していった。文部省は、この後は各府県独自の教則づくりを承認することにしたのである。滋賀県では、この後地域独自の教科書づくりと連動して、小学校教則の作成がなされていった。

注

（1）文部省『明治以降教育制度発達史』第一巻　一九三八年（復刻版　龍吟社　一九九七年　二八三〜二八四頁）
（2）『同上書』三九七〜四四一頁
（3）畑中誠治「滋賀県における校則・教則について」『滋賀大学教育学部紀要』第二五号　一九七六年、「学制」期の滋賀県の小学校教則の唯一の先行研究である。
（4）国立公文書館内閣文書所蔵『滋賀県史』十九「政治部第十二学校」（復刻版『府県史料教育　第十四巻滋賀県』ゆまに書房　一九八六年　五〜一〇頁）
（5）『甲賀郡岩室尋常小学校沿革誌』「学科ノ増減変更」一八九六年（現甲賀市甲南町佐山小学校）
（6）河村祐吉は、琵琶湖新聞会社から次の三著作を刊行している。『農家日用往来』一八七四（明治七）年九月、『童蒙必携　新一二月

往来』上・下 一八七四年一二月、『近江国風土誌（志）』上・下 一八七五（明治八）年一月。

（7）水原克敏『近代日本カリキュラム政策史研究』風間書房 一九九七年。水原は「師範学校小学教則」について説明し、下等小学教則表（四二頁）上等小学教則表（四八頁）を紹介している。大阪師範学校の小学校教則についても、下等小学学科表（六九頁）上等小学学科表（七〇頁）をあげて、東京師範学校の教則と比較している。

（8）官立大阪師範学校については、西脇英逸「明治初等教育の研究―大阪における教員養成の成立過程―」（『大阪教育大学紀要』第一九巻 第Ⅳ部門 一九七〇年）、船寄俊雄「大阪府教員養成史研究ノート（一）―大阪師範学校における教員養成―」（『大阪教育大学教育研究所報』№二三 一九八八年）。

（9）官立大阪師範学校卒業生氏名については、「明治一〇年九月改正」『大阪師範学校一覧』がある。小学師範学科第一次〜一〇次卒業生合計一四四人の氏名と出身府県が分かる。前掲（8）の船寄俊雄論文は一九頁に「大阪師範学校の年次別卒業生数・卒業生氏名」を掲載している。

（10）『文部省年報』第五年報「滋賀県 学規」一八七七（明治一〇）年

第6章　「教育令」・「改正教育令」期の教則

―明治一二・一三・一五年教則―

1　明治八～一一年の小学校の就学状況

文部省は、『文部省年報』第三年報　一八七五（明治八）年において、「学制」施行後の小学校の就学生徒の実態を次のようにとらえた。「小学生徒ノ進歩スルヤ必ス上級スルヤ其生（ママ成）員ヲ減ス　今爰《ここ》ニ三〇名ヲ以テ一組トシ之ニ第八級ニ置ク　而テ六ケ月ヲ経テ七級ニ登ストキハ必ス三四名ヲ欠ク　五級以上モ亦如此トキハ其三級二級ニ及フヤ　一組三〇名ノ生徒減シテ四五名ニ至ラン」。上級になるに従い生徒が激減している現状を述べ、対応策として「人口稠密《ちゅうみつ》ノ場所ニハ必ス中央ニシテ通学便宜ノ地ヲ択《えら》ミ一ノ特殊ノ小学校ヲ設ケ各校四五名ツツノ生徒ヲ一校ニ集メ」て、進級者を増加させる教育を行うべきだとした(1)。通学便利な場所に学校を設置し、上級生徒を増やす一方で、下級にとどまる生徒のために分校や分教場を設置して不就学をなくすことを提案した。

文部省は、一八七八（明治一一）年五月二三日に「学制」期の画一的な教則類を廃止して、全国の各府県の制定による教則・校則の実施を認めた。滋賀県は、一八七九（明治一二）年一月二九日に文部省に旧来の小学校校則と教則の改定伺を出している。一　小学校校則、二　小学普通教則、三　小学高等教則の三件に関する伺書で、二月一〇日にその回答を得た(2)。

滋賀県は、教則改正の背景を次のように説明している。「実地ノ景況ヲ熟案候処　年齢ノ強弱ヲ問ハス専《もっぱら》従来ノ

慣習ニ基キ　三年ヲ以テ在学ノ期トナスモノ多シ　故ニ当時下等小学卒業候迄在学スルモノ甚タ稀《まれ》ニシテ　多クハ下等小学四五級ニ止リ　未タ実事応用《じつじおうよう》ノ功績ヲ得ルニ至ラスシテ退学候」。三年間程度学べば良いとして退学するものが圧倒的に多く、在学期間を三年間にして実時応用の知識を授ける方がよいとした。

滋賀県第五課は、前年の七八（明治一一）年七月四日に「管下ニ報告セシ小学教則改正法案要略」で「下等小学ノ教ハ各地ノ民俗《みんぞく》ヲ察シ日常必需《ひつじゅ》ニ切ナルヲ以テ本旨トス」とした。前の一八七七（明治一〇年）教則を「卑近《ひきん》普通ノ教育却テ高尚ニ過ギ猶旧套《きゅうとう》ヲ脱セズ　曽テ実事ニ応用セザルノ弊」があったとし、各級の内容を自ら批判した。[3]

2 「教育令」期の「滋賀県普通高等小学教則」―明治一二年二月

(1) 「滋賀県普通高等小学教則」における地域性の重視

「第一次教育令（自由教育令）」下の小学校教則として、一八七九（明治一二）年二月一九日に滋賀県布達甲第一一号「小学教校則改正」の教則（「滋賀県普通高等小学教則」と呼ぶ）がある。この「滋賀県普通高等小学教則」は、何よりも「土地の状況に応じたカリキュラム」を徹底的に追求した地域性に立つものであった。その最大の特色は、教則中に滋賀県管内の教育関係者が編纂・発行した地域版教科書を大幅にとりいれたことである。

一八七九（明治一二）年九月二九日太政官布告第四〇号の「教育令」は、田中不二麿文部大臣のもとで制定され、地方の実情を反映した教育制度をめざして公布されたもので、地方分権の思想をとりいれた自由主義的な教育政策の具体化であった。[4] 学校年限も教則も、中央からの過度の干渉を排除しようとした。この「教育令」が「自由教育令」と呼ばれるのは、小学校の設置義務を緩めて巡回授業を認めたこと、修業年限を大幅に緩めて最低一六カ月としたこと、公立学校の教則は各学校で定めて文部卿の許可を得ればよいとしたこと、教員資格を緩め師範学校の卒業資格がなくとも、教員に相応の学力があればよいとしたこと、学務委員は町村人民の選挙によるとしたことなどである。

表1　滋賀県普通高等小学教則　明治12年2月19日

表1-①　小学普通教則　各学科1週6時、但し作文・書取1週3時

学年	学科	読物	問答	書取	算術	習字	復読	作文
1年	第6級 (6カ月)	50音、伊呂波図、濁音図、次清音 単語図	単語諸物、性質用法 色図七色並ニ各自ノ住所姓名等	正草仮名	数字図 加算九九 物数ノ数方 加算心算	50音、いろは 数字一～億		
	第5級 (〃)	作文初歩1・2 滋賀県管内小学読本1	通常物色 度量衡 貨幣	作文初歩1 姓名家名年号 近傍郡村名	布数命位 数字書方、命位、加法、減算九九及心算	干支、名頭 単語類	同上	
2年	第4級 (〃)	作文初歩3・4 滋賀県管内小学読本2・3	読物ノ要部並ニ里程反別 五等親ノ区別	日用事物 作文初歩2・3・4	乗算九九 減法 加減心算 加法速算	私用文 請取諸券類 (字体適宜)	同上	
	第3級 (〃)	小学地学初歩 小学読本農業初歩 作文初歩5	日本地図 但国名府県名	作文初歩5	除算九九 乗法 加減乗心算 加減速算	同上	同上	請取諸券 送状証書
3年	第2級 (〃)	滋賀県管内地理書 滋賀県管内小学読本4	地球儀 滋賀県暗射地図 日本地図 名山大川及著名ノ港岬		除法 四則応用 四則心算	同上	同上	証書 公私用文
	第1級 (〃)	日本略史 上・下 小学修身篇	小学読本4 但暗記ヲ要ス 万国地図 但国名及著名ノ都府名		四則応用 相場割	同上	同上	前級ノ如シ

表1-②　小学高等教則　各学科1週6時、但し作文・習字1週3時

学年	学科	読物	問答	画学	算術	作文	習字	復読	記簿法
4年	第6級 (6カ月)	万国史略 日本地誌略1 万国地誌略1	読物ノ部并ニ万国暗射地図	物体模型	諸等法 利息算	記事	習字	復読	
	第5級 (〃)	日本地誌略2・3・4 万国地誌略2	万国地誌署2 万国暗射地図	同上	分数	同上	同上	同上	
5年	第4級 (〃)	陸軍文庫日本略史 万国地誌略3	読物ノ部并ニ万国暗射地図	同上	比例	論説	同上	同上	
	第3級 (〃)	初学人身究理1・2 物理階梯1・2 孝経		幾何画法	開平開立	同上	同上	同上	単記
6年	第2級 (〃)	百工応用　化学篇1 物理階梯3 勧善訓蒙前編		同上	求積級数	同上	同上	同上	同上
	第1級 (〃)	巴来万国史 百工応用　化学篇2 勧善訓蒙前編		同上	代数学初歩	同上	同上	同上	複記

滋賀県は、「教育令」公布に先立ち同年二月一九日に、小学校教則と同時に「小学校校則」の改正も行い、二章一四条からなる校則を打ち出した。第一章総則で、小学校は満六歳以上の男女を教育する場であるとして、小学校を「普通科」（三年）と「高等科」（三年）の二種とした。毎級六カ月で普通科・高等科とも各六級とした。

授業時間は毎日六時間で、「校内男女席ヲ殊（ママ異）ニシ或ハ机ヲ殊（ママ異）ニスヘシ　女子ニハ少クモ一日一時若クハ二時間裁縫科ヲ教授スベシ」（第五条）として、女子の生徒の就学率をあげるため裁縫科を正式に加設した。女子の裁縫科設置は、明治一〇年六月の「滋賀県改正小学教則」以来、実施してきたことを成文化した。第六条には「稚児ヲ繦負《きょうふ》スルトモ登校スルハ妨ケナシトス」とあり、子守りを理由にして就学しないことをなくそうとした。稚児を連れて登校しても構わないとして、当時多かった子守りや家事手伝いで不就学となる生徒の便宜を図ろうとした。

第二章の学年及生徒試験規則には、学年の始期は九月で翌年八月までとし、学期を冬半期は九月一日より二月二八日まで、夏半期は三月一日より八月一五日までの二期制とした。生徒試験については、定期試験を半期に一回ずつ行い、九月に夏半期試験、三月に冬半期試験を実施して「生徒該級ノ科目卒業ヲ検査する」とした。試験には臨席吏員と立会教員が必要で、「他校ノ訓導若クハ相当ノ学力ヲ有スルモノ二名以上」をこれに充て、試験問題を選定して採点するものとした。試験の公平さを期すために、自校の教員を指定させなかった。

(2)　滋賀県の地域版教科書編纂と「滋賀県普通高等小学教則」の採択

「滋賀県普通高等小学教則」は、県内で編纂・発行された地域版教科書を大幅に位置づけて、地域性を強く打ち出して郷土の教科書を多数採用したカリキュラムであった。明治初年における滋賀県小学校教則の中で、最も多くの滋賀県の地域版教科書があげられている。

「読物科」・「書取科」

1　大島一雄『作文初歩』一（巻一～四）二（巻五）明治一二年、一（三五丁）二（六九丁）　出版人：大津・岸本忠七、

販売人：大津・沢宗次郎、小川義平

「読物科」

2　河野通宏『滋賀県管内小学読本』巻一〜四　明治一二年、巻一（二四丁）巻二（一九丁）巻三（二八丁）巻四（二八丁）
大津・沢宗次郎、小川義平

3　奥田栄世『小学読本　農業初歩』明治一二年　二一丁　大津・沢宗次郎

4　奥田栄世『滋賀県管内地理書』明治一〇年　三六丁　大津・沢宗次郎（本書二七六頁）

5　土屋政朝『小学読本　地学初歩』明治一二年　二七丁　大津・沢宗次郎

6　大島一雄『小学修身編』明治一二年　五七丁　大津・沢宗次郎、小川義平

「書取科」

7　「近傍郡村名」—『近江郡村町名』明治八年　五二丁　大津・琵琶湖新聞会社他（二七三頁）

「問答科」

8　「滋賀県暗射地図」—奥田栄世閲・大島一雄校正・河野通宏編『滋賀県管内地理書訳図』明治一一年（三二五頁）

9　河野通宏編『滋賀県管内地理書問答』明治一一年　大津・沢宗次郎（二七六頁）

「書取科」の近傍郡村名では、各郡による村名習字手本がこの時期以降に地元の小学校教師の編集により出版されている。現在出版が確認できる習字本は、以下の四書である。

蒲生郡では『滋賀県蒲生上郡村名習字本』明治一〇年　三一丁　日野・教育親和会社（二六三頁）、甲賀郡では三好守雄編『大字習字手本』明治一一年　二一丁　三香堂、栗太郡では藤田義質・上田伝編『小学初等科習字手本』明治一七年　一二丁　湖東・精美堂などがある。

地域版教科書とはいうものの、滋賀県に関わる地域教材でうめ尽くされているとは言えない。河野通宏編『滋賀県

管内小学読本』巻一～巻四は滋賀県を冠した唯一の小学読本だが、県内の事物を素材とした教材内容はきわめて少ない。文部省と師範学校刊行の二種類の「小学読本」はあまりに翻訳調で子どもの生活現実とかけ離れた題材やテーマが扱われており、内容が難解すぎて理解しにくかった。河野通宏は滋賀県下の子どもの発想に少しでも近づける教材編成を試みようと編纂・発行した。これに対して、大島一雄の『作文初歩』・『小学修身編』には、事例として滋賀の地域的素材を取りあげる努力をしている。

次に、地域版教科書の主な著者・編者の略歴を見てみよう。以下の四人は他府県から滋賀県の教育行政官や師範学校・小学校の教員として着任した人物であった。

奥田栄世は、一八七六（明治九）年一二月六日に文部省中視学から滋賀県令籠手田安定により滋賀県学務課長に招聘され、県官制改革で第五課の責任者となった。県の教育行政の中心となって活動して、籠手田とともに県下の小学校巡視を精力的に行うとともに、本格的な小学校教員養成を行う師範学校の充実・発展に尽力した。元高知県士族。

土屋政朝は、文部省内で「仏国学制」の研究を行っていたが、彼も籠手田安定により文部省から招かれ、一八七七（明治一〇）年一月に大津師範学校に歴史地理学教員兼副長として着任した。七九（明治一二）年七月に校長となり、八三（明治一六）年二月まで在任して滋賀県の教員養成制度の基礎を固めた。退任後、再び文部省に二等属で転任、森有礼文相の下で一八七六（明治一九）年「中学校令」制定の中心となった。元兵庫県士族。

大島一雄は、一八七七（明治一〇）年三月に官立東京師範学校を卒業、大津・開達学校に三等訓導として赴任した。同期の中矢正意は長浜講習学校教員となるが、大島は明治一六年開達学校校長、一八年大津高等小学校長になる。(5)翌年一九年に近江八幡町の八幡尋常高等小学校長に転任し、明治四〇年まで二一年間勤務。大津・開達学校訓導時代に精力的に小学校教科書の編纂・執筆にあたり、作文・珠算・修身・実物問答他の多くの教科の教科書を編纂・出版した。元岡山県士族。

河野通宏は、一八七七（明治一〇）年三月より大津師範学校書記として勤務、明治一二年三月に同校三等助教になり、明治一三年一月まで在任している。短い期間に『滋賀県管内小学読本』四巻本の執筆を行うとともに、学務課長奥田栄世や三等訓導大島一雄らと協力して、教科書の解説本や字訓《じくん》本など多数を編纂した。元愛媛県士族。

滋賀県の地域版教科書の執筆・編纂の主体になったのは、中央の教育動向や情報に精通した県の教育行政官、師範学校や大津の中心学校教員たちであった。

「滋賀県普通高等小学教則」は、普通（三年）・高等（三年）とし、教科数は普通小学で「読物」「問答」「算術」「習字」「作文」「復読」「書取」の七教科、高等小学で「読物」「問答」「算術」「習字」「作文」「復読」に加えて、「画学」「記簿法」の八教科とした。「復読」や「問答」は、本来は授業方法であろう。普通小学で「書取」、高等小学では「画学」「記簿法」が教科として配置された。

「凡例」において、滋賀県は新しい教科の内容を説明し、その取り扱い方を指示した。ここでは「読物科」と「問答科」の二教科を見ておこう。「読物科」は「其文ヲ読ミ其義ヲ理解セシムルヲ主トス　故ニ読物ヲ授クルニハ善ク字義ト意味トヲ説明シ　縷々《るる》其要所ヲ口論《こうろん》スベシ」とし、「問答科」は「諸課中就《つい》テ其知ル所ヲ明了《めいりょう》ニシ推《お》シテ思考《しこう》ノ工夫《くふう》ヲ起《おこ》サシメ　諸学《しょがく》ノ活用ヲ発スルヲ主トス」としている。この教則の凡例には、これまで教科書名をあげるだけであった教則から一歩踏み込んで教科書の具体的な扱い方を説明している。『作文初歩』と『小学修身篇』について見てみよう。

「作文初歩」は「連語《れんご》ニ代用スルヲ以テ読書課ニ於テ略読方ト意義トヲ授ケ」、「本課ニ於テハ教員ノ口唱《こうしょう》ニ随ヒ暗書スルヲ要ス」とする。読み方は読方として教えて、教員が先に読みそれに続けて生徒に声を出して唱えさせ、空で書けるようにする。「小学修身篇」は、普通小学第一級に配置されているが、第六級より毎日三〇分以内の時間で、教員は「読物ノ主意ヲ談話シ生徒ヲシテ記憶セシムルヲ要ス」。教科書の終篇に至っても、「数回反復口授《こうじゅ》シ又生徒ノ記憶スルニ従ヒ談話セシムルヲ要ス」とする。修身の教授は、徹底して教材の意図することを記憶させ、何回も繰り

返し口授して暗記させることを主眼とするものであった。

3　「教育令」期の「滋賀県小学模範教則」―明治一三年一二月

「教育令」（第一次教育令）を実施してみると、さまざまな問題点が出てきた。全国の各地域の自主性に任された学校の維持・管理は、学校経済面での低下はもとより、人民が学費を出し惜しみ、小学校を敬遠して元の寺子屋や私塾に生徒を通わせて、各府県で就学率が大幅に低下する事態を引き起こした。高知県、福岡県、石川県、静岡県、新潟県では、とくに「教育令」実施による問題点が顕在化してきた。一八八〇（明治一三）年の地方官会議では、各府県知事から「教育令」による多くの問題点が指摘され、文部省への厳しい批判が出されたのである。(6)

田中不二麿の後任の文部卿は河野敏鎌《とがま》で、一八八〇（明治一三）年二月二八日に就任した。河野は田中の推進した「自由教育令」を廃して、それ以前の中央政府主導の管理強化の政策に再び転換させた。この政策転換の背景には、地方の各府県令の「地方官会議」での強い要望があり、滋賀県令籠手田安定もその先頭にたった一人であった。教則に関しては、同年三月八日達七号で各府県へ「公立学校教則ノ認可ヲ経ヘキモノハ篤《とく》ト調査ノ上意見ヲ付シテ稟申可致《りんしんいたすべき》」とし、認可済の教則についても教育上弊害ある場合は、再度文部省に稟申《りんしん》せよというものであった。(7) 文部省は、この教育課程の統制政策を矢継ぎ早に進めていった。私立小学校の教則、公立学校教則の記載方法、教則中における教科書の記載のひきしめ、公立小学校教則の書式の統一化、一連の教則での管理と統制の政策が打ち出されていく。

滋賀県は、一八八〇（明治一三）年一二月一五日に、甲第一六一号「小学模範校則教則及授業法心得」（「滋賀県小学模範教則」と呼ぶ）を公布した。(8) 小学模範校則において、下等四級（二年）・中等六級（三年）・高等六級（三年）の三等級に区分し、小学校を六カ年から八カ年に改めた。

表２「滋賀県小学模範教則」は、第一次「教育令」（「自由教育令」）から第二次「教育令」（「改正教育令」）にかけての過度期の教則であるといえる。この教則の特徴は、地域の独自性に立脚するカリキュラム（教育課程）の性格を大幅に後退させて、教則表から地域版教科書の大半を削除した点にある。また、女子就学率の向上のために、中等科第四級（四年前期）から女子用に「裁縫科」を設置した。地域版教科書に関して、この教則では地理科で下等第三級（一年後期）『近傍市街町村』と下等第一級（二年後期）奥田栄世『滋賀県管内地理書』のみとなった。

模範教則のなかで注目されるのは、次の三点である。第一点は、下等小学（二年）と中等小学（三年）の「実物問答科」の設置である。(9) 明治一〇年教則、一二年教則にあった「問答科」から、教則表の表現が変えられた。一〇年と一二年の「問答科」では、教科書名をあげていたが、「実物問答科」では低学年の下等小学で「諸物ノ位置、物色、人体ノ部、人工物、形体線度、度量衡、貨幣」という教育内容の表現に変わっている。中等小学も同様である。

第二点は、学科として内容教科の教科名が明確に打ち出されたことである。「地理」「歴史」「修身」「博物」「物理」「化学」「生理」など内容教科が独立して記されるようになった。もちろん、従前から小学校で中核となる教科名は残されて、「読物」「習字」「作文」「算術」は従前どおりである。

第三点は、いくつかの教科では、生徒の認識発達に考慮して配置されるようになった。地理科では、下等第三級（一年後期）で「近傍市街町村」から入り、第二級（二年前期）で『日本国尽』・「世界ノ大別」を、第一級（二年後期）で『滋賀県管内地理書』を、中等第六～四級（三年前期～四年前期）で『日本地誌略』を、同三～二級（四年後期～五年前期）で『万国地誌略』を配当している。近傍市町村→滋賀県→日本→世界という身近な地域からじょじょに空間的広がりを拡大して学ばせようとしている。修身科では、下等第四～一級（一・二年）で『生徒心得』を、中等第六～一級（三・四年）で『小学修身訓』を、上等第六～一級で『西洋品行論』を配置している。「生徒心得」の教科書は、大島一雄著『新撰生徒心得』明治一二年が使われている。

表2 滋賀県小学模範教則 明治13年12月15日

下等小学（2年） 中等小学（3年） 上等小学（3年）―8カ年

学年	等級＼学科	読書	作文	実物問答	習字	体操	数学	地理	修身	歴史	博物	画術	裁縫
1年	第4級（6カ月）	伊呂波、50音、次清音、濁音	片仮名文 平仮名文	諸物ノ位置物色	片仮名 平仮名	徒手運動	読方書方計方加減暗算		生徒心得				
	第3級（〃）	榊原編次小学読本1	漢字交リ人工物ノ記事 書式類語	人体ノ部 人口物	行書	同上	加減暗算 乗算九九 珠算―容易キ加法	近傍市街町村	同上				
2年	第2級（〃）	同2	同上天然物ノ記事 書式類語 受取送状	同上 形体線度	同上	同上	珠算―加減運算 容易キ乗法除算 割算	世界ノ大別 日本国尽	同上				
	第1級（〃）	同3	容易キ公私用文	度量衡貨幣 同上	楷書	同上	同上 乗除運算	奥田編輯 管内地理書	同上				
3年	第6級（〃）	同4	同上	家禽家畜類	行書	同上	珠算加減乗除 筆算 加法	日本地誌略1	小学修身訓			直曲線 草形画	
	第5級（〃）	同5	容易キヲ省ク公私用文	果実類	同上	同上	珠算 同上 筆算 減法	同2	同上			簡易ナル器物ノ輪郭	
4年	第4級（〃）		同上	男 穀物、野菜類	楷書	同上	珠算 相場割 筆算 乗法	同 3・4	同上	日本略史 上		同上	女 運針法
	第3級（〃）		同上	野生動物	同上	同上	珠算 同上 筆算 除法	万国地誌略 1・2	同上	同 下		建築用装飾ノ容易キ輪郭	同上
5年	第2級（〃）		同上 証券類	魚介類	草書	同上	珠算 利息算 筆算 四則雑題	同上 2・3	同上	万国史略 上	具氏博物学1	草木花卉果物ノ容易キ輪郭	単衣類
	第1級（〃）		同上 記事	日用鉱物	同上	同上	珠算 同上 筆算 諸等		同上	同 下	同上 2・3	簡単ナル景色	同上

学年	等級＼学科	読物	作文	習字	数学	歴史	修身	博物	生理	物理	化学	画学	体操	裁縫
6年	第6級（6カ月）	随意課 石村編輯国史略	記事 私用文	三体適宜	筆算 分数	男 鼇頭日本史略1・2	西洋品行論1・2	具氏博物学 4	改正初学人身窮理 上		人体ノ一部即チ面部手足等	器械演習	袷類	女 袷類
	第5級（〃）	同上	同上 同上	同上	同上 分数小数	同上 2・3	同上 3・4	同上5	同上 下	小学理学問答 上		人体ノ半身及全身	同上	同上
7年	第4級（〃）	同上	輪読 同上	同上	同上 比例	同上 4・5	同上 5・6	同上6		同上 中		禽獣類	同上	綿入類
	第3級（〃）	十八史略 同上	同上 同上		同上 同上	田中義廉万国史略 1	同上 7・8	同上 7・8		同上 下		帯第画 幾何画法	同上	同上
8年	第2級（〃）	同上 同上	雑題		同上 開平開立	同上 2・3	同上 9・10				小学化学書1	同上 同上	同上	羽織袴類
	第1級（〃）	同上 同上	同上		求積級数開平開立雑題	同上 4・5	同上 10・11				同上 2	写生 容易キ線画	同上	同上

模範教則における内容教科をもう少し、検討しておこう。自然科学系では、博物科が中等第二～上等第一級（五年前～八年後期）の三年間『具氏博物学』を、物理科が上等第五～三級（六年後～七年後期）で『小学理学問答』を、化学科が上等第二・一級（八年前後期）で『小学化学書』を、生理科が上等第六・五級（六年前後期）で『改正初学人身窮理』を配置している。物理科教科書は志賀泰山著『小学理学問答』一～三（明治一三年）であり、志賀は大津師範学校理化学専修科教員として二等教授で在職していた。

歴史科では、中等第四・三級（四年前後期）で日本史を『日本略史』、同二・一級（五年前後期）で『万国史略』、上等第六～四級（六年前～五年後期）で鈴木重遠『鼇頭《ごうとう》日本史略』、同三～一級（七年後～八年後期）で田中義廉『万国史略』を配置している。日本史と万国史を中等・上等で繰り返し配置しており、歴史教育を重視している。修身科と歴史科の重視は、前年明治一二年一二月の明治天皇が出した「教学聖旨」による儒教主義思想の強化を反映したものであった。明治政府は自由民権運動の高揚と広がりに対して、欧化偏重主義教育の受容として批判し、儒教主義思想をもってこれに対抗しようとしたのである。

4　「改正教育令」期の「滋賀県小学校改正教則」―明治一五年八月

(1) 第二次「教育令」施行と「小学校教則綱領」

一八八〇（明治一三）年一二月二八日に、河野敏鎌文部卿によって、「教育令」が改訂され、いわゆる「改正教育令（第二次教育令）」が、太政官布告第五九号として公布された。「改正教育令」は、第三条で小学校教育の目的と教科（学科）を、次のように規定した。「小学校ハ普通ノ教育ヲ授クル所ニシテ　其学科ヲ修身・読書・習字・算術・地理・歴史・等ノ初歩トス　土地ノ情況ニ随《したが》ヒテ罫画《けいが》・唱歌《しょうか》・体操《たいそう》等ヲ加へ　又物理・生理・博物等ノ大意ヲ加フ　殊ニ女子ノ

為ニハ裁縫等ノ科ヲ設クベシ」。同条の但し書きには、やむをえない時は、地理・歴史は減じても良いとした(10)。第一五条には、父母後見人に対して児童を最低三カ年の課程を終えさせねばならない、さらに三年間の課程を終えた後にも相当な理由がなければ、毎年就学させねばならないとした。第一六条にも、小学校は三カ年以上八カ年以下の課程と明示している。この時期には、最低三年間の教育が小学校の就学の目途とされている。

第二三条には教則の規定をしており、府県ごとの地域独自の教則を否定して、文部省の主導する教則のみを採用して、各府県がこれを施行するものとした。「小学校ノ教則ハ文部卿頒布《はんぷ》スル所ノ綱領ニ基キ　府知事・県令土地ノ情況ヲ量《はか》リテ之ヲ編成シ　文部卿ノ認可ヲ経テ管内ニ施行スヘシ」。

「改正教育令」は、中央政府による統制と管理を教育政策の基調にすえるものであった。とくに、一　教育課程（カリキュラム）の統制として、「小学校教則綱領」の制定、二　教員の統制として、「小学校教員心得」と「学校教員品行検定規則」の制定がつづき、三　学校の設置・廃止の厳格化の実施など、が矢継ぎ早やに実行されていった。

文部省は、翌年一八八一（明治一四）年五月四日に小学校の教則と学科の詳細な規定を「小学校教則綱領」として発表した(11)。第一条で、初等・中等・高等の三科区分とし、第六条で初等（三年）中等（三年）高等（二年）の三カ年以上八カ年以下の八年制とした。学科の中では、修身科を首位教科として、第二条から第四条までの学科構成で筆頭に掲げている。三科の学科順は、初等科で「修身・読書・習字・算術・唱歌・体操」を、中等科で初等科六教科に続いて「地理・歴史・図画・博物・物理・裁縫（女子）」をあげて、高等科で中等科の「修身・読書・習字・算術・地理・図画・裁縫（女子）」に続けて、「化学・生理・幾何・経済・家事経済（女子）」を加えている。

「小学各等科程度」において、初等・中等・高等の三科それぞれの学科内容を具体的に示している。第一〇条から第二六条でその詳細を書き、第二七条で「課程ヲ設クルノ一例」として、毎週の配当時数や時間数も含めた課程表を掲げている。ここでは首位教科の修身科と地理科、歴史科を見ておこう。

（修身科）

「初等科ニ於テハ主トシテ簡易ノ格言、事実等ニ就キ　中等科及高等科ニ於テハ主トシテ稍高尚《ややこうしょう》ノ格言、事実等ニ就テ児童ノ徳性《とくせい》ヲ涵養《かんよう》スヘシ　又兼テ作法《さほう》ヲ授ケンコトヲ要ス」

（地理科）

「地理ハ中等科ニ至テ之ヲ課シ　先《まず》学校近傍ノ地形即生徒ノ親ク目撃《もくげき》シ得ル所ノ山谷河海等ヨリ説キ起シ　漸《ようや》ク地球ノ有様《ありさま》ヲ想像セシメ　次ニ日本及世界地理ノ総論・五畿《ごき》八道《はちどう》ノ地理・外国地理ノ大要ヲ授ケ　高等科ニ至テ地文ノ大要即地球・地皮・大気・水陸・生物・物産等ノ事ヲ授クヘシ　凡地理ヲ授クルニハ地球儀及地図等ヲ備ヘンコトヲ要ス　殊ニ地文ヲ授クルニハ務《つとめ》テ実地ニ就キ児童ノ観察力ヲ養成スヘシ」

（歴史科）

「歴史ハ中等科ニ至テ之ヲ課シ　日本歴史中ニ就テ建国ノ体制・神武天皇ノ即位・仁徳天皇ノ勤倹・延喜天暦ノ政績・源平ノ盛衰・南北朝ノ両立・徳川氏ノ治績・王政復古等緊要ノ事実　其他古今人物ノ賢否・風俗ノ変更等ノ大要ヲ授クヘシ　凡歴史ヲ授クルニハ務《つとめ》テ生徒ヲシテ沿革ノ原因結果ヲ了解セシメ　殊ニ尊王愛国ノ士気ヲ養成センコトヲ要ス」

(2)「滋賀県小学校改正教則」明治一五年八月

滋賀県は、一八八一（明治一四）年一一月二日の布達甲第一七八号で「小学校教則綱領」を移牒している。県の小学教則改正より前に「小学校教則綱領」の大要を県下の小学校教員に知らせたのである。(12)　一八八一～八二（明治一四～一五）年の滋賀県の学事統計を見ると、この時期に女子就学率は急速に上昇して、男女平均の就学率があがっている。

滋賀県の改正教則は、「小学校教則綱領」の方向で大幅な改正を行い、一八八二（明治一五）年八月一四日に滋賀県布達甲第一二〇号「小学校教則及試験法（「滋賀県小学校改正教則」と呼ぶ）」として出された。「滋賀県小学校改正教則」

の学科課程表は、個々の学科において特定の教科書名を書いており、歴史は中等科だけでなく高等科「読書」でも学ばせようとしている。小学校教育での首位教科としての「修身科」の重視、下等での日常実用的な基礎教科（「作文」「読書」「算術」）の重視は、前年に「小学校教則綱領」の移牒で周知徹底されていると判断したのか、県は明治一五年教則布達わずか一カ月後、異例の早さで九月から実施した。

「滋賀県小学校改正教則」明治一五年八月の「修身科」は、初等科で高山直道『小学生徒心得』[13]を、初等科・中等科で亀谷行『和漢修身訓』を、高等科で朱熹《しゅき》『小学』を教科書としてあげている。初等科では生徒の行儀作法・しつけの礼法を教え、中等科で道徳性を『和漢修身訓』から学ばせ、高等科で儒教主義の基本精神を身につけさせようとしたのである。高山直道は、滋賀県師範学校三等教諭として明治一三年二月二四日から在職している。

初等科第六・五級（一年前・後期）は、一週三時間配当で「『小学生徒心得』ニ依リ児童ノ行為及養生法ノ大意ヲ口授シ兼テ作法ヲ授ク　凡ソ修身ハ道徳ノ意思ヲ養ヒ天然ノ性質ヲ全フセシメンコトヲ旨トシ　兼テ日常行為ヲ脩正セシメンコトヲ要ス」と説明している。

初等科第四〜一級（二〜三年）と中等科第六〜一級（四〜六年）では、「亀谷行『和漢修身訓』前級ノ如ク誦読セシメ之ヲ例証スルニ古人ノ善行ヲ以テ徳性ヲ涵養シ兼テ作法ヲ授ク」として一週三時を配当している。高等科第四〜一級（七〜八年）では、「朱熹『小学』本書中ノ嘉言善行《かげんぜんこう》ヲ以テ修身ノ要領ヲ授ケ人倫ノ大道ヲ知ラシメ　尚敷衍《ふえん》スルニ言行類編《ごんこうるいへん》ヲ以テス」としてこれも一週三時を配当している。

教科書制度が変わり認可制となったこともあり、滋賀県の布達書には他の教科書名もあげられた。修身科の初等科と中等科では、一　木戸麟編『修身説約』、二　近藤芳樹編『明治孝節録』（宮内省刊）、三　池田観編『修身小学読本』、高等科では亀谷省軒編『言行類編』であった。

表3　滋賀県小学校改正教則　明治15年8月14日

●初等科～中等科　　　　初等科（3年）　中等科（3年）　高等科（2年）―8カ年

学年	等級	修身	読書 読方	読書 作文	習字	算術 筆算	算術 珠算	体操	地理	図画	博物	裁縫女	歴史
1年	第6級（6カ月）	小学生徒心得（高山直道）	以呂波、50音、濁音、次清音、仮名ノ単語短句	近傍ノ実物ノ性質効用	平仮名、片仮名把筆及運筆ノ法	数ノ計方及単位ノ加減 数字、算用数字ノ読方、書方		凡20分トス					
	第5級（〃）	同上	小学読本1（榊原芳野編）	実物ヲ題トス	行書日用ノ文字	記数命位	珠算ノ用法、度量衡、貨幣等	同上					
2年	第4級（〃）	和漢修身訓1（亀谷行編）	小学読本 1・2	前級ノ続 請取状ノ書例	同上	前級ノ続 加法ノ初歩	前級ノ続 減法ノ初歩	同上					
	第3級（〃）	同 1 前級ノ続	同 3	前級記事ノ文ノ続及送状ノ書例	同上	加法、減法ノ初歩	前級ノ続 乗算九九乗算ノ初歩	同上					
3年	第2級（〃）	同 2	同 4	同上 及届書ノ書例	行書、草書ニテ日用ノ文字	前級ノ続 乗法ノ初歩	前級ノ続 除算九九除算ノ初歩	徒手演習					
	第1級（〃）	同 2	同 5	同上 及口上書類	同上	前級ノ続 除法ノ初歩	加除乗除ノ雑題	同上					
4年	第6級（〃）	同 3	小学中等読本1（木沢成斉編）	仮名交リノ記事 時候見舞状	同上	四則応用	前級ノ続	同上	学校内外及郡内地理ノ概略地図	小学普通画学本（宮本三平編）直線曲線	博物図 動物ノ部	雑巾ノ類	
	第5級（〃）	同 4	同 2	前級記事文ノ続 請取往復状	同上	小学四則及其応用	異乗同除 同乗異除	同上	管内地理書（奥田栄世）	方形器具ノ正面、側面図及円体ノ原線図	同上 植物ノ部	単衣、襦袢類	
5年	第4級（〃）	同 5	同 3	同上及慶賀弔慰往復状	同上	分散ノ性質及四則	前級ノ続	唖鈴球棹等ヲ以テ習練	小学地理（南摩綱紀）（地理総論日本地理）	幾何図法及同法諸具ノ単図	同上 金石の部	同上	
	第3級（〃）	同 6	日本立志編（千河岸貫一著）1	同上及貸借売買証券類ノ書例	同上	前級ノ続及本邦度量衡、貨幣等ノ書等法	前級ノ続及利法	同上	小学地誌 1・2（地理概略ノ続）	葉形及花形ノ大略花葉ノ連続	物理 小学理学問答（志賀泰山）	袷類	鼇頭日本史略（鈴木重遠）国初メ～平氏滅亡
6年	第2級（〃）	同 7	同 2	前級記事ノ文ノ続キ及諸願伺書	楷書	前級ノ続及単比例	利法ノ続及求積	同上	万国地誌略1・2・3（師範学校編）	草木ノ花及果瓜ノ類	気体動静諸力及音声熱等ノ初歩	袷、綿入類	同上 平氏～豊臣氏滅亡
	第1級（〃）	同 8	同 3	同上 既ニ学習セシ雑類ヲ練習	同上	合率比例	差分	同上		野菜及菌類	光線、磁気及乾電湿電等ノ初歩	同上	同上 前級ノ続～今上帝

◉高等科

学年＼等級＼学科		修身	読書		習字	体操	算術		地理	歴史	図画	物理	裁縫女	化学	生理	経済男	家事経済女
			読方	作文			筆算	珠算									
7年	第4級（6カ月）	小学（朱熹編）内編元ノ巻	国史略 1 十八史略1	既ニ学習セシ事実ニ就キ志伝ノ類	楷行草ノ三体ヲ適宜	同上	按分比例及和較比例	幾何（男） 命名公論及点線角面体	百科全書地文学（関藤成緒訳）		農具及樹木ノ類	博物 初学須知（田中利三）4	絹布ノ衣服	小学化学書（市川盛三郎訳）火風水土ニ就キ化学ノ初歩			
	第3級（〃）	同上 内編享ノ巻	同上2 同 2・3	同上	同上	同上	百分率	前級ノ続			家屋ノ部分	同上 4・5	同上	前級ノ続 非金属元素其ノ化合物	初学人身窮理（松山棟庵他）		
8年	第2級（〃）	同上 外編利ノ巻	同 3・4 同 4・5	同上	同上	同上	塁乗法及開平法開立法其応用諸題	角及面ニ関スル諸題			魚介虫及鳥類	同 5	同上	同上 化学ノ大意	同上 解剖生理及健全ノ大意	改正経済税務（永田健助訳）土地勤労財本貨幣及物価ノ概略	家事経済論（藤田久道編）家事ヲ経理スルニ必要ノ事
	第1級（〃）	同上 外編貞ノ巻	同 4・5 同 6・7	同上	同上	同上	級数求積及算数学雑題	前級ノ続			獣類		同上		同上	同上 地代賃金利益結社外国交易等ノ大略	同上 前級ノ続

「地理科」の扱いは、本教則では中等科と高等科に配置されている。中等科第六・五級（四年前・後期）は郷土地誌を扱っており、身近な学校近傍から郡内地誌へ、次に滋賀県地誌を扱うとした。第六級では「学校内外及郡内地理ノ概略ヲ教へ　兼テ略図ヲ示シテ其地勢ヲ了解セシム　凡地理ハ地図地球儀ヲ用ヒテ其事理ヲ確実ニシテ　以テ知覚ヲ鋭敏ニシ記憶力ヲ強壮ナラシメントス」と述べ、第五級では「奥田栄世『滋賀県管内地理書』　管内地理ノ概略ヲ授ケ兼テ其略図ヲ作ラシム」とした。一週三時の扱いである。

中等科第四・三級（五年前・後期）には、日本地理と日本地誌を配置しており、南摩綱紀編『小学地誌』一・二（明治一三年）を使って「地理総論及日本地理ノ概略ヲ授ケ兼テ其略図ヲ作ラシム」とした。第二級（六年前期）になると、師範学校編『万国地誌略』一〜三を使用して万国地誌を学ばせている。高等科では、第四級（七年前期）だけに一週三時扱いの一般地理が配置され、地球全体の地理を学ばそうとした。関藤成緒編『百科全書地文学』を使って、「地球・地皮・大気・水陸・生物・物産等ノ大意ヲ授ケ地球上ノ事物形成ヲ知得セシム」とした。

「歴史科」に関して、中等科第三～一級（五年後～六年前・後期）で日本通史を学ばせようとした。教科書は、鈴木重遠編『鼇頭日本史略』一～五（明治九年）を指定しており、第三級で国初めより平氏滅亡まで、第二級で鎌倉・室町時代から戦国期豊臣氏滅亡まで、第一級で江戸時代から明治天皇までとしている。各級とも一週三時の配当時間であった。なお、日本史の時代区分を三期として三級に分け教授するのは、明治一三年教則を引き継いだものだが、万国史教育を完全に排除した点が異なる。

おわりに

本章では、「教育令」期（第一次教育令）の二つの教則と、「改正教育令」期（第二次教育令）の一つの教則を検討してきた。明治初期の滋賀県の地域性を追求した「滋賀県普通高等小学教則」明治一二年二月は、最も多数の教科において滋賀県の地域版教科書を採用した教則であった。地域の実情に即した教育制度と教育内容を追求しようとしたが、「教育令」（自由教育令）批判の中で、普通三年・高等三年の三・三制の年限も、教育課程の教則も厳しい批判にさらされた。次の滋賀県教則は、「滋賀県小学模範教則」明治一三年一二月であるが、明治一四年の文部省の「小学校教則綱領」の趣旨を先取りしたものであり、基礎教科（読書・習字・作文・算術数学）の重視と学科区分（地理・歴史・博物・物理・化学など）の明確な教科主義を採用したものであった。「問答科」から「実物問答科」への変更もあったが、基本的方向は、教科区分を明確化することにあった。

明治一二年に発せられた明治天皇の「教学聖旨」からの影響もあり、儒教主義の徳目を重視する修身科が筆頭教科にすえられて、また歴史科では万国史（世界史）が排除され、「尊王愛国ノ士気養成」の日本歴史の教育が強化された。修身科と歴史科は、開花啓蒙思想の明治一〇年代の教育を大きく転換させていくこととなったのである。

明治一五年八月の「滋賀県小学校改正教則」は、模範教則の下等二年・中等三年・上等三年の八年制を、初等科三

年・中等科三年・上等科二年の八年制に切り替えるものであった。滋賀県学事年報の学事統計表には、明治一四年から卒業生徒数の記載が大きく変わるが、『滋賀県学事第九年報』（明治一四年）のみ模範教則の下等・中等・上等と区分され、『滋賀県学事第一〇年報』（明治一五年）以降の各年度は改正小学教則の初等・中等・上等の区分が採られている。

一八八六（明治一九）年の森有礼文相下で公布された「小学校令」により、府県独自の教育課程（カリキュラム）は完全に廃止され、全国で画一化した教則となっていった。

注

（1）『文部省年報』第三年報　一八七五（明治八）年
（2）『文部省日誌』第五号「〈滋賀県伺〉小学校則規則改定の件」一八七九年
（3）『文部省教育雑誌』第七六号「滋賀県ニ於テ管下ニ報告セシ小学教則改正法案要略」一八七八年八月三一日
（4）『明治以降教育制度発達史』第二巻　一九三八年、復刻版　龍吟社　一九九七年　一六一～一六六頁
（5）拙稿「大島一雄」滋賀県教育史研究会編『近代滋賀の教育人物史』サンライズ出版　二〇一八年　四五～五〇頁
（6）倉沢剛『小学校の歴史—小学校政策の模索課程と確立過程』Ⅱ　ジャパンライブラリービューロー社　一九六五年　一一六～一二一頁
（7）『府県史料教育　第十四巻滋賀県』「滋賀県史」「政治部学校」「三編　一一」「四編　一二」ゆまに書房　一九八六年
（8）『公布月報滋賀県布達書合巻』第一二号　明治一三年一二月　博文社　二七～四〇頁　表紙は「小学模範教則説明大意」で、中身は「小学校則二章一四条、小学模範教則凡例、小学模範教則授業法心得」の三部から構成されている。
（9）「実物問答科」の授業法に関して、大島一雄著『実物問答』一～三　明治一七（一八八四）年　大津・沢宗次郎
（10）『前掲書』（4）「改正教育令」　二三八～二五一頁
（11）『同上書』（4）「小学校教則綱領」二五二～二六〇頁
（12）水原克敏『近代日本カリキュラム政策史研究』風間書房　一九九七年　二〇三～二二七頁「一八八一年小学校教則綱領」に詳細な分析がある。
（13）高山直道『新撰小学生徒心得』初版一八八〇年、再版・三版　一八八二年　いずれも出版人　京都・杉本甚介

第三部　滋賀の小学校教員養成史

第7章　小学教員伝習所の設立と伝習生徒の学習履歴

1　大津仮教員伝習所の開設

滋賀県の小学校教員養成は、一八七五（明治八）年五月三一日の滋賀県小学教員伝習所の開所から始まり、開校式を経て六月一日から伝習講習が開始された。小学教員伝習所は、滋賀県下で初めての小学校教員の養成機関として、大津上堅田町に創設されたものである。

この教員伝習所に先立って、すでに前年の一八七四（明治七）年一二月に大津において、「大津小学校教員会議所」が設立されていた。大津小学校教員会議所は、大津各町組の七校の主たる教員たちが集まって、従来の句読《くとう》・習《しゅう》字《じ》・算術《さんじゅつ》のみの教授法を改革して新しい教授内容に即した授業法を協議するための懇談会であった。大津では、一八七三（明治六）年二月から三月に滋賀郡第三区打出浜《うちではま》（南保町）、第四区開達《かいたつ》（玉屋町）、第五区日新《にっしん》（笹屋町）、第六区明《めい》倫《りん》（下栄町）、第七区遵道《じゅんどう》（関寺町）、第八区弘道《こうどう》（小川町）、第九区修道《しゅうどう》（東今颪《ひがしいまおろし》町）の七つの小学校が設立・開校しており、第七区一里町には遵道分校の潤身《じゅんしん》学校も設立されていた。一八七四（明治七）年の大津町内の小学校は、第七区遵道・潤身を除くと、いずれも教員数二～五人、生徒数一四五～四三〇人の大規模校であった[1]。

大津の市中の各区は連合して、七校の教員を構成員とする小学校教員会議所を設立するとともに、新しい教授法を伝達講習するために「大津仮教員伝習所」を設立していった。一八七五（明治八）年一月に官立大阪師範学校第一次

卒業生の横関昂蔵《よこせきこうぞう》が招聘され、横関は午前中市中の生徒に「正則《せいそく》」で教授するとともに、午後三時から同所で小学校教員へ新しい授業法の講習を行った。彼は旧彦根藩校弘道館（維新後に文武館、学館、学校と改称）で最末期の教員を勤めた後、一八七三（明治六）年八月一八日創立の官立大阪師範学校小学師範学科に入学、七四（明治七）年一一月二八

表１　大津仮教員伝習所から滋賀県小学教員伝習所へ　明治６〜８年

1873（明治6）年	
２月	滋賀県令松田道之「小学校建築ニ付告諭書」「立校方法概略」布達（8日） 大津町内の第3区第8校（打出浜）・第9校（明倫）の小学校開校式（11日）、16日に第12（日新）、19日に第10（弘道）、20日に第11（修道）、3月4日に第13（開達）、8日に第15（遵道）（潤身）の開校式が行われる＊ ＊（　　）の校名―11月５日県布達第1023号で改称
３月	大津各区小学校維持取締規約―第３〜９区の７校
４月	大津各校授業の方法・試験は一定せず、学科及び教則―句読・習字・算術。句読「県令告諭書・市中制法・孝経・小学・四書五経・日本外史・国史略・十八史略」、習字「教師自筆」、算術「珠算」のみ
1874（明治7）年	
10月	「滋賀県小学校教則校則」布達
11月	柴田孟教（打出浜校）大津観浄（開達校）片岡常三郎（弘道）市川美誠（修道）の４人、官立大阪師範学校へ出張、教授方法を参観。文部省編纂の書籍・掛図・小学教則を持ち帰る。大津各校教場を畳から板間に変更。
12月	「大津小学校教員会議所」設立
1876（明治8）年	
１月	官立大阪師範学校小学校師範学科卒業生横関昂蔵を３等訓導で招聘、「大津仮教員伝習所」を玉屋町開達学校内に設ける。各校より優秀生徒２〜５人を附属小学校生徒とする。訓導横関昂蔵が担任して、官立大阪師範学校附属小学校教則により授業を行う。
２月	下等小学第８級卒業試験を開達学校で行う―「滋賀県内小学生徒試験の嚆矢」即日卒業証書を公布。
３月	大津仮伝習所会議で規約決定、1　伝習時間は午後３時から２時間、2　監事１人、生徒掛３人、3　幹事・生徒掛の手当１人に付金２円、他は大津各区より出金、4　監事―横関昂蔵を選ぶ
４月	「滋賀県小学校則」布達（13日）、授業は午前８時〜午後３時、男女は席を分かつ、休日は一六の日、1月１〜５日、12月25〜31日は休日、祝日大祭日、氏神祭日は休日
５月	横関昂蔵―下等第７級試験実施 小学教員伝習所の「校則」と「舎則」を制定、伝習所立校（29日）
６月	大津仮教員伝習所を廃止。大津上堅田町に「滋賀県小学教員伝習所」創立（1日）横関昂蔵を伝習所教員に任命。伝習は60日間で、最後の15日教育実習
10月	滋賀県小学教員伝習所を校名変更して、「滋賀県師範学校」と改称（25日）
11月	校則及び舎則を改正。授業法伝習期間を100日間に延長
12月	師範学校附属小学校を廃止、在学生徒を各校に返す

（出典『滋賀県滋賀郡第三小学区高等尋常大津小学校沿革誌』上編　1891年）

日卒業の第一次卒業生であった。横関は三等訓導で月俸二〇円の高額で招かれ、開達学校内で教員への教授法の伝達講習と、各区から選ばれた二〜三人の小学生徒への模範授業を行った。この模範授業は官立「大阪師範学校附属小学校教則」に基づくものであり、明治七年一〇月の「滋賀県小学校教則校則」がモデルとした教則であった。

滋賀県小学教員伝習所は、この大津仮教員伝習所の一八七四（明治七）年一月から五月までの活動をそのままの形で引き継ぎ、滋賀県全域の教員に拡げていくものであった。横関昂蔵は、小学教員伝習所幹事に就任して、県下全域の小学校教員の伝習を行うことになった。大津仮教員伝習所から滋賀県小学教員伝習所への歩みは、表1の年表のようである。

2　滋賀県小学教員伝習所の設立

(1)　明治八年六月の小学教員伝習所の創設

滋賀県小学教員伝習所は、一八七五（明治八）年五月一八日に大津上堅田町一九番地の旧郡山藩邸の家屋を借りて校舎とすることを決定した。校則と舎則（寄宿舎）を制定して、生徒を募集すること、附属小学校を設けて生徒を募集すること、同生徒は大津町内各校から二〇人を選抜することなどを、五月下旬までに整備して、六月一日の開校にこぎつけた。

小学教員伝習所の源流である「大津仮教員伝習所」は、大津の町内各区の自治組織からの援助だけでなく、滋賀県からの財政的支援もあった。「仮伝習所創立以来六カ月間　其間県庁七〇余円ノ学費ヲ扶助セリ　是本県師範学校の創業ニシテ附属小学ヲ設ケ生徒ヲ募ル　即各校生徒ノ開達学校ニ修学セシモノヲ以テ之ニ充ツ　柴田・大津・山崎ノ三教員更ニ生徒掛トナル」（『大津師範学校第一年報』）。大津町内で小学教員への授業法伝習が先行実施され、滋賀県は財政的援助を行っていたのである。(2)　実際、大津仮教員伝習所のメンバーをそのまま小学教員伝習所に移して、訓導兼

幹事横関昂蔵と生徒掛の柴田孟教《しばたたけのり》、大津観浄《おおつかんじょう》、山崎真三《やまざきしんぞう》の三人のスタッフで小学教員伝習所はスタートする。柴田は打出浜学校、大津は開達学校、山崎は明倫学校に在勤していたが、附属小学生徒の生徒掛と伝習所事務掛兼務に任じられて、在籍校から移籍した。後ほど見ていくが、伝習所卒業証書の第一号から第三号はこの三人で、開所した六月一日に即日卒業証書が公布された(3)。六月二六日同所を卒業した山崎岩夫は、官立大阪師範学校に直ちに入学している。

小学教員伝習所の設立目的は、滋賀県管内の「小学師範タル可キ生徒ヲ入学セシメ其教則教授ノ方法ヲ伝習スル」(「明治八年五月二九日　小学校伝習学校校則」)として、新しい教則、教授法の伝習を目的とした養成機関であった(4)。伝習所教則では、「速成ヲ専ラトシ在学僅ニ数月ヲ以テ下等小学科ヲ伝習セシメ　卒業ノ者ハ仮リニ訓導ノ見込ヲ以テ其等級ニ応シ辞令書ヲ付与シ各地ニ派出セシム　故ニ別ニ本校ノ教則ヲ設ケス」とされた。

滋賀県小学教員伝習所の校則は五章で、「入学生徒心得」は次のようであった。一　生徒の年齢は一七歳から三〇歳まで、二　生徒の学費は自費、三　在学年限は六〇日、半途退学は許さず、四　入学生徒は和漢の書籍が購読でき、算術は問題を自ら作成し答書させる、五　全科卒業の上で試験を実施して、学力によって準訓導一等・二等・三等の卒業証書を与え、管内各地に派遣した。月俸は、準訓導一等が約一二円、準訓導二等が約一〇円、準訓導三等が約八円。六　休日は五・一〇日の日、他に祭日規定があった。

興味深いのは「教場規則」である。教場内の喫煙や雑談高話の禁止はともかく、教場内の入退場の順番の厳格さ、授業以外の入室禁止の項目など、禁止項目が多いことに驚かされる。

一　教場では万事教師の指揮に従う、二　授業中「雑談高話」は禁止する、三　教場では喫煙を禁止する、四　授業中は猥《みだ》りに席を退かない、五　教場では猥《みだ》りに異見を述べるべきでない、六　「受業時間ノ外教師ノ許可ナクシテ教場ニ入ルヘカラス」、七　教師の指示以外で「教場装置ノ書籍器械ヲ」使用したり弄《もてあそ》ばない、八　書籍器械は原則として自費、但し貸与品もある、九　「鐘ヲ聞ケハ控所ニ整列シ教師ノ先導ヲ待ツヘシ」、一〇　「入

場退場共順列ヲ」守ること、一一「休息ノ時間ハ点鐘《てんしょう》毎ニ一〇分ノ事」

授業以外の時間は教場から外に出ること、教場への入場は点鐘の合図がないと入れないなど、明治初期の学校ルールは現代とは全く異なっていた。「教場来観規則」では、地域住民の来観した際に教場には五人以内、授業時間終了までは他へ移動禁止する、教場内で喫煙・談話しないとある。来観者が「授業方法ニ不審ノ条件」あれば、生徒解散後に教師に質問すべきとしている。教場内の喫煙・談話の禁止規定があるのは当然だろうが、来観者規則に書かなければならない現実があったからであろうか。

滋賀県下の全域から現職の小学校教員が大津に集められて、新しい教授法の六〇日間伝習を受けて、再び任地に戻るのが基本であった。伝習所では寄宿舎が必要となり、大津町内に寄宿舎二カ所が設置された。寄宿舎長と副舎長が任命されて任にあたったが、卒業試験を受けて次々と卒業して交代する状況であった。「舎則」は開所直前の五月二九日に制定、一六カ条の大半は寄宿舎生活の規律遵守に関わる規定であった。最初に「入舎中ハ渾《すべ》テ舎長ノ指揮ヲ受クベキ事」と書き、朝の起床から就寝の時間、食事作法、外出や散歩、病気の際の規定、入退出の規則、外来者との応対など、寄宿舎生活の詳細な規律が書かれている。

(2) 小学教員伝習所の教員・教則・試験制度

小学教員伝習所は、制度的に一八七五（明治八）年六月一日に開所したものの、授業法の伝達講習を円滑に進める上で十分であるとは言えなかった。第一に、多数の小学校教員たちを教える伝習所教員のスタッフが質的量的に不足していた、第二に、伝達講習を行うための教則や教材、教具が不足していた、第三に、体系的な現職教員の養成教育すなわち教師教育構想が練りあげられていなかった。これら三点は、六月に開所して授業法伝達を行いながら、一つ一つ解決を克服していかざるをえなかった。

第一点の伝習所教員スタッフは、実質的に三等訓導横関昂蔵一人だけであった。克服策は、横関を補助するスタッフを拡充すること、官立師範学校卒業生を招聘することの二つの方法が考えられる。補助スタッフは、生徒掛の三人（柴田孟教・大津観浄・山崎真三）がいたが、大津の小学校在勤校との兼務を続けながら、彼らは附属小学生徒の授業もしなければならず、伝習生の最後一五日間の教育実習の指導で手一杯であった(5)。

官立大阪師範学校卒業生からの招聘は、一八七五（明治八）年四月一九日第三次卒業生の繁岡欽平《しげおかきんぺい》を四等訓導として採用した。繁岡は、一〇月二六日まで伝習所教員として勤務したあと、大津町内の明倫《めいりん》学校に転勤した。代わって、明倫学校教員の尾島精六《おじませいろく》が伝習所教員となったが、彼は官立大阪師範学校の第四次卒業生（同年七月九日卒業）であった。教員スタッフ問題は、官立師範学校出身者の二人体制をとって改善していった。

第二の点の教則や教材、教具など教育内容と教授器械の問題は、その克服への道は遠かった。小学教員伝習所のカリキュラムに関しては、「特ニ教則ノ設ナシト雖モ日本外史等ノ書ヲ購読セシメ算術等ヲ学習セシメ」とあるだけで、下等小学生徒用の教科書を購読して、各等級配当の教科書を取り扱っていただけであり、改善の方策は見られなかった。

第三点は、現職教員の教育に関わって、いくつかの点で制度面での試行が行われている。

一　伝習所卒業生を学力レベルに応じて、年限別の卒業証書を与えたことである。卒業証書の裏面に、一年から五年まで区分された期限別の証書を発行した。授業法の伝習を終えて、卒業試験に合格した者に対して、五種の期限付き証書を公付した。最長五カ年の卒業証書は、一〇〇人中の三二人にとどまった。

二　六月二二日に、「準訓導派出心得」を定めた。準訓導を一等級から四等級に四区分して、卒業生徒をそれぞれ任じて各小学校の教員として派出した。それまでは三等級であったのを四等級に変更したのである。

三　八月二四日に「官費生徒入学心得」を定めた。生徒を選抜して学資を給して、これを陶冶するべきだとの議論が起こり、入学心得を定めた。その結果、九月六日に官費生徒として試業選抜により一二人が入学した。

このような個別の制度改革を整備しながら、全体的な教員養成制度の構想を作成するために、滋賀県学務課は、横関昂蔵と八幡東学校首座教員の並河尚鑑《なみかわしょうかん》を七月二二日から八月五日まで、第三大学区教育会議に派遣した。並河は、官立東京師範学校小学師範学科を一八七五（明治八）年三月に卒業して、近江八幡の八幡東学校に招聘されていた。[6]並河は八幡東学校の離任後、東京学習院教員に転じていく。

小学教員伝習所の試験制度について見ていこう。伝習所の学力試験について、『大津師範学校第一年報』は、伝習所の学力試験は一八七五年七月一四日に始まったとしている。「学務ノ吏員上請シテ月毎ニ　四ノ日ヲ以テ之ガ定日トナシ　伝習所ノ教員一人ヲシテ庁ニ登リ其試験ヲナサシム　爾来《じらい》之ヲ請フモノ続々相続キ　月三回未夕以テ周《あま》ネカラズ」その後八月二二日に至り、試験日は四の日だけから、「四・九ノ日」に試験実施日を増やした。教員が県庁で試験を実施し監督することは従来どおりとした。伝習所から滋賀県師範学校へ改称後、試験実施日は一八七六（明治九）年一月二四日に、「一五と二五」の日に変わり、一〇月には再び「五ノ日」のみに変更した。

3　明治初期の滋賀県小学校教員像

(1) 小学教員伝習所の卒業生徒―明治八年六～一〇月

滋賀県小学教員伝習所の卒業証書は、六〇日間の授業法伝習を終えた一〇〇人に交付されている。一八七五（明治八）年六月一日の第一次から一〇月六日の第七次までに交付された。同年一〇月二六日に伝習所が廃止されて「滋賀県師範学校」と名称変更をしていき、伝習期間が一〇〇日間に延長されていく。小学校教員養成制度が拡充されていくが、授業法の伝達講習であったことには変わりなかった。

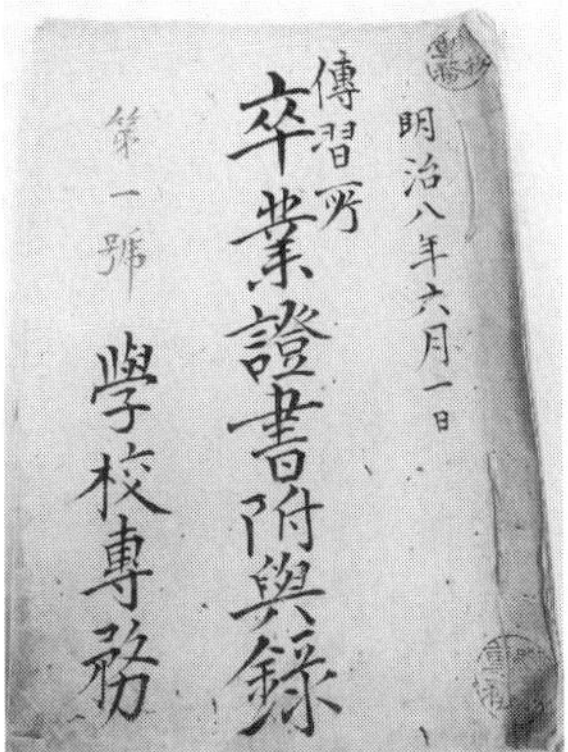

図１　小学教員伝習所の卒業証書授与録　明治８年

六〇日伝習を受けて卒業した生徒の氏名、年齢、族籍、教員免許年限、卒業証書交付日、卒業証書番号は、図１の『明治八年六月一日　伝習所卒業証書授与録　学校専務』から明らかになる。伝習所入所の伝習生は、滋賀県一二郡の各地域の小学校の現職教員であった。同資料から滋賀県における最も初期の小学校教員の実態を知ることが出来る。明治八年九月一八日付『滋賀新聞』は、「当県伝習所ニ於テ卒業証書ヲ受クル者」六八人を掲載し(7)、『大津師範学校第一年報』巻末には「立校以来下等小学授業法伝習卒業生徒一覧表」を掲げている(8)。これらの資料から最初期の小学校教員の実態を明らかにしておこう。

表２に伝習所卒業生徒の卒業証書交付日順の人員、等級別資格分布、生徒の族籍を示す。

第一次卒業生は、先に見た柴田・大津・山崎の三人であり、開所当日に証書を交付されている。六月二六日の第二次卒業生徒が実質的な小学教員伝習所卒業生ということになる。

この中の一人で卒業証書第四号を受けた松浦果は、旧彦根藩校弘道館教授で犬上県小学校掛を歴任した後、神崎郡山本村（旧五箇荘町）の啓発学校教員となっていた。二六日卒業の三二人は六〇日間伝習ではなく、実質期間は二五日間であった。このように、卒業期間は生徒個々の教授経験、過去の教育経験及び学力に応じて、定められたのである。もちろん、現職の小学校教員でなく、新たに教員になろうとする者については厳格な六〇日伝習が課せられ、かつての寺子屋経営主から小学校教員に転じる者も伝習のうえ、卒業試験が課せられ

表２　卒業証書交付日順の人員、等級別資格分布、生徒族籍（人）

年次	卒業年月日 明治８年	人員	準訓導等級分布				全科伝習 卒業	生徒族籍		
			１等	２等	３等	４等		士族	僧侶	平民
第１次	６月１日	3	3				3	1	1	1
2	26日	32	19	7	6		32	19	4	9
3	８月16日	18	13	3	2		18	9	4	5
4	21日	15	7	6	2		15	5	1	9
5	９月26日	9	4	2	3			8	1	
6	10月１日	13	11	2			13	3	5	5
7	６日	10	10				10	1	4	5
総計		100	67	20	13		91	46	20	34

た。なかには伝習所卒業したが、小学校教員を退職するものもいた。伝習所は、六月から一〇月までの五カ月間で一〇〇人の小学校教員を速成的に養成したのである。続々と小学校が設立・開校していく中で、新たな教則や教科書に対応できる教員の養成が図られたのである。

第二次から第四次までと第六次から第七次までの生徒は、大津の寄宿舎に入って授業法伝習を受けている。しかし、第五次卒業生（九月二六日交付）九人には添書きがつけられ、うち六人は県庁で卒業試験を受験し、合格後に卒業証書を交付されている。この内の三人は、「八幡東学校ニ於テ伝習済ノ趣キ三等訓導並河尚鑑ヨリ願ニ依テ試験ノ上証書ヲ付与」と書かれている。官立東京師範学校卒業生の八幡東学校首座教員並河尚鑑の下で、同校に勤務していた今井《いまい》真達《しんたつ》、山本仙蔵《やまもとせんぞう》、鯰江貞継《なまずえさだつぐ》の三人であった。山本仙蔵の父山本大造は、明治六年の八幡東学校開校時の初代句読教員で、かつて旧彦根藩校弘道館文学教授で、後に外村省吾の下で犬上県小学校掛の責任者を勤めた人物である（第2章）。長男山本仙蔵は、明治五年に大津欧学校に入学、七年廃校後に八幡東学校に勤務していた[9]。

表2から、卒業時の準訓導資格の等級分布では、一等から四等までに区分され一〇〇人のうち一等六七人、二等二〇人、三等一三人であったことが分かる。第五次卒業生が全科卒業とされていないのは、県庁での卒業試験による資格取得者であったからであろう。伝習生徒の族籍は、士族四六人、僧侶二〇人、平民三四人の分布で、近江国諸藩の士族出身者が四六％を占めていた（他府県管下一人）。

(2)　卒業生徒の年齢構成、出身郡分布、卒業証書年限

伝習所生徒が卒業証書を授与された時点での年齢別構成の分布を表3に示した。明治八年段階で小学校教員の在勤者と新たに教員志望者の年齢分布は、一五歳から一九歳が二九人、二〇歳から二四歳まで二三人、二五歳から二九歳まで二四人の総計七六人であった。前項の伝習所規則は「一七歳から三〇歳まで」とされていたが、三〇歳以上の年齢の高い層も受け入れていた。五〇歳以上一人、四〇歳から四九歳まで三人、三五歳から三九歳まで八人、三〇歳か

ら三四歳まで一二人であった。

表４は、卒業生徒の出身郡別の分布である。犬上郡が二三人と多いのは、旧彦根藩士族出身者の多数が小学校教員への転身を図ったからである。滋賀郡一二人は旧膳所藩、蒲生郡の一〇人は旧西大路藩、高島郡の九人は旧大溝藩の士族出身者からの転身が多かった。

図２は、卒業証書の等級と裏面記載の有効年限の記載を示すものである。八幡東学校教員山本仙蔵の卒業証書があるが、卒業証書の記載事項から各等級別の証書が発行されており、各等級の証書裏面には有効年限が記載されている。有効年限を超えると、「満期ノ後猶教員タラント欲スル者ハ学業ヲ検査シ更ニ証書ヲ与フ」とされていた。

卒業証書の等級分布と有効年限の分布を見ると、
第一等　五カ年　三二人、同　三カ年　三五人、
第二等　四カ年　六人、同　三カ年　一六人、第三等　二カ年　七人、同　一カ年　四人であった。

小学校教員をさらに続けるものは、再度学力試験を受験して、卒業証書を延長しなければならな

表３　卒業生徒の年齢分布（人）

年齢分布	卒業生徒数
15～19歳	29人
20～24歳	23
25～29歳	24
30～34歳	12
35～39歳	8
40～49歳	3
50歳以上	1

表４　伝習所生徒の出身郡別分布（人）

高島郡	9人	滋賀郡	12
栗太郡	10	甲賀郡	5
野洲郡	4	蒲生郡	10
愛知郡	4	神崎郡	6
犬上郡	23	坂田郡	9
浅井郡	5	伊香郡	3

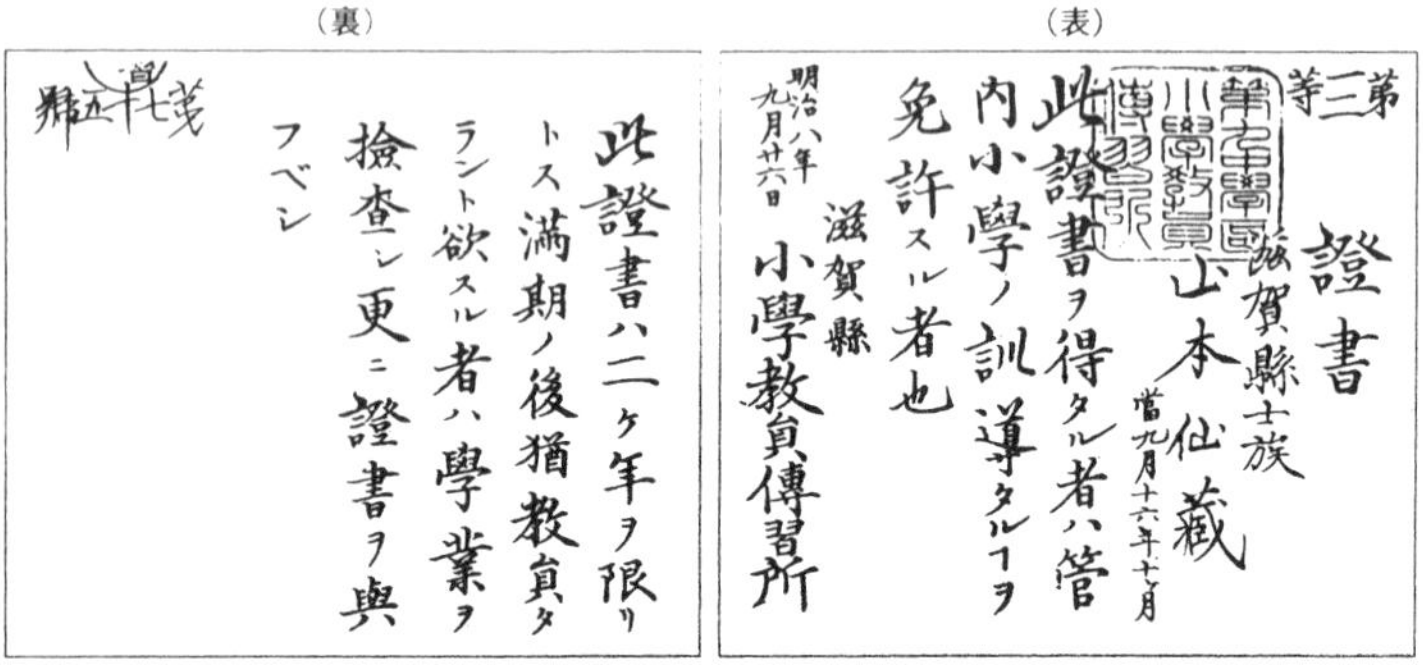

図２　小学教員伝習所の卒業証書（表と裏）

かった。

4　滋賀県師範学校の開設と授業法伝習の拡充

(1) 滋賀県師範学校への改称と一〇〇日伝習の開始

一八七五（明治八）年一〇月二六日に小学教員伝習所は「滋賀県師範学校」と改称されて、校則、舎則の改正も行われた。一一月一八日に改正校則が公布され、五章の校則が発表された。

第一章「通則」では、大津町で師範学校を設立する主意は、「師範タル可キ生徒ヲ入学セシメ即チ其教則及教授ノ方法ヲ伝習スル所ナリ　故ニ生徒タルモノ勉励精確以テ他日実用ニ供センコトヲ期ス」とされた。設置目的は、教則及び教授方法の伝達講習を行うためとされ伝習所と同様であったが、実用に供する面が強調された。同日以降に、第三章「生徒心得」の規定どおりに一〇〇日伝習となり、就学期限が四〇日間延長された。また、卒業証書に記載されていた年限が廃止された。この二点は大きな改正点であった[10]。

他の点では、生徒の学費が自費を原則とすること、但し「各小学区教員」の場合は各区から五〜八円を支給するとされ、入学希望者は学区取締と区戸長の連署が必要とされた。また、卒業教員の等級は準訓導第一〜四等の四等級に分けられ、支給月俸が各区により異なり平均六〜一〇円の間であった。しかし、但書で各区の都合により金額を増減してもよいとされた。

表5は、滋賀県師範学校を卒業した準訓導の教員月俸表である。ちなみに、官立師範学校卒業生の訓導教員は、平均月俸金二〇円であった。

表5　滋賀県師範学校卒業の準訓導教員月俸表（円）

月給	一等準訓導	二等準訓導	三等準訓導	四等準訓導
正額	金10円	金8円	金7円	金6円
増額 減額	12 8	10 7	8 6	7 5

(2) 滋賀県師範学校の一〇〇日伝習生徒の実態—卒業生徒の等級別、族籍、年齢、郡別の分布—

① 卒業生徒数と等級別分布

滋賀県師範学校の一〇〇日伝習卒業生徒数は、以下の表6のとおりである。明治初期の滋賀県師範学校の卒業生徒に関して、『滋賀県師範学校一覧』一九〇四（明治三七）年一二月が、明治八年から一〇年の伝習科卒業生の全氏名を掲げている。これは六〇日伝習生徒と一〇〇日伝習生徒、ならびに大津師範学校の一八〇日伝習生徒を含めたものである(11)。

滋賀県師範学校の一〇〇日伝習の卒業生徒は、卒業番号第一〇一号から始まる生徒で、総計四八六人を数えている。滋賀県下の近江国一二郡の小学校教員は、明治八年八八二人、明治九年一三九四人、明治一〇年一三七一人である。ちなみに、小学校数は明治八年六三七校、明治九年六九八校、明治一〇年六八三校であった（第四章表2）。六〇日伝習卒業生徒一〇〇人と一〇〇日伝習卒業生徒四八六人の計五八六人が、現職の小学校教員に就いたとすれば、短期間での教則と新しい授業法伝達は一定の前進をみた

表6　百日伝習卒業生徒の等級別分布（人）　明治８年12月～10年６月

		人員	準訓導等級 1等	2等	3等	4等	全科伝習 卒業	678級 卒業
	明治８年							
1	12月６日	22人	2	8	8	4	22人	
	明治９年							
2	１月21日	17	2	5	6	4	17	
3	２月１日	28	6	15	5	2	28	
4	３月21日	25	7	3	6	9	25	
5	３月30日	3						3
6	４月19日	34	4	6	10	14	34	
7	６月４日	32	2	1	12	17	32	
8	７月９日	35	1	4	12	18	35	
9	８月22日	33	9	11	5	6	31	2
10	10月１日	43	14	5	8	16	43	
11	11月６日	31	9	6	5	11	31	
12	12月５日	13		1	1	11	13	
13	12月20日	29		2	2	25	29	
	明治10年							
14	１月17日	24		2	3	18	23	1
15	２月12日	39	5	9	2	20	36	3
16	３月10日	6			2	4	6	
17	３月14日	21		2	8	11	21	
18	５月８日	22	6	5	4	5	20	2
19	６月４日	29		9	6	13	28	1
合計	19回	486人	67	94	105	208	474人	12

と評価できるかもしれない（第四章参照）。

しかし、伝習生徒数の量的な面のみ評価することはできず、ことはそれほど簡単ではない。交通至便で商業地域の町場の小学校と、郡部の農山村部の村の小学校とでは、地域住民の求める教育要求に大きな格差が存在していたからである。また、小学教員の質的な面では、表6にみる一等から四等までの卒業試験の成績による準訓導資格別の学力格差が厳然として残っていたのであり、どの地域の小学校に在職しているかで大きな差異があった。

② 卒業生徒の族籍

一〇〇日伝習生徒の族籍は、第一次から第一九次卒業生までの合計四八六人のうちで、表7のように士族二一二人（四三・六％）、僧侶一四三人（二九・四％）、平民一三一人（二七％）であった。六〇日伝習生徒の族籍と比較すると、士族は二％減でほぼ同じ、平民が七％減で、僧侶が九％増大している。なお、滋賀県管内の出身者は四八六人中で四五四人（九三・四％）であり、他府県出身者は三二人（六・六％）であった。

さきの六〇日伝習生徒一〇〇人と一〇〇日伝習生徒四八六人の合計五八六人の族籍別分布は、士族二五八人（四五％）、僧侶一六三人

表7　百日伝習生徒の族籍別分布（人）　明治8～10年

		士族		僧侶		平民	
		滋賀県	他管	滋賀県	他管	滋賀県	他管
	明治8年						
1	12月6日	10		6	1	4	1
	明治9年						
2	1月21日	14			3		
3	2月1日	11	1	10		6	
4	3月21日	13	3	3		6	
5	3月30日			2		1	
6	4月19日	10		14		10	
7	6月4日	10	1	8		12	1
8	7月9日	15	1	11	1	7	
9	8月22日	8		15		10	
10	10月1日	16	2	11		13	1
11	11月6日	5	1	12	1	12	
12	12月5日	7		2		4	
13	12月20日	10	1	9		9	
	明治10年						
14	1月17日	23				1	
15	2月12日	17	1	7	1	13	
16	3月10日	6					
17	3月14日	4		5		12	
18	5月8日	8		8	1	5	
19	6月4日	12	2	4	11		
合計	19回	199	13	127	16	128	3
		計212人		143人		131人	

（二七・八％）、平民一六五人（二八・二％）となっており、明治八～一〇年段階の滋賀県下の小学校教員は、士族出身者が四五％を占めた。

武士の身分から教員への転身が図られたことを示すものであるが、他府県の族籍別分布と較べてもほぼ同程度であった。海後宗臣の九県の調査では、士族は四八％であった[12]。

③　一〇〇日伝習生徒の年齢分布と滋賀県内の郡別分布

明治九年から一〇年にかけての一〇〇日伝習卒業生徒の年齢分布と県内郡別分布が分かる資料がある。図3に示した『明治九年自五月　履歴書　第二号』（以下では『明治九年生徒履歴書』とする）と、『明治十年　自第五二一号至第五六八号　卒業証書附与録』（以下では『明治十年卒業証書附与録』とする）である。

『明治九年生徒履歴書』は①「（朱筆）明治九年五月廿三日　第一教場生　履歴書上　正副舎長　第四号」、②「（朱筆）明治九年七月四日　甲組履歴書上　正副舎長　第五号」、③「（朱筆）明治九年五月一日　第二教場生徒　履歴書上　正副舎長　第六号」の三冊からなる。『明治十年卒業証書附与録』は、卒業証書番号第五二一号から第五六八号までと番外の生徒について、氏名、住所、族籍、生年月日が記されている。一〇〇日伝習生徒の全員の履歴書や卒業証書に関する資料は、残念ながらまだ発見できていない。

明治九年生徒履歴書と明治一〇年卒業証書の二つの資料から、当該時

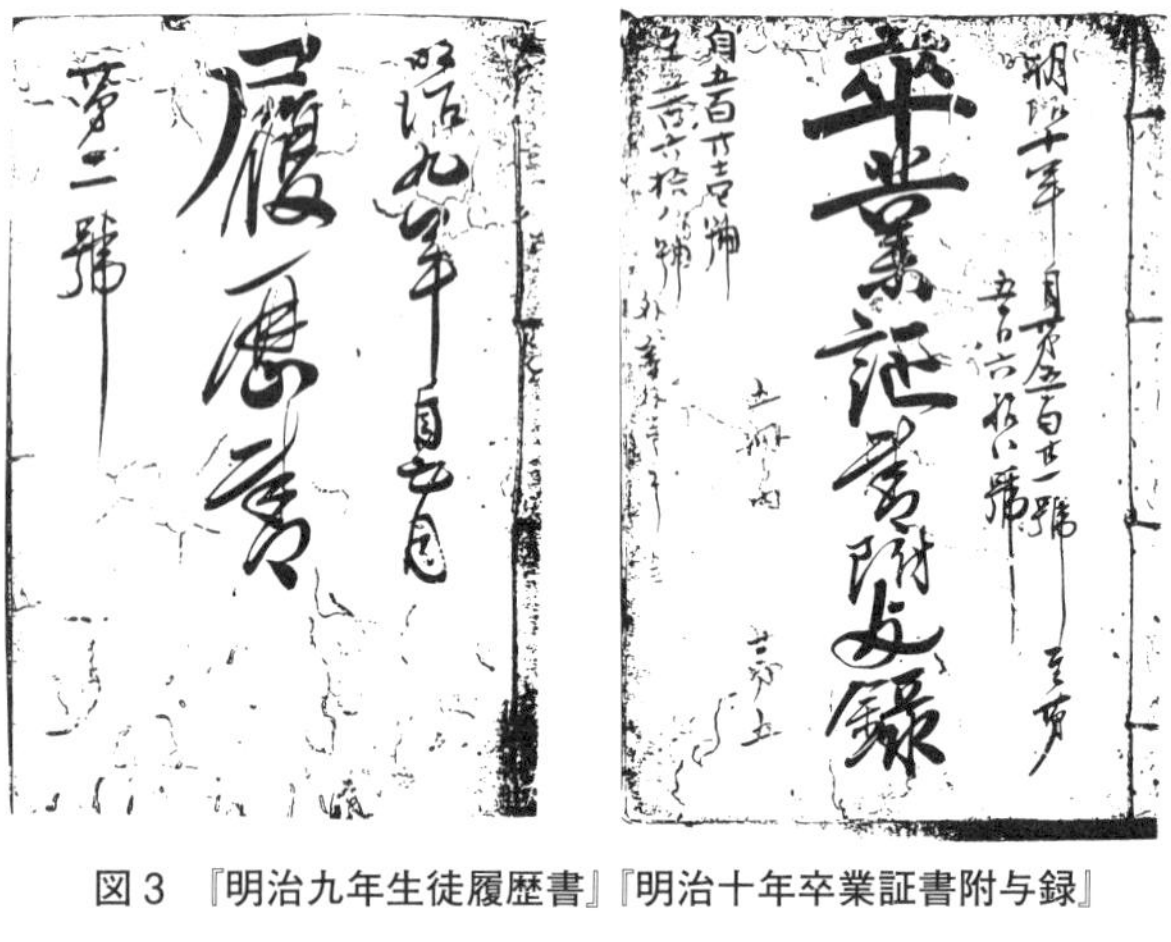

図3　『明治九年生徒履歴書』『明治十年卒業証書附与録』

期の滋賀県下の小学校教員像に迫ってみたい。履歴書書式を示すものとして、旧水口藩士族安倍正恒の②明治九年七月四日付の履歴書を図4に示してみよう。

『明治九年生徒履歴書』は、六月四日卒業生三一人（③第二教場生三三人）、七月九日卒業生三五人（②甲組三五人）、八月二二日卒業生三一人（①第一教場生三〇人）に該当する。②資料と③資料には同一人物が見られるので、①＋②＋③の総人数は九七人となる（表6では当該年月が全科卒業生九八人と六・七・八級卒業二人の計一〇〇人で、全科卒業生人数と一人の差があるが、その理由は不明である）。

『明治十年卒業証書附与録』は、五月八日卒業生二〇人と六月四日卒業生二八人、番外卒業生三人の合計五一人が該当する。表8に、この二資料から明治九年と一〇年卒業生徒一四八人の年齢分布をまとめた。表8からは、一九歳以下の卒業生徒三九人（二六・三％）、二〇歳代七六人（五一・三％）三〇歳代二五人（一六・九％）であることがわかる。現職教員が卒業生の大半であり、明治初期のこの時期は、一〇代と二〇代の教員が圧倒的多数の七七・六％を占めていた。教育経験は乏しいが、新しい教授法を取得して新しい教育内容を教え、子どもや地域社会の親たちに近代社会へ果たす小学校の意義を説き続ける役割を若い教師たちが担っていったといえる。

『明治九年生徒履歴書』中の最も年少の卒業生徒は、富田《とみだ》信嘉《のぶよし》である。富田は修道学校（大津東今颪町、後今堀町）に在勤、一四歳七カ月で卒業している。最も高齢の卒業生は四一歳五カ月の久松茂《ひさまつしげる》で、弘意学校在勤（蒲生郡池田村）であった。『明治十年卒業証書授与録』中の最も若い生徒は、同年六月卒業時現在でなんと一一歳一一カ月の内山鐐《うちやまりょう》太《た》

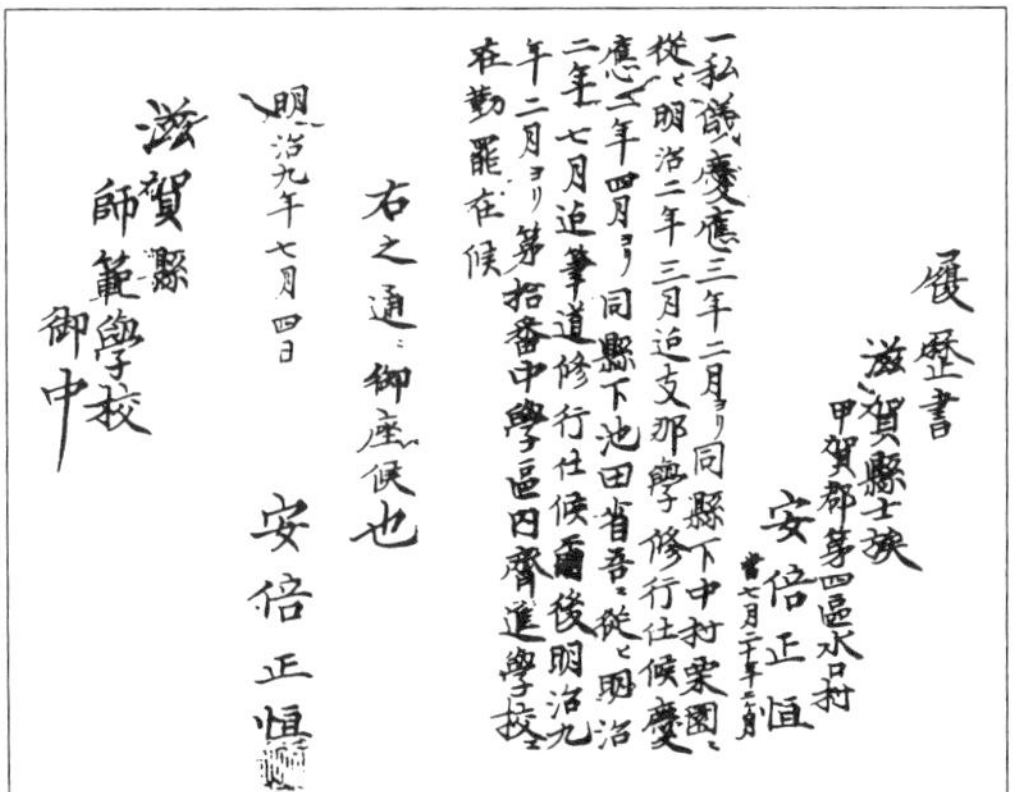
履歴書
滋賀縣士族
甲賀郡第四區水口村
安倍正恒
一私儀慶應三年二月ヨリ同縣下中村栄園ニ從ヒ明治二年三月迄支那學修行仕候慶應二年四月ヨリ同縣下池田省吾ニ從ヒ明治二年七月迄筆道修行仕候爾後明治九年二月ヨリ第拾番中學區四齊進學校在勤罷在候
右之通ニ御座候也
明治九年七月四日
安倍正恒
滋賀縣
師範學校
御中

図4　明治9年　滋賀県師範学校生徒の履歴書例

であった。最高齢者は同年五月現在で四七歳六カ月の池田恒一郎《いけだこういちろう》であった。明治一〇年五〜六月の卒業生徒を見ると、六〇日伝習生徒と較べて一九歳以下の一〇代が増加していること、四〇歳以上の生徒も増えていること、反面で二〇歳代から三〇歳代前半の者が減少していることがわかる。

次に、一〇〇日伝習生徒一四八人の滋賀県内の郡別分布は、表9の通りである。犬上郡三三人（二二・三%）と圧倒的に多数で、旧彦根藩士族の受け皿として小学校教員の道が選ばれたことがわかる。甲賀郡一八人、滋賀郡一七人と続き、高島郡と野洲郡の一一人、蒲生郡と伊香郡一〇人となっている。六〇日伝習生徒で少なかった甲賀郡が増大しているのは、一〇〇日伝習以後に旧水口藩士族が教員へ転職を図ったからであろう。

表8　明治9〜10年の伝習生徒の年齢分布（人）

	明治9年6〜8月 卒業生97人 『九年生徒履歴書』	明治10年5〜6月 卒業生51人 『卒業証書附与録』	合計 148人
19歳以下	18人	21人	39人
20〜24歳	35	11	46
25〜29歳	20	10	30
30〜34歳	13	4	17
35〜39歳	8	0	8
40〜49歳	2	5	7
50歳以上	0	0	0
不明	1	0	1

表9　明治9〜10年の百日伝習生徒の出身郡別分布（人）

	明治9年6〜8月 卒業生97人 『九年生徒履歴書』	明治10年5〜6月 卒業生51人 『卒業証書附与録』	合計 148人
高島郡	6人	5人	11人
滋賀郡	13	4	17
栗太郡	7	1	8
甲賀郡	13	5	18
野洲郡	9	2	11
蒲生郡	9	1	10
神埼郡	0	1	1
愛知郡	3	4	7
犬上郡	18	15	33
坂田郡	2	5	7
浅井郡	7	2	9
伊香郡	7	3	10
他府県	3	3	6

5　明治初期の教員の学習履歴—明治九年伝習生徒の学習経験—

『明治九年生徒履歴書』から伝習生徒の学習履歴が明らかになり、明治九年段階の教員の学習経験を知ることが出

来る[13]。図4に安倍正恒の履歴書を示したが、もう一例として卒業時に一八歳一カ月の横関幾次郎《よこせきいくじろう》の履歴を表10として示す。学習履歴として修業期間、教員名ないし師匠名、学習内容、現在の在勤学校名・在任期間を明記したものである。この書式のように、一人の伝習生徒が自分の学んだ何人もの教員氏名を書くこともある。また、旧彦根藩校弘道館や旧大溝藩校とだけ書く例もある。僧侶ならば師匠である僧侶名や学んだ寺院名を、私塾・家塾であれば塾名や師匠名、塾の所在地だけを書く例もある。

次に、『明治九年生徒履歴書』の九七人の伝習生徒が、どのような学習履歴であったかを見ていこう。表11は明治九年六〜八月の九七人の伝習生徒の学習履歴として、どのような場所で、どのような学習機関で、どのような人物に学んできたかを一覧表にしたものである。

一人の卒業生徒には、重複した記載があるので数値は九七人を超えている。関連して、表12には、伝習生徒が学んだ学習内容が書かれており、明治初期の教員の学習経験の一端を知ることができる。

表11から明治九年段階の伝習を受けている小学校教員の学習経験の特徴として、次の点をあげることができる。第一には、旧藩校や旧藩士による私塾で教育を受けた者が最も多いことである。旧藩校や私塾での学習内容は、漢学（ここでは支那学と記載が多い）が圧倒的に多く、当時の士族の教養の中核部分であることがわかる。次いで、筆道（習

表10　明治9年5月卒業の一教員の学習履歴

履歴書
滋賀県士族
犬上郡第八区芹橋十一丁目
横関幾次郎
当五月　十八年一ケ月
一　私義明治二年ヨリ滋賀県士族旧彦根藩川瀬益ニ従ヒ同四年四月迄支那学筆道修行仕
明治四年二月ヨリ右同県士族同藩山本大造ニ従ヒ同六年二月迄支那学修行仕
明治五年一月ヨリ右同県士族右同藩青木弥太郎ニ従ヒ同八年二月迄算術修行仕
尓後明治八年九月ヨリ第十一番中学区内昌業学校エ在勤罷在候
右之通御座候也
明治九年五月二十三日
横関幾次郎
滋賀県師範学校御中

字）や算術があげられている。庶民教育機関の寺子屋とは異なる士族階級の教養であった。

旧藩校の中では、彦根藩弘道館で学習した者、弘道館教授や塾頭を勤めた人物の私塾で教えを受けた者が最も多い。とくに弘道館素読役で文学教授山本大造からが五人と多く、川瀬益（習字）、田中芹波（副教頭で漢詩）、原勇（教頭で国学）からが二人、松本慶蔵（習字助教）、青木弥太郎（算術）などの名前も挙がっている。旧膳所藩では黒田行元からが三人、旧水口藩からは中村栗園からが四人、旧大溝藩では西川文仲からが三人と続く(14)。士族でなく平民の私塾では、栗太郡の北川舜治からが

表 11　明治９年６月卒業の伝習生徒の学習した教育機関・教員

1　県内　100人
（旧藩校）　9人
旧彦根藩弘道館―５人、旧大溝藩学校―３人、旧膳所藩学校―１人
（洋学校）　4人
欧学校及服部勤（大津）―２人、犬上県洋学校及天方道為・英学―２人
（寺院）　17人
伊香郡洞寿院―３人、蒲生郡易行寺―２人、伊香郡―藤井覚眼―２人
滋賀郡東光寺、同園城寺、甲賀郡永仙寺、同神田円瑞、同佐々木探道、原田慈賢
蒲生郡光寿寺浄誉、同福田遠照、栗太郡従縁寺、浅井郡笠透禅―各１人
（旧藩士私塾）　49人
〈旧彦根藩士〉山本大造―５人、川瀬益・田中芹波・棚橋甚八郎・原勇・光田進業・高木源太郎―各2人、青木弥太郎・大音竜太郎・広瀬清琶・外村省吾・谷鉄臣・岡本黄石・松本慶蔵・塚原小左衛門・中島次三良・伴文二郎・熊谷祐吉良―各１人
〈旧膳所藩士〉黒田行元―３人、横田里次・杉浦重文―各１人
〈旧水口藩士〉中村栗園―４人、吉原新左衛門・神谷亨・厳谷修・岩谷立的・岳九儀―各１人
〈旧大溝藩士〉西川文仲―３人、伊藤連八・岡崎三達・広瀬慎一郎―各１人
〈旧西大路藩士〉佐野玄庵―１人
（学者の私塾）　5人
栗太郡北川舜治―３人、甲賀郡森川左倣―２人
（小学校）　4人
坂田郡誠良学校南部竹雄―２人、大津修道学校市川美誠・甲賀郡善誘学校髙谷柳台―各１人
（その他）　12人
坂田郡青木卜庵・北村源蔵、蒲生郡西川周造・河原右門・菊井元章、伊香郡東野運耀・旭南岳、野洲郡果香英、神崎郡伊庭玄道、愛知郡細井薫、浅井郡中山補宗、滋賀郡上原甚太良―各１人
2　県外　37人
（旧藩校）石川県―１人
（寺院）　6人
京都相国寺―１人、同本願寺学林―２人、愛知県―２人、敦賀県―１人
（洋学）　1人
京都府療病院　医者欧州人ユンケル―１人
（個人の私塾）　29人
東京府―８人、京都府―11人、三重県―３人、山口、若松、千葉、静岡、大分、敦賀、新川の各県―各１人

三人、甲賀郡の森川左傚から二人の伝習生が学んでいる。

第二には、僧侶を兼ねた教員が学んだ場所は、滋賀県内の寺院が多く、県内の著名な僧侶名をあげた者が一七人いた。京都の総本山の相国寺、本願寺学林は三人と少なく、県内の在地の寺院・僧侶が圧倒的に多かった。

第三には、教育内容では、表12のとおり漢学が圧倒的に多数を占めており、一四六人中一〇九人であった。次に多いのが筆道（習字）であり、二〇人の者があげている。明治維新後に、短期間しか存続しなかった大津欧学校や犬上県洋学校で、洋学（英学や英語学）を欧米人から学び、小学校教員になっているものもいた。他にも、医学を学んでいた者や、化学（舎密《せいみ》学）を学んだ経歴を持つ者もいた。

第四には、一〇歳代の若い教員の学習履歴には、「学制」頒布後に小学校が設立され、学識ある先輩教員から学んだ者もいた。坂田郡の南部竹雄や甲賀郡の高谷柳台、大津の市川美誠から学ぶ者もいた。彼らは、幕末期からそれぞれの地域で著名な篤学者で、請われて小学校教員になっていた人物であった。

最後に、異色の学習履歴を持つ二人の教員を紹介しておこう。広瀬俊斎（二〇歳六カ月）の履歴事項は、明治二年三月から四年一二月まで大分県日田の咸宜園《かんぎえん》で、広瀬音村から漢学（支那学）を学び、明治六年八月から八年一〇月まで「当県欧学校ニ於テ英学修業仕候」とある。文明開化の思潮を体感していくなかで、漢学から英学に転じていった一人あった。

富田信嘉（一四歳七カ月）は、先にあげた若年教員であるが、明治七年二月より一二月まで大津の市川美誠に漢学（支

表12　百日伝習生徒の学習内容（人）　明治10年

	③資料 明10.5.1	②資料 10.5.23	①資料 10.7.4	合計
〈漢学〉				
支那学	35	32	42	109人
〈皇学〉		1		1
〈筆道〉	4	3	13	20
〈算術〉	洋算1			1
和　算	1	5		6
〈洋学〉			1	1
英　学	1		2	3
医　学	2		1	3
精密学			1	1
〈禅学〉		1		1
	44人	42人	60人	146人

那学）を、同時に服部勤に洋算を学び、「明治八年二月ヨリ五月マデ同県伝習所附属小学校ニ入学ス　一〇月ヨリ第九番中学区内修道学校ニ在勤罷在候」とある。それぞれに新しい時代を乗り切ろうとするため、知識と教養を求めようとしたことをうかがわせる。

一〇〇日伝習卒業生徒は、小学校教員としていつごろから、どれくらいの勤務経験を持っていたのか。『明治九年生徒履歴書』から勤務開始の年月日、在勤年数が明記されている内容を読みといていく。明治九年六月から九月の卒業生徒九七人のうち、これまで教員になっていない者は六人であった。表13は一〇〇日伝習生徒の小学校勤務開始時期、表14は小学校勤務年数を示した。両表の不明一三人のうちで教職に就いていない者が六人、後の七人は未記載であった。

表13-①の小学校教員の勤務開始時期で一番多いは、明治八年であり、一月から六月の一〇人、七月から一二月の四一人の合計五一人であった。表13-②に、滋賀県下の小学校教員数を掲げたが、明治八年に教員数は激増しており、教員需要が高まったことがわかる。このような量的な教員需要の高まりは、小学校数が明治七年の二九二校から八年の六三七校に急増したことを反映していた。

表13-①　百日伝習生徒の勤務開始時期

明治６年１～６月	２人
７～12月	2
７年１～６月	8
７～12月	6
８年１～６月	10
７～12月	41
９年１～６月	15
不明	13
	97人

表13-②　滋賀県の教員数（人）

明治６年	194人
７年	480
８年	882
９年	1394
10年	1371

表14-①　百日伝習生徒の勤務年数

３年	１人
２年６～11カ月	3
２年～２年５カ月	7
１年６～11カ月	6
１年～１年５カ月	11
６カ月～11カ月	36
１カ月～５カ月	20
不明	13
	97人

表14-②　長期在勤者　２年６カ月以上

３年在勤—西村鍋三（犬上・鳥居本村広訓学校）
（明6.5～9.4）　24歳
２年11カ月—富田稔（犬上・川相村捷徑学校）
（明6.6～9.4）　25歳５カ月
２年８カ月—坂上宗詮（甲賀・北土山成道学校）
（明6.9～9.5）　34歳１カ月
２年６カ月—和田泰輔（滋賀・雄琴村調岳学校）
（明6.11～9.5）　38歳10カ月

表14-①には一〇〇日伝習生徒の勤務年数を示したが、九七人中で勤務経験一年未満が五六人もおり、二年間の者一七人という状況であった。二年以上の教員経験者は、わずか一一人という有様で、小学校教員の養成は緊急かつ焦眉の課題であった。表14-②に、明治九年六月～一〇月の時期に二年六カ月以上在勤の教員名をあげてみた。

滋賀県の教育行政官にとって、小学校建物（校舎・教場）の建設問題とともに、新しい教育内容や教科書を教えることができる教員養成こそが、最も重要な政策課題であったといわねばならない。

注

（1）『滋賀県滋賀郡第三学区高等尋常大津小学校沿革史』上編・下編（一八九一年）大津中央小学校所蔵資料。同沿革史に依拠して、大津旧町の各小学校沿革史が記述されている。大津市逢坂小学校『自明治六年至明治三〇年沿革史』（一八九七年）、大津市長等小学校『学校沿革史第一編　自明治六年二月至明治二〇年一一月』（一八八七年）など。『大津市史』中巻（一九四二年）は大津中央小学校資料に拠っている。なお、拙著『滋賀の教育史』第四章「大津における小学校の設立・開校と教員養成の始まり」（文理閣　二〇一五年）参照。

（2）『大津師範学校第一年報』（一八七七年）「立校以来ノ沿革」五～六頁。滋賀県師範学校史は、『滋賀県師範学校一覧』（一九〇四年）、『滋賀県師範学校沿革略史』（一九三五年）がある。

（3）『滋賀県史』第二編二十六　明治八～一〇年「政治部学校四　大津師範学校」（復刻『府県史料教育　第十四巻滋賀県』ゆまに書房　一九八六年）

（4）滋賀県庁所蔵「明治八年　伝習所一件　学務課」「旧学事掛編冊」明し—一六三は九二件の件名があり、伝習所の時期分（明治八年四月二七日～一〇月二五日）は、七〇件が残されている。件名の詳細は、木全清博『滋賀県教育史資料目録（8）』一九九八年「滋賀県庁文書—明治一〇年代」九～一二頁を参照。

（5）『前掲書』（注2）六頁、『文部省年報　第三～五年報』「滋賀県年報　教員養成ノ法」（一八七五～七七年）

（6）並河尚鑑は、官立東京師範学校を一八七五（明治八）年三月卒業するや、近江八幡の八幡東学校に招聘され、同年五月から一八七六年九月まで首座教員として在勤。同校及び近江八幡町内の小学校教員へ新しい授業法の伝習講習を行った（『八幡尋常高等小学校沿革史』第壱編　一八九七年）

（7）『明治八年六月一日　伝習所卒業証書授与録　学校専務』（卒業証書番号　第一番～第一〇〇番）。『明治九年自五月　履歴書　第

二号　大津師範学校」（「五月二三日第一教場生　履歴書上」、「七月四日甲組　履歴書上」、「五月一日第二教場生徒　履歴書上」）、『明治十年　自五百二十一号至五百七十八号　卒業証書附与録』（「五月八日　附与録第十七号」、「六月四日　附与録第十八号」）。木全清博『滋賀県教育史資料目録（五）』一九九五年「滋賀県師範学校生徒名簿・履歴書及び卒業生名簿」四六～六九頁を参照。

（8）『滋賀新聞』第一三八号（明治八年九月一八日）には、証書番号第一番柴田孟教から第六八番江添佐までの六八人の氏名を掲載。『滋賀県師範学校一覧』一九〇四年は、巻末に伝習生徒の全氏名を掲載、『大津師範学校第一年報』も伝習生徒一覧を載せている。

（9）山本仙蔵は、並河尚鑑の前任者山本大造の長男。仙蔵は開校したばかりの大津欧学校に入学し「英学第四等試験証」を授与されている。欧学校が廃校となり、一八七五（明治七）年一一月二二日より父の勤務する八幡東学校に就職、「句読」助教となる。同校在勤中に並河の指導を受けて、伝習所卒業証書の「三等準訓導」資格を得ている（一八七六年九月二六日）。

（10）「明治八年一一月改正　校則　滋賀県師範学校」「明治八年一一月改正　舎則　滋賀師範学校」（『明治一〇年自一月至一〇月　諸規則留　第一　大津師範学校』

（11）一〇〇日伝習生徒の最初の卒業生三二人は、『滋賀新聞』第一四七号　明治八年一二月一六日号に、試験成績、等級、氏名、年齢、住所、族籍が掲載された。

（12）海後宗臣『明治初年の教育』評論社　一九八三年　一八六頁。青森・宮城・秋田・島根・三重・愛知・静岡・足柄・群馬の九県の県庁文書を調査して、学制期の教員二四二二人のうち一一六一人（四七・九％）が士族であったと算出した。

（13）明治初期の教員履歴の分析では、仲新他「東海地方における近代学校の発達」『名古屋大学教育学部紀要』第一〇巻　一九六三年が参考となる。

（14）彦根藩弘道館関係者については、「彦根藩職員録　明治元年調」「藩庁職名一覧　明治四年廃藩迄」（彦根史談会『彦根旧記集成』一九六〇年）二二～四四頁。

旧膳所藩士の黒田行元は、藩校遵義堂で学び、のち緒方洪庵の適塾に入門、さらに江戸の蕃書取調所において英語・ドイツ語・フランス語を学んだ。維新前後に遵義堂督学《とくがく》になり洋学・漢学を教授した。ロビンソン・クルーソー漂流記の最初の翻訳者、教科書『習字公用文章』『習字私用文章』（いずれも一八七三年　京都・村上勘兵衛他）を編纂している。後に滋賀県師範学校教員を勤め、また八幡尋常高等小学校の教員にもなっている。

旧水口藩校翼輪堂藩儒の中村栗園は、大分県中津の商家生まれ、咸宜園の広瀬淡窓、帆足愚亭の門下生となり、後、大阪に出て福沢諭吉の父百助宅に寄寓して漢学者斎藤拙堂・篠崎小竹らと交流。その後水口藩学者中村介石の養子となり藩校翼輪堂の儒学教官となる。主著に『孝経一得』・『栗園文鈔』一八八三年がある。

第8章　大津師範学校における教員養成教育の開始
―大津本校と三支校（彦根・小浜・長浜）の師範教育―

1　大津師範学校の創設と師範学科の設置

滋賀県は、一八七七（明治一〇）年三月二二日に小学師範学科の設置を含む師範教育の充実をめざして、滋賀県大津師範学校を創設した。大津師範学校は、現職教員の伝達講習（六カ月間）の伝習学科を併置しつつ、師範学科（二年間）の師範教育を主体とするものであった。師範学科に入る前の予備学科（一年間）も設置した(1)。

大津師範学校は本校を大津に置き、彦根・小浜・長浜の三校を支校として各地域の小学校教員養成を担わせた。校名は、彦根と小浜は伝習学校、長浜は講習学校とされた。彦根は神崎・愛知・犬上の三郡、長浜は坂田・浅井・伊香の三郡、小浜は若狭国遠敷《おにゅう》・三方《みかた》・大飯《おおい》三郡と越前国敦賀《つるが》郡の旧敦賀県四郡の小学校教員の伝習と師範教育を担うものとした。小浜伝習学校は、敦賀県小学授業法伝習所（一八七五年六月開所）を起源とする学校であり、嶺南地方の四郡が一八七六（明治九）年八月に滋賀県に編入・合併されたことにより、滋賀県大津師範学校の支校になった。

上記の小学校教員養成機関の沿革と変遷は、図1のとおりである。

大津師範学校は、一八七七（明治一〇）年三月二二日創設で、一八八〇（明治一三）年四月二七日に三支校を合併して、校名を滋賀県師範学校に改称していく。小浜伝習学校は、小浜初等師範学校と改称後に大津師範学校本校に合併、そ

の後、一八八一（明治一四）年二月七日に滋賀県より分離・独立して福井県管轄になっていく。本章では、滋賀県における小学校教員養成の師範教育の起源として、大津師範学校の歴史をたどっていくことにする。基本資料とするのは、『大津師範学校第一年報』～『同　第三年報』（明治一一～一三年）、『滋賀県師範学校第四年報』（明治一四年）、『同　第五年報』（明治一五年）である。

『彦根伝習学校第一年報』、『小浜伝習学校第一年報』、『長浜講習学校第一年報』（いずれも明治一一年）は、各校分冊である。『滋賀県大津師範学校及伝習学校第二年報』（明治一二年）と『滋賀県師範学校第三年報』（明治一三年）は、本校のあとに「彦根伝習学校第二年報」「彦根初等師範第三年報」と「小浜伝習学校第二年報」「小浜初等師範学校第三年報」を綴じこんで合冊としている[2]。

(1)　明治一〇年六月の師範学科の設置

大津師範学校は、一八七七（明治一〇）年三月二二日に滋賀県師範学校から滋賀県大津師範学校へと改称した。大津笹屋町の東本願寺別院を校舎に借りて設立・開校したが、学校の実態は、従来からの一〇〇日伝習生徒に対して、小学校教科書を使って授業法を伝達講習するものであった。最後の一〇〇日伝習生徒が卒業したのは同年六月四日であった。改称後の三月末から六月初旬ま

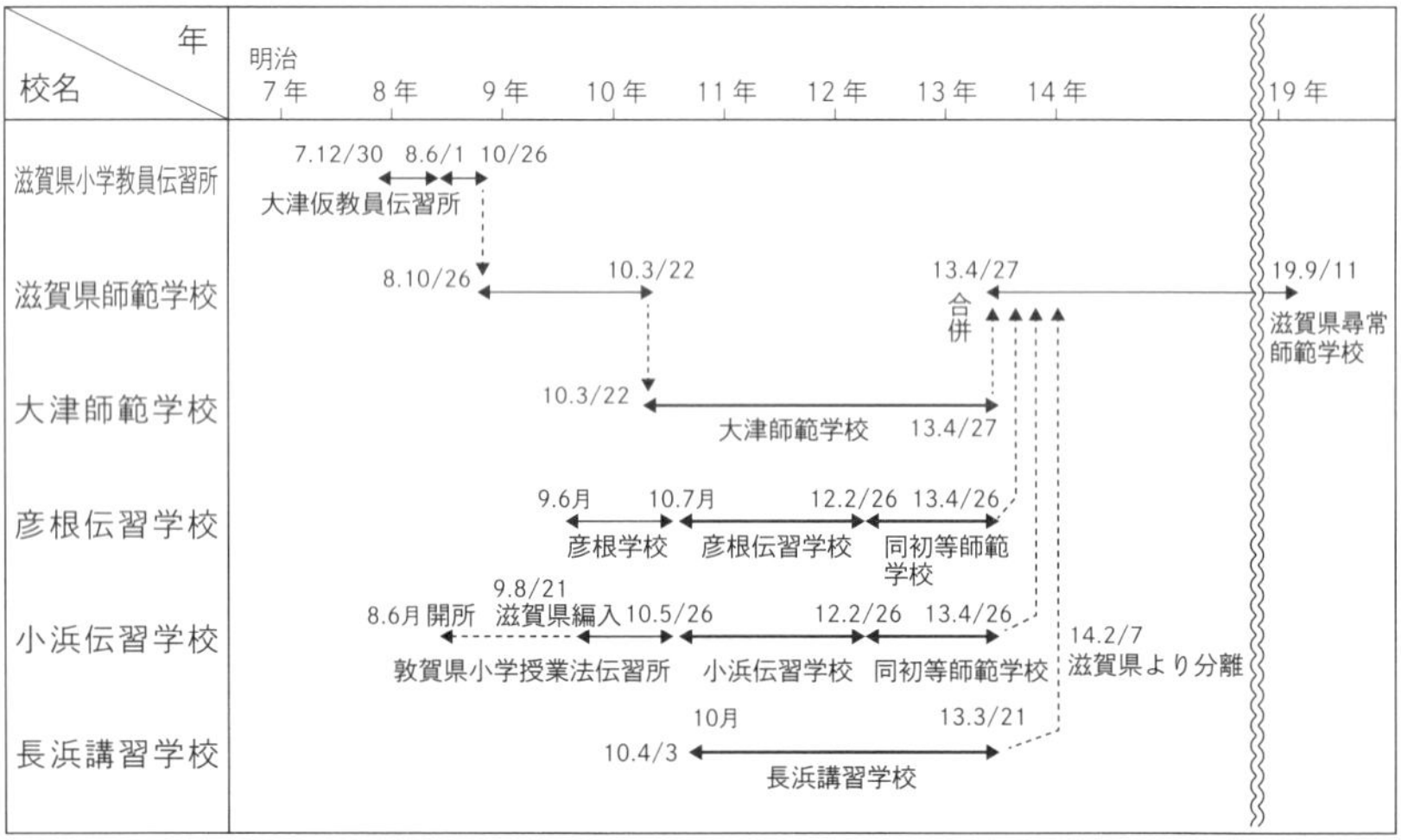

図１　明治初期の滋賀県の教員養成機関　明治７～14年

での間に、新しい小学校教員養成の制度的基盤をつくるための準備が行われた。

滋賀県令籠手田安定は、前年の明治九年一二月六日に文部省から奥田栄世《おくだえいせい》を滋賀県学務課長に招聘して、小学校の設置・開校政策を精力的に推進しようとした。籠手田は自身が同年五月一二日から八月二七日の百十一日間にわたり、滋賀県管内の一二郡の四三カ所の小学校臨時試験を巡視して、県下の小学校教育の現状把握と拡充を図ろうとしていた。籠手田は同時に、小学校教員養成の充実を図るために、文部省から土屋政朝《つちやまさとも》を招聘して大津師範学校副長兼歴史地理学教員に就任させた。

土屋は、学務課長奥田栄世の指示のもと、第三大学区本部にある大阪の官立大阪師範学校に赴き、師範教育の庶務規則や諸建言を謄写するために出張している。また、奥田は官立東京師範学校の明治八年六月卒業生で前敦賀県小学授業法伝習所三等訓導の斎藤寿蔵《さいとうじゅぞう》を大津師範学校監事《かんじ》に就けて、第一大学区教員会議（東京）に参加させ、帰路官立大阪師範学校に廻らせて師範教育の資料を収集させている。

五月から「大津師範学校職制」「同事務章程」の制定作業に入り、当月中に大津師範学校規則の制定作業を終了した。六月七日になり「大津師範学校規則」の施行とともに、師範学科と伝習学科のカリキュラム（教則）が実施されていった。(3)

大津師範学校の開校日は、六月一日である。同日から県内の小学校教員を「伝習学科」生徒として入学させて、一八〇日間（六カ月間）の伝習教育を開始していたのである。入学試験の上、「伝習学科」生徒から三二人を合格させた。うち一人は後に師範学科へ転籍して、二人は退学する。六月二一日に至り、初めて「師範学科」生徒の一四人が入学している。これは小浜の小学授業法伝習所の改革によって明治一〇年六月小浜伝習学校となり、同所の師範生徒が大津師範学校に移籍して、この生徒たちが大津師範学校の最初の「師範学科」生徒となったのである。

『大津師範学校第一年報』には、「師範生徒本校ニ入ル立校以来未嘗《いまだかつ》テ師範生徒アラス　頃日小浜伝習所ノ更改《こうかい》ヲ以テ其師範生徒ヲ本校ニ移シタルナリ」と記している。最初の師範学科生徒一四人のうち、一三人は小浜の師範学科

生で、一人は伝習生徒の転籍であった。

大津師範学校は、設立目的を「本校ハ管内各小学校ニ配賦《はいふ》スヘキ小学教員ヲ養成スル学校ニシテ　之ヲ大別シテ師範学科、伝習学科、予備学科、小学科トス」(「大津師範学校規則」第一条)と規定した。四つの学科のうち小学科は、前三科の師範学校生徒の授業法実習のための附属小学校であった。三科は、表1のような学科と規定された。

しかしながら、規則第五条は「本科必スシモ前条ニ拘泥《こうでい》セス　上等小学校若《も》クハ他ノ学科ヲ卒業シ尚本科研究センコトヲ欲スルモノハ　志願者ノ本意ニ達セシムルコトアリ」としている。小学校数の急速な増大に対応して、新しい授業法を会得した小学校教員を増やすためであった。師範学科、伝習学科には入学生徒があったが、予備学科は明治一〇年中には一人の入学生徒もいなかった。

大津師範学校の学校暦は、九月一日より翌年七月三一日までとされた。前半期は九月より二月一日まで、後半期は二月二〇日より七月三一日までで、夏期休業が八月一～三一日の一カ月間、冬期休業が一二月二六日～一月五日であり、毎週日曜日が休業日とされた(4)。小学教員伝習所時代の休日は最初五と一〇の日、後に土曜日に変更したが、日曜日となったのである。他の休業日の祭日は、孝明天皇祭日一月三一日、紀元節二月一一日、神武天皇祭日四月三日、神嘗祭《かんなめ》九月一七日、天長節一一月三日、新嘗祭《にいなめ》日一一月二三日の六日間と定められた。伝習所時代と変わらないが、すべての祭日が天皇制と神道に関わる祭日であった。

表１　大津師範学校の師範学科・伝習学科・予備学科

師範学科	在学２年間、４～１級で各級６カ月。１級の半年間は小学生徒を受け持ち実際の授業方法を研究、入学生徒は17～35歳。
伝習学科	在学６カ月間、４～２級は各級50日間、１級は30日間。実地の小学校授業を研究、現職教員の学力と授業法の向上のため設置。
予備学科	在学１年間、師範学科生徒の補欠に供するため設置、１年後に師範学科４級に入学、入学生徒は14～40歳。

(2) 大津師範学校の師範教育制度―入学生徒・試験制度・教場規則・舎則―

ア　入学生徒と入学試験

大津師範学校の設立・開校に伴い、師範学校生徒の学資に関する規則が定められた（第二～七条）。学費の区分は、学科ごとによって分けられ貸費《たいひ》・区費《くひ》・自費《じひ》の三種とされた。

貸費――専ら師範生徒に供給。臨時に伝習生徒・予備生徒に適用されることもあり、官より費用を貸与し、毎月金三円五〇銭～四円

区費――専ら伝習生徒に供給。学区学校より貸費を供給して生徒を入学させる、金額は上記に準じ、毎月金三円五〇銭～四円

自費――予備生徒自修のため設けたもの、貸費を許可することもあり。自己の便宜の為ではあるが、金額は上記より減じてはいけない

貸費生徒と区費生徒は、その金額を師範学校がこれを保護し給与法により支給するものとした。貸費生と区費生は、卒業後に月給一〇分の一ないし一五分の一の金額を月々師範学校に還付するものとした。該当金額を返還しない者には、「皆納ニ至ラサレハ退職スルヲ許サス」という厳しいものであった。貸費生徒の入学の際、学区取締及び区戸長が保証人になるものとされた。

大津師範学校では、生徒募集を原則として一年に二回に行うが、時宜に応じて行うこともあるとした。募集の期日と人員は県庁より広告を出して、出願者は次の三項目の該当者とした。「一　品行端正ニシテ尋常普通ノ書ヲ講読シ算術ヲ学得シタル者、一　体質壮健ニシテ已ニ種痘又ハ天然痘ヲナセシ者、一　師範生徒ハ一七～三五歳　予備生徒ハ一四～四〇歳」。しかし、「但学力優等ナル者ハ必シモ本文ニ拘《かかわ》ラサル可シ」との例外規定を設けていた。

入学試験は、試験一〇日前までに出願書類と履歴書を提出した後、当日の試験に臨む。入学志願者は「名刺ヲ出シ且半紙及鉛筆」を持参して、当日には書記の作成した試験生徒姓名簿の順に、監事が試験場の席につかせた。監事は

志願者に試験用紙を配布して試験を行った。学力試験の試験科目は、表2のようであった。
入学試験の採点の方法や合否の判定の詳細も規則に示されている。入試の試験点数は、各科目一〇点と定められ、各科目の総合点を試験点数とした。合格点は、総得点五分の二以上が合格、以下は不合格で落第とされた。歴史や地理や物理などの素読・講義は一失一点。作文は満点が一〇点で、失点は細かく定められ「意義《いぎ》通暢《つうちゃう》誤字《ごじ》アルモノ失点三、意義錯雑《さくざつ》誤字《ごじ》ナキモノ失点五、意義錯雑《さくざつ》誤字《ごじ》アルモノ全失点、但百字以上タルヘシ」とした。試験科目に挙げられている教科書の内容は、いずれもかなり難解なものばかりであり、各教科書の巻数も多く範囲は広い。試験方法の「素読・講義」は、一部の寺子屋で行われたが、藩校や私塾の基本的な教授法であった。試験科目も、旧来の漢籍ではなく歴史・地理・物理・作文に算術という五科は、志願者にとってはなかなか難しいものであったといわねばならない。この学力試験の他に、「監事臨席ノ上医員ヲシテ身体検査」も実施している。

イ　試験制度―恒例試験、定期試験、卒業試験

大津師範学校では、恒例試験、定期試験、卒業試験の三種の試験が行われた。恒例試験とは、毎月一回行われる試験で、「生徒ノ勤惰《きんだ》ト学術ノ進否《しんぴ》トヲ検査シ其優劣ニ依テ各級中ノ席次ヲ定ム」ものであった。定期試験とは、一年に二回の進級試験で、「其級ヨリ他級ニ移ルトキ之ヲ施行」する試験で、卒業試験とは、「卒業時在学中修学シタル諸科ヲ総合シテ施行」するものであった。それぞれの試験には、細部にわたって規定が定められていた。

〈恒例試験〉

明治一〇年六月七日の「大津師範学校規則」に先立つ六カ月前、一月一六日に「恒例試験仮規則」(全一〇カ条)が

表2　大津師範学校の入学試験科目　明治10年6月

	師範学科		伝習学科・予備学科
歴史	皇朝史略と日本外史の内	素読・講義	万国史略
地理	輿地誌略	素読・講義	日本地誌略
物理	物理階梯と物理全志の内	素読・講義	
作文	記事論説の内　仮名交り		書牘
算術	分数比例		四則

制定され実施に移されていた。(5) 六月規則はほぼこの内容を引き継いでおり、試験問題は毎月修学した中から選定して出題され、筆記と口答の両方法を使う、各科一五点として総合計の点数で評点を定めた。一月仮規則からの変更点は、試験定日が毎月第四日曜日から第四土曜日へ変わり、生徒点数を教場に掲示することと、試験後に答案を生徒に返却することが付け加わった。滋賀県第五課（学務課）員が臨席することは継承された。恒例試験の一月仮規則第七～九条を、以下に抜き出してみる。

このように一月仮規則では、一五〇点中一〇〇点以上でないと落第と決めており、学力試験だけで判定する厳格な制度であった。しかし、六月規則では大幅に変更して、学力試験の評点結果の成績と「日課勤惰表」を合算した総合点で判定を行うこととした。平素の日常点を加えて、恒例試験の成績点数としたのである。なお、恒例試験は、師範学科と予備学科の二学科に適用されるもので、伝習学科には適用されなかった。伝習生徒は現職教員で各級五〇日の後に定期試験を実施したからであった。

〈定期試験〉

定期試験は進級試験であり、試験科目は各級により異なっていた、師範学科、予備学科では各級六カ月間に修学した内容が検査された。受験生徒には、試験当日より前五日間の休業が与えられて、各科の復

表3　明治10年1月恒例試験仮規則　第7～9条

第7条	恒例試験ノ総点数ヲ150点ト定ム　之ヲ諸課ニ配賦スルコト左ノ如シ 読書15、講義15、算術15、問答15、書取15、習字15、誦記15、画学15、嬉戯15、作文15		
第8条	諸課点数調査法ヲ定ムル左ノ如シ		
	素読	15点	全点ヲ15ト定メ而シテ誦読中漢字ヲ誤ル者1失ニ2点ヲ減シ仮字ヲ誤ル者1失ニ1点ヲ減スヘシ
	講義	15点	全点ヲ15ト定メ而シテ講義中漢字ヲ誤ル者1失ニ3点ヲ減シ仮字ヲ誤ル者1失ニ1点ヲ減スヘシ
	作文	15点	文意暢達シ論理明瞭ナル者ハ15点トシ其意義稍達スル者ヲ13点トシ　次第ニ逓減シ零ニ至ル
	以下ノ諸課ハ其問題ノ難易ニ依リテ点数ヲ配賦スル者ナレハ予メ定メ置キ難シ		
第9条	得点百以内ニ及フ者ハ落第セシムルヲ法トス		

習時間を保証した。定期試験日数は三日間で、一日に約五～六時間の試験が行われた。諸教科の点数は一科を各二〇点とし、これを合計して総得点とした。

〈卒業試験〉

卒業試験は、文字通り卒業時の最終試験である。卒業試験の一科の全点は三〇点であった。

師範学科・予備学科の最終の第一級は、授業法が課せられていた。授業法の試験は、「実地ト論理ノ二課ニ分チ実地ハ予メ授業ノ巧拙《こうせつ》ヲ記載シタル帳簿ニ由リ　論理ハ問題ヲ設ケテ意見ヲ述ヘシメ　其巧拙当否《とうひ》ヲ按《あん》シテ得点ヲ定ム」とあり、授業に関する実践と理論の両方を評価したというべきである。

卒業試験の総得点は、各科目の総合点数プラス定期試験の得点数の二分の一の合計点数をもって決定した。卒業試験の各科総得点が四分の三以下の者と一科でも零点《れいてん》の者は、卒業は許可されなかった。卒業できなかったものに対しては、半年間の温習《うんしゅう》後に再度試験が課せられた。こうして卒業試験を及第した者に対して、「平素ノ品行如何ヲ参照シ　学校長・監事・教員稟議《りんぎ》ノ上師範学科卒業証書ヲ授与」した。卒業証書を授与された者は、滋賀県内の小学校教員に就くことになるが、貸費期間中は貸費を受けた町村で教職につくことが義務付けられた。

ウ　教場規則

「教場規則」は、一月一六日に次の表４の四カ条を定めた(6)。教場罰則が多く書き込まれ、教場での禁止規定を条文化している。

六月七日の「大津師範学校規則」には、第五章に教場規則、来観規則、応接所規則の三項目を定めた規則類があげられている。教場規則には、教室の生徒人数を三五人として、具体的な数字を書きこみ、教場内では教員の指揮に従い、授業中は濫《みだ》りに席を離れてはいけないとした。教場装置・書籍の使用に関しては、教員の許可を得て行うとした。

さらに、教場への「出場退場共順列ヲ錯《あやま》ルヘカラス　談話及喫煙スヘカラサルコト　授業中我意《がい》ヲ主張シ異見《いけん》ヲ述フ

ヘカラサルコト　受業ノ外教場ニ入ルヘカラサルコト」と、喫煙はともかくとしても、教員の意見と異なる考えを述べることを許さないとか、授業でしか教場に入れないなどの教員絶対視や教場使用の偏った考えが出されていた。

来観者規則は、前の諸規則の内容とほぼ同様で、師範学校副長（後に校長）・監事の指揮に従うこと、授業参観中は他の教場への移動を禁止すること、面談は応接所で行うことなどが定められた。

エ　寄宿舎の「舎則」

寄宿舎に関しては、滋賀県小学教員伝習所時代の舎則が改正された(7)。第二条の起床・消灯の時間を見ると、春分〜秋分の起床は午前五時、消灯は午後九時で、秋分〜春分の起床は午前六時、消灯は午後一〇時と定められた。年間を通じて音読は午後八時まで、散歩時間は放課後よりとされ、帰舎は春分〜秋分が午後七時、秋分〜春分が午後六時とされた。寄宿舎では、他室に入り無用の談話をなすことを禁じ、他人の勉強の妨害をしないこと、「猥談卑史《わいだんひり》」を読み品行を害する行為を禁じた。また、

表4　明治10年1月の教場規則　4カ条

第一条

一　教場入用ノ品ヲ備忘《びぼう》シ来《きた》ル者、　一　始業時間ニ後レテ来ル者、

一　教場ニ在リテ　妄リニ談話哄笑《だんわこしょう》スル者或ハ顧視《こし》スル者、

一　教師ノ令ヲ待タスシテ濫ニ其席ヲ離レル者、

一　教場出入ノ節体格極メテ不正ナル者

右等ヲ犯ス者ハ二〇分間直立セシム

第二条

一　教場装置ノ諸器械ヲ毀損《きそん》スル者、一　自掲ノ書籍ニ傍訓《ぼうくん》ヲ施セシ者、

一　一カ月間第一条ノ罰則ヲ犯スコト二度ニ及フ者

右等ヲ犯ス者ハ二週間門外散歩ヲ禁ス

第三条

一　大凡教師ノ制止スルコト聴容《ききい》レサル者

一　一カ月間第二条ノ罰則ヲ犯スコト二度ニ及フ者

右等ヲ犯ス者ハ三日間門外散歩ヲ禁ス

第四条

一　試験ノ節抜粋書《ばっすいしょ》ヲ携ヘ来ル者

右等ヲ犯ス者ハ諸課零点ト見做シ其組ノ末席ニフシ尚三日間門外散歩ヲ禁ス

金銭衣服の貸借、廊下の疾走や戸壁への落書き、校内樹木を伐る折る行為を禁止するなど細々した規則を書き連ねている。

オ　罰則規定―「禁令及び懲戒則」

大津師範学校生徒が厳守すべき内容として、次のような禁令及び違反した時の懲戒則を定めた。「第一項　校内ニ於テ飲酒ヲ禁ス　第二項　校内ニ於テ放歌吟詩《ほうかぎんし》ヲ禁ス　第三項　小使ヲ酷使シ又ハ罵言《ばげん》ス可カラス　第四項　断リナクシテ外泊スルヲ禁ス　第五項　高声ニ議論シ他人ノ妨害ヲナスヲ禁ス」。禁止項目に、飲酒や放歌吟詩、外泊の禁止が書かれているが、この時期には禁令を書かざるを得ない状況があったと考えられる。

違反すると罰則が科せられるが、結構厳しい罰則である。次の三項目で、第一項は帰舎門限に遅れると翌日は外出禁止、第二項は無断外泊では一週間の外出禁止、第三項は「甚シキ不都合ヲナシ前途教員タルノ目的ナキ者ハ退校ヲ命スヘシ」とされた。三項の内容の具体的な事例は明示されていない。禁令や懲戒に該当した生徒は校内の掲示場にて、姓名・その事由を公示されるとした。

2 「滋賀県教育規則」の制定と小学校教員の制度

(1) 師範学校の位置づけと巡回教員の派遣

滋賀県の小学校教員の資格・任用、教員選挙法、試験心得、教員免許状など、明治初期の小学校教員制度の基盤は、明治一〇年八月二日の「滋賀県教育規則」一二章で定まった[8]。

教育規則は、大津師範学校本校と三支校の目的と任務を次のように規定した。管内の小学校教員の養成と、現任教員の講習事務の二本立てを小学校師範学校の任務として、付属小学生には「第二級以上の生徒に対して授業法を研究」

とした。師範学校経費は、一切を「管内人民《じんみん》より弁給《べんきゅう》する」として県下人民の負担とした。

大津師範学校は、次の五項目を任務とするとした。一　小学校教員を養成し及び臨時諸学校の教員を試験する、一　管下小学教則を改良する法案を発議する、一　既設の伝習学校を所管する、一　教員を試験して小学校教員免許状を附与し又は没収する、一　臨時教員を地方に派出して教育の進歩を視察する。

五項目の「巡回教員」の派遣とは、師範学校から臨時教員を地方に派遣して、教育事情を視察して調査させるもので、大津師範学校規則第一〇章でも「教員を地方に派出する」と定められていた。巡回教員の派遣目的は、管内各地の授業法の視察と、兼ねて教育の景況の巡視を行い、「各伝習学校の得失を監察するため」としている。派遣は通常は県庁からの指示によるが、臨時に師範学校から県庁に上申して派出することもあるとした。

巡回教員の任務は、各中学区や学校を巡視して「授業法の良否得失《りょうひとくしつ》を調査し、意見を学校長に開申する」、巡視した地方の「教育進歩の実況と授業の適否を編纂して巡回功程《じゅんかいこうてい》となし、その意見を附論して学校長に差し出す」とした(9)。

派遣された巡回教員は、「滋賀県ノ耳目《じもく》ニシテ其責任重キヲ以テ言語動作ヲ慎ミ　苟《いやしく》モ其権限ヲ超越ス可カラス巡回中或ハ教育上ノ弊害目下差置キ難キ分ハ時々本校ニ具状スヘシ」とした。「学制」下の地域の小学校教育の徹底的な実態調査を、師範学校教員に命じて小学校教育の改善の参考にしようとした。

大津師範学校では、明治一〇年中に巡回教員の派遣を行い、県内の各地方の定期卒業試験に立合い教員として、九月に一等訓導斎藤寿蔵と三等訓導中川昌訓を甲賀郡に、三等訓導尾島精六を栗太郡に、巡回教員として派出させた。

『明治十年九月　定期試験立合巡視功程』巻一～六（明治一〇年一一月）は六分冊の刊行本として出版された。巻一に中川昌訓による甲賀郡第四〇番～第八〇番小学区、巻二に栗太郡第一五五番～第一八二番小学区の各小学校の巡視報告書が掲載されている。斎藤寿蔵は、大津師範学校監事の役職に就いて多忙であったか、あるいは二月に小浜伝習

表５『明治十年九月定期試験立合巡視功程』の巡回教員の履歴一覧
（出身師範学校、卒業年次・年月日等）

中学区	小学区	担当者（在勤校・訓導資格）	卒業校年次、年月日
第１	高島郡１〜26	南　和（今津村時習学校　３等）	官立大阪師範第６次、明９・４・６
	同　56〜74	久保盛之助（滋賀郡第5区日新学校　3等）	同　第６次、明9.4・6
	滋賀郡75〜95	柴田喜太郎（同第７区逢坂学校　３等）	同　第１次、明９・11・28
	同　97〜111	浅井礒之助（同本堅田村順義学校　3等）	同　第６次、明９・４・６
	同　112〜128	平野　徹（同北浜村成章学校　３等）	同　第９次、明10・１・29
	栗太郡129〜154	上田　伝（同６区鶴里学校　４等）	同　明10・９卒業
	同　155〜182	尾島精六（大津師範学校３等）	同　第４次、明８・８
第２	甲賀郡40〜80	中川昌訓（同　３等）	同　第５次、明８・12・10
	野洲郡82〜101	西村寿臣（蒲生郡八幡西学校　３等）	同　第２次、明８・３・18
	同　102〜12	河合潔也（野洲郡今浜村観湖学校在勤）	
	蒲生郡125〜152	甲斐治平（蒲生郡八幡東学校　３等）	同　第２次、明８・３・18
	同　156〜195	武野元房（日野大窪町啓迪学校　３等）	官立愛知師範、明10・３
	同　189〜220	曽我部信雄（西大路村朝陽学校　３等）	官立大阪師範 第６次、明９・４・６
第３	神崎郡第１〜29	赤城広敬（宮荘村憲章学校　３等）	同　第４次、明８・８
	同　30〜50	松浦　果（山本村啓発学校　1等準訓導）	明８・６小学教員伝習所卒業
	愛知郡51〜78	荒木市太郎（神崎郡位田村至若学校3等）	官立大阪師範　第２次、明８・３・18
	犬上郡102〜122	草刈　均（彦根伝習学校　３等）	同　第８次、明９・７・12
	同　123〜147	野津　毅（高宮村先鳴学校　３等）	〈前彦根中学校教員〉
	同　148〜173	佐藤　元（彦根伝習学校　３等）	同　第８次、明９・７・12
第４	坂田郡１〜72	中矢正意（長浜講習学校幹事　３等）	官立東京師範　第８次、明10.2
	同　73〜120	小林撰蔵（同　３等）	官立新潟師範　明８卒業
	浅井郡121〜134 伊香郡135〜171	梶山弛一（同　３等） 同上	官立大阪師範　第２次、明８・２・18 同上
	坂田郡巡視状況　明治十年四月	中矢正意（長浜講習学校幹事）	前出
	伊香郡巡回功程　明治十年十一月	同　（同）	前出
第５	若狭遠敷郡29〜56	阿部東作（小浜伝習学校　３等）	官立大阪師範　第６次、明９・４・６
	若狭三方郡	渡部秀（敦賀湊振育学校　２等準訓導）	
		白井義晴（三方郡佐梯学校　２等準訓導）	
	若狭遠敷郡	山田信進（遠敷郡西津村煥章学校　元２等訓導）	
	越前敦賀郡129〜151	木崎永正（敦賀就将学校　２等訓導）	

＊「巡視功程」の未掲載は次の３地域である。
高島郡27〜55小学区、甲賀郡１〜39小学区、愛知郡79〜101小学区
（『明治十年九月定期試験立合巡視功程』1877年、卒業校・年次等—『自第一学年至第六学年東京師範学校沿革一覧』1880年、『大阪師範学校一覧』1877年10月、『新潟県教育史』上　1946年他）

学校から転勤したばかりであったか、いずれかの理由で報告書を書いていない。

大津師範学校の支校の彦根伝習学校、小浜伝習学校、長浜講習学校の教員たちも、地方教育の巡回教員となり、巡視功程書を書きあげている。『明治十年九月　定期試験立合巡視功程』には、巻二に彦根伝習学校の三等訓導佐藤元が犬上郡第一四八番～第一七三番小学区、巻三に三等訓導草刈均が同郡第一〇二番～第一二二番小学区の巡視功程を書いている。小浜伝習学校では、巻二に三等訓導阿部東作が若狭国遠敷郡第二九番～第五六番小学区の巡視報告書を出した。長浜講習学校では、巻五に三等訓導梶山弛一が伊香郡第一三五番～第一七一番小学区を、三等訓導小林撰蔵が浅井郡第七三番～第一二〇番小学区を、巻六に監事で三等訓導中矢正意が坂田郡第一番～第七二番小学区、及び第四番中学区坂田郡全体、伊香郡全体の計三本の巡視報告書を寄せている。

このように大津師範学校本校から二人、彦根伝習学校から二人、小浜伝習学校から一人、長浜講習学校から三人の計八人の師範学校教員が、担当した県下郡部の小学校教育の実情調査を行い、地方教育の民度、学校の教科と授業法の実際、卒業試験の結果を分析して、その対応策を提言したのである。『明治十年九月　定期試験立合巡視功程』の執筆者は総計二七人であり、師範学校教員八人が二九・六％を占めた。巡視報告の執筆者のうち、滋賀県各学校に在職している官立東京師範学校、官立大阪師範学校、官立愛知師範学校などの卒業者は、一二人であった（なお、巻二の執筆者河合潔也の資格・経歴は不明である）。

『明治十年九月　定期試験立合巡視功程』は、明治初期における滋賀県の学制下での小学校の教育実態を、地方ごとに詳細に調べた報告書であった。巡視教員は、明治九～一〇年段階の小学校教育の問題点を析出して、その改善策を提案している[10]。

(2) 小学校教員の選定―「教員選挙法と試験心得」

明治八年九月二七日に滋賀県は、「小学教員進退規則」を公布した。小学校教員の資格、選任・雇入れの手順、試

験願書、試験免許状の形式、半途・中途の退職規定が定められた。明治一〇年八月の「滋賀県教育規則」は、伝習所の速成教員養成から師範学校での本格的な教員養成を行うために全面的改定を行ったものであった。この規則から明治一〇年代前半の滋賀の小学校教員の制度的基盤をとらえることができる。

第七章「教員選挙法及ヒ試験心得」で小学校教員の人物像を示し、教員の徳性を重視して、教員選任の方法や手続きを進めるべきとした。小学校教員は「生徒ノ模範ニシテ父母ノ代人」であるので、教員選任は品行端正学力優等な者を慎重に選ぶべきとした。逆に、品行不正質で怠惰な者、学力微弱で学科に通暁しない者、「実決ノ刑ヲ受ケシ者及ヒ不品行」の行為者は選任してはならないとした。また、年齢二〇歳未満の者も選任対象からはずした。伝習所時代には年齢一〇歳代の伝習生が多数存在して、県下各地の小学校教員に任用されていたが、この段階で選任せずとしたのである。

教員任用手続きにあたっては、「学力品行保証書」を提出させ、「小学校教員免許状」もしくは伝習学校か師範学校での試験を受けた「試験保証書」を所持するものを教員に採用するとした。このように「学力品行保証書」の提出と、「小学校教員免許状」か「試験保証書」の提出という二段階の証明書を必要条件とした。寺子屋や私塾の師匠から小学校教員に転じた者が明治六年から一〇年頃まで県下の町村で少なからず在勤していたが、制度的にこの条項に該当しなければ教員に選任されなくなった。

しかし、但書きで女子教員に関して、本人の望みがあれば本条を適用せずとして雇入れ学校において適宜検査をなすとした。これは、女子の小学校教員が少なく、伝習所や師範学校においても、女子を受け入れていなかったからである（大津師範学校の女子師範学科設置は明治一二年となる）。

「試験保証書」を得て採用する時には、六カ月～二年の期限付の契約をして採否を決定するものとした。基本的には契約者同士の問題であるので、雇入期限や苦情が生じても県庁は関与せずとの文言もいれている。師範学校は、本人からの「学力品行保証書」を受け取り点検した後、即日試験をして合格すれば「試験保証書」を付与する。もし、

学力保証書が確実でないか、品行不良であるならば試験を謝絶するべきとしている。試験後の「試験保証書」付与の手続きは、姓名・年齢・学力・在勤学校名を登記→試験証明書の種類の写しを添え、三日間以内に師範学校長へ報知→校長は同書の写しを県庁に開申する。同証明書の交付にあたり、本人の学力に応じて教授すべき等級を定めて、「下等若クハ上等幾級ノ類」と明示せよとした。

(3)　教員の資格認定―「試験免許状」の交付―

「試験免許状」に関して、大津師範学校の試験を経て免許状を請求できるとした。毎年一月に一週間以内で免許試験を実施して、及第者は姓名・在勤学校名を県庁で発表した。免許状の有効期間は満一年、継続希望者は翌年に試験を再受験して権利を延長しなければならなかった。免許期限が満期なれば、一週間以内に免許状を師範学校に返付するものとした。

試験免許状は上等、下等の二種類で、下等免許状の所持者は下等小学教員を試験することが出来て、学力は上等小学の各科に通暁する者、上等免許状の所持者は上等小学教員を試験することが出来て、師範学科を卒業する者とした。「試験免許状」規定では、免許の有効期限後一週間が過ぎても返納しない時、再度免許状を与えないとした。

(4)　小学校教員の職務と教員等級月俸

小学校教員の職務内容を、教育規則第九章で規定しており、次のような内容をあげている。生徒に対する通常授業以外に、一　学区内の就学・不就学人員の調査と毎日の出欠席生徒の点検、二　毎月末に翌月の学齢児童調査表を作成、学校保護役より調査表を受け取って姓名を記す、三　同表を翌月二日間に学区事務局に送付、同表を校門に掲示する。また、児童の健康管理では種痘や天然痘の未接種者がいる時、父兄を説諭し学校保護役に通知すべきとした。

教員の職務専念を義務づけて、「教員ハ商業又ハ工業ヲ営ムヘカラス」として兼業禁止を明示した。当時どれだけ

商業や工業の活動に従事していたかは明らかではないが、学校教育の活動以外の仕事に従事することを禁じた。反面、教員の各種会合への出張に際して、適当の旅費を支給すべきであり、旅費支給が無い場合は給与に増額すべきとした。

明治一〇年前後には女子教員は少なく、条文の実効性に疑問が残るが、基本的な男女教員の給与での同一性を条文に書き込んでいる。「採用スル男女ノ別ナク其等級ニ応シテ左表ノ月俸ヲ供給スヘシ」と述べている。表６に教員等級月俸表（明治一〇年八月）を掲げる。

教員資格の区分と等級に関して、「訓導」各等級を得るのは文部省直轄学校（官立師範学校等）か大津師範学校の卒業証書の所持者に限り、「準訓導」各等級を得るのは前二者の卒業証書か各府県伝習学校の卒業証書の所持者に限られた。「助教」は、上記の卒業証書を持たず、大津師範学校が発行した試験証明書のみを所持する教員であるとした。

試験証明書の書式は「下等上等　第幾級試験保証書　学力ヲ試験シ教員試験保証書ヲ交付ス」とあり、試験免許状の書式は「下等上等　試験免許状　学力ヲ試験シ教員試験保証書ヲ交付スヘキ試験免許状ヲ交付ス　期限満一ケ年タル可シ」となっている。

明治一〇年一〇月一三日内第一七一号布達で、滋賀県権令名で「当県下各小学校へ官立師範学校卒業生ヲ教員ニ雇入候義ハ　当県ヨリ月俸三分の一扶助《ふじょ》致シ来リ候処　経費ノ都合」で、これ以後は扶助できない旨を管内区長・学区取締宛てに通達した。西南戦争による軍事費負担により、各府県経済が打撃を受けたためであった。大津、長浜、近江八幡、八日市、五箇荘などの富裕な町村小学校では、官立師範学校卒業生の多数を招聘していた。県からの扶助打ち切りにより、町村単独で高額の俸給支払いが負担となり学校経済は逼迫化していった。次第に、官立師範学校卒業生の雇用は減少していった。

表６　教員等級月俸表（円）　明治 10 年８月

１等訓導	35～30 円	１等準訓導	15～8 円	助教	5～2 円
２等訓導	30～25	２等準訓導	10～7		
３等訓導	25～20	３等準訓導	8～6		
４等訓導	20～15	４等準訓導	7～5		

注

（1）大津師範学校に関する第一次資料は、創立時から改称時までの時期（明治一〇年三月〜一三年一〇月）の「諸規則留」「校則」「舎則」「指令留」「往復文書拾遺」「本校達及び通知留」「学校敷地及黌舎之件」「布達及通知留」「庶務往復」などの簿冊類である（木全清博『滋賀県教育史資料目録（六）』一九九六年を参照）。明治一〇年九冊、明治一一年三冊、明治一二年二冊、明治一三年一冊の合計一四冊。改称後の滋賀県師範学校の簿冊は、明治一五年一冊、明治一七年一冊、明治一八年一冊、明治一九年一冊、明治二〇年二冊、明治二一年二冊、明治二二年二冊の合計一〇冊が確認されている（滋賀大学図書館教育学部分館所蔵資料）。

『大津師範学校』『彦根伝習学校』『小浜伝習学校』『長浜講習学校』の各年度の年報類及び『滋賀県学事年報』、『文部省年報』各年度の年報の資料は、適宜本文中で触れている。国立公文書館内閣文庫所蔵の府県史料『滋賀県史』「政治部学校」（復刻版『府県史料教育　第十四巻滋賀県』ゆまに書房　一九八六年）には、第二編二十六・二十七（明治八〜一〇年）、第三編十三・十五（明治一一〜一二年）に大津師範学校関係資料が掲載されている。

敦賀県小学授業法伝習所に関しては、『若狭遠敷郡誌』一九二二年　五八二〜八四頁、『福井県師範学校史』一九六四年　二四〜二七頁、『小浜市史』通史編下巻　一九九八年　一六〇〜六二頁を参照。

（2）滋賀県の小学校教員養成史の研究は、従来滋賀県師範学校の二書（『滋賀県師範学校一覧　自明治八年五月創立至明治三七年一一月』一九〇四年、『滋賀県師範学校六十年史』「滋賀県師範学校沿革略史」一九三五年）にだけ依拠して、新資料の発掘に努めてこなかった。明治一〇年代の大津師範学校創設から一八九六（明治一九）年一一月の滋賀県尋常師範学校までの新資料を収集して読み込み記述していかねばならない。

（3）『明治十年自一月至六月　諸規則留　第一　大津師範学校』「職制及事務章程」。滋賀県布達乙号第五一号「明治十年五月改正　大津師範学校規則」

（4）『明治十年中　本校達及通知留　大津師範学校』「休業日改正之達」

（5）『前掲書』（注3）「追加丁号　恒例試験仮規則」

（6）『同上書』（注3）「追加戊号　教場規則」　教場規則は明治九年一二月一一日に制定され、明治一〇年一月一六日に施行となっている。

（7）『同上書』（注3）「追加乙号　舎則（明治八年一一月）」「追加丙号　舎則追加

図2　小浜伝習学校の校舎図

（『小浜伝習学校　第一年報』明治10年）

（明治一〇年一月一五日）」を掲げており、六月規則の制定に至るまでに幾度かの改正があったことがわかる。

（8）『滋賀県史』「第二編政治部第七　学校」、『明治十年自七月至十二月　諸規則留　第二　大津師範学校』「教育規則　丙第一二三号」

（9）「定期卒業試験巡視」に先立って、滋賀県高官による全県下の小学校巡視があった。なかでも滋賀県権令籠手田安定の一八七六（明治九）年五月一二日から八月二七日までの県下の四三カ所の試験場巡視は最大の規模で、百十一日間に及んだ（『文部省第四年報』「滋賀県年報」一八七六年）。師範学校訓導教員、学務課員三名を引き連れ、管内一二郡の小学校試験に臨席して、小学校教育を視察して教育振興を図ろうとした。籠手田安定の巡視に前後して、民生担当官吏の多羅尾光弼、第五課の奥田栄世学務課長の小学校巡視が行われている（第一二章を参照）。

（10）『明治十年九月　定期試験立合巡視功程』巻一～六　明治一〇年一一月、滋賀県は六分冊で出版・刊行した。滋賀県庁の行政文書中の「保存簿冊目録」には、巻一と巻二の原本二冊が確認でき、また「大津師範学校資料」（滋賀大学図書館教育学部分館所蔵）には、巻三と巻六の原本二冊の現存が確認できた。なお、公刊の活字本の巻一～巻六の合冊の六冊本は、近江八幡市江頭区所蔵の共有文書資料から複写させていただいた。なお、表題は巻一「定期卒業試験巡視功程」、巻二「定期試験立合巡視功程」であるが、巻三～六の「定期試験立合巡視功程」に統一した。

第9章　大津師範学校の教員群像と教員養成カリキュラム
―師範学科、専修学科（理化学・画術）設置と女子教員養成の開始―

1　大津師範学校の教員群像と職制

大津師範学校の職制が確立するのは、一八七七（明治一〇）年一二月一四日の「大津師範学校職制及ヒ事務章程」の制定以降である。明治一〇年一二月以前の職制は、滋賀県小学教員伝習所時代の幹事―教員―書記（筆記）の簡単な組織であって、これが基本的に引き継がれていた。

一八七五（明治八）年五月一八日に横関昂蔵が三等訓導に任じられ、六月一日から滋賀県小学教員伝習所教員となり一八日に伝習所幹事となった。六月二七日に四等訓導繁岡欽平《しげおかきんぺい》を教員に雇用した。一〇月二六日に滋賀県師範学校と改称後、繁岡は明倫学校三等訓導尾島精六《おじませいろく》と交代して明倫校に転任した。監事兼訓導横関昂蔵は同職にとどまっていた。

一八七七（明治一〇）年一月八日に文部省から土屋政朝が招聘され着任した。同日に瀬谷正二《せたにしょうじ》も理化学教員として着任した。土屋は文部省内でフランス学制を研究しており、『地誌小成』（翻訳　明治八年　柳来堂）、『条約国史略』巻一～三上・下（高見沢茂と共訳　明治七・八年　昇竜閣）を出版していた。大津師範学校着任直後に彼は『仏蘭西学制』（翻訳　明治一〇年　沢宗次郎）を大津で出版した。[1]　一月一二日に滋賀県から師範学校で「珠算」を教えるよう指示が出て、

また「物理」を仮設科目とするよう要望が出された。

一月中旬（期日不詳）に県から「横関昂蔵ノ幹事ヲ罷《や》メ東上シテ記簿法《きぼほう》ヲ学修セシム」の命が下っている。横関が東京のどこに派遣されたか不明である。横関の出張中に、滋賀県師範学校の教員と書記の人事が次々と進められた。二月七日に官立新潟師範学校卒業生の小林《こばやし》撰蔵《せんぞう》を三等訓導で雇用し、同月一三日には小浜伝習学校二等訓導の斎藤寿蔵が大津本校に転勤、三月九日には大津観浄が生徒掛兼筆記を辞職した。また、三等訓導中川昌訓に書記を兼任させている。斎藤寿蔵は官立東京師範学校の明治八年六月卒業生で、卒業後に敦賀県小学授業法伝習所に赴任していた。

一八七七（明治一〇）年三月二二日に滋賀県師範学校は大津師範学校と校名を改称、同月三〇日に河野通宏を書記に雇用した。横関昂蔵は四月三〇日に辞職し、大阪府立師範学校教員になり転任していった。大津師範学校の職制は、校長―監事（校長補佐）―教員―書記及び会計掛と決められ、各職務の内容も定められた。土屋政朝は三月二二日に副長から校長になり、監事に斎藤寿蔵が就任した。官立新潟師範学校卒業生小林撰蔵は、七月二一日に支校充実のため長浜講習学校に転勤した。岩松熊太郎《いわまつくまたろう》は、同月二八日に前任の官立新潟師範学校から算術兼記簿法教員として転任してきた。尾島精六は大津師範学校から小浜伝習学校への転勤を命じられて一一月九日に赴任した。表1に明治一〇年一二月末の大津師範学校教職員の一覧を示す[2]。

このように大津師範学校では教員移動が頻繁に行われたが、あまり問題になっていない。というのも、七月から一二月の大津師範学校の生徒数は、師範学科一四人、伝習学科二九人の少人数であったからである。また、明治一〇年度には一〇月五日から

表1　明治10年12月末の大津師範学校教職員

氏名	職務	月俸	本管
土屋政朝	歴史地理学教員兼師範学校副長	40円	兵庫
斎藤寿蔵	1等訓導兼監事	30	堺
中川昌訓	3等訓導兼書記	22	滋賀
岩松熊太郎	算術兼記簿法教員	20	福岡
坂野秀雄	理化学教員	20	石川
松井　昇	画学教員	15	兵庫
矢野達太郎	志那学教員	15	京都
河野通宏	書記	10	愛媛

一カ月間、虎列剌《コレラ》伝染による学校閉鎖で休校となり、大きな混乱が起らなかった。

2 専修学科の設置（明治一一年二月）──中等教員養成

(1) 四つの専修学科の新設構想と実態

大津師範学校は、一八七八（明治一一）年の二年目に入ると、教員スタッフが充実してくる。この原因は、大津師範学校の機構改革や制度改変によるものであった。第一は、従来の学科に加えて専修学科を設置したことである。同年一月二三日に専修学科を設置するため、二月二二日に「専修学科規則」を制定した。第二は、五月一三日に書籍縦覧所を師範学校附属施設として設置したことである。第三は、五月一七日に附属上等下等小学を師範学校内に設けて開校させたことである。

第一の専修学科の設置では、理化学科、数学科、史学科、画術科の四科を設ける構想が一月二三日に立てられ、一カ月後の二月二二日には四専修学科の規則類と教則（カリキュラム）が作成された。しかし、実際には四つの学科のうち、生徒が入学したのは理化学科と画術科の二学科だけで、史学科と数学科には入学者がなかった。翌年度も史学科と数学科には入学者がなく、自然消滅の形で廃学科となったようである。専修学科は、小学師範学科が在学二年間であったのに対して、当初は一年六カ月間の三級制（一級六カ月）で出発し、後に四級制（二年間）に変更されていく。ただし数学科は、一級三カ月の六級制（一年六カ月間）で設計されていた。

大津師範学校の専修学科は、なぜこうも急いで設置されたのか。これは全国の官立師範学校が財政難を理由に廃校になったことの影響によるものであった。地租が三％から二・五％に引き下げられ、国家財政が悪化したことや西南戦争での財政逼迫《ひっぱく》の影響もあり、明治政府は官立師範学校を東京師範学校と東京女子師範学校を除いて、大阪、宮城、

新潟、広島、長崎の五校を廃校とした。第三大学区本部の官立大阪師範学校は明治一一年二月六日に廃校となり、近隣の府県立師範学校に教員や在校生を転校させる方針がたてられた。滋賀県は、官立大阪師範学校卒業生を多数招聘していたこともあり、受け入れに当り大津師範学校に新学科を設置して対応したのである。

専修学科の設置はこのようにあわただしく進められ、設置に伴って明治一一年七月に「大津師範学校規則」を改正した(3)。従来の師範学科、伝習学科、予備学科の三科に加えて、専修学科が新設された。新設の専修学科は、これまでの小学校教員養成を主体とする師範学校教育とは、異なる教員養成をめざす学科であった。専修学科の設置目的は「教員タル者及ヒ他ノ志願者ヲ教育ス」とされ、理化学や数学、史学、画学の専門教育を施す学科と位置づけ、中等教員養成をめざす学科を新設したのであった。大津師範学校は小学校教員養成と小学校現職教員の力量向上をめざしただけでなく、新たに専門家養成の中等教員養成も取り込む師範学校となっていった。

図１に大津師範学校の学科の変遷図を示した。専修学科は一八七八(明治一一)年二月に設置され、最後の卒業生が出た一八八一(明治一四)年一一月一六日まで存続した。専修学科の卒業生の就職先として小学校教員はゼロであり、師範学校教員や専門研究者になっていった。専修学科に続いて、一八七九(明治一二)年九月には「女学科(女子仮教則)」—「女子師範学科」が女子教員の養成機関として大津師範学校に併置されていく(後述)。

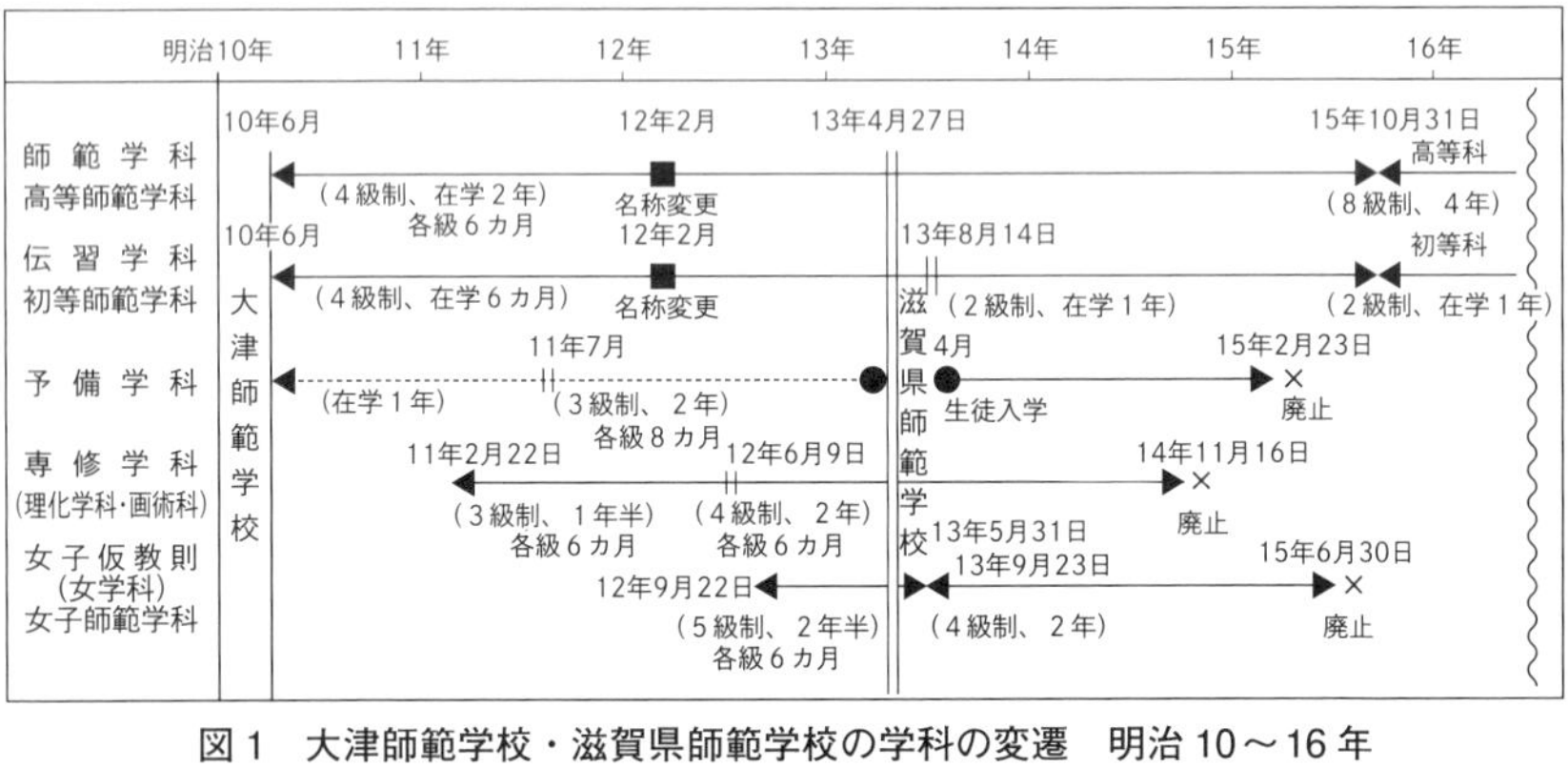

図１　大津師範学校・滋賀県師範学校の学科の変遷　明治10～16年

(2) 専修学科の教員像—理化学科と画術科

大津師範学校は、官立大阪師範学校理化学教員の志賀泰山《しがたいざん》を二月一三日に迎え入れた(4)。志賀は一八五四(嘉永七)年八月に愛媛県宇和島の医師の家に生まれ、一八七一(明治七)年大学南校ドイツ語科に入学、明治一〇年まで東京開成学校でドイツ人ヘルマン・リッテルに物理学と化学を学んだ。卒業と同時に官立大阪師範学校に招致され同校で理化学を教えていた。彼は、着任するや『化学最新』巻一～七(明治一〇年　大阪・浅井吉兵衛)を編纂して出版した。志賀の官立大阪師範学校在任は一年間だけで、明治一一年二月二三日に大津師範学校専修学科理化学科の設置とともに、四月に大阪師範学校在学生徒とともに移籍した。四月の入学生徒一六人は大半が移籍生徒で、四人の半途退学者を除き、翌明治一二年六月に一一人が大津師範学校専修学科の理化学専攻生として卒業していった。この間、志賀は明治一一年一一月に大津師範学校監事《かんじ》に就任して、一八七一(明治一四)年一一月一一日まで三年間在任している。

志賀は、大津師範学校で小学校教員養成に関わった経験から『小学理学問答』上・中・下(明治一三年　大阪・岡島真七、浅井吉兵衛)を編纂して発行した。同書の緒言で「理学ノ科ヲ講習スルノ書」に適切な良書がなく、「小学教育ノ用ニ備ヘ初学ノ生徒ヲシテ斯学《しがく》ニ進ム」ために編纂したと述べている。同書は、明治一六年に再版発行され、県内の小学校教科書に指定され普及した。志賀は、大津師範学校から東京高等師範学校に移籍後、『小学物理書』上・中・下(明治一六年　東京・原亮三郎)を刊行していく。後年の一八八五(明治一八)年にはドイツに留学、帰国後に農商務省山林局や東京帝国大学農科大学教授を経て、日本で最初の林学博士となっていく。

理化学専修科の教員スタッフは、二月段階は志賀と坂野秀雄《さかのひでお》の二人でスタートした。五月七日に赴任した岩城良太郎《いわきりょうたろう》を数学兼理学教員に充てて充実を図った。坂野が八月に転出するや、直ちに後任に松本駒次郎《まつもとこまじろう》を一〇月一七日に博物学兼地理学教員として採用した。

松本駒次郎は大阪府士族で、前任校の官立愛知師範学校で、明治七年二月から明治一〇年二月の同校廃校まで在勤していた。松本の在任は明治一一年五月から明治一三年五月の東京大学法理文学部に転任するまでの二年間で、大津

師範学校専修学科の教員時代に生理衛生学に関する『健全論』上・中・下（明治一二年）、『植物学啓蒙』上・中・下（明治一三年）の訳書を大阪・文栄堂から刊行した。彼は、後には動物学研究で著名となり、小学校教科書の『動物小学』巻上・下（明治一四年　東京・石川治兵衛）、『初学動物篇』（明治一七年　東京・錦森閣）などを発行した。また、『初学植物篇』（明治一七年）、『初学鉱物篇』（明治一七年）の博物学入門の教科書も編纂して、いずれも錦森閣から発行している。

もう一つの専修学科で設置され、存続したのは画術科であった。教員となったのは、前年明治一〇年五月に着任した松井昇《まついのぼる》で、千葉県師範学校から転勤してきた。明治一一年二月設置とともに、入学したのは六人。うち一人は同年度中に半途退学したので、生徒は五人だけ、その後も入学生徒は増えず五人以内にとどまった。教員も松井昇だけで、彼が離任した一八八〇（明治一三）年六月一〇日まで彼一人のまま、生徒は五人の少数にとどまった。松井は大津師範学校で在任三年のあと、小石川植物園《こいしかわしょくぶつえん》の画工に転じ、後に浅井正らと明治美術会を創立、その後日本女子大学西洋画教授となっていく。

松井昇は洋画家として数々の名画を残しているが、著名なのは日清戦争の庶民の家族を描いた「御物軍人遺族図」である。また松井は大津師範学校教員時代に、『幾何画法　臨画帖附録』壱・貳・参（明治一二年五月　大津・沢宗次郎、小川義平）を出版している。彼の幾何画法、透視画法の基礎となる教科書であった。

(3)　附属書籍縦覧所と附属小学校の教員配置

一八七八（明治一一）年五月一三日に、大津師範学校は書籍室に書籍縦覧所を設けて、一般市民向けに書籍を公開して「公衆ニ借覧スル」便宜を図った。六月一五日に書籍掛として長谷川民清《たみきよ》を採用して、同月二四日に「書籍縦覧室規則」全六条を定めた。縦覧時間や室内規則を定め、「借受ノ課業書《かぎょうしょ》ハ校外ニ携出ス可ラズ」とした。これは翌年明治一二年四月二三日に「滋賀県大津師範学校附属書籍縦覧所」に発展して、一般向けの書籍の貸し出しなど住民向

け公共図書館の役割を果たすことになる[5]。

同年五月一七日には、大津師範学校の師範教育で最も重要な附属小学校が開校した。すでに小学教員伝習所時代にも大津市内の各小学校の選抜生徒に授業を行っていたが、独立した附属小学校を設置して、専任教員も配置したのである。六月入学生徒は、下等生徒五六人（男四七女九）で、大津町内の各小学校に就学中の者を募集の上附属小学校生徒とした。最初は学力差があるので、甲乙の二組に分けて教授した。ついで、九月には下等生徒三二人（男一四女一八）を入学させている。

附属小学校教員には、七月一二日に大久保誠一郎を採用したが、彼は一〇月一四日には辞任している。後任がすぐに決まらず難航して補充ができず、明治一二年一月一三日になりやっと堀外一郎が採用されるが、彼も同年一二月八日に退職していく。その後も、附属小学校教員は暫くの間専任教員が欠けたままで師範学校教員が兼任していたようである。附属小学校教員は、一八八一（明治一四）年四月二日になり、当分助教員として荒井旭、若山才三郎、箕浦保之助、増野立三郎、吉田良太の五人が、金一〇円（一人あたり）で雇い入れられた。

3　明治一二年の学科改称と女子教員養成の開始

(1)　高等師範学科と初等師範学科への改称

明治十二年二月七日に、大津師範学校は従来の師範学科を高等師範学科に、伝習学科を初等師範学科に改称した。支校の伝習学校も校名を改めて、彦根初等師範学校、小浜初等師範学校とした[6]。「大津師範学校規則」は明治一一年七月改正に続き、明治一二年一〇月に再改正された。学科は表2のような四学科体制となった。学科名の変更、専修学科新設と予備学科の年齢変更を除けば、ほぼ明治一〇年規則が踏襲された。

ところで、明治一二年の夏には、明治一〇年秋に続いて虎列刺《コレラ》病が大流行した。大津師範学校は、七月二一日から

八月二〇日まで夏季休業が定例であったが、この年は六月二六日から前倒しして夏季休業を早めた。さらに、八月二〇日が開校日であったが、八月下旬になってもコレラが猛威を振るっており、結局九月二五日まで閉校にせざるを得なかった。明治一二年中に病死した生徒は三人（高等師範学科二人、画術専修科一人）で、二人がコレラ、一人が肺結核であった。コレラが収まるのを待って師範学校授業が再開された。

(2) 女子教員の養成の開始―「女子仮教則」の設置―

明治一〇年八月の「滋賀県教育規則」は、小学校で教授すべき科目名をあげている（第一一章）。そこでは女子の教科として「裁縫《さいほう》、飲食調理《いんしょくちょうり》、諸礼《しょれい》」の三科をあげ、「女子ハ一日一時間若クハ二時間右ノ学科ヲ教授ス可シ　但飲食調理及ヒ諸礼ハ各校ノ便宜タルヘシ」と述べている。同年六月七日布達の「滋賀県改正小学教則」の下等小学教則表の凡例にも、「女子ハ一日一時間～二時間必ス裁縫科ヲ教授スヘシ」と書いていた。しかしながら、女子向けの裁縫科設置は、各小学校でなかなか実現しなかったようである。その最大の理由は、裁縫科を教える小学校教員が見つけられなかったことである。

裁縫科の設置は、明治一一年一一月四日の滋賀県布達丙第二三九号「女子裁縫科設置ニ付教授可受件」で強力に推進する方針がとられていく。この内容は、従来からの裁縫科の必要性を再度述べたうえで、「女子必須ノ学科ニシテ成長ノ日欠ク可カラサル事業」なので、学校で教授しなければ、各家庭は自家や他家で修業しなければならない。「父兄二重ノ冗費《じょうひ》相嵩《かさ》ミ甚不便儀ニ付」各校で教授すべきであるとした。しかし、裁縫科設置の真の理由は、当時低率に留まっていた女子生徒の就学率を向上させることにあった。(7) 女子の就学率を向上

表２　大津師範学校の４学科　明治12年10月

高等師範学科	在学２年間、４～１級は各級６カ月。小学校教員の養成。16～35歳。
初等師範学科	在学６カ月間。４～２級は50日、１級は30日。現職教員の学力補充と授業法伝習。15～45歳。
専修学科	在学２年間。４～１級は各級６カ月。教員及び他の志願者の教育。16～35歳。
予備学科	在学２年間、３級制で各級８カ月。卒業後高等師範学科に進学の者。14～25歳。

させて、全体の就学率向上をあげようとしたのである。一一月八日に布達丙第一四五号「学事年報条例」では、これまでの項目になかった「裁縫科設置ノ学校及裁縫教員ノ数」を全県下の小学校で調査している。同じく就学率向上策の一つである「夜学科」の設置も加えられたのである。

県下の小学校で裁縫科教員の必要性に関わって、大津師範学校内に裁縫科教員の養成の学科を設置することになった。一八七九（明治一二）年九月二二日に裁縫科教員養成の「女子仮教則」が設けられた。当初の「女子仮教則」の名称は、翌一八八〇（明治一三）年九月に「女子師範学科」と改称されていく。滋賀県で最初の女子教員養成は、裁縫科教員を計画養成するために設置された「女子仮教則」であった。「上請シテ女子仮教則ヲ設ケ女生徒教授ノ学科ヲ置ク」[8]とあり、大津師範学校は四月二二日付で吉田三代《よしだみよ》を裁縫科教員として採用した。師範学校で最初の女子教員の任用であった。他の師範学校教員と吉田の月俸の差ははなはだ大きく、吉田は僅かに金四円であった。大津師範学校教員は吉田以外すべて男子で、管理職を除くと月俸が金一五円〜二〇円であった。

「女子仮教則」は、たんに教則をさすのではなく、女子教育のための学科（女学科）をさすものであった。明治一二年度に女子仮教則で入学した女生徒は、第五級生一二人であった。

表3の大津師範学校「女子仮教則」は、全三カ条の簡単な規則で出発した。新しい学科の設置というには、設置を急いだためかあまりに簡潔すぎるが、明治初期の女子教員養成の理念が書きこまれている。女子教育の目的は、「一身一家を守る婦徳《ふとく》の養成」に置かれ、高尚な学科を教えず、日常の生活実用の知識のみを教えるとしたのである。

表3　大津師範学校「女子仮教則」明治12年9月22日

第一条	本校ニ於テ裁縫生徒ヲ教授スルノ目的ハ　成人ノ後人ニ嫁《と》スルニ方《あたっ》テ一身一家ヲ脩《おさ》ムヘキ婦徳《ふとく》ヲ養成スルノ主意ナレハ　決シテ高尚ノ学科ヲ授クルモノニアラス
第二条	本校女子生徒タラント欲スル者ハ齢一二年以上タル可シ　但年齢未満ト雖トモ教科ヲ修ムルニ適スル者ハ入学ヲ許スコトアルヘシ
第三条	学科ヲ五級ニ分チ毎級六月ノ修業トス　其教科左ノ如シ

「女子仮教則」は、毎級六カ月で五級制を採用したので、卒業期間は二年六カ月間であった。表4には「女子仮教則」の教則をあげてみる。

大津師範学校は、教員の呼称を一八七九（明治一二）年七月二日に改正して、従来の「訓導」、「教員」から等級制の「教授」、「助教」に改めた。コレラ禍で休業中の七月二日に、同校の教職員の新体制が定まり、次のようになった。

土屋政朝（校長兼二等教授）志賀泰山（二等教授兼監事）斎藤寿蔵・松本駒次郎（三等教授兼監事）岩松熊太郎・松井昇・矢野達太郎・岩城良太郎（四等教授）梶山弛一（一等助教）河野通宏（書記兼三等助教）、附属小学校教員の堀外一郎（四等助教）長谷川民清（書記兼四等助教）。

梶山は長浜講習学校から転勤してきており、河野通宏《こうのみちひろ》は三月から教員兼務をしていた。河野は明治一二年に『滋賀県管内小学読本』巻一～四（大津・沢宗次郎）を編纂して刊行していく。なお、専修学科の教員として七月四日に、専修学科卒業生の多々良恕平《たたらじょへい》と溝口幹（四等教授）の二人が採用された。二人は官立大阪師範学校からの移籍組であった。

明治一二年末の大津師範学校生徒は、高等師範学科六八人、初等師範学科ゼロ、理化学専修科二一人、画術専修科五人、女子仮教則生徒一六人の合計一一〇人で、これに附属小学校生徒一五六人（上等三二下等一二四）を加えて、総合計二六六人であった。

以下の図2には、大津師範学校の教職員一覧表―明治一〇年三月～一三

表4　「女子仮教則」の教則表　明治12年9月

等級	学科名（裁縫・飲食調理・諸礼）	学科（他の学科）
第5級	○針ノ扱方ヨリ襦袢単物等ニ至ル但木綿類○雑技―食物ノ調理衣服ノ洗濯及家具取扱方　或ハ通常心得ヘキ事件等ヲ問答或ハ実施セシム　○諸礼	○読物―修身書　○珠算―加減速算　○習字―平仮名交リノ女子用文　○作文―女子私用文
第4級	○木綿ノ袷綿入類○雑技―前級ニ同シ○諸礼	○読物―前級ニ同シ○珠算―乗法速算○習字―前級ニ同シ　○作文―前級ニ同シ
第3級	○衫《さん》絹ノ単衣類○雑技―前級ニ同シ○諸礼	○読物―養生書○珠算―除算速算○習字―前級ニ同シ○作文―女子私用文請取諸証券
第2級	○絹ノ袷小袖類○雑技―前級ニ同シ○諸礼	○読物―家事倹約等ノ書○珠算―四則応用○習字―前級ニ同シ　○作文―前級ニ同シ
第1級	○羽織袴類及裁物○雑技―前級ニ同シ○諸礼	○読物―小児養育談○珠算―諸等法利息算○習字―前級ニ同シ○作文―前級ニ同シ

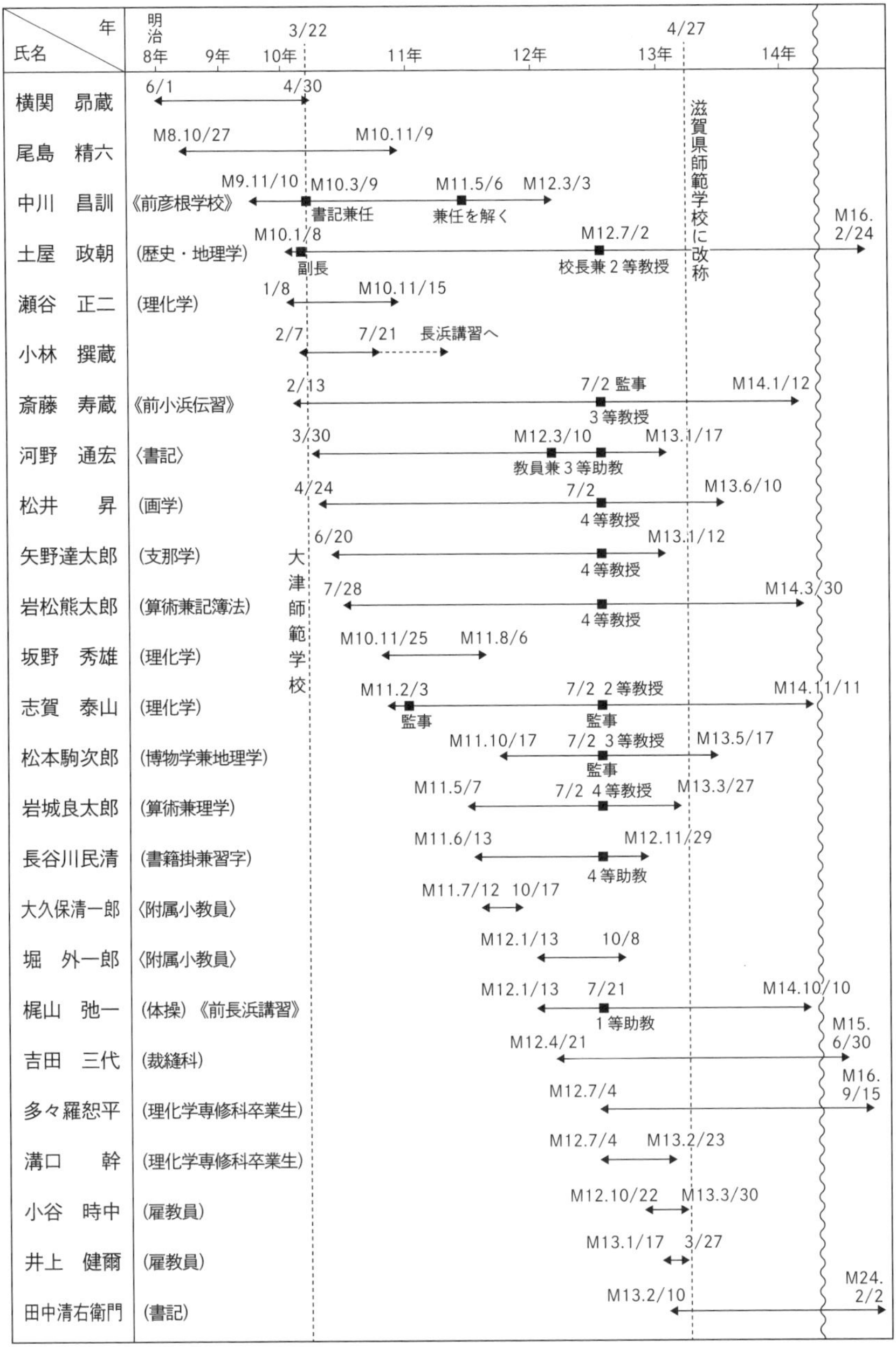

図2　大津師範学校の教員一覧　明治8～13年

年四月―を掲げる。出典は、大津師範学校・滋賀県師範学校の第一～五年報（明治一〇～一四年）である。月日の一部を『滋賀県師範学校六十年史』（一九三五年）で補正した。

4　大津師範学校の明治一〇～一三年の教則

明治一〇年代の滋賀県の教員養成カリキュラムの内容として、一八七七～八〇（明治一〇～一三）年の大津師範学校における教則を検討していこう。大津師範学校は、師範教育の草創期であったので短期間で学科の改組改編が行われ、教則も次のように多数が制定された。教則表に使用教科書の記載があり、教科書と対応させてカリキュラム内容を分析することが出来る。

〈1〉明治一〇年六月教則―師範学科、伝習学科、予備学科―
〈2〉明治一一年二月専修学科教則―理化学科、画術科、数学科、史学科―
〈3〉明治一一年七月教則―師範学科、専修学科（上記の四科）、予備学科、伝習学科―
〈4〉明治一二年一〇月教則―高等師範学科、初等師範学科、専修学科（理化学科・画術科）、予備学科―
〈5〉明治一二年九月―女子仮教則
〈6〉明治一三年九月―女子師範学科教則

大津師範学校本校の教則の存在に加えて、三支校（彦根伝習学校・小浜伝習学校・長浜講習学校）の教則があるが、彦根・小浜の両伝習学校は両校の『第一年報』（明治一〇年）によれば大津師範学校本校の伝習学科教則をそのまま使っている。独自教則を作成した長浜講習学校は、授業講習科（一年間）、予備学科（一年間）の二科を設置し、予備学科教則を制定しており、大津本校の予備学科教則とは異なる内容であった（次章）。

上記中の〈6〉「女子師範学科教則」は、大津師範学校より後の制定だが、同校が裁縫科教員養成から小学校女子教員養成を発展させていった時期の教則なのでここにあげた。

(1) 大津師範学校の師範学科・高等師範学科の三教則

大津師範学校の小学校教員養成カリキュラムとして三つの教則を検討してみよう。その三種の教則は、〈1〉明治一〇年六月教則（表5）、〈3〉明治一一年七月教則（表6）、〈4〉明治一二年一〇月教則（表7）である。この時期の師範学科・高等師範学科の修学年限は明治一〇年と一二年が第四～一級の各級六カ月間、明治一一年が第四～二級の各級七カ月間と違いがあるが、いずれも在学二年間を標準とした。

〈1〉明治一〇年教則と〈3〉明治一一年教則、〈4〉明治一二年教則の差異点は、師範学科から高等師範学科への名称変更だけでなく、正課を五時間とし第四級から第二級に至る学科内容を系統的順次的に配列し、教科目数を増やした点があげられる。明治一〇年教則になかった教授内容と方法が、明治一一年教則と明治一二年教則に示されている。明治一一年（表6）と明治一二年（表7）には「原書口授」とあり、「各科ノ授業或ハ洋書《ようしょ》ニ就テ口授《こうじゅ》シ　生徒ヲシテ之ヲ筆記《ひっき》セシメ書籍ニ就テ講記《こうき》セシム　又器械《きかい》ヲ使用シ実験《じっけん》ヲナサシムルコトアルベシ」と規定された。さらに、一　正課外の作文、習字は自宅か舎内で書き、一週に一～二度提出する、二　増加した教科目は第四級の文章学（明治一一年）、日本文法（明治一二年）を加設、三　修身学は、第二級から第四級へと下級からの履修に変更された。

明治一一年教則と明治一二年教則の差異点は、一　画術と作文を第四～二級の内容とした、二　明治一二年教則で二科目を増加した（現象学と日本文法）、三　明治一二年教則で地学が第四・三級から第四級だけにした点である。

大津師範学校の明治一〇年、一一年、一二年の師範学科教則に共通する特徴として、次の四点があげられる。

一　第四～二級までに基礎的な人文科学、自然科学、芸術の基礎的教養科目を学ばせ、最後の第一級で実地授業を小学生徒に行い、新しい教科内容と授業法を習得させる。

表5　明治10年6月師範学科教則　4級制（2年）

（数字は1週あたり時数）

科目＼級	地学	史学	文学	数学	画学	物理学	化学	博物学	生理学	修身学	経済学	記簿法	教育論	授業法	小学校教科書	1週時数計
第4級 6カ月	日本地誌要略 輿地誌略（総論亜細亜 欧羅巴地図） 6時	日本政記 国史擥要 近世史略 6時	文章軌範 6時	算学教授書（算数ヨリ分数雑題ニ至ル） 6時		物理全志（但物理日記ヲ以テ其欠ヲ補フ） 6時										30時
第3級 6カ月	輿地誌略 亜非利加 亜米利加 阿西亜尼亜 6時	十八史略・続十八史略 万国新史・万国史略 6時	文章軌範 記事論説 6時	算学教授書（小数ヨリ求積ニ至ル） 6時		物理全志 6時										30時
第2級 6カ月				代数・幾何初歩（心算ヨリ二次方程式ニ至ル） 6時	直曲線・罫画法 幾何画法 6時		化学訓蒙 6時	具氏博物学 2時	生理発蒙 2時	修身論 2時	経済論 2時	単記法・複記法 2時	教導説・教授真法（自修）	授業法 2時	小学校教科書類（自修）	30時
第1級 6カ月	実地授業															

表6　明治11年7月師範学科教則　4級制（2年）　（数字は1週あたり時数）

級＼科目	地学	史学	数学	文章学	画術	物理学	博物学	生理学	化学	修身学	経済学	記簿法	教育論旨	授業法	習字	作文	1週時数計
第4級　7カ月	（輿地誌略　原書口授）6時	日本史　支那史（日本政記　十八史略）6時	算数学　珠算　異乗同除（算学教授書　珠算教授本　原書口授）6時	（文章軌範正編）3時	画法　幾何　3時	自総論至光（物理日記　原書口授）5時				大意（修身論等）1時					楷書　1週1回	片仮名文　1週2回	30時
第3級　7カ月	日本地理　地形論（日本地誌要略　原書口授）2時	日本史　支那史　西洋史（日本政記　続十八史略　西村・万国史略）7時	代数（原書口授）6時	（文章軌範正編）1時	自在法　3時	自熱至電気（物理日記　原書口授）5時	動物分類（具氏博物学　原書口授）2時	（弗氏生理書）2時				単記（馬耳蘇記簿法）2時			行書　1週1回	片仮名文　1週2回	30時
第2級　7カ月			幾何（原書口授）6時		自在法　3時		植物分類及生理（具氏博物学　原書口授）3時	（弗氏生理書　原書口授）3時	無機化学（化学最新　原書口授）5時		大意（原書口授）3時	複記（馬耳蘇記簿法）3時	大意（彼日氏教授論等）3時	伝習　2時	草書　1週1回	漢文　1週2回	31時
第1級　3カ月	実地授業															漢文　1週1回	30時

表７　明治12年10月高等師範学科教則　４級制（２年）　（数字は１週あたり時数）

科目＼級	地学	史学	数学	文章学	日本文法	画術	物理学	現象学	博物学	生理学	化学	修身学	経済学	記簿法	教育論旨	授業法	習字	作文	１週時数計
第４級　６カ月	日本及万国（日本地誌要略　輿地誌略・原書口授）６時	日本史　支那史（日本政記　十八史略）６時	算数学　珠算（算学教授書　珠算教授本）６時	（文章軌範正編）３時	（日本文典）２時	臨画・幾何画法　透視画法　２時	自総論至光（物理日記　原書口授）５時					大意（修身論等）１時					楷書　１週１回	公私用文　２週１回　片仮名文　１週２回	31時
第３級　６カ月		日本史　支那史　西洋史（日本政記　続十八史略　西村・万国史略）７時	代数（原書口授）６時	（文章軌範正編）１時		臨画　幾何画法　３時	自熱至電気（物理日記　原書口授）５時	（原書口授）２時	動物分類及生理（具氏博物学　原書口授）２時	（弗氏生理書）２時				単記（馬耳蘇記簿法）２時			行書　１週１回	公私用文　２週１回　片仮名文　１週２回	30時
第２級　６カ月			幾何（原書口授）６時	（文章軌範正編）１時		臨画　写生・地図　３時			植物分類及生理（具氏博物学　原書口授）３時	（弗氏生理書　原書口授）３時	無機化学（化学最新　原書口授）５時		大意（原書口授）３時	複記（馬耳蘇記簿法）３時	大意（彼日氏教授論等）３時	伝習　２時	草書　１週１回	漢文　片仮名文　１週２回	31時
第１級　６カ月	実地授業																	漢文　１週１回	30時

二　第四・三級は人文科学（地理学・歴史学・文章学・文法など）と、自然科学（物理学・数学・博物学など）が配置され、第二級には社会科学（経済学・記簿法）が配置され、自然科学（化学・生理学）が登場している。

三　修身学は明治一一年・一三年教則から始まり、作文・習字も同様に重視している。教育学（教授学・教授法・授業法）は第二級以上で理論から始め、実地授業の基礎を教えていく。明治一〇年教則で『教導説』、一一年・一二年教則では『彼日氏授業論』があげられている。(9)

四　画術は、一〇年教則では第二級だけであった。しかし、一一年、一二年教則ではともに第四～二級に配置されて重視されている。

(2) 伝習学科・初等師範学科の教則

現職教員を主たる対象とする伝習学科、改称後の初等師範学科のカリキュラムは、当初から四級制をとり在学六カ月間一八〇日（第四～二級各五〇日間、第一級三〇日間）で、明治一〇年から一二年までは変更されていない。伝習学科教則・初等師範学科教則は、〈1〉明治一〇年六月教則、〈3〉明治一一年七月改正教則、〈4〉明治一二年一〇月教則の三種があるが、〈3〉と〈4〉は全く同一である。ここでは、伝習学科教則として、〈1〉明治一〇年六月伝習学科教則（表8）と〈3〉明治一一年七月伝習学科改正教則（表9）とを検討していく。

明治一〇年六月伝習学科教則は、カリキュラム構成が単純であり、教育内容も教科書名を掲げるだけで、一週当たりの時間数も示されていない。第四～二級を通じて、習字と作文、算術の三科が配置され重視されている。第四級では人文科学科目（地理学・史学・文学＝作文）と自然科学（数学＝加減乗除・生理学）が中心で、これに実用的科目（珠算と習字）が加えられている。第三級に進むと、地理学・史学・作文、数学（＝分数・小数）に加えて、自然科学（物理学・博物学）と修身学が配当されている。第二級に進むと、史学が外され地理学・作文・物理学は残り、新たに画学と化学が加えられている。授業法として『教導説』があがっている。現職教員中心の伝習学科カリキュラムでは、前半の

表8　明治10年6月伝習学科教則　4級制（6カ月）

級＼科目	地学	史学	文学	数学	珠算	画学	理学	化学	博物学	生理学	修身学	授業法	自勉書	体操	習字
第4級 50日	日本地誌要略全	鼇頭日本史略	作文階梯	算学教授書（加減乗除）	異乗同除					初学人身窮理　全					楷書
第3級 50日	輿地誌略　自一巻至三巻	鼇頭日本史略	記事―作文	算学教授書（分数・小数・諸等）			増補改正 物理階梯一・二巻		具氏博物学　全		修身学				楷書
第2級 50日	輿地誌略　自四巻至尾巻		論説―作文	算学教授書（比例）		画学本巻五	増補改正 物理階梯三巻	小学化学全書				教導説　全			行書
第1級 30日	授業法（各自交番ニ授業、実地小学生徒ヲ受持）											授業法伝習	小学下等 教科書		行書

表9　明治11年7月伝習学科改正教則　4級制（6カ月）
明治12年9月初等師範学科教則　4級制（6カ月）

（数字は1週あたり時数）

級＼科目	地学	史学	数学	画術	物理学	博物学	化学	生理学	記簿法	修身学	教育論旨	授業法	教科書	作文	習字	1週時数計
第4級 50日	日本地理（管内地理書　日本地誌要略）6時	日本史（鼇頭日本史略）7時	算数学四則　珠算異乗同除（算学教授書　珠算教授書）6時	自在法　画法幾何（小学臨画帖一二三）2時	自総論至光大意（物理階梯）5時					（修身論）2時				尺牘及諸証券類（席上即題式宿題）1週2回	楷書 1週1回	28時
第3級 50日	万国地理（片山・万国地誌要略）4時	支那史（漢史一班）5時	分数　比例（算学教授書）6時	自在法　画法幾何（小学臨画帖四五六）2時	自熱至電気大意（物理階梯）5時	植物分類（具氏博物学）4時				大意（修身論）1時	大意（那然氏教育論）3時			叙事宿題　片仮名文 1週2回	楷書 1週1回	30時
第2級 50日	万国地理（片山・万国地誌要略）4時	西洋史（巴来万国史）4時	開方求積　級数 5時	自在法（小学臨画帖七八九）2時			大意（化学最新）4時	大意（初学人身究理）3時	単記（馬耳蘇記簿法）3時		大意（那然氏教育論）4時	伝習 1時		論説宿題　片仮名文 1週2回	行書 1週1回	30時
第1級 30日	授業法								単記（馬耳蘇記簿法）3時			伝習及実験 23時	（下等小学教科書）4時	論説宿題　片仮名文 1週1回	行書 1週1回	30時

一〇〇日間では師範学科教則とほぼ同様の人文科学・自然科学の諸科目を配置している。教育理論や授業法の科目では第二級からしか配置していないのは、現職教員のプログラムが教員の基礎学力向上に力点を置いていたことを示している。

明治一一年七月の伝習学科改正教則では、教育内容と小学校教科書名をあげており、カリキュラム内容にも改善が加えられた。第四～二級では作文、習字、算術が重視されるのは当然であるが、作文で尺牘・証券類から入り叙事・論説に進んでいくように工夫された。日常生活から入り次第に内容を広げていくことは、第四級の地理学でも、管内地理（滋賀県管内地理書）から日本地理へ、第三級で万国地誌へ、史学でも日本史から中国史（漢史一班）へ、西洋史（巴《パー》来《レー》万国史）へと配置された。

第四～三級で修身学を重視しており、第四～二級では画術「自在法　画法幾何」を教則にあげており重視した。教科書には画術教員松井昇編『小学臨画帖』一～九を記載しており、第二級の化学も、理化学教員志賀泰山編『化学最新』をあげている。第二級の記簿法が社会科学系科目であがっており、週三時間配当として重視した。

教育学科目では、第三～二級で『那然氏教育論』を配置した。これは原著ノルゼントの抄訳本で、『教導説』から変更して、実際的な教育論を学ばせようとした(10)。第二級から授業法伝習も週一時間行い、第一級（三〇日間）の附属小学校における二三時間の「伝習及実験」に臨ませようとした。「下等小学教科書」週四時間とあるのは、下等小学教科書への質問の時間を設けたからである。現職教員への伝達講習の内容は、教育内容面での改善を行うとともに、より実践的な教育実務に役立つ中身に変えていこうと試みたといえる。

(3) 新設置の専修学科の教則─理化学科と画術科

専修学科は、設置時点の明治一一年二月には四専修（理化学、画術、数学、史学）が構想されていた。そのため各専修の教則が準備され発表されていたが、数学と史学の二専修には入学生徒がなく、その後も入学希望者はなかった。

大津師範学校の専修学科教則として、理化学専修と画術専修の教則を見ていく。〈2〉明治一一年二月専修学科教則、〈3〉明治一一年七月専修学科改正教則、〈4〉明治一二年一〇月専修学科教則の三教則を対象にする。

ところで、専修学科は明治一一年二月二二日付の設置目的では、「教員タル者及他ノ志願者ヲ教育ス」とあって、教員養成と教員以外の人材養成を射程に入れていた。出発当初は、三級制で各六カ月、在学一年六カ月間（一八カ月）であったが、明治一二年九月に四級制に改められ、在学二カ年の学科となった。

ア　理化学専修科の教則―明治一一年二月の三級制教則

理化学専修科の最初の教則は、三級制で一カ年半の教則であり、表10のとおりであった。明治一一年二月の理化学専修科規則には、「授業ハ原書ニ就テ口授シ生徒ヲシテ之ヲ筆記セシメ　且器械ヲ使用シ実験ヲナス」（第九条）とあり、「原書口授」による授業を実施したのである。これは大津師範学校における洋書での授業の始まりであった。理化学専修科での「原書口授」は、師範学科の授業方法にも影響を及ぼして、明治一一年七月の師範学科教則からも採用されていった。理化学専修科の生徒は、官立大阪師範学校から移ってきた生徒であり、教員も志賀泰山ら官立大阪師範時代と同様のレベルで授業を行ったものと考えられる。

以下に理化学専修科の三種の教則を掲げてみる。〈2〉明治一一年二月理化学専修科―三級制教則（表10）、〈3〉明治一一年七月理化学専修科改正教則―三級制（表11）、〈4〉明治一二年一〇月理化学専修科―四級制教則（表12）である。

〈2〉明治一一年二月の理化学専修科の三級制教則は、第三～一級まで純粋に自然科学専門科目（物理・化学・鉱物学・現象学・数学）で埋め尽くされている点に特色がある。数学に関して、第三級で算術、第二～一級で代数、幾何、第一級で三角法とかなりの時間数が配当されている（数学専修科の未設置との関連は不明）。一見してわかるように、教育学や授業法の関連科目は全く配置されていないのである。専修学科の設置は「教員及他の人材」養成を目的にするとしたが、カリキュラム構成上にはその意図を読みとることはできない。

表10　明治11年2月理化学専修科教則　3級制（1年6カ月）　（数字は1週あたり時数）

級＼科目	第3級　6カ月		第2級　6カ月		第1級　6カ月	
物　理	自総論 至運動則音	6時	光熱	6時	磁気電気 触電気	5時
化　学	自総論 至珪素類属	6時	カリウム類属カルチウム類属鉱物類属銅類属白金類属	6時	分析有機化学大意	3時
鉱物学大意	鉱物学大意	4時				
算　術	自始至終	12時				
現象学					現象学メテオロギー	4時
代　数			自名義 至多元1次方程式	12時	2次方程式級数	5時
幾　何			自名義 至多角形	6時	円立体求積	5時
三角法					三角法	6時

表11　明治11年7月理化学専修科改正教則　3級制（1年6カ月）　（数字は1週あたり時数）

級＼科目	第3級　6カ月		第2級　6カ月			第1級　6カ月		
物　理	自総論 至運動則音	6時	光熱		6時	磁気電気触電気		5時
化　学	自総論 至珪素類属	6時	カリウム類属カルチウム類属鉱物類属銅類属白金類属		6時	分析有機 化学大意		3時
鉱物学	鉱物学	4時	鉱物学		3時			
万有理学						万有理学		3時
現象学						現象学メテオロギー		4時
重　学						重学		2時
数　学	算数学	12時	幾何	平面	6時	円立体求積		5時
			代数	終ル	6時	三角法	三角法及測量	6時

表12　明治12年10月理化学専修科教則　4級制（2年）

第4級 6カ月	算数学　代数学　平面幾何　物理学　有機化学
第3級 6カ月	代数学終ル　平面幾何終ル　物理学　無機化学　金石学
第2級 6カ月	三角法　測量　立体幾何学終ル　物理学　重学　コスミッセフィシック 有機化学　金石識別法
第1級 6カ月	弧三角法　高等幾何　重学　コスミッセフィシック　有機化学　形質分析 定量分析

〈3〉明治一一年七月理化学専修科改正教則は、〈2〉理化学専修科一二月教則と同様であり、すべてが自然科学専門科目であり、特に物理・化学・鉱物学・現象学の重視は同様であった。七月改正教則で自然科学科目に「万有理学」「重学」が加わったこと、数学が系統的にされた点が改善された。教育学関係科目が全く見られないことも同様であった。

〈4〉明治一二年一〇月の理化学専修科四級制教則は、在学一年六カ月から二カ年に延長されたことに伴う教則改正であった。教則では自然科学科目がより高度化して専門的な理化学科目が配置され、自然科学の専門研究がめざされた。物理と化学（無機化学、有機化学）、鉱物（金石識別法）と数学の重視が目立つ。意外なことに、博物学において動物学や植物学の配当科目がなく、理化学教員松本駒次郎の専門研究との関係に疑問が残る。

イ　画術専修科の教則―明治一一年一二月教則と明治一二年一〇月教則

画術専修科も、理化学専修科と同じく、三種類の教則が存在する。明治一一年一二月教則と明治一一年七月改正教則は、後者に時間数が書きこまれているほかは全く同じである。ここでは明治一一年一二月の画術専修科教則（表13）と、明治一二年一〇月画術専修科教則（表14）を見ていく。画学教員は松井昇のみで、生徒も当初から五～三人と小数であった。

専修学科画術科規則では、「授業ハ一週四時ヲ以テ図画ニ充テ他六時ヲ数学ニ充ツ　但毎土曜日は画図ニ一時ヲ描キ以テ光輪ヲ授ク」とある。卒業試験は、技芸の優劣で一等から三等に分け判定するとした。松井昇は透視法、幾何図法を教えており、風景画の照景法、線図・実景図などを配置したカリキュラム構成となっている。明治一二年一〇月教則では、第四～一級で数学を重視して学ばせ、第四級で解剖学や光輪を教えている。画術専修科では、画術の専門教育を推し進めようとした。幾何画法、投影法から鉛筆画法、墨画、油画へとカリキュラム構成が系統化している。

一八七八～八一（明治一一～一三）年までの専修学科の生徒数は、『滋賀県師範学校及伝習学校第一年報』明治一一年（明

治一二年四月刊）、『滋賀県師範学校第三年報』明治一二年（明治一三年三月刊）、『滋賀県師範学校第四年報』明治一三年（明治一四年六月刊）、『滋賀県師範学校第五年報』明治一四年（明治一五年三月刊）の学事統計から次のように少数にとどまった。

表13　明治11年2月画術専修科教則　3級制（1年6カ月）

第3級 6カ月	画　術	第1月	鉛筆ヲ用テ曲直線及輪郭画ヲ修ス
		第2月	輪郭画及稍陰影アル容易ノ器物類
		第3月	前月ニ同シテ稍高尚ナルモノ
		第4月	画図幾何法及容易ノ花卉果実類
		第5月	画図幾何法及容易ノ人体鳥獣類
		第6月	画図幾何法并単一雄艸樹木及家屋等
	数　学	算　術	自名義至級数
	光　輪		
第2級 6カ月	画　術	第1月	前級第6月ニ同シテ稍高尚ナルモノ
	陰影画	第2月	画図幾何法及器具等
		第3月	照景法及人体
		第4月	照景法及景色
		第5月	照景法及花卉并果実類
		第2期第5月以上多ク模範ニ拠テ画クモノトス	
		第6月	照景法及器具類実体模型
	数　学	代　数	自名義至2次方程式
	光　輪		
第1級 6カ月	画　術	第1月	線図及人体写真
		第2月	線図及人体并実景写真
		第3月	線図及実景写真
		第4月	線図及水彩画用法
		第5月	地図画法及水彩画用法
		第6月	地図画法及図画着色法
	数　学	平面幾何	
	光　輪		

表14　明治12年10月画術専修科教則　4級制（2年）

第4級	幾何画法—総論器械用法ヨリ、投影画法、透視画法、地図画法 解剖学 数学　算数学 光論
第3級	鉛筆画法、黒灰筆臨画、木炭画、石造人物写生 数学　代数
第2級	鉛筆画写景、禽獣写生、墨画肖像、全身人物写生 数学　幾何
第1級	油画臨画、油画写生、油画肖像、設題製図

	理化学専修科	画術専修科
明治一一年一二月末	二級生一二人	二級生五人
一二年一二月末	四級生二一人	三級生四人　一級生一人
一三年一二月末	二級生一六人	一級生三人

なお、専修学科の卒業生徒は、次のようであった。画術科卒業生は、明治一二年一二月が三人、明治一三年四月が一人、明治一四年三月が三人の合計七人であった。理化学科卒業生は、明治一二年六月に一一人、明治一四年一一月に一三人であった。中途退学者や半途退学者を加えても、専修学科はそれほど多くの生徒数を擁した学科にはならなかった。大津師範学校は小学校教員養成を主目的としていたからであり、理化学専修と画術専修の専修学科では教員養成よりも理化学や画術の専門家の育成を試みたが、志願者は少なかった。二つの専修学科は、明治一四年一一月一六日に廃止されていった。

(4) 女子師範学科の教則

大津師範学校の女子教員養成は、前節でみたように一八七九(明治一二)年九月二二日の「女子仮教則」設置から始まった。「女子仮教則」は教則をさすのでなく、女子教員を養成する学科名の呼称であった。この呼称は、翌一八八〇(明治一三)四月一日に「附属女学科」と改称されていった。滋賀県大津師範学校は、同年四月二七日に滋賀県師範学校と校名を変更して、三支校を合併統合して組織替えを行っていく。これに伴い、五月三一日に「附属女学科」の廃止も決定した。しかし、女子教員の養成機関の必要性を求める声が強く、滋賀県は教員寺田節《てらだせつ》と吉田美代《よしだみよ》(三代)を京都府女学校・女紅場《にょこうば》に教授法調査のため出張させていく。たびたびの学科名変更は、この時期の女子教員養成の方針が定まらず、一貫した小学校女子教員政策が欠如していたことを示している。

滋賀県師範学校は明治一三年九月一三日に「女子師範学科教則」を制定し、同月二三日から「女子師範学科」の開

表15　明治13年9月女子師範学科教則　4級制（2年）

科目／級	地理学	歴史学	数学	画術	講授	生理学	植物学	動物学	物理学	化学	経済学	記簿法	裁縫	諸礼	教育論	授業法	習字	作文	体操	1週時数計
第4級 6カ月	万国地誌要略 日本地誌要略 6時	十八史略 国史擥要 8時	筆算（算数学） 珠算（利息算マデ） 5時	界説及直線題 臨画幾何画法 曲直線及単形 1時	修身及養生 3時								木綿襦袢及単衣ノ類 雑巾・前垂・風呂敷 5時	平常心得途上心得 1時			楷書 1週1回	私用文及公用文 宿題 1回1時	（体操）	30時
第3級 6カ月		十八史略 万国史略 7時	代数 6時	直円交線題 臨画幾何画法 器具花卉等輪郭 1時	前級ニ仝シ 3時	（用書未定） 3時	植物啓蒙 3時						帯・帷子・木綿々入《もめんわたいれ》・袷ノ類 5時	主客応接物品授受 1時			行書 1週1回	記事及私用文 宿題 1回1時	（体操）	30時
第2級 6カ月			幾何 4時	帯影画 1時	前級ニ仝シ 3時			（用書未定） 3時	（用書未定） 6時		（用書未定） 3時	単記複記 3時	木綿羽織・絹単衣小袖ノ類 5時	食礼 1時			草書 1週1回	記事論説 宿題 1回1時	（体操）	30時
第1級 6カ月（前3カ月）					前級ニ仝シ 3時				（用書未定） 3時	化学最新 4時	（用書未定） 2時			婚儀 1時	彼日氏授業論 6時	授業法 6時		（作文） 1時		26時
（後3カ月）					実地授業										教育書独見（質問）					

業式を挙行して、教場と寄宿舎を大津大工《だいく》町において小学校女子教員と裁縫科教員の二本立ての教員養成を行っていこうとした。教員には、女子教員養成に四等教授寺田節《てらだせつ》と同明石松《あかしまつ》、裁縫教員に吉田美代《よしだみよ》と増田延《ますだのぶ》、女生徒取締兼四等助教に松田嘉都《まつだかづ》が就いた（『滋賀県師範学校第四年報』明治一三年）。

ところが、一八八二（明治一五）年六月三〇日に滋賀県会は「女子師範学科」を突然廃止してしまった。しかし、女子教員養成の存続を求める世論は強く、滋賀県も学資基本金を出し篤志者からの寄付金を集め、大津葭原町《よしはらちょう》に翌七月に「滋賀県女子師範学校」を開校していった。滋賀県会での廃止決定に反対して、地域の有識者や篤志家が資金を出し合い独立校設置にこぎつけたのである。『滋賀県女子師範学校第一年報』では、教員には校長兼三等教諭斎藤熊太郎、二等助教諭明石松、授業補吉田美代、生徒取締松田カツ（嘉津）が配置されている。習字に川瀬益、画術に林茂久治が就任し、校長斎藤は師範学校校長心得から転籍した。

その後、同校は一八八五（明治一八）年一一月一日に滋賀県師範学校と合併して、同校の女子部となっていき、「師範学校令」により翌八六（明治一九）年九月一一日に「滋賀県尋常師範学校」と改称後、尋常師範学校女子部となる。滋賀県女子師範学校が独立校で設置されたのは、一九〇八（明治四一）年四月一一日となっていく。

本章では大津師範学校の裁縫科教員養成の「女子仮教則」から、一歩進めて小学校女子教員養成としての女子師範学科教則を見てきた(11)。大津師範学校から改称後の制定とはいえ、同校で追求された女子教員養成プログラムに基づくものであった。なお、大津師範学校の女子生徒数は、明治一二年一二月に一六人、明治一三年一二月に女子師範学科一八人（第四級生三三級生一五）であった。

おわりに

滋賀県大津師範学校は、一八八〇（明治一三）年四月二七日に「滋賀県師範学校」と、再び旧名に改称していった(12)。

単なる校名変更だけでなく、師範学校教育の組織的な改革が行われていくことになる。明治一三年三月末には、長浜講習学校が廃止され、続いて小浜初等師範学校、彦根初等師範学校が廃止されて、三支校の廃止と大津師範学校への統合・合併が行われた。二つの初等師範学校は、廃校後に県立中学校への改組が行われて、中等教育機関として新たに出発していった。小浜初等師範学校は、一八八一（明治一四）年二月七日に滋賀県から分離し、石川県に属していた嶺北地方を併せて福井県立の中学校として独立する。

　明治一〇年三月から明治一三年四月までの大津師範学校の三年間の歩みは、滋賀県の教員養成教育の草創期にあたり、制度上もめまぐるしく変わって試行錯誤が繰り返された時期であった。表16に、大津師範学校時代の生徒の概況として、明治一一～一四年までの入学生徒退学生徒数の統計一覧をまとめてみた。大津師範学校では学科の変遷や教員・生徒の

表 16　明治 11 ～ 14 年入学生徒・退学生徒一覧（人）

年	入退学		師範学科 高等師範学科	伝習学科 初等師範学科	専修学科 理化学学科	専修学科 画術科	予備学科	女子生徒 女子師範学科	女子生徒 女子予備学科	総合計
明治11年	入学		23人	18人	16人	6人				63人
	退学	卒業		26						26
		願	10	3	4	1				18
		命令								
12年	入学		67	9	22	4		女子生徒入学16		118
	退学	卒業	7	20	11	3				41
		願	14	7						21
		命令	1		2					3
		病死	2			1				3
13年	入学		19	43			19	9	25	125
	退学	卒業	13	18		1				32
		願	12	4			4	1	32	57
		命令	5		4	1	2		1	10
		病死	1		1					1
14年	入学		42	15			8	5	11	81
	退学	卒業	20	21	13	3				57
		願	9		1		6	3	7	26
		命令	3		1		1	1		6
		病死	1		1			1		3
		転科					6		5	11

（『大津師範学校第１～第３年報』『滋賀県師範学校第４年報』）

移動が大きかったが、着実に制度的な安定に向かう道筋がつけられたといえよう。

師範学校教育において、二つの側面の教員養成教育が固まりつつあった。一つは、小学校教員養成における師範学科―高等師範学科のカリキュラム（教則）や教科内容、教科書の教育内容が確立していった。人文科学、自然科学、社会科学の教育内容と教育理論、授業方法論を教員養成カリキュラムの柱にしたことである。もう一つは、現職教員の伝習学科―初等師範学科のカリキュラム改革で、教授法や授業法の単なる伝達講習から教師教育のカリキュラムへの改善である。この時期には十分とは言えないが、カリキュラム構成において他府県の教則や師範学校教則から学び、現実的な教員養成教育の改善が試みられた。

文部省は、一八八一（明治一四）年八月一九日に文部省第二九九号で、「師範学校教則大綱」を全国の各府県師範学校に適用するようにした[13]。これに基づき、滋賀県は翌年一八八二（明治一五）年一〇月三一日に、滋賀県甲第一四二号で「滋賀県師範学校規則」を布達した。同規則に基づいて、「滋賀県師範学校教則」が制定、交付された。師範学科は、初等科二級（一年）・中等科五級（二年六カ月）、高等科八級（四年）の三科に分かち、卒業証書は有効期間七年間として、七年以上在職した教員は終身有効と認定するというものであった。

滋賀県師範学校の歴史は、この明治一五年一〇月の師範学校教則以後の一八八六（明治一九）年一一月の「師範学校令」でさらに国家による統制化と画一化が進められていく。

注

（1）土屋政朝は、大津師範学校着任後に『小学読本地学初歩』（明治一二年二月　大津・沢宗次郎）を編纂している。小学校地理教科書で、地理学入門（地球→大陸・海洋・山地・湖水等）から入り、日本地誌（畿内八道区分）→附録五大洲（国・都市の呼称）となっている。文部省編『地理初歩』と『日本地誌略』を簡略して一冊本にしたものである。大津師範学校退任後、土屋は文部省に戻り、訳書『刪定教育学』巻一～四（明治一六年）を出版、一八八五（明治一八）年七月に伊沢修二から中学校令条例取調委員を申付けられ「中学校令」制定に尽力していく。

（2）『大津師範学校第一年報』「校員原数表」（一八七八年）

（3）『明治十一年九月　師範学科規則改正之件　大津師範学校』（一八七八年）。大津師範学校長士屋政朝から彦根伝習学校・長浜講習学校宛てに規則改正案について改正箇所の意見打診と、三支校からの回答書（各条文への朱筆）、及び改正した大津師範学校規則を所収している。明治一一年五月から九月までの成案に至るまでの経過を知ることができる。

（4）志賀泰山（一八五四～一九三四年）は、大津師範学校退職後、上京して東京高等師範学校・東京大学予備門、東京高等山林学校で物理学、数学を教えた。志賀は、物理、化学の教科書以外にも幾何学教科書『幾何学簡明』上・中・下（明治一一年　大阪・小島他）も出版した。一八八五（明治一八）年ドイツに留学、ターラント高等山林学校（現ドレスデン工科大学）で林学を学ぶ。八八年帰国後に農商務省山林局に入局して木材加工（防腐）を研究した。九〇年に東京帝国大学農科大学教授になり、一九〇三年退職する。

（5）『滋賀県大津師範学校附属書籍縦覧所第一年報』（一八七九年）

（6）『滋賀県師範学校第三年報』「大津師範学校」（一八七九年）、『滋賀県史』第三編十三「政治部第七　大津師範学校」。三支校の沿革は、各校の第一～三年報を参照。

小浜伝習学校・小浜初等師範学校について、『福井県教育史』第一巻通史編（一九七八年）四一一～四一七頁。彦根伝習学校・彦根初等師範学校について、『彦根東校百二十年史』一〇〇～一二三頁。両校は、明治一三年四月二六日に初等師範学校から県立中学校に切り替えられた。その後、小浜では公立中学校と小学師範学校の二校を開校し、彦根は明治一三年九月から町立中学校となっていく。

（7）滋賀県の女子生徒の就学率は、明治一〇年代では三〇％台にとどまっていた。同時期の男子生徒の就学率は、六四～六八％であった。『文部省年報』の第五～九年報　一八七七～八一（明治一〇～一四）年の就学率は、以下の表17のとおりである。

（8）『大津師範学校第三年報』（一八七九年）

（9）明治一〇年教則「教導説」は、チャンブル著　箕作麟祥訳『百科全書教導説』上・下編　一八七三（明治六）年である。イギリスのチャンブル編「百科全書」の教育の項を翻訳して、エデュケーションを教導と訳した。原本は一八三三年刊行。箕作には、アメリカの学校教育に関する翻訳本『学校通論』一八七四（明治七）年もある。なお、表5の「教授真法」であるが、同名の教育書はまだこの時期に発行されていない。伊沢修二輯訳『教授真法』上・下　一八七五（明治八）年ではないかと推測される。

『彼日氏教授論』はデウキット・ペーキンス・ペイジ著　フォン・カステール（漢加斯低爾）訳で、一八七六（明治九）年に出版された。ペイジは、ペスタロッチの教育理論の影響下にあり、同書はペスタロッ

表17　滋賀県の就学率（％）明治10～14年

年	男子	女子	平均
明治10年	64.3	29.5	47.7
11	68.1	33.3	51.4
12	67.4	34.6	51.6
13	65.6	34.5	50.8
14	66.6	38.9	53.3

チ教育論の紹介本であった。彼は、アメリカのオーバニー師範学校長であり、フォン・カステールは文部省のお雇い外国人の一人でオランダ人であった。

(10) 伝習学科教則中の教育書「那然氏教育論」は、チャールス・ノルゼント著　小泉信吉・四屋純三郎訳『那然氏小学教育論』一八七八（明治一一）年　文部省刊である。ノルゼントの小学教授法を紹介した本である。ノルゼントは、アメリカのコネチカット、マサチュセッツ等の州で師範学校長を歴任した著名な教育学者である。彼の『教師必読』一八七六（明治九）年も、多数の府県で師範学校教科書に使用された。

(11) 上村優佳「滋賀県における明治一〇年代の女子教員養成」『滋賀県教育史研究』第一号（一九九八年）

(12) 滋賀県師範学校への校名改称後、大幅に人事異動が行われた。一八八〇（明治一三）年三月二五日に学務課御用掛片山尚絅《かたやましょうけい》が師範学校二等教授兼勤となり、五月四日学務課長心得瀬戸《せと》正範《まさのり》が師範学校校長兼勤となっている。師範学校長は、瀬戸正範が同年五月四日から八一（明治一四）年一〇月三日まで、その後任に片山尚絅が校長兼一等教諭で一〇月四日から就任して、八五（明治一八）年四月まで在勤した（『滋賀県師範学校六十年史』一九三五年）。

(13) 大津師範学校の時期は、「学制」末期から「教育令（第一次教育令）」期にあたる。いわゆる「自由教育令」は一八七九（明治一二）年九月二九日に太政官第四〇号で布告され、師範学校は「各府県ニ於テハ便宜ニ従ヒテ公立師範学校ヲ設置スヘシ」（第三三条）と定めた。翌年の一八八〇（明治一三）年一二月二八日の「改正教育令（第二次教育令）」では、「各府県ハ小学校教員ヲ養成センカ為ニ師範学校ヲ設置ス」と改めた。小学校教員の養成において、各府県の便宜に従うことを主目的とする師範学校から、国家による国民教育を担う小学校教員の養成へと変わっていく。その大きな一歩が一八八一（明治一四）年八月一九日の「師範学校教則大綱」であった。全国の師範学校ですべて三学科編成（初等師範・中等師範・高等師範）、毎週時数が定まった学科課程表の作成、入学資格や免許状規定の全国で一律化するなど、師範学校教育の画一化が打ち出されたのである。

第10章　湖北三郡の公立長浜講習学校の教員養成

―中矢《なかや》正意《まさもと》・小林《こばやし》撰蔵《せんぞう》・梶山《かじやま》弛一《しいち》を中心に―

1　湖北三郡公立長浜講習学校の設立

(1)　長浜講習学校の設立の背景

長浜講習学校は、湖北三郡の坂田郡、東浅井郡、伊香郡の小学校教員養成の学校として創設された。同校は、滋賀県大津師範学校の支校として一八七七（明治一〇）年四月三日に長浜の八幡神社前の元生糸会所跡に開校した。「建物は同町に於《おけ》る欧風最初のものなり」[1]という擬洋風建築の校舎であった。県の財政難のために一八八〇（明治一三）年三月二一日に大津師範学校に併合されて廃校となり、わずか三年間だけの教員養成学校であった。その大津師範学校も同年四月二七日に改称して滋賀県師範学校となっていく。長浜講習学校は、湖北三郡にあって小学校教員養成の学校であったが、初等教育よりさらに上級学校で学びたいとする者には希望の学校でもあった。

長濱講習学校の創設・開校に尽力したのは、湖北三郡の地域の名望家たちであった。滋賀県は一八七五（明治八）年五月に県下で学区取締人を任命して、小学校普及政策をとっていった。一八七七（明治一〇）年一〇月までに学区取締人は交代するが、長浜講習学校の設立・開校に大きく貢献したのは、第四番中学区学区取締の石川光助、宇治原重《うじはらじゅう》（十）兵衛《べえ》、中山吉兵衛、高原一義、藤井長祥、脇坂周伯《わきさかしゅうはく》、東野弥九郎《とうのやくろう》らであった[2]。区長総代として坂田郡の第一五区長

川瀬兵内、第一六区長日比久衛《ひびきゅうえ》（久太郎）、浅井郡の第一区長早川松太郎、伊香郡の第六区長山路清兵衛らが協力した。教員俸給等は県費からでは足りず、半額分を湖北三郡で支えなければならなかった。郡役所制度が発足して、坂田郡長の江龍清雄《えりゅうすがお》、東浅井郡長の田村保満、伊香郡長の小山政徳《こやままさのり》も、講習学校の財政的支援に力を尽くした。

江龍清雄は、中山道の宿場坂田郡柏原村にあって郷学校を設立していた。一八七一～七二（明治四～五）年段階の長浜県―犬上県の教育政策を在地で支えた人物で、外村省吾や山本大造ら教育行政を担った小学校掛と深い交流をもっていた。犬上県から一八七二年五月に「山東最寄《さんとうもより》小学校御用掛」に指名されて元本陣別書院を譲り受け、郷学校（後に開文学校、現米原市立柏原小学校）を開学させて、自ら教員も勤めていた(3)。彼は、一八七五（明治八）年六月坂田郡役所設置とともに坂田郡書記、一〇月一日に郡長になっている(4)。

(2)　長浜講習学校の設立経緯と開校

『長浜講習学校第一年報』によると、「明治十年第四番中学区内ノ小学校教員ヲ養成センカ為メ区内毎戸ノ拠金ヲ以テ長浜町ニ講習学校ヲ開設」とあり、設立経過は以下のようであった(5)。

長浜講習学校は、官立師範学校卒業生三人を招聘して教員に任命し、湖北三郡の地域の現職教員に小学校教則及び教授法を伝達講習して、現職教員の力量を向上させることを主目的として設置された。中矢正意《なかやまさもと》は官立東京師範学校の明治一〇年三月卒業生、梶山弛一《かじやましいち》は官立大阪師範学校の明治八年三月卒業生、小林撰蔵は官立新潟師範学校の明治九年一二月卒業生である。長浜講習学校が

表１　長浜講習学校の設立・開校の歩み　明治10年4～12月

4月3日	訓導中矢正意、梶山弛一、小林撰蔵の3人を招聘して教員とする
8月18日	校則及教則を定める
9月	管下の小学生徒卒業試験のため、教員3人が区内巡視
11月15日	教則及校則を追加
15～25日	授業講習生及予備生各30人を募集
18～27日	区内の小学教員会議を招集して教育会議開催
12月5日	入学試験実施（及第者―講習生11人中2人、予備生9人中0人、予備生受験者9人全員に入校を許して「試験生」とする）
15日	講習学校で授業を開始、仮寄宿舎を定める。
17日	授業講習生2人、試験生9人に入校を許す

（『長浜講習学校第一年報』 1877年）

県下で教員養成機関として声望を得たのは、訓導資格を有する三人の教師の履歴と彼らの熱意ある指導によるものであった。

一八七七（明治一〇）年度の教員俸給は、三等訓導兼幹事中矢正意が月俸二〇円、三等訓導の小林撰蔵と梶山弛一も月俸二〇円で、いずれも高額の月俸であった。事務掛辻田太平は月俸四円であった。三人の教員は「訓導」資格を持つ官立師範学校卒業生であり、当時は府県立師範学校や小学教員伝習所の卒業生は「準訓導」資格しか取得できなかった。

「長浜講習学校規則」は、前書きに「本校ハ第四番中学区内ノ共立ニシテ該地方ノ民費ヨリ組成スルモノトス」とし、地域の人民自らが財政的負担をして同校を維持運営すると書いている。人民共立の内実は、湖北三郡の町村住民の「区内毎戸ノ拠金」を学校の維持・管理する基金とするものであった。

講習学校生徒は、「授業講習生」（在学一カ月間）と「予備生」（在学一年間）の二種に分かれた。講習生の現職小学教員には速成的に教則と授業法を伝習し、予備生には「予備学科卒業ノ上ハ大津師範学校ニテ師範学科」に入学させるものした。予備学科生徒は、四分して三カ月ごとに一級を終えていくとして、第四級から第一級までの教則が示された。年齢は一四歳から三〇歳以下を対象とした。

長浜講習学校は、明治一〇年四月三日の設置・開校となっている。しかし、四月から一一月までは開校準備中であって、実質的に授業を開始した開校日は一二月一五日で、講習生と予備生が入学してきた日である。予備学科は定員三〇人を募集したが、応募者

表2　長浜講習学校の予備学科教則　明治10年4月　4級制（1年）

	地理学	歴史学	算術	作文	物理学
第4級	兵要日本地理小誌	鼇頭日本史略	四則応用累乗同除	日本文典1・2	物理階梯1
第3級	輿地誌略	万国史略	分数小数諸等	復文	同2
	〈生理学〉初学人身窮理				
第2級		近事記略・国史略	諸比例・百分算	記事	同3
	〈修身学〉勧善訓蒙	〈経済学〉経済要旨			
第1級		十八史略・続同	平方立方級数求積	論説	
	〈化学〉百工応用化学篇	〈教育学〉学校通論	〈自勉〉小学課業書		

はわずか一三人であった。『兵要日本地理小誌』・『日本略史』の二書の数箇所を読ませてその要旨を講義させた。算術は四則応用問題を与え設問（方式）を作らせ、作文は『書牘《しょとく》』を楷書で書かせた。入学試験の及第者はゼロ、下等小学の第四・五級程度の学力にも及ばない者ばかりであった。

一方、講習生は湖北三郡の現職小学教員を対象としたが、定員三〇人に対して応募者九人、入学試験合格者はわずか二人にとどまった。入学試験内容は、『日本外史』・『輿地誌略』・『物理全志』の三書の数カ所を読んで講義させ、算術は分数比例等の問題から方式を作らせ、作文は『記事論説』を楷書で書かせた。結果は七人が落第となった。これらの現職教員の学力レベルの低い現状について、講習学校教員は「即今ノ小学校ニ於テハ其任用スル所ノ教員未ダ精選ヲ尽セリト云フベカラズ　故ニ之ヲ試ミズシテ入学セシメルトキハ旧猶混淆《きゅうゆうこんこう》授業上大ニ困難ト」の認識をもった。

長濱講習学校は、このような入学試験結果を踏まえて、入学生がわずかでは学校存立の意義にもかかわると考えた。そこで応急対応として「試験生」制度を設けて入学者の確保を図ろうとした。「試験生」制度は、受験者が想定以上に学力が低いため、生徒数を確保できないと判断してやむを得ず設けた制度であった。

『長浜講習学校第一年報』「試験生教則」は、次のように設置目的を書いている。(6)「試験生トハ予備学科生講習学科生ヲ問ハス都《すべ》テ本校生徒タラント欲スルモノ」で、いまだ学力が不足して入学できない者である。彼らをあえて講習学校に入学させて「入校試験則ニ掲クル所ノ学課相当ノモノヲ教授シ　其進歩ノ景況ニヨリ本科ニ入ルヲ許ス」としたのである。入学試験の特例なので「敢テ期日ヲ定メス又人員ヲモ限ラサルモノトナス　故ニ本人事故アリテ退学ヲ乞フトキハ之ヲ許スコトアルベシ」とした。小学校教員を増大させねばならない現実や現職教員への新しい授業法伝習の必要性、また講習学校の存立意義の現実にかんがみ、入学特例を設けて試験生として受け入れを決断した。

2　幹事中矢正意と長浜講習学校蔵版『教師須知』の発行

(1)　中矢正意の履歴と人物像

表3に中矢正意の履歴を年譜にしておく(7)。中矢正意は、一八五九（安政六）年六月五日に愛媛県伊予国松山温泉郡小栗村三六番地に生まれ、後に松山市北夷町一〇八番地に移った。

表3　中矢正意の履歴

1859（安政6）年	愛媛県松山温泉郡にて出生（6月）
1864～67年	松山藩校明教館《めいきょうかん》にて四書五経、儒学、経史を学ぶ
1870・71（明治3・4）年	洋学所・普通学校に転じて「准司読《じゅんしどく》」「司読《しどく》」に任命 藩立の養生・典学の2舎で句読《くとう》を教授する
1873（明治6）年	県立居広《きょこう》学校の生徒だが生徒頭取に任じられる。 大阪府戸《と》谷孝精《たにこうせい》の千勤《かんきん》塾《じゅく》入塾（12月）経史、某氏に洋書を学ぶ
1874（明治7）年	10月に上京して東京府下に浪遊
1875（明治8）年	2月に海軍造船廠に入所、器械構造を学ぶが、6月身体虚弱のため退所。官立東京師範学校小学師範学科に転入。
1877（明治10）年	3月に官立東京師範学校の在学中、成績優秀で抜擢され定例学期を卒えずに卒業免状を公布される。小学師範学科同期生の大島一雄と共に滋賀県3等訓導として招聘（18歳）。長浜講習学校在勤を申し付けられ着任、4月に幹事。10月に第4番中学区管内小学巡視を命ぜられる。12月15日より教授開始。
1878（明治11）年	講習学校幹事となり、2等訓導に昇任。
1880（明治13）年	3月に長浜講習学校は資金欠乏のために廃校となる。5月徳島県師範学校教諭兼監事になり転任。
1881（明治14）年	5月23日依願退職。ついで千葉県師範学校長になる。
1882（明治15）年	7月虎列拉《コレラ》病にて死去。享年22歳。

滋賀県は、県師範学校教員に訓導資格を有する官立師範学校卒業生を招聘していく。一八七二（明治五）年九月開校の官立東京師範学校からは、八幡東学校に並河尚鑑（明治八年三月卒業生）、滋賀県師範学校教員に北村礼蔵と斎藤寿蔵（共に明治八年六月卒業生）、長浜・開知学校に藤田清（明治八年一一月卒業生）、神崎郡金堂村の明新学校に柳田昌方（明治九年四月卒業生）が着任して、最新の教則や教授法による授業を行っていた。

長浜・開知学校には、官立東京師範学校から明治九年一月に藤田清がすでに着任していた。藤田清の後輩の中矢正意と大島一雄は、

明治一〇年三月に滋賀県に着任した。中矢と大島は一八七五（明治八）年六月入学の官立東京師範学校の同期生で、七七（明治一〇）年三月に卒業した。大島一雄の日記帳には、横浜から船で神戸に来て、大阪から淀川を川船で伏見まで来て、伏見から大津に到着した。宿で休憩している時、三月二四日に西南戦争が勃発したことを知る。当時陸軍の軍籍のあった大島一雄は即日西南戦争に招集され、大阪から船で九州に派遣されて約七カ月間従軍し九州各地を転戦した。

一方、中矢は予定通りに大津から湖上船で赴任先の長浜講習学校に着任した。大島は西南戦争終結後の一〇月に九州から帰県、大津・開達学校にやっと着任できた(8)。表3に見るように、中矢正意は、愛媛県士族で松山に生まれ、一五歳で東京に上京。海軍造兵廠に入り技術者の道を歩もうとするが、中途で進路を教育者への道に変えている。

中矢正意の長浜講習学校の教員時代は、一八七七（明治一〇）年四月から八〇（明治一三）年三月まで三年間、満一八歳から二〇歳であった（『近江新報』の西川太治郎の記事では二〇〜二二歳としている）。その後、八〇（明治一三）年五月から徳島県師範学校で一年間、八一（明治一四）年五月から千葉県師範学校で二カ月間在職したが、八二（明治一五）年七月にコレラによる病で二二歳の若さで倒れた。

(2) 中矢正意の編纂本──『教師須知』・『習字手本』・『滋賀県管内坂田郡誌』・『滋賀県管内浅井郡誌』

中矢正意は、長浜講習学校蔵版本として『教師須知』一九七八（明治一一）年九月　大津・沢宗次郎、『習字手本（坂田郡浅井郡伊香郡）』一八七九（明治一二）年、『滋賀県管内浅井郡誌』一八八〇（明治一三）年の三冊を編輯している。長浜講習学校蔵版とはなっていないが、『滋賀県管内坂田郡誌』一八七九（明治一二）年四月　大津・沢宗次郎　も編輯している。奥書の中矢の住所は、『教師須知』が坂田郡第一八区南高田村五番地寄留、『習字手本』と『滋賀県管内坂田郡誌』が坂田郡第一七区長浜八幡社町一番地寄留、『滋賀県管内浅井郡誌』が坂田郡長浜神前町一番地寄留となっている。

図1　『教師須知』明治11年

図2　『習字手本』明治12年

これらの著作のうち、『教師須知』は、明治初年に滋賀県で編集・発行された唯一の本格的教育学書である。[9] 中矢は「緒言」で、「小学教師タラントスルモノノ日常知ラサルヘカラサルノ要件」を書いたとして、「当校生徒ニ授ケンガ為メ纂輯《さんしゅう》セルモノニシテ素《もと》ヨリ尋常著作ノ如ク徒《いたずら》ニ売買ノ利ヲ図ルモノニアラス」と述べている。一三三頁に及ぶ大部の本格的な教育書である。中矢の基本理念は、冒頭の「小児ノ教育」で「厳刻《げんこく》ニ過クヘカラス力《つと》メテ簡易ニシテ快楽《かいらく》アルノ教授ヲナシ求メテ　児童ノ意ニ適セシメ卑ヨリ高キニ登リ近ヨリ遠キニ至ル」順序で教えるべきとした。また、「初メハ勉メテ小児ノ感覚力《かんかくりょく》ヲ挑発《ちょうはつ》シ智力《ちりょく》ヲ培養《ばいよう》スルヲ第一トス　蓋《けだ》シ智力ヲ培養スルハ万物ニ就キ其ノ性質ヲ考究《こうきゅう》シ用法ヲ思《し》慮《りょ》セシムルニアリ」として、子どもは「感覚鋭敏思考迅速《かんかくえいびんしこうじんそく》」であるので、よく性質をとらえて教授にあたるべきとした。中矢の示したこの考え方は、開発教授法に基づく当時の最新の教授法であった。

『教師須知』の構成は、一～一七頁の教育学原論の部分と、一八～一三三頁の「下等小学教授方法総説」からなる。後半部は「教師須知附録第二」一八～五七頁で八教科（読書・問答・書取・作文・口授・算術・書方・体操）の具体的教授方法を述べ、

「教師須知附録第二」五八〜一二三頁では「問答法」の理論と実践事例（「掛図」・「実物観察」）を示した。「問答法」の具体的な教授方法をていねいに説明しているのである。

同校生徒であった西川太治郎《にしかわたいじろう》は、『教師須知』について「当時教科書に用いられ三郡の小学教師は之を愛読せるものなりき」と述べている（『近江新報』一九一八年九月）。長浜講習学校の生徒用の教授法教科書であるとともに、湖北三郡の現職小学校教員のために書いたものであった。とくに、附録第二では「問答法」の取り扱い方に多くの頁数を費すとともに、「問」「答」の指導事例を詳細に紹介している。それは「問答科」が一八七七（明治一〇）年六月の「滋賀県改正小学教則」で初めて示されたが、小学教員の誰もがその教科の内容と教授方法を全く知らなかったからである。

3　小林撰蔵と長浜講習学校の教員養成の実態

(1) 小林撰蔵の履歴と講習生徒への指導

小林撰蔵は、中矢正意の下で一八七七（明治一〇）年七月の長浜講習学校の設立当初から七九（明治一二）年一二月まで在勤した。同校から転勤後、滋賀県下の巡回教員として八〇（明治一三）年一月から神崎郡巡回教員、八一（明治一四）年七月から坂田郡巡回教員となり、八三（明治一六）年一一月の巡回教員制度の廃止まで勤めた。小林は、一八五三（嘉永六）年一二月に長岡藩士の子に生まれ、新潟県長岡町字千手小頭一〇番地が原籍である。小林撰蔵の履歴は次の表4のようである。[10]

小林撰蔵は、幹事中矢正意を助けて講習学校生徒の指導にあたった。小林の遺した資料中に長浜講習学校の詳細な「庶務概旨」がある。西川太治郎は、『近江新報』連載第一三〜一五回で小林撰蔵の自筆原稿（伊香郡南富永村大字宇根の木村喜左衛門からの借用資料）の全文を紹介している。この文書によって、一八七七（明治一〇）年一一月から七九（明治一二）年五月の長浜講習学校の生徒の実態が明らかとなった。小林は、講習学校教員として授業を行いながら、湖

表4　小林撰蔵の履歴

1853（嘉永6）年	新潟県長岡町生まれ（12月）
1861（文久元）年	長岡藩儒山田賜・田中春景から四書五経、文選を習う。左氏伝、文章規範の講義受ける。父黙斎から筆法を学ぶ
1871～74（明治4～7）	上京して東京の諸塾で、洋書・洋算初歩を修学
1875（明治8）年	官立新潟師範学校に入学（2月）
1876（明治9）年	官立新潟師範学校を卒業(12月)、在学1年10カ月（23歳）
1877（明治10）年	2月7日に滋賀県3等訓導任命、大津師範学校在勤申し付けられる。7月に長浜講習学校へ転勤、12月開校から教授開始
1879（明治12）年	5月同校を辞職。
1880（明治13）年	滋賀県神崎郡巡回教員となる（1月）
1881（明治14）年	同坂田郡巡回教員となる（9月）、83（明治16）年11月解職
1884（明治17）年	4月大阪府3等助教諭となり、大阪府立芝井中学校に在勤
1886（明治19）年	2月3日大阪府立郡山中学校に転勤するが、同月17日依願免職、11月1日滋賀県神崎郡第4区小学校長高等科山本小学校（現東近江市五個荘小学校）に任命（月俸20円）
1887（明治20）年	7月30日東浅井郡尋常科野瀬小学校長・尋常科高山小学校長（両校は統合して現長浜市浅井東小学校）
1888（明治21）年	4月4日依願退職。6月に脚気症にかかり、長岡町に帰郷
1889（明治22）年	9月14日逝去（37歳）。21日長岡町大工町本妙寺に埋葬

北三郡の小学校を廻って同校への入学を勧誘し、また入学試験担当教員として業務を行いつつ、入学後の生徒の学力向上に努力を払った。

表5の一八七八（明治一一）年「庶務概旨」から、長浜講習学校の入学生徒、卒業生徒の景況を具体的にとらえることができる。一八七九（明治一二）年以降の分は、発見されていない。

表中に見るように、小林撰蔵は長浜講習学校が当面した厳しい現状と真剣に格闘した。一八七八年は年間を通じて、長浜講習学校への入学生徒数を確保する問題と向き合い、入学者増加の努力を重ねた。「試験生」制度を作り出したが、入学させても講習学校の教育内容を理解できる学力がなく、授業についていけない生徒が多かった。そのため卒業試験で落第生徒が多く、昇級させられないという深刻な現実に向き合わざるを得なかった。

表5　明治11年1～12月の長浜講習学校

1月7日	講習学科試験生5人、予備学科試験生2人を本科生に編入。他の学科生は学力不足で、その程度に合わせて「分離」「合併」して授業を行う
22日	出願者1人あり。試験実施の上講習学科試験生として入学許可
25日	講習学科入学試験を実施、試験生3人を入学許可
2月5日	講習学科試験生1人の入学許可
13日	卒業試験を実施、講習学科生6人（明治10年12月開校後の入校者で第1回卒業生）
19日	予備生志願者1人試験、入学を許可
21日	臨時試験を実施。予備学科試験生の内5人を本科に編入
22日	講習学科志願者2人を試験。試験生と本科生各1人として入学許可
24日	10年12月講習学科試験生1人を本科生へ転籍
26日	予備学科試験生1人の退校許可。予備生志願者1人を試験生で入学許可
3月中	入校者木村·河辺·平の3人あり。
15日	入学試験を実施。藤田のみ講習生で入学許可
4月4日	講習生志願者2人（石崎·岩田）を試験生で入学許可
11日	予備学科試験生の内1人退学
15日	講習学科試験生1人を入学許可
17日	講習生1人を試験　18日に講習学科試験生で入学許可
5月1日	臨時試験実施、講習学科試験生4人を本科に編入（3月以来の入校者） 〈10年12月入校の予備生2人と11年3月15日入校1人を併せて、第4級より第3級に昇級させる。開校以来初度の改級〉
11日	講習科試験生1人を本科生に編入（1日昇科できなかった者） 〈本校生徒の員数；講習学科生5人、同科試験生5人、予備学科第3級生3人、同第4級生7人、同試験生2人。合計22人〉
28日	5月1日臨時試験で本科生昇級の講習生4人に第1回講習済の証書を交付（本校第2回卒業試験）。4人は3月以来前後の入学者。 3月中の入学者3人の内岩田平と4月中入校した1人を本科に編入
6月12日	10年12月入校の予備試験生1人、故あって退学
25日	講習生3人を卒業させる〈第3次卒業試験〉。講習科試験生悉皆6人を本科に編入。予備学科第4級生を3級に昇級させ乙生とする。「本校開業以来始めて両学科に試験生を見ず、生徒学力のやや進歩するに足る」小林のコメント
7月19日	卒業試験を実施。講習生徒6人に証書交付〈第4次卒業試験〉 3人の講習学科志願者があり試験生とした。新生徒3人、旧生徒7人の合計10人。但し、旧生徒は皆予備科で第3級甲·乙の2組。
8月5日	講習科志願者1人を試験生で入校許可、合計11人。生徒数が少なく教員3人で湖北3郡を巡回して、入学督促の誘導。
8月15～ 9月20日	勧誘の成果があって、予備科試験生8人、講習科本科2人、講習科試験生5人の合計15人となる。新旧生徒は併せて26人、再入学者1人を加えて計27人。開校以来の生徒数は最大。
〈学科名の改変〉	「講習科」（従来の「予備科」を変更、在学2年間）、 「速成科」（従来の「講習科」を変更、在学3カ月間）
11月4日	卒業試験を実施して、速成生11人を退学させる（第4次卒業試験）。この生徒は7月以来の入校者、内1人落第
20日	速成科志願者4人で内1人を試験生で、講習科志願者の内1人を試験生で入学を許す
27日	速成科及び講習科へ各1人を入校させる
12月 23·24日	両日臨時試験を行い、上席者3人に1等賞、2等賞を付与

（2）湖北地方の教員の学力向上への努力

小林は「庶務概旨」中で、長浜講習学校の置かれた立場や、湖北三郡の小学校教員の現実に対して彼の卒直な意見を述べた。小林の記録を再現してみよう。まず「一月以来一日として入学試験を施《ほどこ》さざるなく、施すとして入学を許さざる無く、許して而して教授せざるなく教授して而《しこう》して敢《あ》えて不親切を懐くにあらず、親切に教授して而して学力進まず人員多からず、蓋《けだ》し其入学人員の如きは或は一人、或は二人、数里の山僻より募集期日に先後して来るを以て、煩《はん》は煩《はん》なりと雖も之を拒絶するは本校の意にあらざるが故に　毎に之を容《い》るるなり。此に於《おい》て乎《や》本校の事務多端の上に多端を増す」と語っている。

さらに、小林は入学試験での現職教員の学力レベルの低さを鋭く指摘している。「本年中に来《きた》つて試験を請《こ》ふものは　是皆一校の主任の責を担当すべき気力なく　又其学力の如きも多くは円満のものない　故に試験に先立ち予《あらかじ》め其書面に下等の二字を記し置くも　未曽《いまだかつ》て過《あやま》たざるなり。甚しきは算術・作文等は皆答へ難く　加之《これにくわえ》一行の読本も不通の者あるなり。故に学力試験の例に非ずと雖も　落第を命じ証書を交付せず」にしようとした。

しかし、現実はそういうわけにもいかず、「但し皆此の如しといふにあらざるなり　而して其人多くは近傍富豪の子弟か　若くは数里外旧藩士にあらざるはなし　其学力稍《やや》上等を占むるものは　独り他管下の人のみ」の現状であるが、人を教育する情は薄くてはいけない、心厚く持って教育者の教育行うべきだとした。

小林は、入学試験で学力が低い生徒を入学させた結果、講習学校の授業で大きな影響が出てくる問題点を指摘して、その対策を考えねばならなかった。「新入生は多分旧村落学校の生徒なりしを以て　或は算術巧なりと雖も読書力に乏しく　又偶々《たまたま》此二科に敏なりと雖も　或は作文に疎《うと》き等の恐れありて　之を教授するの困難なる亦此時より甚だしきなし」。

幹事中矢正意は、近代的な教授法とは何かを『教師須知』で地域の教員に示して、新しい教授法に慣れさせていく

啓蒙的側面に重点を置くものであった。他方、小林撰蔵は地域の教員の現実の学力実態を把えて、そこから教員の実力を向上させることを重視した。講習学校を現実的に機能させていくため、小林は学力レベルが低くとも入学させ、在学期間中に小学校教育の重要性に気づかせ、地道な努力で授業方法の改善への意欲を持たせようとした。

4　梶山弛一と郷土地誌教科書の編纂

中矢正意、小林撰蔵とともに、草創期の長浜講習学校の教育を担ったのは、梶山弛一《かじやましいち》であった。梶山は一八五九（安政六）年五月二四日に長州藩士族の子に生まれ、山口県豊浦郡長府町第一一三番屋敷の出身である。一八八一（明治一四）年一〇月にになり、滋賀県師範学校から大阪府師範学校に転じている。後に大阪市内の小学校長、大阪市学務委員を歴任、九八（明治三〇）年一二月に故郷山口県赤間関《あかまぜき》高等小学校長となっていった。一九〇八（明治四一）年頃は下関高等小学校長に在勤。〇七年に文部省より小学校教員功績状を受領、翌〇八年には帝国教育会より効牌《こうはい》を受領している。一五（大正四）年一月二〇日に逝去、享年五六歳であった。

梶山弛一は、官立大阪師範学校小学師範学科で一八七四（明治七）年二月一六日から七五（明治八）年三月一八日まで学び、七五（明治八）年四月より奈良県三等訓導として寧良書院《ならしょいん》に勤務し、七六年七月に堺県南旅籠《みなみはたご》小学に転勤した。七七（明治一〇）年初めに大津師範学校に招聘され、四月に長浜講習学校の設置が決定すると、長浜への転任を命じられた。同校の在任期間は七八（明治一一）年一二月末までで、七九（明治一二）年一月に再び大津師範学校に転任した。同年一〇月に若越四郡と湖北三郡の小学校臨時試験の巡回教員を命ぜられ、これに従う。八〇（明治一三）年一月にその功績で四等教授に昇任、八一年二月校名を改称した滋賀県師範学校教諭となるが、一〇月に依願退職した。梶山弛一は、滋賀県の郷土地誌教科書として『滋賀県地誌』（明治一三年）を編集している（後出の第14章二七七〜二八一頁で詳述）。なお、長浜講習学校の関係では、梶山の後任教員となった長瀬登喜雄《ながせときお》が『滋賀県管内伊香郡誌』（明治一二年）

を編纂している。

おわりに

長浜講習学校に関する資料は、滋賀県公文書館の県庁文書でも少なく、湖北三郡の教員養成学校の実態を描くことは困難だと思っていた。しかし、西川太治郎の『近江新報』の一九一八（大正七）年九～一一月の記事を発見できて、三年間しか存続しなかった長浜講習学校の教育が浮かびあがってきた。『近江長浜町志』第三巻には講習学校の存在を簡単に説明していた[11]。本章では、中矢正意、小林撰蔵、梶山弛一の三人の初期教員に焦点をあてて、湖北三郡の長浜講習学校の教員養成の実態に迫ってみた。明治初期における湖北三郡の小学校教員の学力実態や教員養成学校における現職教員への苦闘に満ちた教育が具体的に明らかになった。また、官立師範学校卒業の教員の新しい授業法伝達の努力のあともたどることが出来た。残念なのは、長浜の開知学校との関連資料がなく、この時期に県下最大規模の小学校教育とのつながりは明らかにできなかったことである。

『明治十年九月　定期試験立合巡視功程』の坂田郡、浅井郡、伊香郡の小学校定期卒業試験には、長浜講習学校の三人の教員が立合教員として各校を巡校して報告書を書いている。第五冊と第六冊の報告書で、坂田郡第一～七二番小学区を中矢正意、浅井郡第七～一

長濱《ながはま》講習《こうしう》學校の回顧《くわいこ》（六）
同窓中の現存者

湖北三郡より講習學校に入學したるもの又は一旦大津傳習學校を卒業し各小學校に職員たりし人々にて復習を受けたるものを算すれば其數二三百名以上にも達すべし、而も四十年の久しき其間不幸病歿したるもの頗る多く、今現存するもの寥々として甚だ稀なり、吾人の知り得たる處は左の諸氏に過ぎず

阪田郡春照村字高番藤田秀三郎△同郡鳥居本村森居嘉一郎△同上松宮清吉△同郡長濱町淺見勇次郎△同郡大原村字下夫馬瀧方重太郎△同郡同村字間由松田勇治郎△同上大久保常五郎△同村字小田竹勝宇平△同郡六荘村字宝（元入江村字世継相宗勘彌事）柴田源左衛門△同郡東黒田村字大鹿（酒井上事）大橋與惣次郎△彦根町金龜農園（東黒田村字志賀谷出身）阿原左金吾△京都市大宮丸太町（長濱町出身）杉本善郎△蒲生郡日野町（鳥居本村出身）水谷拾太郎△東淺井郡大郷村字大濱（加納村出身）大濱吉太郎△東京市四谷區傳馬町一丁目三十七（大郷村曾根出身）大岡純太郎△東淺井郡上草野字鍛冶屋伊藤喜三郎△東京市下谷區新坂本町五（伊香郡中ノ郷出身）杉野文彌△伊香郡南富永村字宇根（藤喜太郎）木村喜右衛門△同郡片岡村字東野平澤豐三郎△同郡古橋木下△同郡河合川邊△阪田郡入江村字世継（箕田龍然事）北村外吉△大津市伊勢屋町六（東淺井郡大郷村字南濱）西川太治郎

尚此他に洩れたる人あらん御承知の方は本社西川宛報告あらん事を望む

△大岡氏書狀　在東京四谷區傳馬町二丁目三十七番地大岡純太郎氏よりの書信左の如し

先般は故中矢先生の事今回は小林梶山諸先生の事紙上にて拜見仕り候諸先生[illegible]を得て衷心感喜に堪へざる處に候恰も小生は十一二歳の腕白盛り中矢先生のコワサ小林先生のヒゲ等尤も深き印象に有之今復眼前にチラツキ轉た懷舊の情に堪へず云々

図 3　『近江新報』大正 7 年 11 月 12 日

二〇番小学区を小林撰蔵、浅井郡第一二一～一七一番小学区を梶山弛一が担当した。さらに幹事中矢正意は附録に坂田郡巡視景況、伊香郡巡視景況の二編も執筆している。三人による明治一〇年段階の調査報告を加えて分析すると、滋賀県の湖北農山村地域における明治初年の小学校実態がもう少し明らかにできたかもしれなかった。

注

(1)『近江長浜町志』第三巻本編下（一九八八年　臨川書店）三六八頁、戦前に中川泉三が編纂・執筆していたが、発行中断していたものを戦後の一九八八年に刊行。

(2)滋賀県庁文書（滋賀県公文書館所蔵）『長浜講習学校一件』「明し一六六―一　学務課」、「講習学校取締之義ニ付願書　明治一〇年一一月一九日」各区区長総代に第一六区長日比久衛、第一五区長川瀬兵内の連印がある。『明治一二年長浜講習学校願伺届書　学務課』「明し一六六―二」長浜講習学校幹事中矢正意と学務課との往復文書がある。明治一二年三月一一日付学力試験保証書交付者名簿に外来者六一人、旧講習学科生二一人が記載されている。

(3)江龍清雄書状「乍恐以書付奉願上候　明治六年三月二日」（滋賀県令松田道之宛　三村一校小学校開設許可）、同資料の出典は「米原町史所蔵資料　第五三九号」である。『米原町史』二〇〇二年参照

(4)江龍清雄（一八三一～一九〇四年）『改訂近江国坂田郡志』第三巻下　一九四三年

(5)『長浜講習学校第一年報』（明治一一年）、内閣文庫『滋賀県史』第二編二十七「政治部学校五」彦根伝習学校、小浜伝習学校、長浜講習学校（明治八～一〇年）

(6)『同上書』（前掲　注5）

(7)長浜講習学校の教員履歴については、講習学校卒業生で小学校教員を経て、後にジャーナリスト、政治家になった西川太治郎《にしかわたいじろう》「湖北三郡公立長浜講習学校回顧録」『近江新報』一九一八（大正七）年九～一一月が詳しい。同新聞の連載は、九月七日「元長浜講習学校長中矢正意氏の遺族」、八日「上野きみ子より」、一〇日「大島一雄氏は中矢正意氏と同期生」の三本の記事と、一一月六日からの一六回連載「長浜講習学校の回顧」からなる（連載日付は第一～八回までの一一月六、七、八、一〇、一一、一二、一三、一四日、第一二～一五回まで二〇、二二、二四、二六日）（図3）

　西川太治郎は、東浅井郡大郷村字南浜出身で維新学校・川道学校を卒業、巡回訓導小林撰蔵に勧められて一八七七（明治一〇）年一二月五日に長浜講習学校に入学。湖北地域で小学校教員を勤めた後、『近江新報』社主となる。西川は大津伊勢屋町六番地で『近江新報』を発行。卒業生が「其数二三百名以上にも達す」学校であったのに、一九一八（大正七）年頃に四〇年前の長浜講習学校が

忘れさられていることを憂えた。自ら主宰の新聞に関係者からの聞き書きと調査の連載を掲載した。坂田郡役所に保管中の長浜講習学校資料「失火ノ為メ焼失シタレバ他ニ復見ルベキモノナシ」であったからである。

(8) 拙稿「大島一雄」『近代滋賀の教育人物史』サンライズ出版　二〇一八年

(9) 中矢正意、『教師須知』(一八七八年九月　出版人沢宗次郎)滋賀県立図書館所蔵。滋賀県下で発行された問答法の教育書として、中矢の官立東京師範学校同級生で盟友大島一雄の『実物問答』巻一・二・三(一八八一年　沢宗次郎・小川義平)がある。

(10)『新潟第一師範七十年史』一九四三年　官立師範学校時代　一～四二頁(竹田進吾氏の教示による)、『新潟県教育史』上巻　一九四六年　四・一～四三七頁、官立新潟師範学校卒業生名簿に、小林撰蔵と共に遠藤宗義の名前がある。遠藤宗儀は山梨県、愛媛県で在勤後、滋賀県尋常師範学校長(一八九〇年六月～九三年二月)に着任した。他に『新潟県教育百年史　明治編』(一九七〇年)　官立新潟師範学校は二一二～二二五頁、『新潟市義務教育史　明治編』(一九七三年)には七二～七九頁に記載がある。

(11)『長浜市史』第四巻(二〇〇〇年)は、第一小学校開校から開知学校に頁を割くが、公立長浜講習学校については全く記載していない。『前掲書』(注1)中川泉三執筆は、長浜講習学校について叙述している。

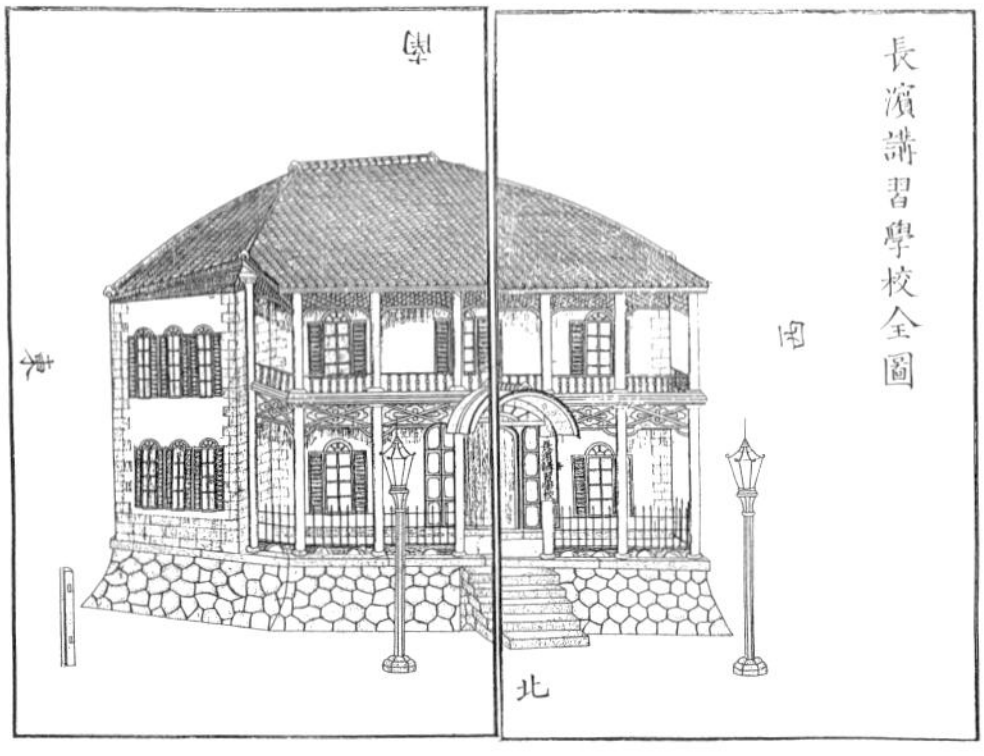

図 4　長浜講習学校の校舎図

(『長浜講習学校　第一年報』明治 11 年)

第四部　学区取締正野玄三の『黌御用日誌』

第11章　学区取締正野玄三の小学校巡視—明治八〜一〇年—

はじめに

明治初期の教育行政を見ていく上で、「学制」で定められた学区取締の職務は極めて重要である。滋賀県蒲生郡日野町の薬製造業で薬業商人正野玄三は、一八七五〜七七（明治八〜一〇）年の二年五カ月間、第一〇番中学区の学区取締として活動した。正野玄三が残した『明治九年黌御用日誌《こうごようにっし》』、『明治十年黌御用日記《こうごようにっき》』の二冊（九年・十年で異なる表題であるが、ここでは「日誌」に統一する）の学事日記及び一連の学区取締資料から、当時の小学校の設立・開校、滋賀県の権令や県学務課の小学校巡視、等級制度と就学実態、「変則教授」から「正則教授」への転換、地域版教科書の刊行など、地域における草創期の小学校の実像に迫っていくことができる。

1　滋賀県における学区取締

学区取締とは、一八七二（明治五）年の「学制」によって定められた職制である。「学制」第八章から第一四章には、地方教育行政をになう学区取締の職務内容や取締人の選定方法、給料の規定が書かれている。明治政府は「学制」において全国を八大学区、一大学区に三二中学区、中学区には中学校一校を置き、二五六中学校を設置して、一中学区

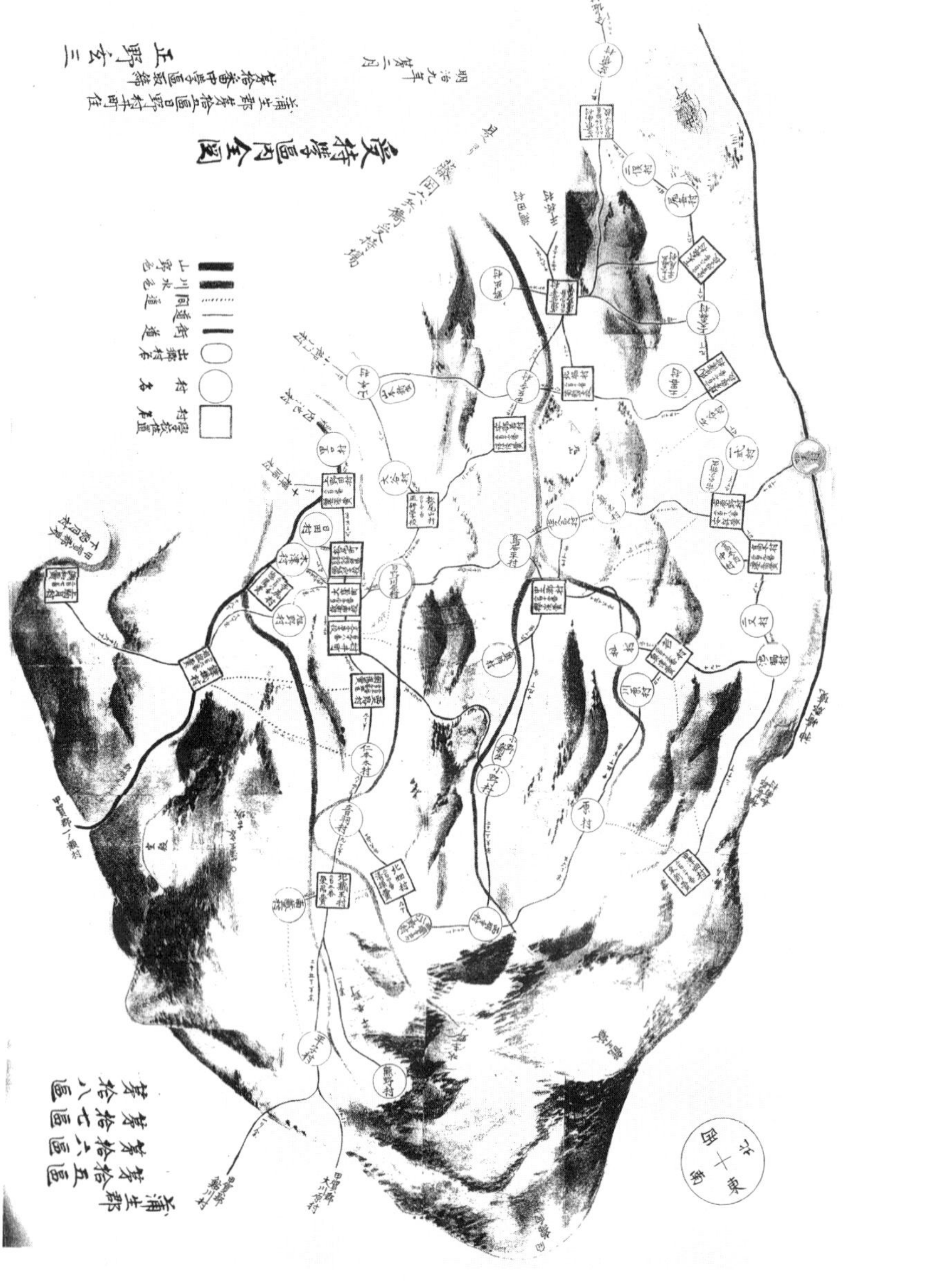

図1　学区取締正野玄三の受持学区図　明治9年2月

に二一〇小学区、区ごとに小学校一校を置き（六七二〇カ所）、全国で五万三七六〇校を設けるとした。政府は、近代的な学校制度の創出にあたって、学区ごとの小学校を設立・開校させ、学校の維持・管理をする人材として学区取締人を各地方で選定し、彼らの力に依拠して対処しようとしたのである。

一中学区の学区取締人は一〇～一三人として、一人で二〇～三〇小学区を分担させるとして、次の職務内容を定めた。「学区取締ハ専ラ区内人民ヲ勧誘シテ務《つとめ》テ学ニ就カシメ　且学校ヲ設立シ　或ハ学校ヲ保護スヘキノ事　或ハ其費用ノ便用ヲハカル等　一切其受持所ノ小学区内ノ学務ニ関スル事ヲ担任シ　又一中学区内ニ関スル事ハ　互ニ相議シ専ラ便宜ヲ計リ　区内ノ学事ヲ進歩セシメンコトヲ務ムヘシ」（第八章）(1)。

では、学区取締人はどのように選ぶべきか。「学区取締ハ地方官ニ於テ之ヲ命スヘシ」と指示して、人名は大学本部ごとの篤学局《とくがくきょく》に届出すべしとした（第九章）。さらに「学区取締ハ其土地ノ居民名望アル者ヲ撰ムヘシ」として、地方の名望家《めいぼうか》と呼ばれる人びとを登用するべしとした（第一〇章）。また、学区取締人の給料は「土地ノ情態ニヨリテ之ヲ定ムヘシ此給料ハ土地ヨリ出スヘキモノトス」として、町村によって支払うことを命じた（第一一章）。学区取締人の重要な任務として、「一般人民で学に就く者（就学者）は学区取締に届くべしとして、六歳以上で学に就かない者はその理由を学区取締に届けよ」と、人民の就学実態の把握と不就学生徒への就学督促をあげている（第一二章）。

明治初期の小学校の設立・開校の状況や学校教育の実態や地域教育の課題性を明らかにするうえで、学区取締の研究は重要な手がかりを提供するものである。全国の学区取締がそれぞれの地域にねざした教育行政、学校事務、教員政策をどのように行ったかについて、次のような先行研究がある。長野県（旧筑摩県）では、中原豊太郎の研究や長野県教育史に紹介された並木衛七、北村門之丞、静岡県では裾野市の湯山半七郎、大阪府（旧堺県）では旧堺県の山中善治、福井県では大野郡の吉田拙蔵、栃木県では旧足利県の木村半兵衛の研究がある(2)。いずれも名望家たる学区取締人が残した学事日記や学事日誌メモ、学区取締の報告資料、各府県との往復文書などに依拠したすぐれた先駆的

研究である。

さて、滋賀県では、一八七四（明治七）年一月二八日の達書第七六号から第七九号で、学区取締人を選挙で選ぶ布達が出された。同年五月二九日の第四五九号通達で学区取締の身分を十五等に準じるとし、副区長次席とした。しかし、一八七五（明治八）年一月四日の布達第八号でなぜか学区取締人を廃止し、教育事務の取扱は正副区長の担当と

表 1　滋賀県の学区取締人　明治 8 年 5 月 4 日

受持小学区	郡区	村	氏名
〈第 9 番中学区〉			
1〜26	高島郡第 5 区々長	今津村	橋本兵次郎
27〜55	第 7 区	霜降村	横江彦右衛門
56〜74	第10区	野田村	高島武修
75〜93	滋賀郡第 4 区々長	太間村	加藤嘉左衛門
94〜108	第11区		中村庄右衛門
109〜128	第15区	中浜村	和邇武次郎 ＊9月17日第16区木戸良貞に変更
129〜154	栗太郡第 3 区々長	小柿村	中村喜平次
155〜220	第 4 区	手原村	里内籐五郎
〈第 10 番中学区〉			
1〜28	甲賀郡第 1 区々長	東寺村	山中亦四郎
29〜44	第 5 区副区長	北土山村	伊東清助
45〜81	第 7 区々長	瀧村	滝川　昇
82〜101	野洲郡第 4 区々長	永原村	福谷三郎兵衛
102〜124	第 6 区々長	比留田村	伊藤甚右衛門
125〜141	蒲生郡第 3 区	古川村戸長	益田可永
142〜160	第 8 区副区長	上田村	久郷東内
161〜195	第16区	西大路村戸長	藤岡粂太郎
196〜220	第15区	日野村井町	正野玄三
〈第 11 番中学区〉			
1〜29			人名未定 ＊後に阿部市郎兵衛
30〜50	神崎郡第 7 区々長	山上村	川合彦五郎
51〜78	愛知郡第 4 区々長	平松村	馬野喜平
79〜105	第 7 区長	栗田村戸長	珠玖清左衛門
106〜122	犬上郡第 8 区々長	勘定人町士族	外村省吾
123〜147	第13区々長	高宮村	郡田儀次郎
148〜173	第20区々長	葛籠町村	水上甚蔵
〈第 12 番中学区〉			
1〜25	坂田郡第 1 区々長	柏原村	西村愛蔵
26〜54			人名未定
55〜72	第16･17区々長	長浜神戸町	浅見亦（又）蔵
73〜95	浅井郡第 3 区	北ノ郷村	草野忠蔵
96〜121	第 8 区々長	加村	脇坂此母
122〜134	第14区々長	沓掛村	川越猪平
135〜159	伊香郡第 5 区々長	黒田村	東野弥九郎
160〜171	第 6 区	木ノ本村戸長	富田八郎

（滋賀県布達第 373 号）

して一般事務と兼務させている。だが、同布達は直ちに廃止された。正副区長の職務との兼務では無理であったので、四月七日に布達第二七八号で身分を十四等にあげて区長上席とし、処遇の改善を図った。滋賀県権令籠手田安定は、地方の名望家の中からより適任となる人物を選んで、給与面を改善して小学校の設立を推進しようと図った。

同年五月四日に県布達第三七三号で、学区取締の給料支給方法を定めると共に、滋賀県内の学区取締人三二人の任命を布達した。(3) 給料は一カ月金八円で、半額は文部省の委託金、残りの半額は受持学区内から渡すとして、町村の正副区長に各学区から取り立てるよう指示した。第九番中学区（高島郡・滋賀郡・栗太郡）八人、第一〇番中学区（甲賀郡・野洲郡・蒲生郡）九人、第一一番中学区（神崎郡・愛知郡・犬上郡）七人、第一二番中学区（坂田郡・浅井郡・伊香郡）八人の四中学区三二小学区の内、五月四日には三〇人の氏名が掲げられ、二人が未定であった（表1）。

滋賀県の学区取締人の資料は、栗太郡の里内藤五郎の任命書と学校巡視が知られていたのみであった。蒲生郡の日野町史編纂の過程で、正野玄三家資料中に明治九～一〇年の二冊の学事日誌と明治八年の学区巡視日録、県庁との往復文書などを発見して「学区取締正野玄三の活動」として紹介した。(4) その後、近江八幡市史の編纂過程では、同じ蒲生郡の学区取締久郷東内の明治八～九年の「小学校巡視上申書」が発見できた。

2　近江日野の名望家正野玄三の学区取締任免書

(1)　正野玄三の学区取締任免書

一八七五（明治八）年五月四日に滋賀県権令籠手田安定から、正野玄三は第一〇番中学区の第一九六～二二〇番の小学区の学区取締人に任じられた（任命書は五月二日付）。同年五月二六日に第一八九～二二〇番小学区へと担当学区が広げられた。以後、一八七七（明治一〇）年一〇月二三日の辞任願が承認されるまで二年五カ月間、正野は担当の

学区取締の職務に専念した(5)。

正野玄三は滋賀県に対して、四回にわたり学務取締の辞職願を提出している。しかし、そのたびに学務課長奥田栄世から慰留されている。第一回目の辞職願は、一八七六（明治九）年一一月二二日に提出したが、即座に却下された。第二回目の辞職願は、一八七七（明治一〇）年三月の提出で、理由を「多病につき」としたが却下された。同年五月の第三回目の辞職願も病気を理由にするが、これも却下された。第四回目の辞職願は八月一六日で、理由を「眼力弱まり、痔症《じしょう》悪化のため小学校各校の試験に欠席がちのため」として提出して、やっと認められた。一〇月二三日に退職許可（職務差免）受理の辞令を受け取っている。

学区取締の職務は、家業の片手間に行うことができないほどの大変な激務であった。玄三は、同年夏以降に眼病を患ったうえ、人力車にも乗るのが困難なほど痔症によって体調が悪化していた。表2に正野玄三の「学区取締任免関係書類」の任免書を掲げておこう。一～三は任命状で、四は差免状である。

表2　正野玄三の学区取締の任免書類

1　学区取締任命書1
「蒲生郡第十五区日野村井町　　　正野玄三
　　第十番中学区取締申付候事
　　　但第百九十六番小学区ヨリ第二百二十番小学区迄可為受持事
　　　　　　明治八年五月二日　　滋賀県　印」

2　学区取締任命書2
「学区取締　正野玄三
　　月給八円給与可致事
　　　但半額ハ県庁ヨリ下渡半額ハ受持学区内ヨリ支給可致事
　　　　　　明治八年五月二日　　滋賀県　印」

3　学区番号御奉書
「蒲生郡第十五区日野村井町　　正野玄三
　　第十番中学区取締申付候事
　　　但第百八十九番小学区ヨリ第二百一番小学区マテ并二百九番小学区ヨリ二百二十番小学区マテ可為受持事
　　　　　　明治八年五月廿日　　滋賀県　印」

4　学区取締・医務取締免職辞令書
「学区取締 医務取締　正野玄三
　　　依願庶務差免候事
　　　　　　明治十年十月廿三日　　滋賀県　印」

(2) 学区取締の七代目正野玄三（一八二五〜一八八一）の人物像

正野玄三家は、蒲生郡日野町の江戸時代から続く製薬業者であった。初代の正野玄三は、一六五九（万治二）年に生まれ、幼名を万四郎、源七、教西と称した。家業の農業のかたわら、漆器や茶を持ち東北地方などを行商していたが、母親の病気をきっかけに京都の医師名古屋丹水に弟子入りして医者の修業をする。数年後には名を玄三に改めて、京都で医師となり開業する。のちに故郷の日野に帰って医業を営みつつ、「萬病感應丸《まんびょうかんのうがん》（万病感応丸）」という薬を製造した。全国各地に出かける日野商人に託して、「万病感応丸」を売りこんでいった。一七三三（享保一八）年に七五歳で死去するが、以後同家の当主は「万病感応丸」他の製薬業を営み、当主が代々「玄三」を襲名していった(6)。

幕末から明治にかけての当主は、七代目の正野玄三である。彼は、幼少期から名前を孝之輔、猪之五郎、教善、尚輝と変えてきた人で、一八二五（文政八）年六月生まれで一八八一（明治一四）年七月に五六歳で逝去した。学区取締に任命されたのは一八七五（明治八）年で五一歳であり、五三歳までこの職を勤めあげたのである。明治初期に虎列剌（コレラ）の大流行もあって、滋賀県は各小学区の衛生・医療の管理を行うために医務取締という職を設置した。正野玄三へは一八七六（明治九）年六月三〇日に医務取締の任命書も届いた。彼は滋賀県達書により、学区取締と医務取締を兼務した。

七代目正野玄三は、学区取締の職務免除後に本業の製薬業に専念していくだけでなく、正野家の事業を売薬業から石油、醤油、木綿の商品販売へと広げて多角経営化していく。一八八〇（明治一三）年三月には長女嫁ぎ先の大阪の岡田小八郎から岡田家大阪店を買い受け、大阪東区北浜一丁目に正野家大阪店を開業していった。「正野家の中興の主」といわれたが、翌一八八一（明治一四）年に病気で亡くなっている。

玄三は一八七五（明治八）年五月の学区取締に任命された直後には学事日記を書いてはいない。七六（明治九）年二月から学事日記を書き始めている。これは旧西大路藩士の太田安蔵を書記として雇い入れ、学区取締の仕事の補助者ができたからである。明治八年五月三日から明治九年一月三一日まで九カ月間の日誌はないが、小学校の学校巡視や

試験立会いの手控え手帳が残されている。明治九年二月一日から一〇年一〇月二三日までの一年九カ月間の活動は二冊の学事日記に詳細に記録されている。学事日記は、字体からほぼ全部が正野玄三の筆になるものであり、一部字体の異なる箇所が太田安蔵の手になると推測される。一八七五（明治八）年五月から七六（明治九）年一月三一日までの資料として、「明治八年亥八月巡視景況書上書」から見ていこう。

3　明治八年八月の正野玄三の学区取締の活動

正野玄三の担当地域は、明治八年五月四日付任命書では第一〇番中学区の第一九六～二二〇番小学区であった。同月二〇日付任命書で第一八一～二〇一番小学区と、第二〇九～二二〇番小学区へと変更されている。しかし、不思議なことに彼の学区巡視書には、担当外になったはずの第二〇二～二〇八番小学区も記録されている（変更理由は不明）。彼の担当区域は、現在の蒲生郡日野町域と東近江市（旧八日市市、旧神崎郡永源寺町、旧蒲生郡蒲生町）の一部を含む広範囲にわたっていた。小学校の設立・開校、施設・設備の充実施策、教員の人事管理・師範学校への入学事務、小学校の試験巡視・就学督促などの業務を行わねばならなかった。玄三は自ら徒歩や、家業で使う人力車で学校廻りをしており、自宅に小学校教員や村々の戸長・副戸長を呼び寄せて会議を行っている。

正野の担当地域の蒲生郡区番号と小学校区は、表3のようである。一八七六（明治九）年の小学校数は二七校であった。

表3　正野玄三の担当小学校区と校数

第14区	第181～195番小学区	鋳物師村、日野町15カ村	5校
15区	第196～201番	日野―松尾町・大窪町・村井町と6カ村	5
16区	第202～208番	日野町―西大路村他12カ村	6
17区	第209～213番	日野町―野出村他14カ村	5
18区	第214～220番	旧八日市市及旧神崎郡永源寺町16カ村	6

（1）日野大窪町の啓迪学校と西大路村の朝陽学校、麗澤学校の巡視

明治八年八月七日に正野玄三は、近江商人の商業町日野大窪《おおくぼ》町の啓迪《けいてき》学校と旧西大路藩の藩校日新館後継の朝陽《ちょうよう》学校の巡視を行い、巡視報告書を作成した（八月一八日付滋賀県令籠手田安定宛第一〇番中学区の学区取締久郷東内・益田可永との連名）。

啓迪学校………「出校生徒二九人　男一八人女一一人　同　教員一人　一等準訓導神谷亨　但シ校内所用書籍器械正《せい》則《そく》ニ従《より》整備仕候得共　教員卒業帰宅後日間無之ニ付　未タ器械整備不相成依之出校生徒少　即今第一教場而已《のみ》ニ有之候」

朝陽学校………「出校生徒七五人　男三八人女三七人　教員四人　田中信淳・吉川龍治外二人不登校　但シ　校内所用書籍器械等未タ従前之侭《まま》ニ有之候得共　石盤《せきばん》等モ相用ヒ新古《しんこ》教《きょう》則《そく》取交教受（ママ授）有之候　先境ヨリ教員御差向ケ願出之儀ニ付　正副区長其御沙汰奉待居候事」

啓迪学校は、一等準訓導神谷亨（旧水口藩士）を雇用、書籍器械も整備している小学校であるが、神谷が滋賀県小学教員伝習所を六月二六日に卒業して間もないので器械を使いこなせなかった。また出席生徒が少なく第一教場のみしかいなかった。「正則教授」の実があがっているかは不明。朝陽学校は、教員四人、生徒七五人と多数が出校していたが、書籍器械はいまだ旧来のままであり、石盤を用いて新古教則を取り交え教えていた。「正則教授」のできる教員の派遣を正副区長が要望している。

八月八日に、上野田《こうづけだ》村の麗澤《れいたく》学校を巡視して、学校の設備・備品と授業の様子を報告している。教員は一等準訓導野瀬田松次郎で、大津の滋賀県小学教員伝習所を六月二六日に卒業したばかりで着任してきた。この日は生徒が一七人（男一二女五）とあまりに少ないので、一八日に再巡視して「正則教授」が行われているかを調査した。

「正則教授《せいそくきょうじゅ》」とは、正規の資格を有する教員のもとで、一八七二（明治五）年五月制定の文部省教則に従って、定

められた学科目を教授することをいう。正規の教員資格とは、官立師範学校の卒業生（訓導資格）か滋賀県小学教員伝習所の卒業生（準訓導資格）かで、教員免許状を有する教員である。これに対して、教員資格を持たない教員による授業とか、教則中の学科目が不十分にしか教授できない場合は「変則教授《へんそくきょうじゅ》」とされた。

一八七五（明治八）年八月段階では、小学校の設立から維持管理まで地域住民の力で行わねばならなかった。教育の外的条件（小学校校舎、教場の建設・充実、教授器械など設備・備品の整備）と内的条件（質の高い教員の任用・確保、基礎的学科目の教授体制の充実）の両面を同時に推進していくことが、地域教育の総括責任者としての学区取締の手にゆだねられていたのである。

麗澤学校は、正野が一七日に再巡視すると、出校生徒は三九人（男二二女一七）で、教員の野瀬田松次郎が授業をしていた。八日の巡視後に、村民が協力して教場を整備して、一二日に建物を修繕して教場を残らず板間に改めており、一三日から「正則教授」への実施に改めていた。

学区取締正野玄三は担当学区の小学校巡視をたびたび行い、教師が行う授業程度や生徒の理解度を調べようとした。しかし、学校に少数の生徒しか来ておらず、資格を持つ教員であっても「正則教授」をしていない小学校も少なくなかった。正野は、日を変えて授業実態を調べに出向いている。

大窪町啓迪学校は、一八七三（明治六）年創立の日野町域の中心学校であるが、七日の巡視では第一教場でしか授業をしていなかったので、再度一七日に調査に出かけた。すると、一六日から書籍・器械とも急いで整備して、第一～四番までの四教場で授業をしていた。そして、二二日からは「生徒一教場三九人ノ積リ（〆而《しめて》五六人）授業左成候趣用意仕候」との計画だとしている。

(2) 区戸長と協力しての小学校開校届書

一八七五（明治八）年は、蒲生郡第一四区から第一八区の村々では、小学校の設立・開校の一番多かった年である。(7)

表4　正野玄三担当学区の明治8年の小学校開校届書

① 旭里学校
「学校位置　第拾番中学区内第百八拾九番小学区
蒲生郡拾四区鋳物師村西誓寺借宅
一　学校名称　明治八年五月十三日開校式執行　旭里学校
一　教員姓名　藤岡元誠　曽我富三
一　該村正副戸長姓名　鋳物師村　（略）」

② 景福学校
「学校位置　第拾番中学区内第百九拾壱番小学区
蒲生郡第拾四区三十坪小御門小谷村従徳寺借宅
三十坪村　小御門村　小谷村
一　学校名称　明治八年五月十三日開校式執行　景福学校
一　教員姓名　戸田胤桐　岡田了観　寺澤家
一　該村正副戸長姓名　三十坪村、小御門村、小谷村　（略）」

③ 未タ確定セズ
「学校位置　第拾番中学区内第百九拾番小学区
蒲生郡第拾四区石原村九拾壱番屋敷　石岡□兵衛借宅
石原村　増田村
一　学校名称　明治八年五月十三日開校式執行　未タ確定不仕候
一　教員姓名　野村九馬
一　該村正副戸長姓名　石原村、増田村　（略）」

④ 未定
「学校位置　去七月十八日願出営繕中
第拾番中学区内第百九十四番小学区
蒲生郡第拾四区清田村三十四番屋敷借家　但当時営繕中ニ御座候
清田村　深山口村　迫村
一　学校名称　開校式未無御座候
一　教員姓名　只今探索中ニ御座候
一　該村正副戸長姓名　清田村、深山口村、迫村　（略）」

学区取締正野玄三は、小学校を開校させるための教員確保、小学校の教場、書籍や器械など設備・備品を充実させるために、正副戸長や正副区長に協力を要請した。明治八年の正野の「学区景況書」資料には、学校の位置、教員確保の書類が入っている。彼は区戸長と連名で県庁宛に小学校の開校届書を幾通も書いている。

次の表4は、①旭里《あさひさと》学校と②景福《けいふく》学校の二校と③④の開校届書である。後者の二校は、学校位置や学校名が確定しないまま、とりあえず開校式を行ってしまい、開校届書を提出した資料である。小学校の設立・開校においては、学校位置、校名、教場が重要で

あったはずだが、寺院・個人宅を借用してまず開校式をあげてしまう村もあったことがわかる。③石原村・増田村と④清田《きよた》村・深山口《みやまぐち》村・迫《さこ》村の資料では、④教員氏名すら決定していないが開校式を挙行したり、また校名が未定のまま二校では開校届書を出している。後に③は石原《いしはら》学校、④は清深《せいしん》学校と校名が定められた。

4　正野玄三による定期卒業試験の巡視と試験実態

(1)　明治初期の滋賀県の試験制度

滋賀県の試験制度は、滋賀県甲第一八号布達「小学試験規則」一八七六（明治九）年一月一四日付で、次のように制定された[8]。試験は、「卒業試験」（毎級六カ月毎の学力試験で登級）、「臨時試験」（毎年「両度視学ノ挙ヲ興シ、令参事、学務課官員ヲ巡視」「生徒進否ノ勉怠《べんたい》」を検査）の二種を行うとした。これ以外にも、平常の授業の合間に実施される「月次試験」もあった。明治初期における「等級制」では、学力試験による等級の及第・落第が学校生活において大きな位置を占めた。

「卒業試験」は、各級の卒業認定なので、学区取締、区戸長が立ち合いの上で試験することとされ、父兄、その他一般人の参観も妨げない規定であった。試験は期日の一〇日前に県庁に届出をして実施した。試験を合格した登級者には卒業証書が渡された。六カ月ごとに一級上位の試験を受験するだけでなく、飛び級で二～三級上位を目指すこともできた。

「臨時試験」は、毎年三月、九月に県令や県参事が臨席して実施するものである。県の高級行政官が県下を巡校して、各学校の教育実態の調査を行い、試験による学業の進歩と教育政策の適否をみた。調査は「教員の勉怠と生徒の進否」とされて、生徒の学業進歩の景況が悪いのは教員の責任とされた。

試験成績がよく、学業の進歩している者には、褒章が与えられた。臨時試験は各校で行うのではなく、二校以上の

数校で合同試験の形態で行うとされた。なお、教場の体裁や書籍器械を監視して、不十分な場合の責任は区戸長、学区取締にあると通達した。

「卒業試験」と「臨時試験」の二種の試験は、保護者はもとより学区取締・区戸長の学校管理者、地域住民の公開のなかで生徒試験が行われた。後者は、滋賀県令、権令、参事、学務課など教育行政の担当者が居並ぶ中で、近隣町村の小学校数校で行う合同試験であった。試験終了後、成績の結果はただちに貼り出されて、及第・落第の別、試験の点数が地域住民に公示された。

(2) 明治九年二月の正野玄三による卒業試験の巡視

正野玄三の『明治九年衋御用日誌』の試験記事の初出は、二月一二日届出の第一六区西大路村の朝陽学校の卒業試験である。一二日に「朝陽学校生徒、下等七級卒業試験仕度旨《つかまつりたきむね》教員ヨリ申出、願書持参」とある。正野玄三は、二月二五日午前九時より同校に出向き試験を監督して午後四時に帰宅した。三月二日に西大路村正副戸長より「下等卒業試験届書奥印《おういん》願」が出され、奥印の上滋賀県庁に送達している。

卒業試験の具体的な実施方法は、このような手続きで行われた。①村落の正副戸長の許可を得て各校教員から「卒業試験願書」の学区取締に提出→県庁に送付→県庁からの認可、②学区取締、正副戸長立合いにより、卒業試験を実施→学校で試験結果を公表、③教員のまとめた各等級の試験結果表を添えて、正副戸長から「卒業試験届書」を学区取締に提出→学区取締は県庁に送達。

三月三日から三一日の記事に、啓迪学校の試験の具体的なようすが描かれている。三月三日に啓迪学校教員吉田半十郎が「下等八級卒業試験届書」を正野宅に持参し、一三日に啓迪学校で下等八級生二四人が受験した。この日は曇りで午後から雨、正野は自宅から午前五時に学校に出校して午後五時に帰宅、この間啓迪学校で卒業試験に立ち合っている。丸一日一二時間も啓迪学校に詰めていたのである。

一八日に啓迪学校教員橋山光訓が、下等八級卒業試験届と試験問題届書を持参して、雨の中を正野宅に来た。正野が書類を調べると「卒業試験問題届書」で不都合な箇所が見つかり、訂正して差出すように指示をした。翌日一九日に啓迪学校教員吉田半十郎が訂正した試験問題届書と、二八日実施予定の「下等八級卒業試験」と進達書を持参した。正野は点検して直ちに県庁に郵便で送っている。二三日には隣村上駒月《かみこまづき》村の調和《ちょうわ》学校の村役人が来て、学校校舎の営繕届書と下等八級卒業試験届書を持参した。その場で不都合個所を指摘して差し戻したが、二七日には再度上駒月村から訂正の届書が届けられた。

二八日に、啓迪学校の二回目の「下等八級卒業試験」が二教場で実施された。玄三は早朝から出校して午後四時まで立ち合ってから帰宅した。三一日に啓迪学校から四月一一日に「下等七級卒業試験」届書が出されて受理している。短期間で何度も下等八級試験を行うとともに、八級から七級への登級試験も平行して実施していることがわかる。四月一一日に正野は、午前九時から午後四時までの「第七級卒業試験」に立ち合っている。

学区取締正野玄三は主要職務である小学校試験を積極的に教員たちに行わせて、小学校生徒の学業進歩を図ろうとした。

(3) 明治一〇年九〜一〇月の定期卒業試験の結果

玄三は学区取締辞職直前、一カ月間にわたって受持学区の小学校卒業試験を実施した。九月一〇日から一〇月一一日まで早朝から夕刻まで連日、第一四区から第一八区までの試験場に出張した。玄三が主催して立会教員に曽我部信雄《そがべのぶお》(朝陽学校三等訓導)を指名した。正野玄三と曽我部信雄は、滋賀県権令籠手田安定宛に表5の「定期試験各黌生徒組合」(明治一〇年九月)を連名で提出した。

表5を一見すると、各校とも落第者が多いこと、試験欠席者が多数いたことの二点が浮かび上がる。日野村井町の啓迪学校と西大路村の朝陽学校は、明治一〇年一〇月には下等第三級生の試験を行っており、学年制でいうと第三学

表5　定期試験各黌生徒組合（人）　明治10年9～10月

月日	試験場所	等級	受験者　人数（欠席者）	結果（合否）
第17区				
9月10日	安部居村寺院	8級	蓮野学校13人	落第1人
			諄誘　7人	皆
11日	同村寺院	7級	諄誘　12人（内欠席1）	落第4人
第15区				
12日	啓迪学校	8級	啓迪　52人（欠席7）	落第4人
13日	同	6級	同　27人	皆
			西野　4人	皆
14日	同	5級	啓迪　20人（欠席1）	落第3人
15日	西野学校	7級	麗沢　14人	落第8人
			西野　11人（欠席3）	同　5人
16日	麗沢学校	5級	麗沢　11人	同　5人
			西野　9人（欠席1）	同　4人
17日	大祭典ニ付	休		
第18区				
18日	瓊矛学校	7級	櫻鳴　15人（内欠席1）	同　7人
			愛日　3人	皆
19日	同	7級	瓊矛　14人（欠席1）	落第6人
			愛日　14人（欠席2）	同　3人
第16区				
20日	明誼学校	5級	明誼　21人	皆
			調和　7人	皆
21日	同	8級	明誼　20人（内欠席1）	落第7人
			徳隣　9人	同1人
22日	朝陽学校	8級	朝陽　27人	同5人
			文子　15人（内欠席2）	皆＊15区
23日	同	7級	朝陽　20人（内欠席2）	落第4人
			調和　5人	同1人
			徳隣　9人	同3人
24日	同	5級	朝陽　24人（内欠席1）	落第3人
			文子　7人	皆＊15区
25日	同	4級	朝陽　13人	落第1人
26日	栄陽学校	8級	清操　13人	皆
			栄陽　5人	皆
27日	同	7級	清操　12人	皆
			栄陽　6人	皆
第15区				
28日	文子学校	7級	文子　21人	落第5人
29・30日	休			
第14区				
10月1日	揚名学校	5級	揚名　9人	落第7人
			旭里　2人	皆
2日	同	7級	昌明　13人	皆
			有名（ママ明）6人	落第5人
3日	同	7級	旭里　15人	同4人
4日	同	8級	昌明　14人	同1人
			揚名　20人	同7人
			有明　4人	皆
5日	有明学校	6級	旭里　15人（内欠席1）	落第1人
			揚名　22人（内欠席5）	同12人
6日	同	4級	旭里　2人	皆
			揚名　4人	皆
7日	休			
8日	諄誘学校	6級	諄誘　7人（内欠席1）	落第2人
〈書き加え〉				
9月11日		7級	諄誘　12人（内欠席1）	落第4人
19日		7級	瓊矛　7級生3人算術改	落第2
第15区・第16区				
11日	啓迪学校	3級	啓迪　5人（内欠席1）	皆＊15区
			朝陽　8人	皆＊16区

年後期まで昇級する生徒がいたことがわかる。啓迪学校は、日野商人町としての「町場」の学校であること、朝陽学校は、西大路藩校の後をうけて士族子弟の通学する学校であることによる。それ以外の農村部の村々の小学校にあっては、在籍生徒の等級が下級なままで、退校することが多かった。

啓迪学校と朝陽学校以外の小学校では、旭里学校に第四級生がおり、麗澤《れいたく》、明誼《めいぎ》、揚名《ようめい》の各校には第五級生もいた。しかし大半の学校では第八級生から第六級生までの者が大多数であり、就学して現在の一年生から二年生前期で退校している。せいぜい二年後期に相当する第五級生までで、就学生徒の人数もきわめて少なかった。経済的な理由による不就学が主たる原因であるが、試験制度の厳しいことも早期退校や不就学の原因にもなった。正野玄三の活動は、就学生徒を増加させ、退校生徒を減少させることに力を入れることになる。

この定期卒業試験の期間は約一カ月間に及ぶものであった。第一四区から第一八区までの小学校卒業試験から、この時期の滋賀県下の卒業試験の特徴が、浮かびあがってくる。一〇月に入ると、西南戦争終結後の西日本各地や開港地長崎・横浜から広まってきたコレラ病流行の影響が、滋賀県下にも及んできて、卒業試験終了ころの学事日誌にはコレラ対策の記事が増えてくる。

玄三は医務取締を兼務していたので、学事日記の九月二八日、一〇月三日、一三日には「コレラ病布告六冊、各学区に回章」などの詳細が記載されている。

一八七七（明治一〇）年九～一〇月の定期卒業試験の特徴とは、次の四点である。

一　複数学校の生徒が、卒業試験を受験している。受験生徒が多い啓迪学校は単独で行うこともあったが、大半は二～三校の生徒が別の学校ないし寺院に出かけて受験した。また小学区の全小学校が同一場所で受験することもあった。しかも、臨時試験同様に各校教員と各村区戸長はもとより、地域住民の臨席のもとでの公開試験であった。各校生徒の成績は試験直後に公開発表され、各小学校間の「競い合い」の性格が附与された。

二　試験の問題作成にあたって、各校教員の協議によって八級生、七級生、六級生向け試験問題が作成され実施された。試験問題は、ほぼ使用教科書の記述内容を暗記させて、その記憶した知識の理解を問うものであった。

三　試験結果については厳格な採点制度がとられ、自分の教えた小学校の受験生徒の採点は他校の教員によって行われた。試験で試された知識内容は、記憶力に大きく左右されたので、採点結果がふるわずに落第する生徒の割合も

高かった。第一四区から第一八区までの受験数は八級生一三八人（落第生一八人で一三％）、七級生一六三人（落第生六〇人で三七％）、六級生六八人（落第生一五人で二五％）、五級生八八人（落第生二二人で二五％）という割合であり、四級生一九人（落第生一人で五％）と三級生一三人（落第生はゼロ）であった。八級から四級まで受験生徒の総数四七六人のうち、落第生が一一六人で実に二四・四％であり、じつに四人に一人の生徒が落第していたのであった。

四　卒業試験日程が九月六日の「区内総代教員集会」で決定し各校に通知されると、玄三宛に「当校受験生無シ」、試験日直前に「生徒未熟ニ付此度試験為見合候旨区長申来ル」学校が相次いだ。落第生が多数出ることはその村の区戸長にとって、不名誉であった。試験断りの書面を届けたのは、荀新《じゅんしん》学校、中山《なかやま》学校、敬新《けいしん》学校の三校であった。学事日誌に載らない受験生徒無しの小学校も存在したのである。

正野玄三と曽我部信雄は、このような村々の事情や学校内の生徒実態があったにしろ、学区内の全小学校をくまなく廻り、定期卒業試験を実施して小学校教育の問題点と課題を把握しようとしたのであった。正野はこの時期になると徒歩での学校巡視が困難となり、人力車での出張が多くなり、時に書記太田安蔵に代理出席させている。連日早朝から夕刻遅くまでの出張は、痔症持ちで病身の玄三には過大な負担であったのである。

最後に、一八七七（明治一〇）年六月の学事統計表から、正野が担当した第一四区から第一八区までの小学区の就学・不就学生徒数、教員数、在籍生徒の現級状況を見てみよう[9]。

第一〇番中学区の第一四小学区から第一八小学区までは、学校数二八校、学齢人員数三六九一人（男一九六六女一七二五）である。就学生徒数一九七三人（男一二七三女七〇〇）、不就学生徒数一七一八人（男六九三女一〇二五）、教員数六四人（男六二女二）であった。就学率は、五三・五％（男六四・八％女四〇・六％）であり、滋賀県下の他郡と比べると就学率は高く、女子就学率においても他郡よりはるかに高い。就学生徒数が多いのは、日野三町の大きな商人町（近江商人故地）、西大路など旧藩の村を含んでいたから、彼らの子弟への就学熱が高かったからである。就学生徒の

内訳は、下等八級生九七四人（男五六三女四一一）、七級生五二四人（男三七九女一四五）、六級生二一〇人（男一三九女七一）、五級生二〇一人（男一四五女五六）、四級生五一人（男三九女一二）、三級生一三人（男八女五）であった。下等三級（現在の第三学年後期）まで進級していることがわかる。

二八校のなかでも、現日野町域に設立された啓迪学校と朝陽学校の二校は、規模においても生徒の等級段階でも別格ともいえることが統計的にみてわかる。両校の学事統計をあげると、次のようである。(10)

〈啓迪学校〉

就学生徒二一三人（男一一三女一〇〇）、不就学生徒数二一三人（男九四女一一九）、教員数六人（男四女二）

下等八級生一二四人（男七三女五一）、七級生ゼロ、六級生五一人（男二三女二八）、五級生二一人（男八女一三）、四級生一二人（男七女五）、三級生四人（男二女二）

〈朝陽学校〉

就学生徒一六五人（男八二女八三）、不就学生徒数一二七人（男四九女七八）、教員数七人（男七）

下等八級生七〇人（男三五女三五）、七級生五六人（男二六女三〇）、六級生ゼロ、五級生二四人（男一四女一〇）、四級生一七人（男一一女六）、三級生八人（男六女二）

注

（1）文部省『明治以降教育制度発達史』第一巻　復刻本　龍吟社　一九九七年　二八〇～二八二頁

（2）長野県は、松川成夫「学区取締中原豊太郎の日記」（『東京女子大学附属比較文化研究所紀要』四　一九五七年）、『長野県教育史』第九巻、静岡県は、裾野市史編さん室『湯山半七郎日記』（裾野市史叢書　一九九二年）、堺県は、福島雅蔵「堺県学区取締山中善治の学事日誌」上・下（『堺研究』二四・二五　一九九三・九四年）、福井県は、柳沢芙美子「学区取締吉田拙蔵の『静斎日誌』―福井県大野郡下の学制期の創設過程―」（『福井県文書館研究紀要』九　二〇一二年）の学事日誌に関する研究がある。群馬県は、麻生千明の木村半兵衛の学事日誌研究の一連の労作がある。「学区取締木村半兵衛の日誌にみる明治初期の足利地方の教育状況―その一・学区取締の人選と教育資金の徴収活動―」「同上―その二・教員の派出・異動・免職および学校開校の状況―」、「学区取締木

村半兵衛の日誌にみる明治初期の足利地方における進級試験の実施状況—その一・明治六年と明治七年の日誌を資料に—」「同上—その二・明治八年の日誌を資料に—」「同上—その三・明治九年と一〇年の日誌を資料に—」（足利工業大学『東洋文化』第二八〜三二号　二〇〇九〜一三年）、麻生他四人による「木村半兵衛の『明治十年一月日誌』の翻刻と補注」『東洋文化』第三〇号　二〇一一年などがある。

（3）拙稿「滋賀県における学区取締の研究」京都華頂大学・華頂短期大学『学報』第三号　通巻第一八号　二〇一四年　三一〜三六頁

（4）拙稿「学区取締正野玄三の活動」『近江日野の歴史』第四巻近現代編　二〇一四年　九二〜九五頁　『近江日野の歴史』第八巻資料編　二〇一〇年　三七二〜三七三頁

（5）「正野玄三家文書」五六—三三〇五　日野町史編纂委員会所蔵

（6）正野玄三家については『近江日野の歴史』第七巻　日野商人編（二〇一二年）四〇〜六四頁。他に末永国紀『近江商人』中公新書　二〇〇〇年　一九〜二二頁、木村至宏・江竜喜之・西川文雄『近江人物伝』弘文堂出版社　一九七六年　三二頁を参照。

（7）『第三大学区滋賀県第五年報』明治一〇年、同書に「本県ノ学事ハ明治六年ヲ以テ第一回ノ創業トシ、明治八年ヲ以テ第二回ノ創業トシ、更ニ明治一〇年ヲ以テ第三回ノ創業トス」とある。

（8）滋賀県甲第一八号布達「小学試験規則」明治九年一月一四日。臨時試験の目的は、「毎校生徒ノ進否、教員ノ勉怠ヲ見ルモノ」とされて、生徒の学業優秀者と教員の格別勉励教育の実効ある者に褒章を与えるとした（第三章第二条）。教員の勉励は、生徒の学業進否により定むとして、「生徒学業進否セザルトキハ其責ヲ教員」が負うとした厳しいものであった。なお、二日前の明治九年一月一二日付で、「下等小学卒業試験問題集」が布達されており、第八級から第一級までの各級の教科目と問題数が示された。

（9）「学事統計書　明治一〇年一月〜七月」「正野玄三家文書」五五—三〇一一　日野町史編纂委員会所蔵

（10）朝陽学校については、『自明治六年至仝十二年朝陽学校沿革誌　西大路尋常小学校』で確認した。

第12章　官立師範学校卒業生の招聘と権令籠手田安定の臨時試験巡視

はじめに

千葉正止は、学区取締の職務規定に関して一八七二（明治五）年「学制」では、就学督促と小学校の設立保護（内実は学費調達）が中心で、地方官ないし督学局への諸報告事務、私学私塾の届出、受付期間などの「教育の外的事項」に限られていたととらえて、「教育の内的事項」である教則、生徒試験や表彰、学校教員の任用・監督・表彰への関与など、本来は文部省や地方官の仕事に属することで、補助者として参与する程度であったとした。しかし、一八七五（明治八）年から内的事項にかかわる「教則の整斉や訓導等の進退についての意見具申、教員養成法をたてること、試験に関与すること」がつけ加えられ、これが中心的な職務になったとした。千葉は、学区取締が「外的事項の管理者から内的事項の監督者に変質」させられていった、と結論づけている[1]。正野玄三の多忙を極める職務の背景には、千葉が指摘した「教育の内的事項」に関与させていく文部省の政策があった、と考えられる。

1　官立大阪師範学校卒業生曽我部信雄の招聘

（1）官立師範学校卒業生の雇入問題の発端

『明治九年黌御用日誌』の一八七六（明治九）年二月から四月に、官立大阪師範学校卒業生曽我部信雄の雇入記事が多く見られる。官立師範学校卒業生の雇入は、単なる一人の教員の雇用問題ではなかった。新しい教授法を身につけた地域の小学校教員の資質を向上させ、「変則教授」から「正則教授」ができる学校にレベルアップしていく問題につながっていたのである。

曽我部の雇用問題の発端は、二月一九日の終日雪の降る日に滋賀県第五課から届いた達書であった。[2] 玄三の二〇日の日誌に、「大阪師範学校訓導卒業生曽我部信雄ト申者雇入之儀御達書到来　来ル二三日午前第九時迄ニ返答可致旨ニ付　藤岡君へ太田ヲ以相廻ス」とある。正野玄三は第一九六～二二〇番小学区を担当する学区取締で、藤岡粂（久米）太郎は西大路村在住で、第一六一～一九五番小学区を担当する学区取締であった。第五課の達書は、第一五区日野三町と第一六区西大路村に対して官立師範学校卒業生雇い入れの可否を打診するものであった。

二月二一日に日野の料亭虎嘉において、日野村井町戸長十字六四文、学校掛若村源左衛門、日野大窪町副戸長中井市左衛門、[3] 学校事務小谷新右衛門、西大路村藤岡粂（久米）太郎、正野が一同に会して午前一一時より協議した。その結果、西大路村朝陽学校が雇い入れることを決定した。教員派出の願書二通を作成し、藤岡が押印して第五課あてに送付することにした。日野村井町文子《ぶんし》学校と大窪町啓迪《けいてき》学校の両校は雇い入れを見合わせた。朝陽学校は、旧西大路藩校日新館《にっしんかん》を引き継ぐ小学校であった。西大路村は二月二二日に戸長益田理兵衛、副戸長田中良七郎が権令籠手田安定宛に雇入条件の願書を提出した。願書には正野玄三と藤岡粂（久米）太郎の二人の学区取締の連印が押された。

『明治九年諸願書并御伺書写　第二号』の願書は、次の通りである。[4]「月給金廿円之内三箇ノ一格別之訳ヲ以御扶《ごふ》

助被成下候《じょなしくだされそうろう》段不残承仕候《のこらずうけたまわりつかまつりそうろう》　且隣地《りんち》各校《かくこう》同轍《どうてつ》隆々《りゅうりゅう》相運《あいうん》追々伝習為仕度《でんしゅうつかまつりたきため》身返《みかえし》モ有之候《これありそうろう》間　挙《あげ》テ教員《きょういん》派出冀上《はしゅつこいねがいあげ》候」。西大路村は二つの条件を出しており、第一の条件は雇入訓導の月給二〇円の三分の一を県が補助する要請で、第二の条件は招聘した訓導が隣地小学校教員へ新しい教授法を伝習する要請であった。

滋賀県は官立師範学校卒業生を県下各地方の中核的小学校に雇い入れさせた。各地方の指導教員となった彼らは、着任校で新しい教則や教授法による「正則教授」の授業を実施していった。さらに、訓導資格を持つ彼らが各地方の教員に対して、新しい教科書の内容や授業法を伝達講習することを求めたのであった。前章までに見てきたように、滋賀県では官立大阪師範学校や官立東京師範学校の卒業生が、経済的に豊かな町村の小学校に招聘され、地域の小学校教員へ新しい教授法や授業法を教えて、旧来の教授法の改善に力を尽くしていた(5)。

二月一九日付の滋賀県第五課の書簡は、高島郡大溝村で官立大阪師範学校卒業生の雇い入れが決定しているので、日野・西大路地区でも招聘するよう要請する内容であった(6)。

(2) 日野三町の訓導教員の雇入問題への対応

二月の西大路村への官立大阪師範学校卒業生の招聘は、三月になって再度問題となった。三月九日に第五課より第一五区区長中井源三郎《なかいげんざぶろう》へ大阪師範卒業生教員雇い入れの差紙が届いた。正野は、藤岡粂（久米）太郎と同道して啓迪学校に行き、一二時より大窪町戸長山中治兵衛、副戸長中井市左衛門、門坂善太郎、小谷新左衛門、西村市郎左衛門、山口善七、学校事務掛中井真二郎、西村久右衛門、小谷新右衛門らと協議、午後三時に帰宅した。午後五時に村井町学校掛若村源左衛門と戸長十字六四文が訪れ、啓迪・文子・西野の三小学校を廻って招聘教員の件で協議するとした。翌三月一〇日に、大窪町戸長山中治兵衛、村井町戸長十字六四文、松尾町戸長清水六右衛門が玄三を尋ねてきた。ここで、村井町と松尾町は「教員引請相断度被申出候《きょういんひきうけあいことわりたきもうしでられそうろう》」、大窪町は「自分外務中《じぶんがいむちゅう》ニ付《つき》為出頭可致旨《しゅっとういたすべきとなすむね》ニテ被《ひ》引取候由有之《ひきとりそうろうよしこれあり》」となった。前二町は雇い入れに反対、大窪町は明確に反対せず保留、この

日は結論が出せなかった。しかし、この後に大窪町啓迪学校は官立大阪師範学校卒業生の雇い入れを承諾する上申書を提出した。学区取締正野玄三の立場を区戸長らが配慮したためであろう。

三月二一日日誌に正野は、大津の県庁出張から帰った藤岡粂（久米）太郎から「三町ヨリ大阪師範学校卒業生教員雇入願書御指令済受取写取」と書いている。この問題は三月末までに日野三町が一致して卒業生招聘を決定できず、大窪町啓迪学校単独で招致を希望したが、滋賀県は西大路村朝陽学校の招致だけを決定したのであった。

(3) 西大路村朝陽学校への三等訓導曽我部信雄《そがべのぶお》の赴任

一八七六（明治九）年四月一一日に、官立大阪師範学校卒業生曽我部信雄は三等訓導として朝陽学校に赴任した(7)。曽我部が第五課差紙を持参してきたので、正野は書記太田に旅宿の手配をさせ、西大路村副戸長田中良七郎と相談、酒肴を出して七時に帰宅した。曽我部が持参した書籍、荷物の運送料の貸銭一円五四銭を、正野が支払っている。一三日に曽我部が正野宅に挨拶に来たので、太田を廻道させて朝陽学校に出校した。玄三は訓導曽我部が朝陽学校に着任したとの情報を近隣の小学校教員へ廻章した。文子学校十字六四文、鎌掛村明誼学校久村静彌《くむらせいや》、啓迪学校吉田半十《よしだはんじゅう》郎《ろう》と橋山光訓《はしやまみつくに》、西野学校若村甫《わかむらはじめ》、正研学校青木泰治《あおきたいじ》、麗澤学校野瀬田松次郎《のせだまつじろう》の七人である。

第二〇二・二〇三番連区の朝陽学校は、当初旧西大路藩邸の建物を借用しようとしたが許可されず、光延寺《こうえんじ》本堂を借りて一八七三（明治六）年七月三日に設立された。藩邸の一部払い下げが認可された同年一一月一〇日に開校式を挙行した。曽我部着任以前から在勤する教員は、一等準訓導阪田秀作《さかたしゅうさく》（旧西大路藩士）、二等準訓導浅野勇吉《あさのゆうきち》の二人、出校生徒は男七二女五三の計一二五人であった。ちなみに一八七六（明治九）年の西大路村学校組合は、戸数五六七戸（西大路村四一七戸、仁本木村五五戸、音羽村九五戸）で、学齢人員は男一五五女一六三の計三一八人で女子の方がやや多かった。就学率は男四六・四％、女二一・五％、計三九・三％という状況であった(8)。

阪田秀作は、西大路藩校日新館教授を勤めた経歴を持つ。一八七五（明治八）年五月三一日に滋賀県小学教員伝習

所に入所して八月一九日に卒業、一等準訓導であった。朝陽学校は「変則教授」を廃止して「正則教授」に改めていったが、同年の生徒数は男九六女七〇の計一六六人であった。同年一〇月一七日に初めての下等第八級卒業試験を実施して、卒業証書を三三人に出していた。さらに一一月一七日には、下等第七級臨時試験を実施しており、この時には滋賀県権参事酒井明が臨校している。

このように朝陽学校は、阪田秀作らの努力で正則教授移行への着実な成果をあげつつあるところに、訓導資格をもつ曽我部信雄が着任してきた。曽我部は学区取締正野玄三の後ろ盾を得て、日野・西大路地域の小学校の指導的教員として精力的に活動をしていった。彼は滋賀県権令籠手田安定の臨時試験巡視の際、幹事教員になっただけでなく、この地域の小学校教員会議を主催し、正野の受持学区の各小学校卒業試験へ立会い、朝陽学校で授業後夜間に近隣の教員へ教授法の伝達講習を行った。

西大路村朝陽学校が地域の中心学校になっていくのをみて、日野大窪町啓迪学校は官立師範学校教員の招聘の必要性と重要性を認識した。翌年一八七七（明治一〇）年三月一日に啓迪学校は官立愛知師範学校卒業生武野《たけの》元房《もとふさ》を雇い入れていったのである。

2　第一〇番中学区取締多羅尾《たらお》光弼《みつすけ》の小学校巡視―明治九年六月―

明治初年には、教育行政の高級官僚がしばしば地方の学校に出かけて、「学制」の実施状況を巡視して教育施策の実情を把握しようとした。一八七六（明治九）年には、滋賀県権令籠手田安定は第五課（学務関係）課員を引き連れ、県内一二郡の小学校をくまなく巡視し臨時試験に立ち合い、各地域の教育実態を視察した。

四月二四日に、正野は学区取締の書類提出と報告のため大津県庁に出向くと、「権令公全国各黌《かくこう》為御試験御巡視被為候ニ付御巡校取調申上候様被仰出候」との連絡を受けた。同じ蒲生郡の第三区学区取締益田《ますだ》可永《かえい》と相談することに

して退庁した。同月三〇日に近江八幡で蒲生郡の学区取締四人（正野・藤岡・益田・久郷）が、権令巡視への対応を協議した。久郷東内《くごうとうない》は、同郡第八区副区長で上田村在住、第一四二番から第一六〇番小学区の受持である。

権令籠手田安定の管内巡視の一カ月前、六月上旬に多羅尾光弼《たらおみつすけ》が小学校巡視を行った。多羅尾は、元甲賀郡多羅尾代官所代官で多羅尾織之助（多羅尾家第一〇代当主）と称していたが、明治維新後に光弼と改名した。一八六八（明治元）年四月二八日に大津裁判所は大津県となり、光弼は出仕して大津県判事を勤めた。籠手田安定の回顧では、民政の職務を東西に分けて、多羅尾判事が西部を、籠手田が東部を分担した(9)。一八七二（明治五）年一月に大津県は六郡管轄の旧滋賀県になり、同年九月二八日に犬上県と統合して一二郡の滋賀県と変遷していくが、多羅尾は大津県判事から継続して滋賀県に在勤した。滋賀県内の民情に通じた行政官として県庁で職務に専念した。

一八七六（明治九）年三月二三日の滋賀県布達甲号第一五二号で、多羅尾は第一〇番中学区取締（甲賀郡・野洲郡・蒲生郡）兼第一〇番中学区取締頭取に任命された。同布達では、県下を四区に分けて中学区取締兼取締頭取を任命した。多羅尾のほかには、第九番中学区（高島郡・滋賀郡・栗太郡）取締加藤嘉左衛門《かとうかざえもん》、第一一番中学区（神崎郡・愛知郡・犬上郡）取締外村省吾《とのむらしょうご》、第一二番中学区（坂田郡・浅井郡・伊香郡）取締東野弥九郎《とうのやくろう》である。多羅尾を除く三人は小学区取締も兼ねていた。

籠手田安定が小学校巡視をする直前に、多羅尾光弼は担当する第一〇番中学区の蒲生郡日野・西大路の小学校を巡校し、各地域の受け入れ準備を促すと共に、巡視にあたっての留意事項を指示していった。正野は、六月三日に各村戸長衆を呼び出して、「多羅尾君御巡視ニ付不都合無之様《ふつごうこれなきよう》戸長衆呼出シ説諭」した。多羅尾の巡視にあたり、彼は各小学校で整備しておくべき諸帳簿の書類、学校の絵図面などを揃えておくよう指示を出した。四日に、鋳物師《いもじ》村の学区取締竹村太左衛門と協議しようとしたが服忌中で会えず、第一四区々長吉村玄輔に依頼して各小学校に伝達した。六月三日、正野は岡本村に出張して同地に宿泊、多羅尾光弼が同村に泊まるので接待をするためであった。

多羅尾は、五つの小学区を六月六日〜一二日の七日間をかけて巡視した。正野玄三は連日小学校巡視に同行した。

正野は一二日に鎌掛《かいがけ》村から午後六時に帰宅した。啓迪学校教員吉田半十郎が来訪し、六級卒業生一二人の卒業試験届書を持参したので打ち合わせを行った。また、石原学校教員の武村治郎が突然来訪した。滋賀県師範学校に入校して「一等準訓導卒業証書頂戴仕《つかまつり》」たいのでその書類を作成する依頼であった。

多羅尾光弼の巡視が終わる間もなく、正野は権令籠手田安定の小学校巡視の準備に追われた。一つは、就学実態を明らかにする生徒人名の調査を行い、第一四区から一八区までの受持の各小学校に生徒人名簿を作成させること、二つは、各小学校の絵図面を作成すること、三つは、これらの書類整備に加えて、権令や学務課員が当日学校でどのような調査をするか、どのような質問をするかを事前に調べておくことである。当日に手落ちのないように万端の準備を整えようとしたのである。

3　権令籠手田安定の臨時試験巡視の準備

(1)　試験場確定と臨時試験対策会議の招集

多羅尾光弼の巡視が終わると、正野は権令一行の臨時試験日程を調べて対応策を策定していく。玄三は使用人杢兵《もくべ》

表1　多羅尾光弼の第10番中学区内の巡視日程　明治9年6月

6月6日	第14区―旭里学校（鋳物師村）、景福学校（小谷村）〈明9.7有明学校に改称〉、石原学校（石原村）、中山学校（中山村） 〈泊〉小谷村碇屋
7日	第14区―内池学校（内池村）〈明9.10揚名学校に改称〉第15区―麗澤学校（上野田村）、第14区―謹節学校（十禅寺村）、清深学校（清田）、第16区―徳隣学校（寺尻村）
8日	第15区―西野学校（松尾町）、啓迪学校（大窪町）、文子学校（村井町）、第16区―栄陽学校（北蔵王村）、清操学校（北畑村） 〈中飯〉立寄
9日	第16区―朝陽学校（西大路村）、第15区―正研学校（松尾村）、第17区―諄誘学校（安部居村）、荀新学校（北脇村）、蓮野学校（蓮花寺村） 〈中飯〉安部居村　〈泊〉蓮花寺
10日	第18区―嚶鳴学校（芝原南村）＋八日市、愛日学校（下大森村）＋八日市、瓊矛学校（瓜生津村）＋八日市、安詳学校（市原野村）＋永源寺町 〈中飯〉下大森村　〈泊〉市原野村
11日	第18区―遷喬学校（高木村）＋永源寺町、采新学校（甲津畑村）＋永源寺町、第17区―奥津学校（杉村）、桜渓学校（中之郷村） 〈中飯〉甲津畑村　〈泊〉松尾町
12日	第16区―明誼学校（鎌掛村）、調和学校（上駒月村） 〈中飯〉鎌掛村

衛《え》を派遣、権令一行の動向を把握しようとした。六月二一日に杢兵衛は神崎郡山上村《やまがみ》(現東近江市)の学区取締川合彦五郎のもとに赴き、権令一行の巡視日程を聞き出してきた。川合彦五郎は、第一一番中学区の第三〇～五〇番小学区学区取締で、山上村在住の神崎郡第七区々長であった。

権令一行は、彦根方面から中山道沿いに近江八幡へ進み、次の旅程で来ることがわかった。六月二一日高宮宿に泊、二二～二五日愛知郡内巡村、二六～二八日山上村に泊、七月一～四日近江八幡町内を巡視。生徒試験の実施形態は、午前は百人を二つに分けて行い、午後は一席を五〇人以下の四席にすることがわかった。杢兵衛の持ち帰った情報を得て、正野玄三は第一五区々長中井源三郎と各小学校試験と教則について協議した。さらに、川合彦五郎宛てに書簡を出して、不明な点を聞きただしている。他方で、教員野瀬田松次郎(一等準訓導)を呼び出して、教員集会を開催して臨時試験に備えるよう指示した。

六月二六日に第一四区学区取締竹村太左衛門が、権令巡校にあたり相談したい旨の久郷東内と益田可永からの手紙を持参した。しかし、正野は相談するより、直接に権令に会って疑問を聞きただそうと権令滞在の旅館に出向いた。午後三時に啓迪学校教員吉田半十郎を伴い、人力車で山上村の旅館に行き、臨時試験巡視の際の質問事項を聞いて、この日は同地で宿泊した。

二七日は、第五課々員の加茂伴恭へ試験内容を聞きただしたうえ、「権令公江モ御同道仕御試験参観ナド為相済夕景吉田氏同道ニ而《て》帰町」している。現地での試験実態を調べ、権令をはじめ県官吏の動きをつぶさに見て、自ら権令巡視の状況把握に努めたのであった。

二八日は、学区取締の同僚竹村・久郷へ山上村の巡視状況を知らせ、受け入れ体制の準備書面を出した。試験場予定地の大窪町正崇寺と松井町本誓寺を見分して、正崇寺に決定した。翌二九日に「臨時大試験一条ニ付集会」を開催する旨を学区内区戸長・教員に回文した。

二九日朝九時より旅館鮒吉にて臨時試験に関する対策会議を開催した。正野玄三が招集して、第一四区から第一八

区までの全区長、各小学校教員一人の合計二五人が集って、①試験場の場所、諸器械の配置、②試験場内の設定―正副区長・戸長・教員所、生徒休息所、生徒組合、③試験問題の作成と採点、④試験時の役割分担、などを決めた。

(2) 学校絵図面の作成・提出と教員集会の開催

六月中の日誌に「学校図面」「絵図面」の記事が頻繁に出てくる。多羅尾光弼の巡視後、正野は各小学校に絵図面作成を指示した。各村の戸長副戸長から相談や問い合わせが多数寄せられ、権令巡視の際の各小学校図面の検査内容に関してであった。

七月一日、正野は再度試験場の正崇寺の実地検査に訪れて、区長の立会いや事務分担を決めている。二日に、第一四区から第一八区のすべての小学校教員・助教員の大集会を開かせた。各校教員から生徒姓名書・教員役割書・生徒勤惰《きんだ》取調簿の三つを提出させ、県官吏からの尋問に対応しようにした。さらに、近江八幡に来た権令一行から直接に情報収集するため、三日午後、雨の中を嘉七の引く人力車で出向いた。正野は書記太田安蔵を連れ、「八幡表権令公御派出ニ付為伺書類絵図面ヲ持参」した。この日午前中に村井町文子学校の「旗一流棒共相副寄附書付」を戸長十字六四文へ届けさせた。校旗は臨時試験に際して、各小学校生徒に持たせて入場させ、試験場に掲げて各校生徒を見分けさせるためであった。

四日も、玄三は近江八幡に人力車で出向いて打合せを行っている。帰宅後に正崇寺に行き試験打合を行う。「教員生徒参集ニ付茶湯ナド之儀《ぎ》御用《ごよう》意《い》被下度《くだされたき》」

表2　臨時試験直前の小学校絵図面の提出　明治9年6月

6月15日	第17区奥津学校総代が校所絵図面相談
17日	奥津学校世話役が絵図面相談、第17区中之郷村学校掛が絵図面相談、第14区小谷村が学校絵図面相談
20日	第17区々長奥野久兵衛代理人が「各校絵図面不都合之向」の返答、第18区々長島田勘右衛門へ「絵図面一件未タ沙汰無之」理由を聞く
21日	第17区中之郷村桜渓校が絵図面持参、第18区遷喬校・愛日校・采新校は「絵図面少々筆筋不都合之廉有之」再度区長に提出指示、第15区村井町文子校図面来る、第18区昌明校は上下迫村で分離希望なので学校図面提出の延期願出る
23日	第17区「校図面持参」、第18区「校図面持参」、第16区に「図面催促」
24日	第16区明誼校・徳林校が絵図面持参
25日	第17区奥津校が新築校舎絵図面を持参

ことを依頼し、書記太田を正崇寺へ向かわせ準備状況を確認させた。さらに、臨時試験期間中の書記に前月雇い入れた本田に続き、久田久右衛門を臨時に雇い入れた。

六日は、正崇寺において各小学校の教員集会を開催した。前日近江八幡で「卒業生前後取調書ト生徒勤惰簿」の取調べがあるとの情報を得て、事前に各校から書類を差し出させた。臨時試験期間中は、正野はじめ第一四区から第一八区の区長、各村戸長も連日出頭することも通知した。第一八区教員総代の安詳《あんしょう》学校三輪《みわ》浄説《じょうせつ》が来訪、臨時試験の生徒召し連れの件を打合せた。この日に、近江八幡の島田信太郎を書記手伝いに雇い入れて、書記は四人となった。

七日は、四日から降り続いた雨が午後にあがった。第一四区鋳物師《いもじ》村旭里《むらあさひさと》学校から「学校小纏《こまとい》」について問い合わせがたびたび来た。校旗《こうき》と共に小纏も、権令一行を迎える準備として沿道や試験場で使う道具であった。啓迪学校教員から生徒勤惰簿が、内池校・有明校・旭里校から卒業生前後取調書が続々送られた。調和校と明誼校は持参した。

この日の権令一行は、羽田村の光明寺での臨時試験に臨んでいた。鎌掛村明誼学校の教員久村静彌を光明寺まで派遣して、臨時試験の様子を調べさせていた。学区取締竹村太左衛門から翌日昼食と宿泊、試験場の模様替えは必要なしとの情報を得た。書記の久田、島田、本田、太田と正野玄三は、正崇寺に行き試験場の準備作業を行った。

八日は、天気快晴。いよいよ試験前日、雇った書記四人に正崇寺の準備作業を入念にさせた。正野玄三は、①各小学校から集めた「生徒姓名書二冊・生徒勤惰簿一冊・卒業生前後取調書一冊」を点検し、生徒を順席順に手直しして提出、②権令一行を鋳物師村まで迎えて日野の旅館で接待、③官員による試験場正崇寺の事前見分に立ち合った、これらを早朝から行って帰宅は午後一一時であった。

権令籠手田安定の一行は、朝に羽田村を出立して、鋳物師村の第一四区学区取締竹村太左衛門宅にて昼食をとった。昼食前後に、正野玄三は権令一行を迎えるため、人力車にて竹村宅に駆けつけた。鋳物師村から日野に入るあたりから、沿道の各村小学校生徒に「小纏《こまとい》」を立てて迎えさせ、第一四区から第一六区の小学校教員・生徒全員が出迎えて歓迎させた。午後二時過に籠手田一行は旅館に到着。「権令公始メ官員宛御供ニ而《おともにて》御旅館鮒吉方へ御着所被遊候《ごちゃくしょあそばされそうろう》」。

第五課官員による試験場見分の結果、本堂正面を一部変更した。

4　権令籠手田安定の臨時試験巡視―明治九年七月九日～一一日―

(1)　試験場のようすと試験の進め方

七月九日、梅雨が空けて暑気がきつい日となった。九日から一一日の三日間の権令臨席の臨時試験が始まった。午前六時から正野は書記四人を引き連れ正崇寺に向かった。試験場の間取り図は、図1の通りである。試験所は正崇寺本堂で、管轄下の各小学校生徒を集めて臨時試験が実施された。

第一日目の九日は、本堂正面に黒板二面と器械を置き、第一席生徒より入場させ、正面に向かって右から左へ揃えさせた。正面向かって左には、前方に試験教員が出点・失点を記入するため座り、後ろに各区の正副区長、その後に各区正副戸長と学校掛、他の副区戸長が座った。試験生徒の後方に参観人生徒が、その後に一般の来観人男女が椅子に腰をかけた。

試験生徒の右前方には、前から権令《ごんれい》籠手田《こてた》安定《やすさだ》、学務課員加茂《かも》伴恭《ともやす》・瀬戸《せと》正範《まさのり》、ついで蒲生郡の学区取締人三人が着席した。左前方の上席は師範学校訓導横関《よこせき》昂蔵《こうぞう》が椅子に掛け、書籍・地球儀が置かれた。この時の様子を「権令公出御タウフル椅子ニ掛玉《かけたま》フ　一段下リ官吏加茂・瀬戸君外一員タウフル椅子掛ル　次ニ学区取締三名椅子左ノ方上席へ師範学校訓導横関君椅子掛ル　其前ニタウフル一脚据《すえ》書籍地球儀ヲ置ク」と書いている。

この日の受験生徒は、第一席から第四席まで次の各校生徒であった。

第一席　啓迪校　　第二席　荀新校・諄誘校・桜渓校・奥津校

第三席　明誼校・調和校　　第四席　安詳校・遷喬校・瓊矛校・蓮野校

試験は直ちに始められて、生徒は「書取」の試験問題を行った。試験問題が終わると、試験出題の教員がすぐに採

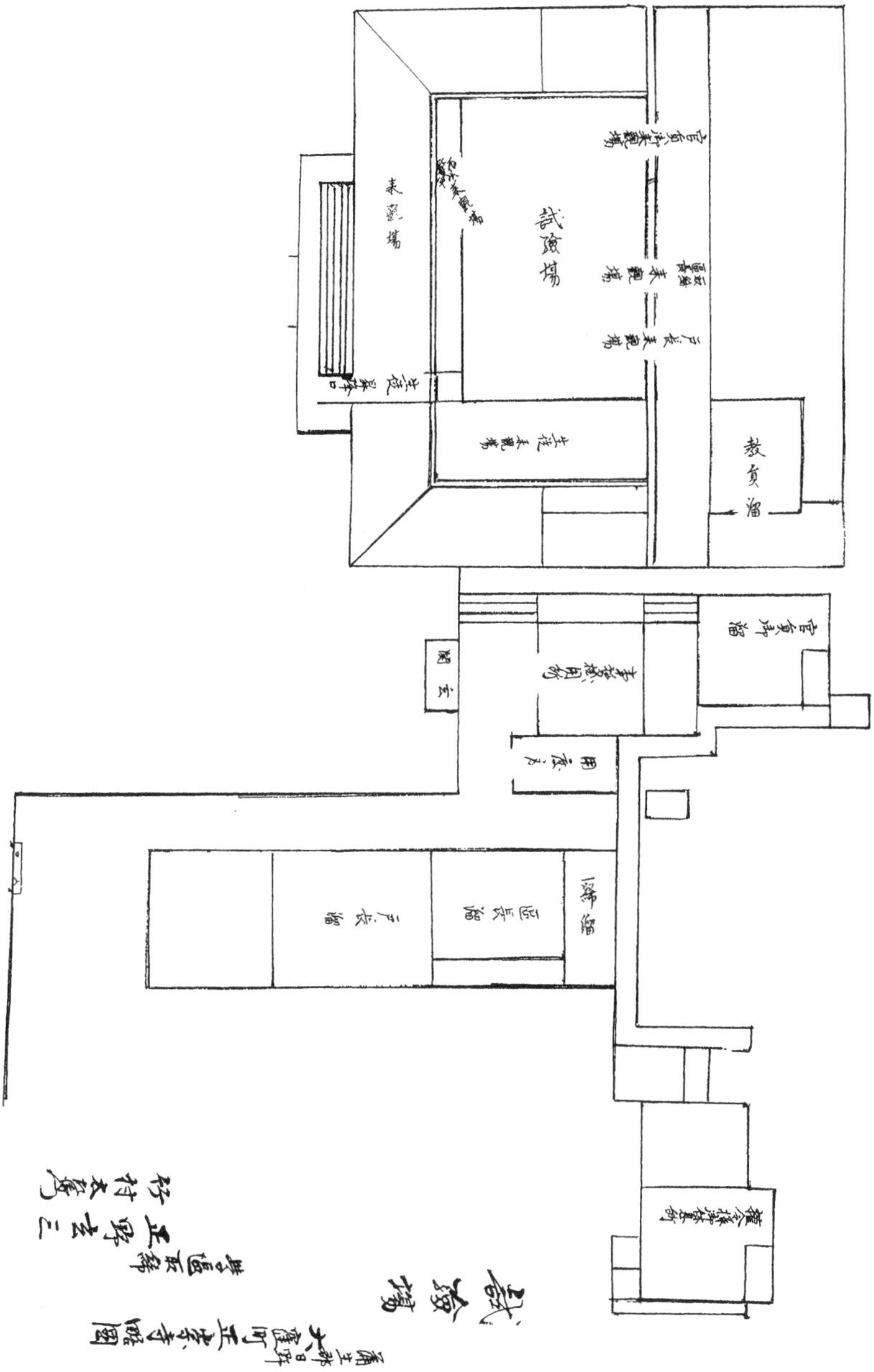

図１　権令籠手田安定臨席の明治９年７月９～11日の臨時試験会場（正宗寺）

点して、試験結果の成績点数を貼り出す。高得点を得た特別生徒には権令から御賞書・御賞詞が渡されて、生徒一同に対しては三カ条の説諭がなされた。正野と四人の書記が帰宅したのは、この日午後一一時であった。

第二日目の一〇日は、暑気が甚しかった。午前六時に正崇寺に書記四人と共に出勤。文子校生徒から目印のために小纏を携えたいと申し出があり許可された。この日の受験生徒は、次の通りであった。

第一席　啓迪校・正研校　第二席　麗澤校・西野校・嚶鳴校

第三席　朝陽校・文子校　第四席　旭里校・有明校・内池校・愛日校

臨時試験の日程は前日と同様であり、試験終了後に御賞書・御賞詞があった。権令籠手田安定から宿泊旅館を正崇寺に転館したいと言われて、急遽寺に風呂場を取り設けさせた。この日も帰宅が午後一〇時過ぎになっている。

第三日目の一一日も暑い日となった。臨時試験は、第一席と第二席の生徒だけとなり、滞りなく終了した。

第一席　朝陽校・内池校　第二席　啓迪校・麗澤校・朝陽校

権令籠手田は、試験終了後に臨時試験に尽力した者と生徒の学業進歩の功労者に賞書・賞詞を与えた。①第一四区学区取締竹村太左衛門と第一五区～第一八区学区取締正野玄三、②第一四区～第一八区正副区戸長と学校掛、③臨時試験の幹事教員の曽我部信雄・阪田秀作・浅野勇作（いずれも朝陽校）、野瀬田松次郎（麗澤校）、吉田半十郎（啓迪校）、④第一四区～第一八区の各校卒業生徒の内の特別の者。

他には、②正副区戸長と学校掛に賞詞を与え、④各校卒業生徒にも賞詞を与えたが、正副区戸長に対しては、未卒業生徒に就学を説諭するように指示した。この日に、正野は第一七区々長奥野久兵衛より「生徒就学不就学取調書」を受け取っているが、権令の臨時試験巡視を契機に各村の就学不就学生徒調査を徹底していくことになる。

臨時試験に際して、他にも権令から賞詞を与えられた人々がいる。一つは校舎の新築や増築に貢献した区戸長たち、二つは臨時試験に際して経費を節約して臨んだ人たちである。第一八区安詳校・第一五区正研校・文子校・第一六区

明誼校の校舎建築で「新築買得営繕ナド出来入費」を押さえて、学校経費で冗費《じょうひ》を省く努力をした人たちであった。権令籠手田安定は区戸長らが臨時試験に来観する時、「握りめし竹皮」を持参して節約した行為を褒《ほ》め称《たた》えた。

三日間の臨時試験が終わり、権令一行は一二日に日野を出立した。「権令籠手田公・官吏加茂君外一員并家従ナド午前第七時当所御用済ニ付御発車」して甲賀郡長野《ながの》（旧信楽町）に向かった。途中の鎌掛村明誼《めいぎ》学校に立ち寄り、新築校舎を見学した。鋳物師村の旭里校生徒は小纏を持参して見送り、教員と当町正副戸長は鎌掛村まで見送り、明誼校生徒と教員は、鎌掛村端まで小旗を振って一行を送った。正野玄三は甲賀郡長野まで見送りに行き、第一六区々長大野市治は区境界まで見送った。

以上のようにして、滋賀県権令籠手田安定が学務課員加茂・瀬戸と師範学校教員横関を引き連れての臨時試験巡視の一大イベントが終了した。日誌に明らかなように、学区取締の仕事はまことに激務であったと言うほかない

(2) 臨時試験における日野松尾町の対応

日野松尾町区有文書に、権令の臨時試験巡視に際して作成した文書が残されている。正野の日誌から窺い知ることの出来ない事実が明らかになった。文書は、①「正副戸長及学校事務掛心得」、②「来観人心得」、③「心得」の三点である。(10)

①「正副戸長及学校事務掛心得」七カ条の申し合せ事項である。臨時試験の当日、正副戸長・学校掛は出頭して受付で「署札」を差し出す（第一条）、区戸長来観人席に着席する（第二条）。着席したらみだりに外に出ず、外出の場合は受付に申し出る（第三条）。臨時試験開始合図の鐘が鳴ったら入場しない（第四条）、試験中の教場出入は厳禁（第五条）、教員・生徒との応接は原則として一切しない（第六条）。教場と休息所、溜所《たまりじょ》で高声雑談は禁止する。試験場入場、区戸長控所（溜所）、休息所での禁止事項を事前に定めていたのである。権令臨席の試験実施にあたって、実に些細な点

まで遵守しようとしたのである。

②「来観人心得」は、一般の地域住民・保護者に向けた申し合わせ事項である。第一条校則と第二条試験場進退・退散禁止を除くと、第三条から第六条は①「正副戸長及学校事務掛心得」と同じ条文が書かれている。

③「心得」一〇カ条は、臨時試験時の宿舎、金銭、警護、服装、弁当などの詳細な規定で、他の資料に見られない興味深い内容が書かれている。宿泊所学校事務掛が斡旋する。第一条と第二条は、臨時試験に正副区長、学区取締が宿泊する代金を一日二〇銭と定めた。第三条は教員の宿泊料金も一日二〇銭としている。第四条は権令の出迎えで、惣代区長が二三区まで出迎えとした。第五条は、権令が宿舎より試験場まで乗馬で行き来する時、各区正副区長が前後を警護するとした。権令籠手田は試験巡視の際、しばしば乗馬で移動していたからである。第六条は、臨時試験当日、正副戸長と学校事務掛は「羽織袴《はおりはかま》ニテ午前第七時試験場江出頭」して、印形《いんぎょう》を持参するとした。第七条には権令から褒められた弁当持参の規定である。正副戸長、学校事務掛、来観人も全て弁当持参で、宿所で適宜にとるとした。第八条は、校則・備品の器械は教員の指示なく取り扱わないとした。第九条は、正副戸長の止宿《ししゅく》は宿を決めて区長に報告せよとした。最後の第一〇条は、権令一行が土山《つちやま》駅に向かう際必ず立礼にて見送ると定めた。しかし、権令の行先は甲賀郡の信楽方面長野に向かった。

(3) 臨時試験における褒賞・賞詞を受けた生徒たち

権令籠手田安定は、臨時試験で優秀な生徒に対して賞書・賞詞を正崇寺で与えた。「明治九年七月九〜一一日滋賀県権令籠手田安定巡視　臨時試験　各饗《こう》賞品下賜《かし》生徒名簿」は、七月下旬に玄三が各校から提出させた生徒名簿である。「権令籠手田安定殿并掛官員派出ニテ臨時試験之上各饗生徒江賞品下賜候旨届書」資料である(11)。この資料から臨時試験での表彰された優秀生徒の氏名、等級、褒賞品などが判明した。臨時試験を受験した一四区三校、一五区五校、一六区四校、一七区五校、一八区四校の合計二一校のうち、未提出小学校が六校あった（一四区三校、一七区一校、一

八区二校）であった。

褒賞・賞詞を受けた生徒が多かったのは、朝陽校二〇人、啓迪校一九人、文子校一三人、明誼校一一人などである。正研校や調和校、荀新校は褒賞・賞詞を受けた生徒は一人のみであった。受験した二一校のほとんどの学校が、下等小学八級生の受験であり、七級生への進級試験であった。ここに掲げたのは、上位の等級生がいる学校で、啓迪校で五級生四人、朝陽校で五級生六人、六級生七人がいた。

褒賞品は、小学校の教科書がほとんどであり、他は地球儀、日本地図であった。教科書は、官版教科書である文部省著作か師範学校著作であり、上等小学で使用する文部省刊行の教科書である。歴史―『日本略史』、『日本史略』、『万国略史』、物理―『物理階梯』、『小学物理書』、習字―『習字手本』。

(4) 権令籠手田安定の臨時試験巡視の意義

権令籠手田安定の臨時試験巡視は、「学制」下の滋賀県下の各郡町村での教育実態の調査であった。臨時試験に権令自らが臨席して生徒の学業進歩の景況、小学校教員の教授法の成果の確認、区戸長主導の郡町村の学校設立、維持・管理の状況把握、民心の教育観・教育熱の把握を目的とした。

学区取締正野は、一八七六（明治九）年二月から三月に権令巡視の情報を入手するや、その受け入れのための周到

表3　権令巡視の臨時試験で褒賞・賞詞を受けた生徒（人）

15区	啓迪校 19人（5級生4、7級生15）、西野校　6人（7級生6）
	麗沢校　7（7級生7）、正研校　1（7級生1）
	文子校 13（7級生13）
16区	明誼校 11（7級生11）、調和校　1（7級生1）
	朝陽校 20（5級生6、6級生7、7級生7）、
	蓮野校　7（7級生7）
17区	荀新校　1（7級生1）、諄誘校　4（7級生4）
	桜渓校　2（7級生2）、遷喬校　3（7級生3）
18区	安詳校　8（7級生8）、瓊矛校　5（7級生5）

表4　褒賞・賞詞を受けた小学区・等級別生徒の内訳（人）

	下等5級	6級	7級
小学区15区	6人	–	40人
16	6	7	26
17			10
18			13
	12人	7人	89人　　総計108人

な準備をしていった。六月に権令巡視の前段階として、第一〇番中学区取締多羅尾光弼の巡視があり、この準備過程で多くの予備的な資料整備を行って、権令巡視に備えた。日程が近づくと、使用人や書記を派遣して正確な情報把握に努めるとともに、自らも直接に近江八幡町や山上村に出向き県官吏に接触して、受け入れ準備を行った。

三日間の臨時試験期間中、毎日朝六時から午後一一時までの激務であったが、無事乗り切ることができた。権令籠手田安定の県下各地の巡視は、地方の学校を維持・管理する区戸長や学区取締にどのような意味を持ったのか、地域の小学校教員は、どのように受け止めていったのであろうか。正野玄三の学事日誌には、これまで知られていなかった事実が書かれていた。

正野の学事日誌からは、次の三点が明らかとなった。第一は、権令の臨時試験巡視に刺激されて、八月以降に各小学校で教員たちが生徒に対して卒業試験を積極的に受験させていき、各級の卒業生徒を増やしていく努力をしていったことである。県の高官による就学督促や就学奨励が、地域の住民や教員に大きな刺激を与えて、一定の効果をあげた。第二は、小学校教員たちが各校の競争的な試験結果により、教員個々の実力を試されたこともあり、各教員は試験問題や試験法の研究、授業法の改善に真剣に取り組むようになっていった。各小学校の教員たちは、学区取締正野の主導下にあったが、合同の教員集会や教員会議を開いて交流し、互いの研鑽を深める体制を定例化していった。第三は、「正則教授」を行うために、大津の滋賀県師範学校に学び、正規の教員養成教育を受けて資格を取得する意識が教員に芽生えていったことである。

注

（1）千葉正止『学区制度の研究―国家権力と村落共同体―』勁草書房　一九六二年の「学区取締の実態」一〇八～一〇九頁

（2）「滋賀県第五課より学区取締正野玄三宛　明治九年二月一九日書簡」『正野玄三家文書』五五―二六

（3）「小学校要覧　明治九年」『正野玄三家文書』五六―三二九九　日野町史編纂委員会所蔵
日野三町の区戸長、学校事務掛は、次のとおりである。

第一九七番小学区大窪町啓迪学校―第一五区区長中井源三郎、戸長山中治兵衛、副戸長中井市左衛門・門阪善太郎・小谷清治郎・西村市郎左衛門・小谷新右衛門の五人、学校事務掛中井真治郎・西村久右衛門（転役小谷新右衛門）。

第一九六・一九九番連区松尾町西野学校―戸長清水六左衛門、副戸長山本忠七、学校事務掛橋田徳蔵、松尾下組戸長六澤與左衛門、副戸長吉沢忠蔵、日田村戸長野田万吉、副戸長西川宗兵衛、木津村戸長岡嘉左衛門、副戸長岡平右衛門。

第一九八番小学区文子学校―第一五区副区長西田治平衛、戸長十字六四文、副戸長西田善兵衛・松山喜兵衛・宮木伊兵衛の三人、学校事務掛若村源九衛門・小西伝兵衛

（4）「明治九年諸願書并御伺書写　第二号」『正野玄三家文書』五五―三六　日野町史編纂委員会所蔵

（5）拙著『滋賀の学校史―寺子屋・藩校から小学校へ―』文理閣　二〇一五年　六一頁

（6）滋賀県第五課の「西江州大溝で官立大阪師範学校卒業生を採用」したとする事実は確認できない。一八七七（明治一〇）年の高島郡勝野村の鴻溝学校（明治七年創立）の首座教員笠井致は旧大溝藩士だが、官立大阪師範学校卒業生名簿には彼の名は無い。また、旧大溝藩領の各村の小学校教員からも卒業生を確認できなかった（『第三大学区滋賀県』第五年報　一八七七年）。

（7）曽我部信雄は、大阪府出身で一八七六（明治九）年四月六日小学師範学科を卒業、西大路村朝陽学校に赴任し、一八七九（明治一二）年一一月までの三年七カ月間在勤した。のち、高知師範学校教員に転勤、『小学初等作文稽古本』一八八二年　大阪・梅原亀七を編纂した。

（8）「小学校要覧　明治九年」（注4）、『文部省年報』第四年報（明治九年）の朝陽学校は、教員数六人、生徒数一六八人（男八七女八一）とあり、ここでの正野玄三資料と数値が異なる。

（9）「三人の名県令」『滋賀百年』毎日新聞社　一九六八年　三三一～四二頁。

（10）「松尾三区文書」一八五　一八七六（明治九）年七月四日、日野松尾町文書は、権令の学区巡視にあたり、以下の役割分担の体制で対応したと記している。事務総取締　正副区長、諸器械備入方　西村市郎左衛門・高井作右衛門・岡村伝兵衛、営繕及小使取締　西村久右衛門、用度掛　山中治兵衛・大沢覚兵衛、弁当掛　北浦孫兵衛、監察掛　各区々長、正副区戸長　各区区長。

（11）「明治九年七月九日～一一日　滋賀県権令籠手田安定巡視　臨時試験各黌賞品下賜生徒名簿」『正野玄三家文書』五六―三〇二〇　日野町史編纂委員会所蔵

第13章　地域の教員啓蒙活動と郷土習字教科書の発行

学区取締正野玄三は、管轄地域の小学校教員の力量形成と質的向上策として、次の四点の地域の教員研修を企画・実施した。第一は第一四区から第一八区の教員会議の開催、第二は経験の少ない教員へ夜間講習会（「内伝習」と命名した）の実施、第三は文部省刊行物『教育雑誌』の回覧と研修である。第四に地域の教育振興のために、蒲生上郡町村名の習字教科書を発行し、地域住民への普及を図った。

1　管轄小学区の教員会議の開催

一八七六（明治九）年七月二日に、第一四区、第一五区、第一六区、第一七区、第一八区の「教員助教員集会」が開催された。正野玄三が管轄下の教員を招集した最初の教員集会であった。雨天のこの日、遠久寺で昼食と夕食をとりながら、玄三は管轄下の教員と助教の全教員を集めて会議を行った。すでに六月二九日に一部の教員と区戸長とで臨時試験の打ち合わせをしていたが、七月九～一一日の権令籠手田安定の臨時試験巡視への対策会議であった。各校から「生徒姓名書、教員の役割書、生徒勤惰簿・卒業生前後取調書」を持参させ、当日の役割分担や学務課員への提出書類を確認した。

臨時試験終了後の八月六日に、再度第一四区から第一八区までの教員集会を行った。七月会議は教員を招集したが、

表1　第14～18区の教員会議一覧　明治9年10月～10年11月

太字—教員会議　＊印—関連記事

	明治9年	
	10月1日	朝陽校……師範校生徒募集、教育雑誌3部回送、県布達書伝達
	4日	新町虎屋…第五課よりの達書—師範学校生徒募集、竹村太左衛門の講談会、「教員席ハ立会ト相成ル」
	11月5日	西野校……教育雑誌6部渡、天長節御神酒料割合5校ニ書付、師範学校志願者10日迄申出受付
	明治10年	
＊	1月9日	第五課より権令籠手田安定の「告諭書」飛脚便で届く
＊	12日	第五課長奥田栄世（文部省大属から12月29日着任）の2月10日から巡視の達書届く
	14日	文子校……**教師月並集会**、第17・18区へ統計表師範学校入学生の件、教育雑誌3部持参し依頼
＊	2月20~22日	学務課長奥田栄世の管内小学校巡視（21日朝陽校、22日啓迪校）
	2月24日	**臨時教員集会**12人出席（18区は代人）—虎屋、各校出納表を持参
＊	26日	啓迪学校に官立愛知師範学校卒業生武野元房3等訓導を派出回達
	3月1日	武野元房着任
	4日	西野校で**教員集会**、荀新校・明誼校届書持参、武野の歓迎会（正野宅にて曽我部・武野・阪田・吉田・橋山君と酒飯、10時退散）
	4月1日	3月・4月分の教員集会費2円50銭を啓迪校に持参さす
＊	16日	「村名習字手本」発行
＊	5月21日	曽我部に**教員集会**開催依頼、22日武野に同様依頼、25日各校に回文
	6月1日	朝陽校…**5区内全教員集会**、朝より午後3時迄、30人出席、竹村太左衛門代理人から「文部省第2年報」明治7年を受取、武野へ渡す、「村名習字手本」の普及活動
	7月1日	**教員集会**、第五課の達書写を回文、「文部省第2年報」を各校に回覧
	8日	啓迪校…**8月教員集会**を繰上げ、集会人員書付持参に付弁当料相渡す
＊	8月25日	曽我部へ試験巡回立会教員の申付書届く、28日第15～18区の試験巡回立合教員申付書届く
	9月1日	文子校…**教員会議**、武野元房に問合せ
＊	2日	曽我部に第14区試験に巡視申付達書郵着する
＊	4日	曽我部へ定期試験受持学区巡視申付を第14～18区に回章
	6日	**区内総代教員集会**（虎屋）…総員12人出席（曽我部・瀬田・野村・辻・那須・越川・布施）、生徒組合日割試験日書類、13～25日試験実施
	10月15日	朝陽校…**区内教員集会**、教員18人出席
＊	24日	正野玄三学区取締辞職願を提出、27日免職辞令届く
	11月1日	正野辞職届が受理された旨、啓迪校教員に伝達、挨拶

六日は幹部教員を集めて大窪町啓迪学校で夜間に開催した。権令巡視の臨時試験の謝恩会を兼ねたものであった。この会議で、文部省から刊行されている教育雑誌を持参して、教則や教授法に関する新しい教育情報を紹介した。この日、玄三は文部省発行の『教育雑誌』を教員に手渡している(1)。なお、現在「正野玄三家資料」には、『教育雑誌』四

六点が残されている(2)。

玄三が招集した七～八月の教員会議は、権令籠手田巡視への対応協議の教員集会であった。しかし、一〇月一日以降の教員集会は、教員の質的向上に資するための教員相互の研修に変わっていく。すなわち、各校の卒業試験の試験内容や問題作成、実施上の問題点を協議する、師範学校入学の教員を募集して推薦する、教育雑誌の内容を論議するなどを、毎月一回を月例として定例会議の議題にした。玄三の元に届く第五課からの通達や指示も、すべてこの会議で報告した。

学事日誌の教員集会の記事を列挙したものが、前頁の表1である。

教員集会の記事は、簡単に日付のみの場合もあって、会議内容の詳細を知ることは困難である。教員集会の前後の記事から、月例会議の内容を推測するほかない。教員集会の出席者数は記載無しの時もあり、また出席メンバーの確定も難しい。ただし、五区内の全教員参加は、滋賀県権令や第五課長らの巡視への対策会議に限られる。あとは出席者数一二人とか三〇人の数値から推測して、官立師範学校卒業生（訓導資格）の曽我部信雄と武野元房、県小学教員伝習所・県師範学校の卒業生（準訓導資格）の教員に限られたと推測される。

一八七六～七七（明治九～一〇）年の資格別の第一四～一八区の教員構成は、下の表2のようである。教員総人数は、一八七六（明治九）年には第一四区の記載がなく四区の合計教員総数四二人、七七年の教員総数は五区合計で総数五七人であった。

一八七七（明治一〇）年の小学校数は、第一四区六校、第一五区五校、

表2　明治9～10年の第14～18区の教員資格別構成（人）

1876（明治9）年								
第15区			準訓導	6	その他	4	助教員	6
第16区	訓導	1	同	5	同	3	同	1
第17区			同	3	同	3	同	2
第18区			同	4	同	3	同	1
合計	訓導	1	準訓導	18	その他	13	助教員	10
1877（明治10）年								
第14区			準訓導	7	その他	2	助教員	1
第15区	訓導	1	同	6	同	4	同	4
第16区	同	1	同	3	同	3	同	5
第17区			同	3	同	2	同	2
第18区			同	5	同	1	同	7
合計	訓導	2	準訓導	24	その他	12	助教員	19

第一六区六校、第一七区四校、第一八区六校の合計一七校であった。各校の首座教員だけが参加をしたとすれば総計二七人となり、ほぼ三〇人規模の教員集会の参加者となる。

2　朝陽学校三等訓導曽我部信雄による「内伝習」の実施

曽我部信雄は、官立大阪師範学校を一八七六（明治九）年四月六日に卒業して、一二日に西大路村の朝陽学校に三等訓導として赴任した。曽我部は、七九（明治一二）年一一月に依願退職するまでの三年七カ月間、この地域住民へ近代的な学校教育について具体的なイメージを与えるうえで大きな貢献をした。

曽我部は第一六区の朝陽学校に着任するや直ちに学区取締正野玄三と協力して、第一四～一八区までの小学校教員に対して指導性を発揮した。最初の大きな仕事は、六月の多羅尾光弼の蒲生郡内の小学校書類調査（諸帳簿・絵図面）と試験巡視への付き添いであった。続く七月上旬には権令籠手田一行の臨時試験巡視の準備作業と試験当日の幹事教員として実務をこなし、後者の臨時試験では地域の教員たちに試験問題の作成や試験実施上の指示、学校管理の実務を教えた。

籠手田安定の臨時試験巡視の終了後に、曽我部は正野玄三と相談して第一四～一八区の地域において、各小学校で経験の乏しい教員や教育技術の未熟な教員を集めて、在勤校の朝陽学校において夜間に授業法の伝達講習を実施していった(3)。

学区取締正野の主要職務には、小学校の現職教員を師範学校に入学させ、正規の資格をもった教員を増やすことが含まれていた。しかしながら、師範学校への派遣費用や寄宿舎での生活費と勉学費用は、すべて各村落が負担しなければならず、農村部には師範学校への派出が困難な村もあった。正野は、曽我部信雄と相談の上、一八七六（明治九）年九月の最後の週から朝陽学校で夜間に「教員研修会」の実施を決定した。

九月二一日記事に「来ル二五日頃ヨリ夜分《やぶん》伝習《でんしゅう》相始《あいはじめ》候《そうろう》旨《むね》　時間ハ午後七時ヨリ始メ一〇時ニ終之旨希望之人江報知《ほうち》呉《くれ》候《そうろう》様《よう》　并ニ生徒及第取調書共曽我部氏ヨリ差越ス」とある。曽我部が主体となって教員研修の計画を作り、玄三と相談して希望者を募ったことがわかる。

九月から一〇月に志願者は、正野玄三の元に願書を提出してきた。「曽我部訓導ニ習《ならい》仕《つかまり》度《たき》願書二通」、「曽我部氏へ内伝習《うちでんしゅう》付《につき》志願《しがん》之者入学有之度」。九月二五日—黒田定太郎、中島三十郎、二六日—大野京治、二七日—佐野文吉、二九日—大神松代、竹内智興、大谷貫一郎、三〇日—久村静弥、広島梅次郎、一〇月二日—青木泰治、五日—若林某、一一月一日—山上證遵、一二月五日—犬上錠之丞、九日—西田房五郎。夜間の内伝習は七時から一〇時までで、九月に計九人、一〇月に二人、一一月一人、一二月二人の合計一四人の希望者があった。

「内伝習」を受けようと希望した者は、①全くの教師経験のない若者で将来師範学校に入学を希望している者、②すでに助教員や教員として在職中の者、の二タイプがあった。一〇月中に希望した者は前者が多く、広島梅次郎は後に師範学校に入学して正規の教員資格をとっていった。一一月以降の者は後者が多く、正研学校教員青木泰治、明誼学校助教員山上證遵、徳隣学校教員犬上錠之丞がいた。彼らのなかには本庁や師範学校での教員認定試験を受験して資格取得をしていく者もいた。九月下旬から曽我部訓導の「内伝習」を受けて、翌年明治一〇年一月から朝陽学校助教員に採用された者もいた。佐野文吉、黒田定次郎、中島三十郎、大野京治の四人である。

3　文部省『教育雑誌』の教員への回覧

文部省は、一八七六（明治九）年四月に『文部省教育雑誌』を『教育雑誌』と改題して、欧米教育思潮の紹介や教科の授業方法の抄訳・翻訳を中心にした雑誌を刊行した。中央の教育政策の動向を知らせるために、地方の教員たちにこの雑誌を回覧させて、「上から」の啓蒙的な教育活動を行おうとした。意図は明確であったが、当時の小学教員の

受けとめるレベルをどの程度考えていたか、その内容の程度についての妥当性は、現在から見れば問題点があったかもしれない。しかし正野の日誌から、この時期の近代教育の啓蒙普及活動が、僻遠の地方の末端村落小学校の教員にまで行われていたことを知ることが出来る。

二年間の『黌御用日誌』にみる『教育雑誌』記事は、一見すると単調で羅列的な事項しか書かれていないように見える。だが、年譜に整理すると、明治初期の啓蒙普及活動の意図とその実現過程が浮かびあがってくるのである。以下の表3に、一八七六（明治九）年から一八七七（明治一〇）年の日誌の記事内容を、A　滋賀県第五課からの教育雑誌の「郵着」、B　地方教員への「回達」「回覧」「手渡」、C　地方各校の教員からの「返却」「返送」に整理してみた。

文部省発行の『教育雑誌』の小学校教員への回覧は、この年譜で明らかなように、第五課から学区取締正野玄三に三冊が送達された。正野はまず地域の指導的教員である朝陽学校の曽我部信雄三等訓導に雑誌を送り、曽我部が読んだ後に彼を通じて地域の村々の教員へ回覧した。三月二日以降は、第一五区啓迪学校に官立愛知師範学校卒業生の武野元房が三等訓導として赴任したので、曽我部ルートと武野ルートの二つを通じて新しい授業法や教則、試験法を広めていった。また、この通常ルートとは別に、各校首座教員の「教員集会」時に、玄三は雑誌を持参して配付している。各校教員の閲読後は、第一四区から第一八区の小学区ごとに回収して、正野玄三のもとに保管した。

『教育雑誌』は当初第五課より、三冊とか六冊の少部数が送られただけであった。しかし、一八七七（明治一〇）年八月以後は第三六号二八冊、第三七号二七冊、第三八号二八冊、第三九号二八冊、第四〇号二七冊が送られている。これは学区取締正野と曽我部信雄・武野元房の三人の働きかけで、本庁へ配付冊数の増加願を出して実現したものである。第一四～一八区の全二八校の各小学校に行き渡る冊数である。九月から一〇月には教員への雑誌配布は、明治一〇年九月の県下全般にわたる卒業試験の実施に併せて行われている。

官立師範学校出身で三等訓導の曽我部信雄や武野元房は、『教育雑誌』に掲載された欧米の教育動向や教則や授業方法を理解できたかも知れないが、はたして農山村地域の一般の教員たちは『教育雑誌』の内容をどこまで理解でき

表3　文部省『教育雑誌』の小学校教員への普及活動　明治9～10年

明治9年	
5月25日	A雑誌3部郵着・達書を受取、26日　B曽我部氏入来、雑誌3部手渡、同日第五課より達、多羅尾君より6部雑誌郵送
7月6日	A雑誌3部郵着
8月6日	B有志の教員集会にて雑誌6部回送、A第五課より第10号3部郵着
9月2日	C調和校教員より雑誌1冊返却、3日　B曽我部氏に啓迪校で雑誌渡す、
5日	A第五課より3部郵着、13日　同課より第14号3部郵着、24日　B曽我部氏に第14号1部渡す、28日　同氏へ第15号3部渡す
10月15日	B曽我部氏に1部渡す、18日　A第17号第5課より郵達、25日　A第18号3冊郵着
11月5日	B西野校の教員会議で6部渡す、9日　A第19号2部郵着、10日　C曽我部氏より益田（可永）氏へ第14・15号返却、B第11・12・13号渡す、24日　雑誌4冊（？）
12月25日	B曽我部氏へ立寄り、第16・15区へ雑誌3部、第17・18区へ3部差出に付持参
明治10年	
1月11日	A第五課より第22号、同附録、第13号郵着、14日　B教員月並集会に雑誌3部宛持参、C第18区榎並氏（嚶鳴学校）より雑誌返却
2月22日	A教育雑誌郵着
3月3日	A多羅尾君使翰、第五課より学事統計表と雑誌郵着、14日　辞職願と曽我部・武野・自分の月給下渡願書、「教育雑誌御下渡願」持参して本庁に出車
29日	A多羅尾氏より雑誌第29号3冊郵着、31日　雑誌3部宛回章、曽我部氏武野氏へ差出す
4月10日	A甲賀郡第2区学区取締谷氏より雑誌第30号3部郵着、20日　B武野氏へ雑誌渡す、A雑誌第31号3部郵着
5月6日	B曽我部氏へ雑誌1部差出す、8日　A甲賀郡第2区学区取締谷氏より雑誌6部郵着、竹村氏に3部送達、12日　B曽我部氏武野氏へ各1部持参、18日　A雑誌第33号3冊郵着、28日　B第33号を朝陽学校・啓迪学校に1部宛回章
6月1日	竹村（太左衛門）代理藤川より「文部省第2年報」明治7年并に谷氏添書受取る、15日　C采新学校教員安田弘吉より雑誌綴返却、16日　A第五課より第34号3冊、第35号谷氏より郵着
7月2日	A第36号3冊谷氏より郵着、
8月1日	A第37号3冊郵着、6日　A第38号3冊郵着、14日　B第15・16・17・18区へ雑誌を回送、18区へ回章差出し小学教校則一緒に回達、A第五課より教育雑誌22冊到着賃料10銭、17日　（大津本庁に辞職願を代理人太田に托す）A第五課より雑誌6冊宛御下渡さる、20日　A第39号3冊郵着
9月6日	A第36号附録28冊、第40号3冊郵着、10日　B第17区へ雑誌5冊渡す　12日　B第16区各校へ雑誌6冊、第15区々長へ雑誌5冊、第14区々務所へ雑誌6冊渡す、14日　B第37号2部郵着、15日　B第37号27冊郵着、18日　B第18区瓜生津村瓊矛学校試験に雑誌12冊持参、B第14区竹村（太左衛門）より第37号6冊回覧の依頼あり、20日　C当区務所へ第37号4冊回達す、25日　A「御庁ヨリ仕立飛脚ヲ以テ教育雑誌38号28冊持参ニテ1泊依頼ニ付北川屋方エ止宿　則宿料2銭5厘飛脚8銭渡ス」、27日　A第43号2部郵着、28日　B第38号第15区内へ回達、第16区へ差出す、第17区分も同様。本庁へ雑誌代価上納―中井（源左衛門）氏に第38号附録、第37号代金を依頼、30日　西田治兵衛殿本庁に出津に付雑誌代価上納金を依頼
10月4日	元正研学校廃校に付、戸長より雑誌配賦の断書来る、5日　A第五課より第39号仕立便にて28冊持参賃8銭渡す、6日　雑誌1冊減の上申書を本庁に出す、B第18区へ雑誌6冊送達、13日　B雑誌8月分出納表等回章、第16区へ雑誌上納代価を回章、19日　A第五課より第40号27冊仕立便にて到着賃3銭、20日　B第15区内へ雑誌第40号回章共に送達
11月4日	A第五課より第45号2冊送達

たであろうか。また、一般の教員たちがどのような受け止め方をしたのかは、玄三の学事日誌や関連文書からは不明である。とはいえ、明治初年段階に近代的な教育の内容や方法を、文部省の『教育雑誌』を講読させて地域のすみずみの小学校教員に普及させようとした事実は確認しておいてよいであろう。

4　県学務課長奥田栄世の朝陽校・啓迪校への巡視

文部省督学局中視学奥田栄世は、一八七六（明治九）年一二月六日に滋賀県第五課学務課長に転勤してきた。奥田は、滋賀県権令籠手田安定の強い要請により県教育行政と師範学校を振興させるために招聘されたのである。彼は文部省篤学局時代に第三大学区掛を担当して、一八七四（明治七）年九月から第三大学区の学事巡視に出向いて来ていた。一八七五（明治八）年七月二四日から八月四日まで大阪府教員伝習所（同年八月二二日大阪府師範学校に改組）において、文部省内の第三大学区担当の奥田栄世は「第三大学区教育会議」を主催した。二府一〇県の学区取締と学務専任訓導を招集して、二会場で教育事務と幼童教育の在り方を協議させた。学区取締には実際施設問題を討論させ、訓導には授業法の得失を議論させている(4)。

『官員録　明治十年九月改正』「滋賀県」では、奥田栄世は正六位権令籠手田安定、従六位大書記官酒井明に次いで、宮田義昌、斉藤真男と並ぶ一等属の高官である。一等属は八等の判任官で月給六十円であった(5)。

正野玄三の「学事日誌」には一八七六年一二月二九日に、「今般奥田栄世殿任大属ニ第五課専務ノ由承ル」とある。奥田は第五課長に就任するやただちに、県下の各地域の学校巡視に出向いた。七七年一月一二日の記事に、学区取締益田可永より「来月一〇日大属奥田君不日巡視相成候旨承ル」とあり、年明け早々に学区取締会議が開催され、県下の主要な町村小学校の巡視が告げられた。正野は第一四区学区取締竹村太左衛門宅に立寄り奥田の巡視を伝言した。二月一一日の大津の県庁での学区取締会議に正野は出席出来ず、書記太田を代理出張させた。奥田の巡視は、一二

日に第一五～一八区の各区戸長宛に回章された。一九日に近江八幡の小学校巡視が行われ、正野は同務の益田可永と竹村太左衛門に書面で巡視内容を問い合わせた。二〇日には、受持区内の第一八区、第一七区の区戸長に報知する一方で、正野は奥田一行が近江八幡から鋳物師村に到着したので、太田と人力車で竹村太左衛門宅に出かけ、巡視内容を質問した。使用人に書面を持たせて聞き合わせしてから、竹村と面談しているが、正野玄三の慎重な性格がよく表れている。

一二日頃より断続的に雪降りの日々が続いていた。二一日は好天に恵まれた。玄三は、第一五区上野田村麗沢学校まで奥田一行を迎えに行き、「奥田君瀬戸君当校（啓迪学校）・西野学校・文子学校江御立寄一二時今津屋」に到着して休憩、昼食を出す。その間に、第一五～一八区までの正副区戸長が今津屋に到着してきた。

奥田栄世と瀬戸正範らの第五課員は、午後二時朝陽学校へ出張して授業を参観した。「授業御覧相済テ各村ヨリ差出ス学事取調帳二冊宛之内一冊上申候　一同相揃様《あいそろえるよう》演舌《えんぜつ》各人民情《かくじんみんじょう》御尋問《ごじんもん》　終テ五時今津屋方江引取御用済九時帰館」とある。奥田は地域の就学・不就学の実態、学校費の出納表など学事全般を尋問して、地域住民の学校への民情を把握しようとした。首座教員曽我部信雄の在勤する朝陽学校が当該学区内の中心校であることは、第五課官員も周知であった。

翌二二日には、同じく第一五区啓迪学校の巡視を行って午前九時から授業を参観した。啓迪校では、前日に正野の受持学区内の学事調査を終えているので、授業後は直ちに甲賀郡水口駅に向かって出発していった。

奥田は、小学校巡視により、県内各地の民情を検討して、次のような三点の教育施策を打ち出していった。

その一つは、地域の実情にあった教科書作成や教材づくりへの積極的な関与である。「学制」による教則では、欧米で使用されている教科書の飜訳・抄訳の教育内容と伝統的な近世以来の内容が混在するものであった。滋賀県では小学校の設立・開校が一八七三（明治六）年から七五（明治八）年かけて比較的順調に進むが、就学生徒数は伸び悩んでいた。また一旦就学した者が退校する場合が多かった。

不就学生徒の理由の第一は、生活上役立たない内容を学ばなければならないことにあった。生活に必要な知識を教えるためには、教育内容の改造が必要であった。県下で独自の教則や校則を定めていき、地域社会に求められる郷土教科書の編纂・発行をして、これを採用することが必要であった。郷土教科書は、県地誌、郡地誌の郷土地理から始まり、郷土習字、郷土読本、郷土農業、郷土商業へと広げられていった(6)。奥田栄世自らが編集した『滋賀県管内地理書』は、一八七七(明治一〇)年一一月に大津の沢宗次郎から出版された(7)。

その二は、奥田は赴任後に大津師範学校を開校させて、二年間の師範学科での教員養成教育と一八〇日間(六カ月)の現職教員への授業法伝習(講習)で資格附与を行う、二本立てで教員の質的向上に取り組んだ。奥田の着任直後の一八七七(明治一〇)年一月八日に、文部省から土屋政朝を招聘して大津師範学校副長に任命した。師範学校体制の整備・充実の一環で、奥田の構想であった。

その三は、県下の小学校教育の実態を地域の指導的教員を総動員して本格的に調査したことである。教育政策の具体策を考えるとともに地域ごとの実情にあった対策を打ち出そうとした。一八七七(明治一〇)年九月から一カ月間、滋賀県管内の小学校の定期試験立合による悉皆調査を行わせた。各郡の官立師範学校卒業生、滋賀県師範学校卒業生を試験立合教員として調査者とし、項目も統一して調査させ、その結果を報告書にまとめ上げた。『明治十年九月　定期試験立合巡視功程』である(8)(第八章)。

5　『滋賀県蒲生上郡村名習字本』の発行と普及

(1)　曽我部信雄と正野玄三の編纂と刊行

学区取締正野玄三は、朝陽学校首座教員の曽我部信雄と協力して、地域独自の教科書づくりに着手した。一八七六(明治九)年一二月一七日、曽我部は玄三に「蒲生郡村名彫刻《ちょうこく》ノ義」を提案し、玄三は蒲生郡内の村名を覚えさせ、漢

字で正確に書ける習字本教科書を作成することに賛成した。小学校生徒のための習字手本を主目的としたが、字が読めない、書けない大人へも使うことを両者で決めた。玄三は学区内全域の子どもと地域住民のため役立つ「蒲生郡上郡町村名」の習字本を作成する事として、経済的にバックアップをしていく。

曽我部は鎌掛村明誼学校教員久村静弥と、七七（明治一〇）年一月二〇日に習字教科書編纂のアドバイスを受けるため、大津師範学校と官立大阪師範学校に出張した。一八日に曽我部は下書きを書きあげており、手本習字を大阪の書家村田《むらた》海石《かいせき》に依頼する目的も兼ねていた。村田海石は江戸時代以来の御家流《おいえりゅう》の書風を革新して、この時期の唐様書体の楷書による習字手本の作者として著名な書家であった。

二月から三月にかけて、正野は日野三町始め、第一四～一八区までの区戸長や篤志家から出版寄附金集めに奔走した。三月九日に第一五区々長西田治兵衛が寄附金名簿を持参し、その場で一円の寄附金を出した。一方、曽我部信雄は三月二二日から二七日まで再び大阪に出張して、習字手本の刷り上がり作業が順調であることを確かめてきた。

曽我部信雄は四月一六日に、完成した習字手本一冊を正野玄三に持参した。玄三の日誌には「村名習字本成功ニ付一冊持参」と、押さえた表現ながら発行の喜びが記されている。習字手本教科書は、表紙に『滋賀県蒲生上郡村名習字本』「浪華村田海石書　明治十年四月　教育親和会社蔵版」と記されている。珍しいことであるが、奥付はなく最終頁に「板来彫刻寄附人名」一覧が掲載され、「習字本周旋曽我部信雄」と記されている。寄附人名一覧は一円以上の寄附者で、次のように大半が日野三町在住の日野商人たちであった。

金二円五〇銭　正野玄三	金二円　竹村太左衛門	同二円　大野市治
同二円　島田勘右衛門	同一円五〇銭　中井源三郎	同一円　辻惣兵衛
同一円五〇銭　奥野久兵衛	同一円　西田沼兵衛	同一円　藤沢茂右衛門
同一円　藤岡六兵衛	同一円　村井重助	同一円　若村源左衛門
同一円　岡宗一郎	同一円　十字六四文	同一円　杉沢五郎治

同一円　小谷新右衛門　　同一円　門坂善太郎　　同一円五〇銭　鈴木忠右衛門
同一円　吉村玄輔

『滋賀県蒲生上郡村名習字本』の内容は、次のような構成で地名を学ばせようとするものであった。

「亜細亜洲東部／大日本帝国／近江国／滋賀　栗太　野洲　甲賀　高島　伊香　浅井　阪田　犬上　愛知　神崎
蒲生　十二郡／金屋　小脇　中野　今在家　蛇溝　布施　市辺　糠塚　野口　内埜　三津屋　柏木　平木　南村
西往来　老蘇　石寺　清水鼻　羽田　稲垂　木郰　川合　小房　寺村　綺田　平林　石塔　葛巻　宮井　殿郰
沖村　鈴郰　松井　川原　大森　田井　大塚　麻生　岡本　鋳物師　石原　増田　小谷　三十坪　小御門　内池
里口　十禅師　猫田　別所　清田　深山口　迫　中山　鎌掛　日野　松尾町　大窪町　村井町　木津　日田　山
本　上野田　大谷　西大路　仁本木　音羽　北畑　西明寺　蔵王　熊野　平子　駒月　小井口　寺尻　野出　蓮
花寺　中在寺　北脇　安部居　佐久良　奥池　鳥居平　奥師　中郷　小野　杉　杣　河原　原村　芝原　二俣
尻無　瓜生津　土器　石谷　一式　市原野　市原新田　高木　池脇　甲津畑　和南　山上　高野　熊原　相谷
佐目　萱尾　九居瀬　蓼畑　杜葉　政所　外村　小倉　平尾　青山　百済　寺池田　今田　井　岡田　横居　林
田　上村　中小路　妙法寺　神出　野村　境村　今崎　八日市　以上／
蒲生郡上郷　及愛知神崎両郡　接近之村名／凡三町百二十七郰」

(2)『滋賀県蒲生上郡村名習字本』の地域住民への普及

曽我部信雄の尽力と正野玄三の財政的支援の寄附金集めが功を奏して、習字本の出版にこぎつけることが出来た。四月二五日に、曽我部から正野玄三に『村名習字本』五〇冊が回送されてきた。玄三は翌二六日に曽我部に代金を送り、書状を差し出している。

五月になり、①小学校各校での小学生への普及、②第一四区から第一八区までの小学区の区戸長を通じた住民への啓蒙普及、③寄附金出金者である篤志家を通じての普及、に取り組んでいく。五月二日〜三日の日野の綿向《わたむき》神社の祭礼が終わると、ただちに玄三と曽我部は『村名習字本』の件で普及活動の相談している。正野は、五日有明学校巡視の際に第一四区々務所に立寄り、同本を一冊渡して普及を依頼した。また一四日に『村名習字本』一八冊を篤志人一八人（大野市治氏除く）に一冊宛を回送して、普及協力を呼びかけた。二〇日には、第一八区正副区長に二冊と地域住民用二三冊を送付している。同時に、試験成績の良かった褒賞の賞典として各校生徒に二冊を贈った。二一日に第一五区文子学校の試験でも、七級生四人・八級生九人に賞典として習字手本を贈呈した。

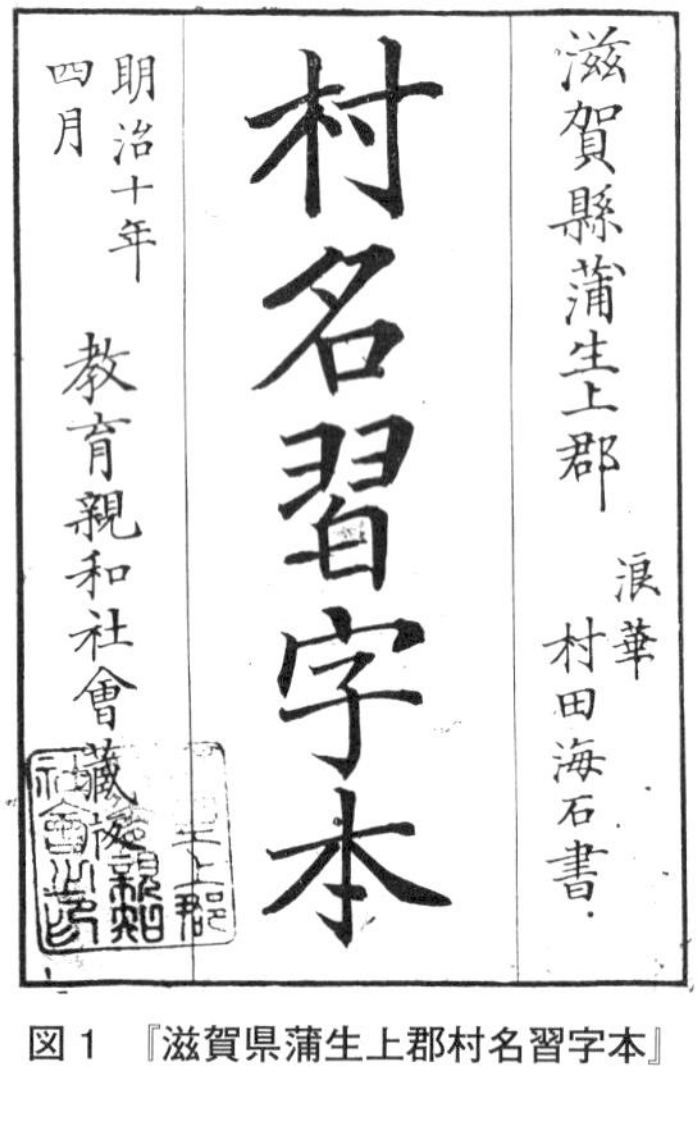

図１『滋賀県蒲生上郡村名習字本』

このような三つのルートでの普及活動が、六月から八月まで展開されていく。発行当初は小学校生徒用の教科書を主目的としたが、じょじょに地域住民の読み書きのための習字手本教科書として広がっていった。『村名習字本』発刊の意義は、大きかった。以下で見るように、部数や冊数のやりとりは滋賀県下の他地域の習字本には見られない大部数となり、版木を彫り直して重版するまでになっていく。なお、習字手本本の値段は一冊五銭であった。

六月一四日に第一七区戸長が玄三に習字手本の送付依頼に来た。同日第一四区組合村代表藤沢茂右衛門から村名習字本六〇冊の送付依頼の書面が来る。送本するや、一六日には第一四区から習字本代金六五冊分と仮名手本代金の三円二八銭の書面が到着、玄三は副書して曽我部宛に差し出した。

翌一七日には、学区取締竹村太左衛門から「寄附金四円　特志人名並二〇〇冊　習字手本受取書状持参ノ使到来」した。曽我部へ寄附金四円を渡して二〇〇冊を受け取って、使用人を使って運ばせている。一八日第一四区の藤沢が

寄附金姓名簿を持参して来訪。一九日に『村名習字本』の回章を出した記事があり、二八日にも代理人太田が曽我部と面会して「特志人名板刻持参返却ス」とある。六月二六日より三〇日まで玄三には親族の不幸があって、京都の寿賀病院に出向いていた。

七月に入ると、習字本の普及活動が本格化していった。三日に、竹村太左衛門の代理藤川伝右衛門氏が習字手本一〇〇冊、第一七区諄誘学校教員横内氏が一〇冊を依頼に来た。七月四日から八日まで朝陽校曽我部信雄と啓迪校武野元房は大津に出張し、本庁と大津師範学校の「案内集会」に参加している。九日に曽我部が前日帰校していたので、竹村氏分一〇〇冊と諄誘校一〇冊の合計一一〇冊を彼から受け取ってそれぞれに送付した。一三日に竹村氏への請求代一〇〇冊分金五円が届き、一五日に諄誘校の横内からも一〇冊分五〇銭が届いたので、曽我部に手渡した。一八日に第一八区瓊矛学校教員那須賢貞から、習字手本七〇冊の注文が入った。手元にある五〇冊を渡して、不足する二〇冊を曽我部から取り寄せて渡した。二〇日に第一四区小谷村正法寺の岡田了観から有明学校使用分二〇冊払下げの願書があり、翌二一日に曽我部に書面を出したところ四〇冊が送られてきた。同日第一七区桜渓学校より一七冊払い下げの依頼があり、代価を受け取って渡した。二六日には有明学校が代金を持参してきた。

八月二三日には、第一八区瓊矛学校事務係横内氏が来て、村名習字本三冊の代金を払った。二八日に「曽我部氏エ金五円習字本印刷仕立前金　太田持参渡ス」とあり、正野は習字手本の増刷印刷代を前金で手渡した。同日に第一五区区長中井源三郎が、増刷分の習字本寄附金一円五〇銭を送ってきたので受け取った。瓊矛学校から習字手本本代金三円五〇銭も届いた。

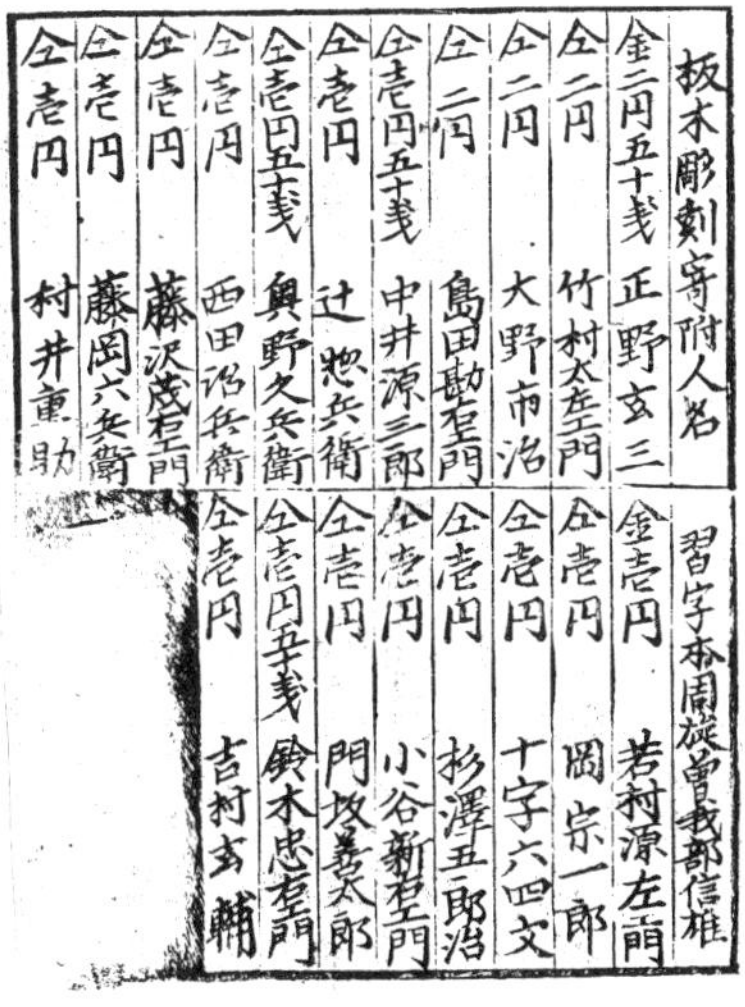
板木彫刻寄附人名
金二円五十銭　正野玄三
仝二円　竹村太左衛門
仝二円　大野市治
仝二円　島田勘左衛門
仝壱円五十銭　中井源三郎
仝壱円　辻惣兵衛
仝壱円五十銭　奥野久兵衛
仝壱円　西田治兵衛
仝壱円　藤沢茂左衛門
仝壱円　藤岡六兵衛
仝壱円　村井重助
習字本周旋曽我部信雄
金壱円　若村源左衛門
仝壱円　岡宗一郎
仝壱円　十字六四文
仝壱円　杉澤五郎治
仝壱円　小谷新左衛門
仝壱円　門坂善太郎
仝壱円五十銭　鈴木忠左衛門
仝壱円　吉村玄輔

図２　『村名習字本』への寄付者

以上のように、習字手本本は七月から八月にかけて初版印刷分が完売し、重版増刷された。重版用の印刷費用への寄附金も順調に集まってきた。しかし、一〇月二六日に正野玄三のかねてから念願していた学区取締辞職届が二三日付で受理されたと連絡が入ってきた。玄三の一〇月末の辞任後も、習字手本は地域住民向けに販売冊数が伸びていく。一一月一日に第一八区の遷喬・安祥・采新の三校教員へ二六冊、三日に福永氏へ二五冊送っている。一五日には曽我部信雄より習字手本一〇冊分を受け取った。玄三は、後任の学区取締浅井辰政（旧西大路藩士族）へ書籍を引き継ぎ、書記太田に残部を持参させた。二七日にも福永氏からさらに五冊の送本依頼があり、浅井辰政から送本してもらっている。この記事が習字手本に関する最後の内容であった。

注

（1）正野の学事日誌は『文部省教育雑誌』と記載している。この題名の雑誌は一八七六（明治九）年一～三月まで発行、四月からは『教育雑誌』と改題して一八八二（明治一五）年一一月発行しているので、正野は日誌に誤って記載したのであろう。玄三の手元には、第五課より毎号同誌三部が郵送されてこれを各校に回覧して、回覧後に彼の元に戻して保管した。

（2）『教育雑誌』第五、一六、一九、二〇～四六号、二六、三六号附録（一括四六点）明治九～一〇年、『正野玄三家文書』四二―二九六六　日野町史編纂委員会所蔵。「教育雑誌回覧メモ」（一月一〇日文部省報告含む）明治一〇年『同上』四二―二九七七。他に、『文部省雑誌』第一～二〇号（一括一九点）明治八年『同上』四二―二九九二、『同上』第一～八号（一括九点）明治九年『同上』四二―二九九五。

（3）官立東京師範学校と官立大阪師範学校の卒業生で三等訓導資格の教員は、在勤校で夜間に地域の教員や自校の教員に対して教則や授業法の伝習講習することが、しばしば行われていた。第七章において八幡東学校の並河尚鑑（官立東京師範学校卒業生）の伝習の事例を説明した。

（4）奥田栄世の文部省篤学局時代の活動は、湯川嘉津美「学制期の大学区会議に関する研究―第三・第四大学区教育会議の検討を中心に」『上智大学教育学論集（四五）』二〇一一年を参照。

（5）『明治十年九月改正　官員録』「滋賀県」一四九～一五〇丁（編輯出版人日暮忠誠）

（6）拙著『滋賀の教育史―寺子屋・藩校から小学校へ―』「第七章明治期の近江の郷土教科書」二〇一五年　文理閣

（7）奥田栄世『滋賀県管内地理書』一八七七年一一月　大津・沢宗次郎
（8）『明治十年九月　定期試験立合巡視功程』については、第八章一五八〜一六〇頁

第五部　滋賀の郷土地誌教科書の編纂

第14章　明治一〇年代の郷土地誌教科書（一）—県地誌—

1　明治期における滋賀県の郷土地誌の発行状況

明治期における滋賀県の郷土地誌教科書は、明治初年から活発に編纂・刊行された。明治末年までの滋賀県の郷土地誌教科書（教員用・生徒用）の発行状況は、表1のとおりである。郷土地誌教科書を区分して、旧国・府県地誌と郡市町村地誌を分けて示してみると、滋賀県では郡市町村地誌教科書の発行が圧倒的に多く、旧国・県地誌教科書が少ないのが特徴である。

滋賀県地誌は、明治初年から明治一〇年代では一八七五（明治八）年から八三（明治一六）年の間に八種類が発行されている。その内訳は、地誌教科書六種類、地誌問答書二種類で、地誌字引が一種類ある。明治二〇年代から明治三〇年代では、県地誌は六種類（生徒用四教員用二）、郡地誌は滋賀・甲賀・東浅井の三郡で一種類ずつ発行されている。滋賀県学務課長奥田栄世編纂の『滋賀県管内地理書』一八八一（明治一四）年発行本は、一八七七（明治一〇）年の改訂本であり、同一内容なので別種類としなかった。

明治一〇年代の郡地誌教科書は一九種類で、県一二郡全てで発行された。滋賀郡が三種類、甲賀・野洲・蒲生・神崎・東浅井・伊香・高島の七郡が二種類で、著者編者が異なる複数種類の郡誌が見られる。山本清之進の『滋賀県管内栗太郡誌』明治一二年本は、明治一七年に改正本が出ているが同一内容であり同一種とした。川添清知の滋賀郡誌

表1　明治期における滋賀県の「県地誌」「郡地誌」教科書一覧

年	旧国・府県地誌	郡市町村地誌
1875（明治8）	『近江風土誌』上下（河村祐吉） 『近江郡村町名』（琵琶湖新聞会社）	
1876（明治9）	『滋賀県管内地理問答』（田中織遠）	
1877（明治10）	『滋賀県管内地理書近江地誌略』巻上・下（北川舜治） 『滋賀県管内地理書』（奥田栄世） （『滋賀県管内地理書字引』河野通宏）	
1878（明治11）	『滋賀県管内地理書問答』（河野通宏）	
1879（明治12）		『滋賀県管内坂田郡誌』（中矢正意） 『滋賀県管内伊香郡誌』（長瀬登喜雄） 『滋賀県管内栗太郡誌』（山本清之進）
1880（明治13）	『滋賀県地誌』（梶山弛一）	『滋賀県管内野洲郡誌』（巽栄蔵） 『滋賀県管内浅井郡誌』（中矢正意） 『滋賀県管内神崎郡誌』（松浦果） 『滋賀県管内甲賀郡誌』（山縣順） 『滋賀県管内滋賀郡誌』（村田巧） 『滋賀県管内愛知郡誌』（横内平） 『滋賀県管内滋賀郡地理小誌』（川添清知）
1881（明治14）	＊『改正滋賀県管内地理書』（奥田栄世）	『滋賀県管内犬上郡誌』（渡辺弘人）
1883（明治16）	『滋賀県管内小学地誌』（川添清知）	『滋賀県管内蒲生郡誌』（村田巧） 『滋賀県管内滋賀郡小学地誌』（川添清知）
1884（明治17）		『鼇頭甲賀郡小学地誌』（高谷柳台・平田次勝） 『滋賀県神崎郡伊庭村誌』（大橋錦護） 『滋賀県管内伊香西浅井郡誌』（同郡教育会） ＊『滋賀県管内栗太郡誌』（山本清之進） 『滋賀県管内高島郡誌』（村田巧） 『滋賀県管内野洲郡誌』（山本清之進）
1885（明治18）		『滋賀県蒲生郡小学地誌』（寺田鐸馬） 『高島郡地理概略』（東郷秀太郎）
1891（明治24）	『小学近江地誌』（一井寿衛雄）	
1892（明治25）	『近江地理書』（谷村晴光）教員用	
1894（明治27）	『近江地誌』（滋賀県私立教育会） 『近江教育』（山田誠之助）教員用	
1898（明治31）		『近江国滋賀郡誌』（滋賀郡教員組合会）
1900（明治33）	『近江地誌』児童用（宗宮信行）	『東浅井郡誌』（東浅井郡私立教育会） 『滋賀県管内甲賀郡誌』（久野正二郎）
1902（明治35）	『新撰近江地誌』（山本万次郎他3人）	

（主な出典：国立国会図書館所蔵本・国立教育政策研究所教育図書館所蔵本・東京書籍教育図書館所蔵本、滋賀大学附属図書館教育学部分館所蔵本、個人所蔵本他）＊は同一種本

の明治一三年本と明治一六年本は、内容が大きく異なるので別種類とした。なお、市町村地誌では神崎郡伊庭村が、県下で唯一の村地誌教科書を発行している。

全国における明治期の郷土地誌教科書の発行状況を見ておこう。国立国会図書館デジタルライブラリー本、国立教育政策研究所教育図書館所蔵本、東京書籍教育図書館所蔵本（東書文庫）他の全国の都道府県で発行された郷土地誌教科書を調査した(1)。表2には、A　一八六八（明治元）年から一九一一（明治四五）年までの明治期の郷土地誌教科書の発行本、B　一八六八（明治元）年から一八七六（明治一九）年までの明治初期の郷土地誌教科書の発行本について、それぞれ旧国・府県地誌と郡市町村地誌に分けて都道府県別にみた発行状況を示した（Aは発行総数の多い上位一六、Bは一五の府県を掲げた）。

表2―Aから、明治期において滋賀県の郷土地誌教科書は、全国で愛知県に次いで多数の種類が発行されていることがわかる。愛知県の五四種は

表2　明治期における郷土地誌教科書（生徒用）の府県別発行状況

（郷土地誌発行種類数の多い上位府県）

A　1868～1912（明治元～45）年				B　1868～1886（明治元～19）年			
	総数	旧国・府県	郡市町村		総数	旧国・府県	郡市町村
1 愛知県	54種	19種	35種	1 滋賀県	29	8	21
2 滋賀県	37	14	23	2 愛知県	27	9	18
3 京都府	28	18	10	3 京都府	18	16	2
4 三重県	26	21	5	4 静岡県	14	13	1
5 長野県	24	18	6	5 岐阜県	12	8	4
6 岐阜県	23	14	9	6 東京府	10	10	0
6 新潟県	23	22	1	6 千葉県	10	8	2
8 東京府	21	18	3	8 新潟県	9	9	0
8 岡山県	20	14	6	8 福岡県	9	9	0
10 大阪府	19	16	3	10 石川県	8	6	2
10 静岡県	19	16	3	10 富山県	8	8	0
12 石川県	15	11	4	10 兵庫県	8	7	1
13 千葉県	14	12	2	10 栃木県	8	8	0
13 茨城県	14	10	4	10 福井県	8	7	1
13 山梨県	14	12	2	10 広島県	8	4	4
13 広島県	14	10	4				

（参考）
@A—10種以上の発行県は、富山県・福岡県（13）、神奈川県・和歌山県・群馬県・山形県（12）、兵庫県・栃木県（11）、群馬県・鳥取県・秋田県（10）※東京府—町鑑本は略した。
@B—6種以上の発行県は、山形県・埼玉県（7）、神奈川県・岡山県・鹿児島県（6）

（注）字引本、字解本、地図、訳図類は省いた。問答本、地名本は旧国・府県、郡市町村とも加えた。

突出して多い発行数であるが、滋賀県は三七種であった。これに次いで、京都府二八種、三重県二六種、長野県二四種の発行県がベスト上位五府県である。東海地方の愛知・岐阜の二県、甲信越地方の長野・新潟の二県、京都府と滋賀・三重の近畿地方の三府県が発行種類数の上位を占めている。

表2-Bには、明治初年から明治一〇年代の発行種類が多い府県を示した。滋賀県が全国で一番多く、郡市町村地誌二一種と県地誌八種の合計二九種の教科書を発行している。次いで、愛知県が二七種（県地誌九、郡市町村地誌一八）であり、滋賀県と同様に郡市町村地誌の発行が多い。次に京都府が一八種（府地誌一六、郡市町村地誌二）で続き、静岡県が一四種（県地誌一三、郡市町村地誌一）となっている。京都と静岡は、府県地誌教科書の方が多数である。

京都府の郷土地誌の発行は滋賀県と対照的である。一八七六（明治九）年以降明治一〇年代には、京都府地誌教科書は一八種（京都府と丹波、丹後、山城の旧国別を別種類とした）が発行されるが、郡市町村地誌は二種のみが発行されている。明治二〇年代から明治四〇年代になると、京都府地誌は皆無で、郡市町地誌が一〇種と発行が増えている。京都府の場合は、旧国の山城、丹波、丹後が統合しており、三国を京都府として把握させる必要があった。明治初年から明治一〇年代に「京都府管内地理書〇〇（旧国名）之部」の編纂本や、「山城地誌」など旧国名を冠した地誌が発行されている。

愛知県の郷土地誌教科書は、明治期において全国で最多種類の県地誌、郡市町村地誌が刊行されている。愛知県は、県地誌が明治全期間を通じて満遍なく刊行されており、また明治一〇年代、明治二〇～三〇年代に各郡とも二・三種類が発行されている。尾張国と三河国の二国の統合で成立した愛知県は、明治初年から明治一〇年代には旧国・県地誌九種、郡市町村誌一八種、明治二〇～四〇年代には県地誌一三種、郡市町村地誌一四種の発行を確認できる。愛知県は、明治初期に尾張国・三河国統合で県の一体性を持たせるために旧国別地誌を発行しているが（『尾三地理』・『尾張国三河国地理書』など）、明治後期には旧国別地誌は無くなり、「愛知県誌」本だけになっている。

2 明治初年の滋賀県地誌教科書の編纂・刊行

(1) 明治八〜九年の『頭書近江風土誌』と『滋賀県管内地理問答』

滋賀県で最初に発行された県地誌教科書は、河村祐吉著『頭書近江風土誌』上・下　一八七五（明治八）年六月である。上巻は一〜三六丁、下巻は三七〜五九丁の二巻本である。同書は、開巻見開きに「官許頭書近江風土誌」明治八年一月発行、秋香書屋蔵版とあり、琵琶湖新聞会社から出版された。著者河村祐吉は滋賀県属である。(2) 頭書とあるように、上段三分の一に簡潔な事項要点を説明し、下段三分の二に郷土地誌の本文を毛筆で書いている。書は川瀬白巖（益）である。

上段の説明と下段の本文の説明は必ずしも一致しておらず、上段は近江国各郡の神社名一五〇社の説明から始めているが、下段の一丁目は次のようである。「近江国全国は　滋賀県乃管轄にして　県庁を大津に置けり。此国たるや北緯三五度　西経三度五〇分、東京を以て零度とす」から始めている。続けて、位置境界、地勢、戸数、人口数、反別を説明し、各郡の学区を述べて、寺院数に移り、続いて山岳、河川を説明していく。さらに主要な市街地、道路、交通などへと進めている。同書は郷土地誌の説明を行いながら、文字の学習も兼ねているのである。

『頭書近江風土誌』は、一方で江戸時代からの地理的内容の往来物の伝統を引き継いでいるが、他方で近代の学区制度や小学校の説明を加え、郷土地誌の客観的な数値データをもとに学ばせようとしている。『頭書近江風土誌』は、滋賀県最初の小学校教則である「滋賀県小学校教則校則」（明治七年一〇月）の「地理読方」の下等小学第四級にあげられている。

この時期に、文部省は師範学校編の地理教科書として『日本地誌略』と『万国地誌略』一八七四（明治七）年を刊行している。「学制」に基づく「小学教則概表」には「地理読方」の教科書として、『地理初歩』一八七三（明治六）年

をあげて、日本地誌、万国地誌に先立って地理教育の自然地理からの入門学習を示唆していた。「小学教則概表」には郷土地理の教授はとくに示されていないが、全国の府県で県地誌、郡市町村の郷土地誌教科書が一八七六（明治八）年に一二三種類、七七（明治一〇）年に一二五種類、七八（明治一一）年に三六種類出版、刊行されている（『文部省年報』第四〜六年報「小学書籍一覧表」）。各府県では郷土地誌の教科書を出版刊行して、郷土地誌を教えようとしたのである。

その後、一八八一（明治一四）年五月四日の文部省令第一二号「小学校教則綱領」で、郷土地理の教授が正式に位置づけられていく。地理は、中等科に課して「先《まず》学校《がっこう》近傍《きんぼう》ノ《の》地形《ちけい》即生徒《せいと》ノ《の》親《したし》ク《く》目撃《もくげき》シ得ル所ノ山谷河海等ヨリ説キ」、その後に「漸ク地球ノ有様ヲ想像セシメ次ニ日本及世界地理ノ総論、五畿八道ノ地理、外国地理ノ大要ヲ授ケ」、さらに高等科で「地文ノ大要即地球、地皮、大気、生物、物産等ノ事ヲ授クヘシ」とした。

一八七五（明治八）年二月に河村祐吉本と同じ琵琶湖新聞会社から、『近江郡村町名』が発行されている。近江国の一二郡、区数一五八区、村数一四三三ケ村、町数三三八箇町を、五一丁に書きこんだもので、「明治八年改正」と題簽《だいけん》に書いている。また「琵琶湖新聞附録」としている（図1）。

田中織遠著『滋賀県管内地理問答』一八七六（明治九）年七月は、圭章堂から出版となっており、奥付には彦根本町小川九平とある。田中織遠は

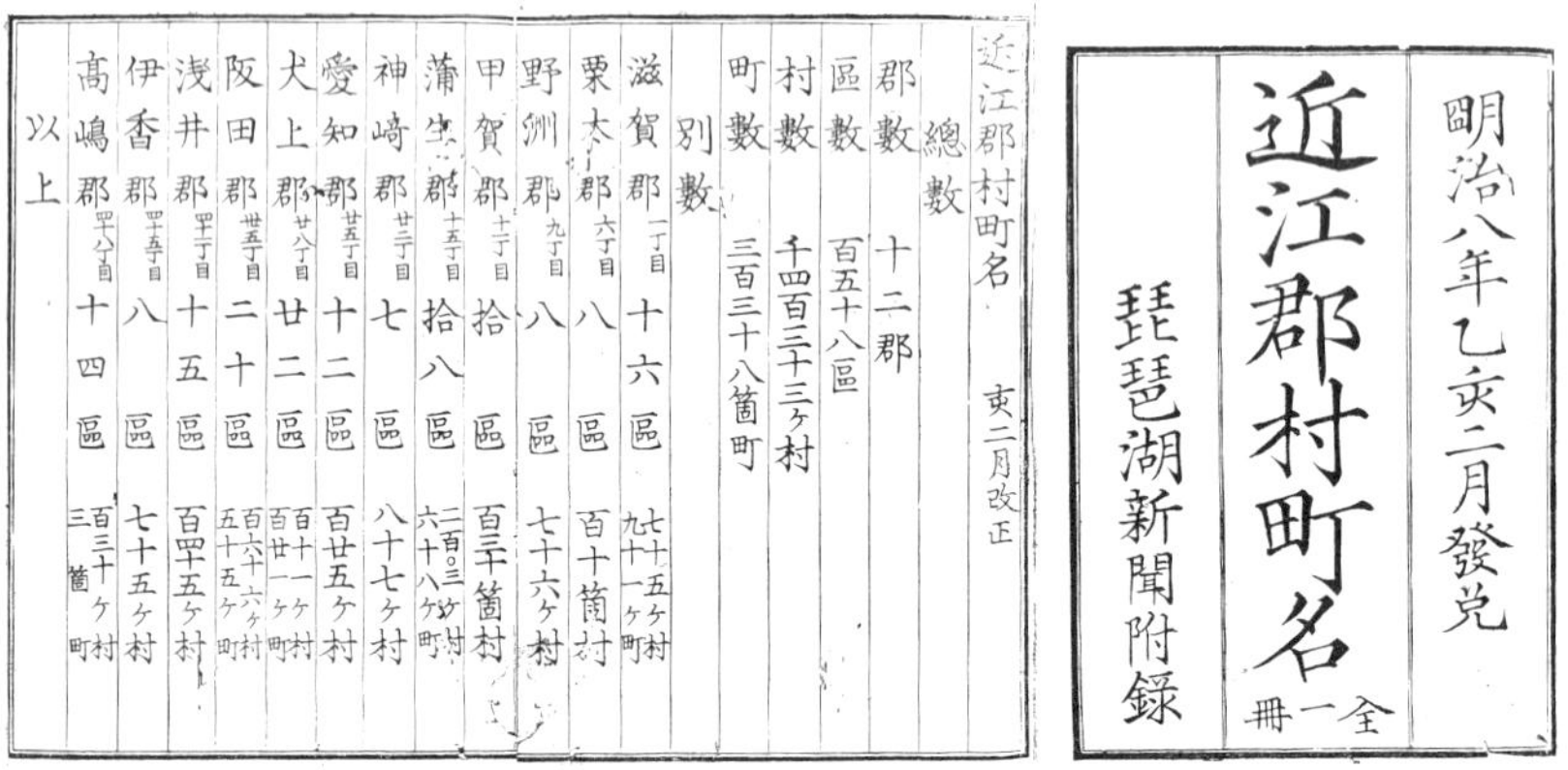
明治八年乙亥二月發兊
近江郡村町名　全一冊
琵琶湖新聞附録

近江郡村町名　亥二月改正
總數
郡數　十二郡
區數　百五十八區
村數　千四百三十三ヶ村
町數　三百三十八箇町
別數
滋賀郡　十六區
栗太郡　八區　百十箇村
野洲郡　八區　七十六ヶ村
甲賀郡　拾區　百三十箇村
蒲生郡　拾八區
神崎郡　七區　八十七ヶ村
愛知郡　十二區　百廿五ヶ村
犬上郡　廿二區
阪田郡　二十區
浅井郡　十五區　百四十五ヶ村
伊香郡　八區　七十五ヶ村
高嶋郡　十四區
以上

図1　『近江郡村町名』明治8年

京都府平民で、住所が上京第三十区柳小路柳馬場東入二四六番地。巻末に発行書肆《しょし》の最初に滋賀新聞社、ついで古川伊助、琵琶湖書楼《しょろう》と続く。同書は典型的な問答教科書であり、滋賀県管内地理の問答書として、次のように書き始めている。

「問　滋賀県庁ハ何レノ地ニ在ルヤ　　答　近江国滋賀郡五別所村ニアリ
問　県庁ノ緯度ハ幾度幾分ニアタルヤ　　答　北緯三十五度零分ナリ」

滋賀県の概観を境界の旧国名、距離、近江国の周囲里程、戸数、人口、反別、村数、一二郡の名称などを示しながら、問答していく形式でつかませるスタイルである。次に各郡行政区分で一二郡の区数、中学区数、小学区数に移っていく。七丁では、小学校に関しての問答を行っている。

「問　近江全国ニ小学校ノ総数幾許アルヤ　答　七四九校ナリ
問　現設官立ノ小学校ハ幾許アルヤ　答　八十校アリ
問　現設私立ノ小学校ハ幾許アルヤ　答　一校ナリ」

続いて、県の彦根出庁にふれ、東京・京都・大阪までの里程、近隣府県の距離を扱い、県内の名邑《めいゆう》を問答し、大津・彦根・長浜・八幡・日野・西大路・勝野《かつの》・水口《みなくち》・堅田《かたた》・膳所《ぜぜ》の戸数、人口、面積に移っていく。次に山、川、港湾など自然環境を取り上げ、著名な神社を問答して、最後は次のように締めくくっている。

「問　近江国ニテ著名ノ産物ハ何々ナルヤ
答　野洲晒布《さらしぬの》　○高島縮《ちぢみ》　○信楽陶器　○政所茶　○伊吹艾《もぐさ》　○長浜縮緬《ちりめん》　○八幡畳表　○高宮布　○高島硯《すずり》　○天鵞絨絹《びろうど》　○源五郎鮒《げんごろうふな》　○鰻《うなぎ》　○鯉《こい》　○尾花川大根　○兵主蕪《ひょうずかぶ》　○水口笠《かさ》　○草津策等ナリ」（二〇丁）

⑵　明治一〇年の『滋賀県管内地理書近江地誌略』と『滋賀県管内地理書』

明治一〇年代の県地誌教科書は一八七七（明治一〇）年に北川舜治著『滋賀県管内地理書近江地誌略（畧）』（以下『近

江地誌略』と略す）と奥田栄世編『滋賀県管内地理書』の二著が発行されている（表3　二八〇頁）。続いて、一八八〇（明治一三）年に梶山弛一『滋賀県地誌』、一八八三（明治一六）年に川添清知編『滋賀県管内小学地誌』が発行された（表4）。問答本として、奥田栄世本の問答書を河野通宏が『滋賀県管内地理書問答』を一八七八（明治一一）年に刊行している。なお、奥田栄世は『改正滋賀県管内地理書』一八八一（明治一四）年を改訂本として刊行した(3)。

さて、北川舜治著『近江地誌略』巻上・下　明治一〇年六月刊の二冊本は、上巻五七丁、下巻四六丁という分量であった。県地誌の内容は、全国総論から始まり、上巻で滋賀郡・栗太郡・甲賀郡・野洲郡・蒲生郡・神崎郡、下巻で愛知郡・犬上郡・阪田郡・浅井郡・伊香郡・高島郡の近江国一二郡の地誌を詳述するものであった（図2）。各郡地誌は、一二郡すべてを次のような項目で説明している。「全郡形勢、山嶽、河川、原野、瀑布、田圃《でんぼ》反別《たんべつ》、区画戸口、神社、寺院、学校、物産、村落市街、陵墓《りょうぼ》、古城、古跡、古戦場」。郷土地誌の各郡地誌では、自然地理を最初に説明して、次に面積や田圃・反別、人口を扱い、寺社、学校、産物、主な村落市街地を取りあげ、最後に史跡を説明していく構成である。滋

図2　『近江地誌略』明治10年

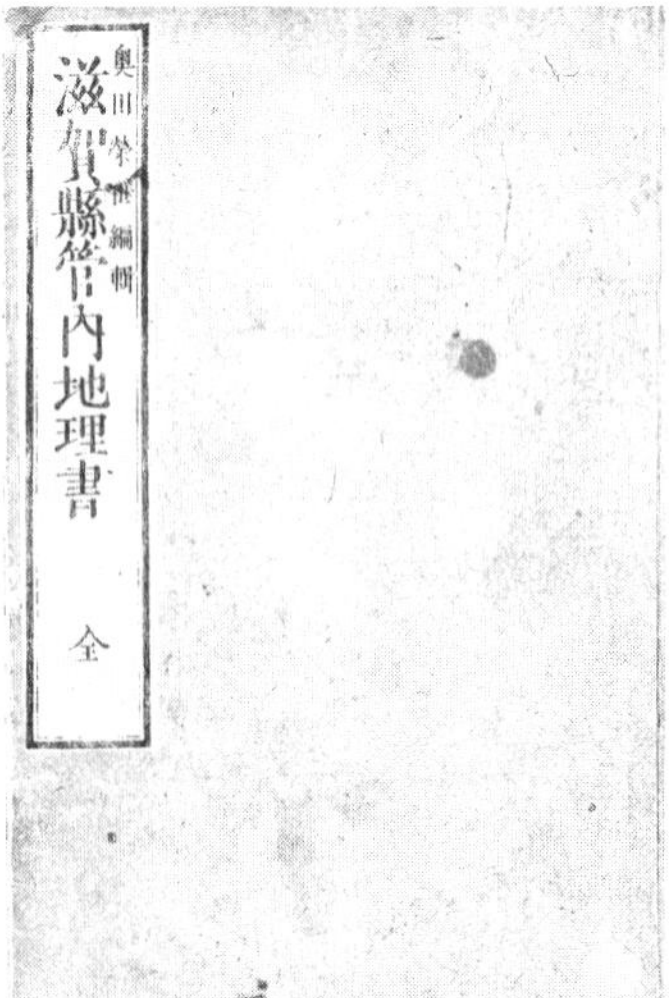

図3　『滋賀県管内地理書』明治10年

賀県庁に在勤の北川舜治の著作なので当時の近江国の地誌を厳密に書きあげて教科書にしたものだが、内容は小学校生徒には難解で興味、関心をひきつけるにはほど遠いものであった(4)。

滋賀県第五課長奥田栄世編『滋賀県管内地理書』明治一〇年一一月刊（出版人大津・沢宗次郎）は、北川本に比べると分量が三五丁と少ない（図3）。内容は滋賀県全体を網羅的に概観するものではあり、自然地理、人文地理の記述をかなり押さえて、小学生徒が扱うことを考慮したものとなっている。明治一〇年代の県地誌教科書の中では、『滋賀県管内地理書』は、滋賀県の小学校で最も使用期間が長く且つ幅広く普及したことが確認できる教科書である。

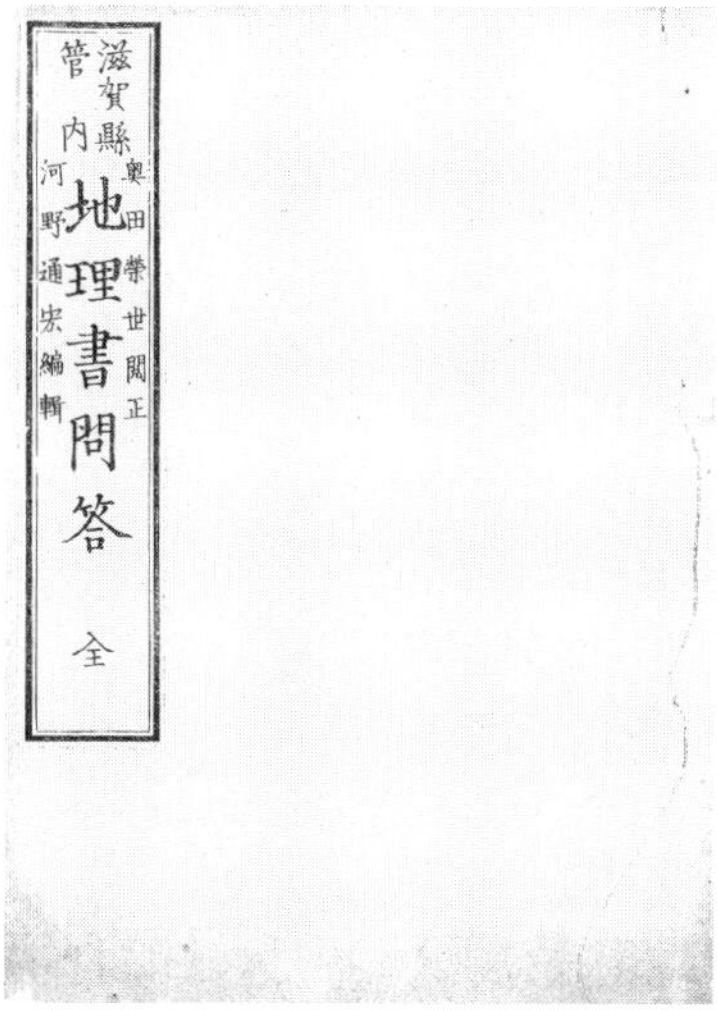

図４　『滋賀県管内地理書問答』明治 11 年

奥田の『滋賀県管内地理書』は、一八七七（明治一〇）年から約一〇年間のあいだ、三度改訂された滋賀県の小学校教則（「滋賀県改正小学教則」明治一〇年六月、「滋賀県普通高等小学教則」明治一二年二月、「滋賀県小学模範教則」明治一三年一二月）に掲げられている。河野通宏編『滋賀県管内地理書問答』は、奥田栄世校閲で河野編集の問答教科書本で一八七八（明治一一）年に発行されている。奥田本を普及させる目的で問答法の具体例を示したものである（図4）。

さらに、奥田は『改正滋賀県管内地理書』を一八八一（明治一四）年に刊行しているが、一八七七（明治一〇）年の三五丁と同一内容で、一丁分少ないだけであった。奥田は、この年一八八一（明治一四）年に『若狭国地理書　附越前国敦賀郡』を出版している(5)。滋賀県に属していた旧敦賀県若狭国三郡（遠敷郡・三方郡・大飯郡）と越前国敦賀郡の嶺南地方四郡が、分離独立したからであった。嶺南地方は一八七六（明治九）年八月二一日より一八八一（明治一四）年二月六日まで滋賀県に編入されていたが、石川県に属した嶺北地方と統合して、福井県となっていったのである。

3　明治一〇年代の県地誌教科書―『滋賀県地誌』と『滋賀県管内小学地誌』―

梶山弛一《かじやましいち》編『滋賀県地誌』一八八〇（明治一三）年八月は、近江国（一～一四丁）、若狭国（一五～二一丁）、越前国敦賀郡（二二～二四丁）の滋賀県管轄下の三国をそれぞれ簡潔に説明した県地誌教科書である（図５）。[6] 旧三国別の項目はほとんど同じで、位置境界、地勢、広狭人口、区分、山嶽、原野など自然環境から説き起こして、都市駅邑、寺社、気候、風俗民業、物産で構成している。梶山の履歴は、第一〇章でもふれたが、明治八年三月に官立大阪師範学校卒業後に大阪府小学校教員になり、明治一〇年四月から長浜講習学校教員となり在勤、明治一二年一月滋賀県師範学校教員に転任した。彼は同年一〇月から若越四郡と湖北三郡の臨時試験担当を命じられていた。梶山の『滋賀県地誌』の特徴は、とくに重点をおいて記述している地域や項目はなく、満遍なく簡潔を旨として編纂したものであった。

これに対して、川添清知《かわぞえきよとも》編『滋賀県管内小学地誌』一八八四（明治一六）年一月刊は、近江国総論から入り、県下一二郡の各郡地誌を説明するスタイルを採用している（図６）。この教科書も二六丁と内容面では生徒の学ぶ負担を考えて、簡潔に説明している。

川添の族籍は愛媛県士族で、彼は官立大阪師範学校小学師範学科を卒業後、一八七九（明治一二）年に大津東今颪《ひがしいまおろし》町の修道学校に赴任、一八八二（明治一五）年には大津小川町の弘道学校に転任している。川添はこの時期に、滋賀県の県地誌本と郡地誌本の両方の郷土地誌教科書を編纂・発行した。滋賀県の県地誌と郡地誌の両方の編集にあたり、出版している人物は川添以外には見

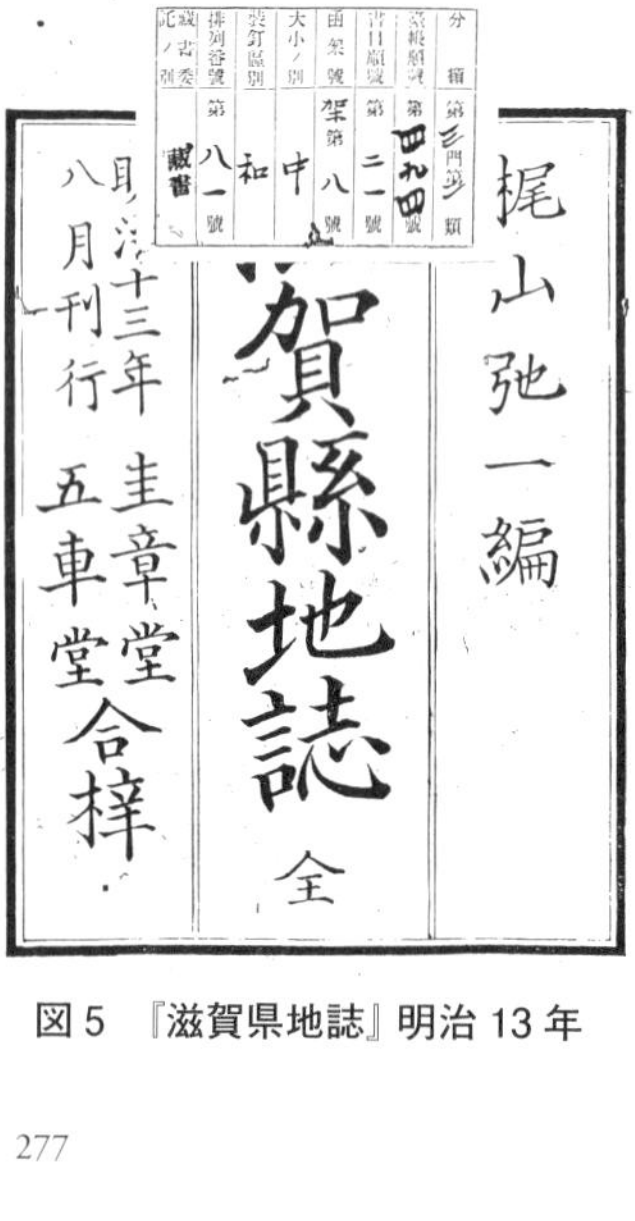

図５　『滋賀県地誌』明治13年

当たらない。県地誌の発行前、一八八〇（明治一三）年に『滋賀県管内滋賀郡地理小誌』（後述）をすでに刊行しており、一八八三（明治一六）年に県地誌と滋賀郡地誌を大津菱屋町の南強堂（島林専治郎）から刊行した。

川添は一八八三（明治一六）年五月二八日には近江八幡の八幡東学校に転勤、翌一八八四（明治一七）年三月七日から校長となり、八六（明治一九）年一一月まで勤めた。その後、高等科江頭《えがしら》小学校（現近江八幡市北里小学校）に転じた後、一八八八（明治二一）年一二月に再度八幡尋常高等小学校に戻り、嘱託として九六（明治二九）年まで同校に勤務した。

川添は、『滋賀県管内小学地誌』の「緒言」で次のように編纂趣旨を述べている。一八八一（明治一四）年の「小学校教則綱領」の趣旨に従って、地理を教える順序を「学校近傍《がっこうきんぼう》」から「隣村近郡《りんそんきんぐん》」へと進めていくべきだと提言している。「凡ソ地理ヲ教授スルニハ　先ツ学校近傍ノ分界山川等ヨリ説キ起シ　漸次隣村近郡ニ入ルヲ以テ自然ノ順序トス　而テ従来用イル所ノ地理書ハ著述ノ体自ラ異ナルヲ以テ其便ヲ得難シ　所謂隔靴掻痒《かっかそうよう》ノ嘆《たん》アル者ナリ　南強堂主人来テ管内地誌編輯ノコトヲ乞《こ》フヲ止《や》マス　乃チ実地授業ノ際生徒ノ筆記《ひっき》ニ供セシモノアリ　之レヲ拾綴《じゅうてつ》シテ以テ付与ス」

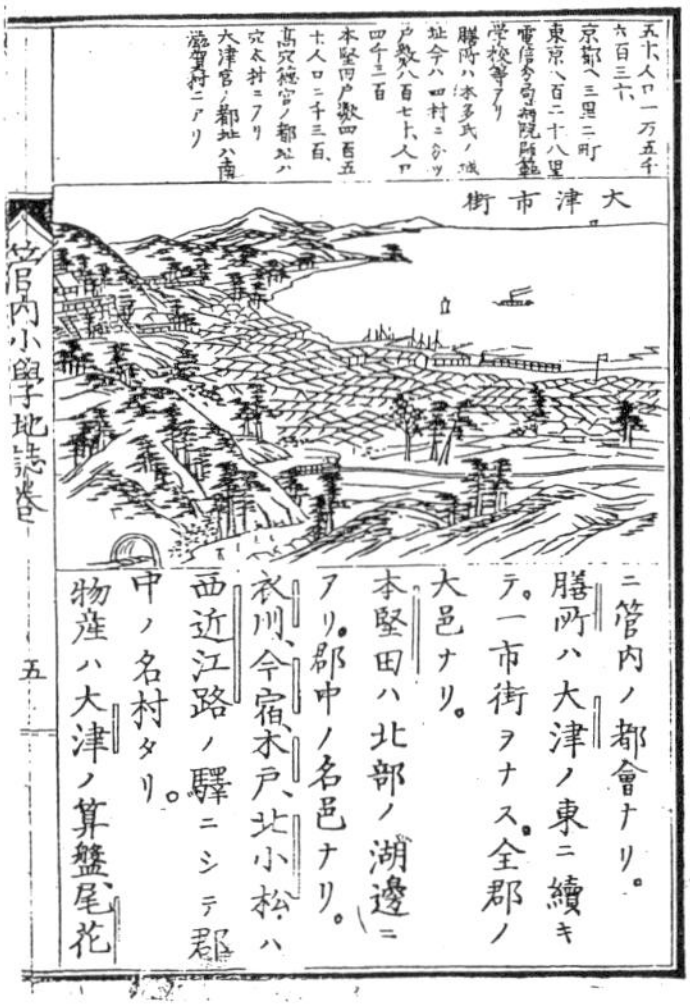

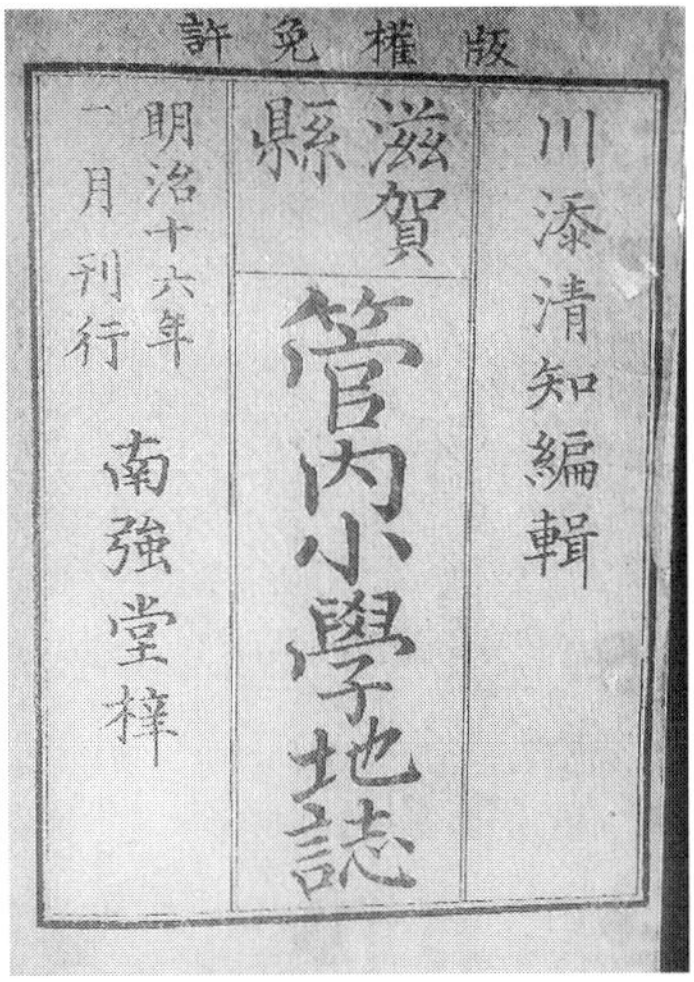

図６　『滋賀県管内小学地誌』明治 16 年

川添清知は、「凡例」で本書の使用の仕方を述べている。地理教育の方法は、暗記を基本とする地理的知識の習得であり、「一　此編ハ小学生徒ノ暗記ニ供センガ為ナレバ力《つと》メテ簡略ヲ主トス、一　山川ノ郡界ニ在ルモノハ殊ニ各郡ニ出ダス　何レニモ要スル所アレバナリ、一　地名ハ柱ヲ附シ人名ハ線ヲ附ス、一　上欄ニ出ス者ハ本文ノ欠ヲ補フモノナリ、一　篇中ニ挿ム所ノ図画ハ実況ヲ知ラザル者ノタメニ其大略ヲ示スノミ」とした。

『滋賀県管内小学地誌』の内容は、北川舜治編『近江地誌略』と同じく、近江国総論から入り一二郡の各郡地誌を順々に説明していくものであった。滋賀県の県地理を理解させることに重点をおき、生徒の興味や関心に目を向けるよりも、教えるべき郷土地誌の重要事項を記憶させることを目的としていた。とはいえ川添本は、各郡地誌の説明にあたり一二郡すべてに各一カ所の挿絵《さしえ》を挿入《そうにゅう》している。とくに、主要な市街地の扱いには必ず挿絵を入れている。

本文の滋賀郡「大津」の説明は、「大津ハ。湖水ノ南涯ニアル港市ニシテ　東西京ノ要路ニ当ル。湖上ニ汽船アリ。陸地ニ汽車アリ。実ニ管内ノ都会ナリ。膳所ハ大津ノ東ニ続キテ。一市街ヲナス。全郡ノ大邑ナリ。本堅田ハ北部ノ湖辺ニアリ。郡中ノ名邑ナリ。（中略）物産ハ大津ノ算盤《そろばん》、尾花川《おばながわ》ノ蕪菁《かぶら》、小松村ノ氷魚、真野ノ筵《むしろ》等ナリ。」としており、同頁の（上欄）で、大津「一ニ鶴浦ト云ウ京極高次ノ城址　東西二五町南北一二町、戸数四千六百五十、人口一万五千六百三十、京都へ三里二町、東京へ百二十八町、電信分局病院師範学校等アリ。（以下略）」と書いており、挿絵として「大津市街」図をいれている（図6）。

おわりに

明治初年に郷土地誌の教科書が編纂・発行されて小学校生徒に教えられたのは、何よりも、府県に所属する意識を持たせ、府県民としての自覚を持たせることにあった。江戸時代までの旧国の意識から、廃藩置県による新しい府県の意識への転換を図るため、明治政府は小学校生徒に郷土地誌教科書を使って、府県地誌や郡地誌を教えることを重

視したと考えられる。

滋賀県は、江戸時代の近江国一国が廃藩置県のさまざまな曲折を得て一八七二（明治五）年九月に誕生した県である。一見すると、旧国近江一国から滋賀県へはスムーズに進んだようにみえるが、ことはそれほど簡単ではなかった。

表3　滋賀県の県地誌（1）

『近江地誌略』明治10年　『滋賀県管内地理書』明治10年

北川舜治著『近江地誌略』上・下 1877（明治10）年6月　57＋46丁	奥田栄世編『滋賀県管内地理書』 1877（明治10）年11月　35丁
上巻（57丁） 全国総論　1～9丁 滋賀郡誌　10～22丁 栗太郡誌　23～29丁 甲賀郡誌　30～36丁 野洲郡誌　37～41丁 蒲生郡誌　42～52丁 神崎郡誌　53～57丁 下巻（46丁） 愛知郡誌　1～6丁 犬上郡誌　7～13丁 坂田郡誌　14～22丁 浅井郡誌　23～31丁 伊香郡誌　32～37丁 高島郡誌　38～46丁 〈標記〉 全国形勢　湖水景状　幅員 各郡位置　郡区戸口　全国田圃 神社総数　寺院総数 学区総数　軍鎮　道路駅程 管轄沿革 〈郡誌〉各郡誌の項目 全郡形勢　山嶽　川流 原野　瀑布　田圃反別 区画戸口　神社　寺院　学校　物産 村落市街　陵墓　古城　古跡 古戦場	近江国　1～24丁 経緯度　位置境界　人口-58万9747人 反別　気候　人情　寺社　物産 琵琶湖概況　山脈　川流（勢田橋ノ図）　岬（唐崎ノ図）　生業―各郡神崎蒲生2郡 史跡（賤ケ嶽ノ図）（伊吹山ノ図） 高時川　姉川　（磨針嶺ノ図）（多賀神社ノ図）　犬上川　（永源寺ノ図）（長命寺ノ図）　音羽山　八幡山　観音寺山　（三上山ノ図）（建部神社ノ図）　飯道寺山　大戸川　草津川　（横田川ノ図）　野洲川　（竹生島ノ図）　（大崎寺）　安曇川　比良山（比叡山ノ図）（三井寺ノ図）（石山ノ図） 市街地・村落　19丁 大津（大津市街ノ図）（鎮台ノ図） 膳所　草津　石部　水口　八幡（八幡山ノ図）日野　西大路　彦根（彦根市街ノ図）　高宮　長浜（長浜市街ノ図）塩津　海津（海津港ノ図） 今津　大溝　（人口・学校・沿革・物産等を叙述） 若狭国　25～33丁 遠敷・大飯・三方3郡 越前国敦賀郡　33～35丁
著者　北川舜治―滋賀県平民・栗太郡部田《へた》村住 発行　沢宗次郎（滋賀郡第4区丸屋町12番地）	編輯者　奥田栄世（高知県士族・滋賀郡今颪町16番地寄留） 出版人　沢宗次郎（前出）

江戸時代の近江国は約八五万石であったが、天領三万二千石余、在石大名領九藩（彦根・膳所・水口・大溝など）四四万石余、遠国大名領（郡山・淀・吉田・仙台など）一四藩一九万四千石余、このほか宮門領五家一万八千石余、公卿亮領三家一万石余、旗本領一四六家一五万五千石余など、小領主が林立して所領は錯綜していた。さらに一村に複数の領主が存在する「相給《あいきゅう》」の村が多数あり、分割支配されていた。たとえば、蒲生郡は八〇余の領主、滋賀

郡は五〇余の領主により分割的に支配されていたのである。彦根藩三五万石や膳所藩六万石などのまとまった支配地は、近江国ではきわめて珍しいことであった。複雑な分割支配地が多かった理由は、江戸幕府の政策で近江国が京都に近いこともあり、遠国の諸大名の在京賄料として分与したとか、京都に近い要衝のため所領が細分化されたとか、と説明されている[7]。

表4　滋賀県の県地誌（2）

『滋賀県地誌』明治13年　『滋賀県管内小学地誌』明治16年

梶山弛一編『滋賀県地誌』 1880（明治13）年8月　24丁	川添清知編『滋賀県管内小学地誌』 1883（明治16）年1月　26丁
総論 近江国　1丁 第1　位置境界　第2　地勢　第3　広狭人口　第4　区分　第5　山嶽　第6　原野　第7　河川　第8　湖水　第9　岬角　第10　島嶼　第11　浜浦　第12　港湾　第13　瀑布　第14　都市駅邑　第15　神社　13　第16　寺院　第17　気候　14　第18　風俗民業　第19　物産 若狭国　15丁 第1　位置境界　第2　地勢　第3　広狭人口　第4　区分　第5　山嶽　第6　河川　第7　湖水　第8　岬角　第9　島嶼　第10　浜浦　第11　港湾　第12　瀑布　第13　都市駅邑　第14　神社　第15　仏寺　第16　気候　第17　風俗民業　第18　物産 越前国敦賀郡　22丁 第1　位置境界　第2　地勢　第3　広狭人口　第4　山嶽　第5　河川　第6　岬角　第7　島嶼　第8　港湾　第9　瀑布　第10　都会　第11　神社　第12　仏寺　第13　気候　第14　風俗民業　第15　物産 編輯者　梶山弛一（山口県士族・滋賀郡猟師町7番地寄留） 出版人　沢宗次郎（前出）小川儀平（滋賀県平民・枡屋町28番地住）	緒言 総論　1丁 近江国　位置境界　幅員　反別　山嶽　原野　河川　湖水　島嶼　岬角　港湾　気候　風俗民業　戸数人口　物産　町村数 滋賀郡　3 栗太郡　5 甲賀郡　7 野洲郡　9 蒲生郡　10 神崎郡　12 愛知郡　14 犬上郡　16 坂田郡　18 東浅井郡　20 伊香郡　22 西浅井郡　23 高島郡　24 著者　川添清知（愛媛県士族・滋賀郡大津金屋町第28番寄留） 出版人　島林専治郎（京都府平民　滋賀郡大津菱屋町第4番地寄留） 専売人　古川伊助（滋賀県平民・大津後在家町第8番地）

明治初期には各府県により成立事情が異なるので、府県ごとの郷土地理教科書の発行状況はさまざまであった。滋賀県の郷土地誌教科書においては、県地誌の発行種類数を見ると、明治初年から明治一〇年代にも、明治二〇～四〇年代もそれほど多数が発行されていない。近江国一国から滋賀県への移行は、複雑な支配領域が統合されていったが、問題は少なかったからであろう。

全国的には、江戸時代の旧国が異なる二国、三国、四国が統合されて、廃藩置県で成立した府県の場合は、府県意

識を持たせることは簡単にいかなかった。たとえば京都府の場合、『京都府管内地理書』の旧三国を併せた編輯本がある一方、『京都府管内地理丹波之部』『同山城之部』『同丹後之部』と別冊編輯本が刊行されている。兵庫県の場合は旧四国（摂津、播磨、但馬、淡路）の統合した県であって、郷土の国意識も多様であり、兵庫県の県民意識の育成を県地誌教科書で図ろうとして刊行された。

さて、明治一〇年代の滋賀県の県地誌には、二つのタイプがあった。一つのスタイルは近江国一二郡の自然環境（山岳・河川・瀑布・湖水・島嶼・浜浦）から人文社会環境（戸数人口・主要市街地・寺社・学校等主要施設・物産）を説明していくスタイルの編輯本である。奥田栄世の『滋賀県管内地理書』明治一〇年本、改訂の明治一四年本と、梶山弛一の『滋賀県地誌』明治一三年本である。奥田の二書がこの時期の滋賀県地誌の典型である。

一方、もう一つのスタイルは、近江国全体の総論・概論から入り、一二郡の各郡誌を説明していくタイプである。北川舜治の『近江地誌略』と川添清知の『滋賀県管内小学地理』である。このタイプは県地誌を各郡地誌の集合体として扱うことで、県全体の県地誌よりも各郡の郡地誌に力点が置かれている。後の明治二〇年代の県地誌教科書はこのスタイルを受け継いでいく。

明治一〇年代の滋賀県の郷土地誌の県誌教科書五種に共通するのは、小学校生徒に滋賀県全体の地理的概観を教えて、基本的な自然環境、人文社会環境の基本的事項を記憶させることを主眼に置いたことである。小学校生徒の興味や関心を引きつけて郷土理解の基礎とすることは、この時期にはあまり考えられていなかったといってよい。しかし、北川舜治本はともかくとして、小学生が読んで記憶していくためには、できるだけイメージを持たせなければならないと考えられた。編輯にあたって、奥田本や川添本では多数の挿絵を配置するという手段がとられたのである。

注

（1）全国の郷土地誌教科書に関しては、国立国会図書館近代デジタルライブラリー、国立教育政策研究所近代教科書、『東書文庫所蔵教科書目録』第二集、滋賀大学附属図書館教育学部分館の所蔵教科書、他に私の収集した所蔵本からリストアップした。滋賀県は滋賀県立図書館、大津市立図書館、彦根市立図書館長、長浜域歴史博物館、藤樹書院等の所蔵本も参照にした。
（2）河村祐吉は青森県士族で、権少属十三等で明治六年四月から七年九月の間、滋賀県庶務課学校専務として在勤している（「明治六・七年滋賀県官員録」『琵琶湖新聞』第三号附録）。
（3）奥田栄世『滋賀県管内地理書』については、拙稿「明治期の郷土地理教科書」滋賀大学附属図書館編『近代日本の教科書のあゆみ―明治期から現代まで―』二〇〇六年　サンライズ出版　一〇八～一一三頁および『滋賀の教育史』文理閣　二〇一五年　一三三～一三七頁
（4）北川舜治については、滋賀県教育会編『近江人物史』一九一七年　文泉堂　八八五～八八七頁（復刻版　臨川書店　一九七三年）、同会編『近江の先学第二集』一九九七年　九四～九六頁。北川舜治（号静里）は一八四一（天保一二）年五月栗太郡部田村（現草津市）に生まれ、野洲郡吉身村（現守山市）の寺子屋師匠森定助に学ぶ。一九歳の時京都に遊学、医学や博物学を修め、さらに堀川古義堂で儒学を学び、郷里に帰り医者になり、その傍ら私塾を開き儒学を教授した。一八七四（明治七）年に『内外史略』を刊行している。翌一八七五（明治八）年五月に滋賀県に出仕、史誌編集事務を担当、学務担任も命ぜられた。七七（明治一〇）年二月に文書掛に転任、六月に『近江地誌』一二巻を著す。一八八二（明治一五）年一一月県官を退職、著述に専念した。故郷に戻って私塾修文館を開き、郷土の子弟を指導した。
（5）奥田栄世『若狭国地理書　附越前国敦賀郡』一八八一（明治一四）年　大津・沢宗次郎
（6）梶山弛一編『滋賀県地誌』一八八〇（明治一三）年　大津・小川儀平・沢宗次郎。図5は、高島市藤樹書院所蔵本の複写である（『藤樹書院蔵書分類目録』一九八五年　一四九頁）
（7）木村至宏責任編集『図説滋賀県の歴史』「井伊氏と本多氏」河出書房新社　一九八七年、一八二三（文政六）年の「近江国石高帳」による、木村基校訂『旧高旧領取調帳　近畿篇』「近江国」近藤出版社　一九七五年には、一八六八（明治元）年の総石高は八五万八五〇〇石としている（二六七～三二二頁）

第15章　明治一〇年代の郷土地誌教科書（二）——郡地誌——

1　明治一〇年代の滋賀の郡地誌教科書の編纂・刊行

滋賀県の郡地誌教科書の検討の前に、滋賀県の郡制の変遷を見ておこう。一八七八（明治一一）年七月の「郡区町村編制法」により、滋賀県には一八七九（明治一二）年五月一六日に滋賀、栗太、甲賀、野洲、蒲生、神崎、愛知、犬上、坂田、東浅井、伊香、西浅井、高島の一三郡が発足した（図1）。しかし、七月一日開庁の郡役所は、人口と戸数の少ない西浅井郡と伊香郡を一カ所として、一二郡役所体制であった。伊香・西浅井両郡は郡制発足の当初から一体的に運営された(1)（坂田郡は阪田郡の表記もあるが、坂田に統一していく）。

一八八一（明治一四）年七月に郡役所統合が実施され、愛知・神崎（愛知郡愛知川村）、栗太・野洲（栗太郡草津村）、坂田・東浅井（坂田郡長浜町）が合併され、他の六郡役所と併せて九郡役所体制となった。その後、一八九七（明治三〇）年に伊香郡と西浅井郡が完全に合併統合され、一二郡役所制度が続いた。郡制が廃止されたのは一九二三（大正一二）年四月で、郡事業の各種学校、農事試験場、住宅、道路などが府県や町村に移管され、学事面では小学校の設置廃止、代用教員の任免などが町村の業務とされていった。

明治一〇年代の滋賀県の郡地誌の発行状況で、現在確認できるのは以下のようである。『滋賀県管内〇〇郡誌』と

図 1　滋賀県の明治 12 年の設置郡区分図

銘打つ郡地誌教科書は、一八七九～八四（明治一二～一七）年に集中している。かっこ内は編著者名。「伊香西浅井郡誌」は伊香西浅井郡教育会編で代表天守正信である。

一八七九（明治一二）年―「坂田郡誌」（中矢正意）、「伊香郡誌」（長瀬登喜雄）、「栗太郡誌」（山本清之進）
一八八〇（明治一三）年―「滋賀郡誌」（村田巧）、「甲賀郡誌」（山県順）、「野洲郡誌」（巽栄蔵）、「愛知郡誌」（横内平）、「神崎郡誌」（松浦果）、「浅井郡誌」（中矢正意）
一八八一（明治一四）年―「犬上郡誌」（渡辺弘人）
一八八三（明治一六）年―「蒲生郡誌」（村田巧）
一八八四（明治一七）年―「伊香西浅井郡誌」（天守正信）、「高島郡誌」（村田巧）、「野洲郡誌」（山本清之進）

『滋賀県管内〇〇郡小学地誌』『〇〇郡小学地誌』『〇〇郡概略（略）』の郡地誌は、一八八〇（明治一三）年の川添本以外は一八八三～八六（明治一六～一八）年の明治一〇年代後半に発行されている。なお、滋賀県唯一の町村地誌の「神崎郡伊庭村誌」（大橋錦護）は、一八八四（明治一七）年発行である。

一八八〇（明治一三）年―「滋賀県管内滋賀郡地理小誌」（川添清知）
一八八三（明治一六）年―「滋賀県管内滋賀郡小学地理」（川添清知）
一八八四（明治一七）年―「鼇頭甲賀郡小学地誌」（高谷柳台・平田次勝）
一八八五（明治一八）年―「高島郡概畧（略）」（東郷秀太郎）「滋賀県管内蒲生郡小学地誌」（寺田鐸馬）

明治二〇年代以降の郡地誌は三種類で、滋賀県と東浅井郡は郡教育会の編纂・発行であった。

一八九八（明治三一）年―「近江国滋賀郡誌」（滋賀郡教員組合会）
一九〇〇（明治三三）年―「東浅井郡誌」（東浅井郡教育会）、「滋賀県管内甲賀郡誌」（久野正二郎）

滋賀県の各郡地誌教科書の目次内容一覧

表1　滋賀郡の地誌—『滋賀県管内滋賀郡誌』明治13年『滋賀県管内滋賀郡地理小誌』明治13年
『滋賀県管内滋賀郡小学地誌』明治16年

＊（　）は挿画・挿図

『滋賀県管内滋賀郡誌』村田巧編 1880（明治13）年　14丁	地理総論　1丁 地勢（大陸　島　半島　山脈　原野　砂漠等） 滋賀郡誌　3丁 位置　境界　生業　村数　人口　反別　地価金 学校数（54校）寺社数　郵便局　道路　山地 —比良山　比叡山　小松山　滋賀山　長等山 （比良山ノ図）逢坂山（逢坂山ノ図）石山 河流—瀬田川　比良川　真野川　大谷川　和邇 川　滝川　際川　柳川　尾花川　吾妻川 （揚梅滝ノ図）猪子川　瀑布—布引滝　浦— 堅田浦　比良浦　明神崎（明神崎ノ図）　唐 崎　柳ケ崎 村落—内畑村　南郷村　千町村　寺辺村　赤尾 村　鳥居川村　国分村　粟津村　錦村　馬場 村　松本村 大津　8～11丁　（大津市街ノ図）（師範学校ノ 図）　東浦村　別所村　神出村　藤尾村　山 上村　南滋賀村　山中村　穴太村　坂本村 （日吉神社ノ図）　下坂本村　比叡辻村　雄琴 村　仰木村　南庄村　家田村　谷口村　衣川 村　真野村　本堅田村　今堅田村　普門村 向在地村　生津村　下在地村　上在地村　北 在地村　下竜華村　上竜華村　途中村　坂ノ 下村　木戸口村　町居村　榎村　貫井村　高 城村　栗原村　南浜村　中浜村　北浜村
『滋賀県管内滋賀郡地理小誌』川添清知著 1880（明治13）年　20丁	滋賀郡地理小誌　1丁 位置・境界　村数　人口　反別　神社　寺院 学校 山脈—比良山（比良山ノ図）　小松山（揚梅滝ノ 図）長等山（高観音ノ図）逢坂山（逢坂山ノ図） 茶臼山（石山寺ノ図） 岬角—明神崎・雄松崎（雄松浜ノ図）唐崎（唐崎 ノ図）　港湾 河流—大谷川　木戸川　和邇川　真野川　衣川 際川　柳川　吾妻川　常世川他 村落 〈郡南部の村々から説明〉　瀬田川沿村（瀬田 橋ノ図）膳所村（膳所旧城ノ図） 大津　9～15丁（大津市街ノ図）　別所村（三井 寺紀念碑ノ図）（営所ノ図）穴太村　下坂本村 （日吉神社ノ図） 〈郡北部の村落〉 北比良村　（明神崎ノ図）今堅田村（堅田ノ図） 著者　川添清知（愛媛県士族・滋賀郡今颪町20 番地寄留） 校正人：那須理太郎（同県士族・同郡下北国町 29番地寄留） 出版人：杉原鎮太郎（滋賀県平民・同郡丸屋町28 番地寄留）山岡幸太郎（同郡英町12番地寄留）
『滋賀県管内滋賀郡小学地誌』川添清知著 1883（明治16）年　18丁	総論　1丁 山野 川流　3丁 岬港　4丁 都邑　5丁 道路　6丁 社寺 気候風俗　7丁 戸口物産 戸口1万3460余　人口6万840余 学区 分画　8～18丁 村落数78　市街数91 16区（以下主たる町村のみ） ○外畑村　赤尾村　南郷村　千町村　○別保 村　馬場村　○御蔵町　南保町　○丸屋町 ○上京町　○下栄町　南町　○関寺町　大谷 町　○菱屋町　○升屋町　上大門町　○神 出、別所2村　山上村　○穴太村　○仰木村 ○衣川村　本堅田村　今堅田村　真野村　○ 向在地村　伊香立　下・上龍華・途中　坂下 村　○小野村　○南船路村　木戸村　荒川村 南比　良村　北小松村　鵜川村 編輯者　川添清知（愛媛県士族・滋賀郡金塚町

八屋戸村　木戸村　荒川村　大物村　南比良村　北比良村　南小松村　北小松村　鵜川村 物産 著者：村田巧（愛知県士族・滋賀郡上栄町第10番地寄留） 出版人：沢宗次郎（同郡丸屋町12番地居住）	24番地寄留） 出版人　島林専治郎（同郡菱屋町4番地寄留） 沢宗次郎（同郡丸屋町12番地居住）

表2　甲賀郡の地誌―『滋賀県管内甲賀郡誌』明治13年　『鼇頭甲賀郡小学地誌』明治16年

＊（　）内は挿画・挿図

『滋賀県管内甲賀郡誌』山縣順編　1880（明治13）年　28丁	『鼇頭甲賀郡小学地誌』高谷柳台・平田次勝編　1883（明治16）年　14丁
甲賀郡略図（ケバ法地図） 甲賀郡概略　1丁 郡名由来　位置　戸数人口　反別　地価　境界　沿革 青土荘　2丁（大河原山中ノ図） 土山荘　4丁（土山田村祠ノ図） 岩室荘　5丁 油日荘　5丁 大原荘・佐治荘　7丁 嶬峨荘・新宮荘　8丁 矢川荘・馬杉荘　9丁 杣荘　10丁 信楽荘　11丁 倉田荘　12丁　・岡山　水口城 柏木荘　15丁 三雲荘　17丁（横田川渡頭ノ図） 檜物上荘　18丁（石部郊外ノ図）（平松美松ノ図）（岩根山上眺望ノ図） 高山・大川　20丁 道路　26丁　東海道　杣街道 編輯者：山縣順（滋賀県士族・大津鍵屋町18番地寄留） 出版人：古川伊助（滋賀県平民・大津後在家町9番地住）	総論　1丁 山野　川流　都邑　道路　5丁　東海道　杣街道　伊賀街道　中山道 日野街道　社寺　6丁　気候風俗　6丁　戸口物産　7丁　学区 分画　7丁 7丁―小学区73　校数5　連区74 村数124―青土荘　4村　土山荘　9村　岩室荘　6村　油日荘　7 村　大原荘　8村　佐治荘　4村　嵯峨荘　7村　新宮荘　7村　矢 川荘　8村　馬杉荘　6村　杣荘　11村　信楽郷　19村（甲賀郡役所 ノ図）　倉田荘　2村　柏木荘　13村　三雲荘　3村　檜物荘　11村 附録 編輯者：平田次勝（石川県士族・甲賀郡下田村91番地寄留）、高谷柳台（滋賀県平民・同郡水口村111番地寄留） 校閲：斎藤熊太郎（滋賀県師範学校教員） 出版人：藪音次郎（滋賀県平民・甲賀郡水口村）

表3　栗太・野洲・蒲生郡の地誌—『滋賀県管内栗太郡誌』明治12年『滋賀県管内野洲郡誌』明治13年『滋賀県管内蒲生郡小学地誌』明治18年

＊（ ）内は挿画・挿図

『滋賀県管内栗太郡誌』山本清之進編　1879（明治12）年　25丁 栗太郡誌　1丁 郡名由来　位置境界　戸口　人口　反別　地価 生業 地勢　山岳　1丁（阿星ケ嶽）（笹間ケ嶽） 河川　3丁　勢田川（勢田川橋梁ノ図）田上川　桜川（大戸川ノ図）赤根川　葉山川（海老川通船ノ図）吉川　狼川　高橋川 道路　7丁（東海道中山道両道分岐ノ図）東海道　中山道　山田道　矢橋道　志那道　信楽　冨川道　宇治田原越 橋梁　9丁（銚子ノ口ノ図）勢多橋（鹿跳潤ノ図） 津港　10丁　山田元浜（元浜渡船場）矢橋浜　新免浜　勢多浜（大日渡ノ図） 原野　池沼　11丁 村落　12丁—各村沿革を記述（部田村古城趾ノ図）（足利義尚左氏春秋ヲ講スル図） 神社　19丁（建部神社ノ図） 寺院　21丁（金勝寺ノ図） 学区　23丁　小学校44（知新学校ノ図） 警察　郵便局　24丁 編輯者：山本清之進（滋賀県平民・栗太郡桐生村第12番地住）、 出版人：沢宗次郎（滋賀県平民・滋賀郡丸屋町第12番地住）
『滋賀県管内野洲郡誌』巽栄蔵編　1880（明治13）年　11丁 野洲郡全図 地理総説　1丁 大陸　太洋（太洋ノ図・海ノ図・陸地ノ図） 島　半島（島ノ図・半島地頚ノ図）岬　浜 湖（岬及浜ノ図・湖及湊ノ図）山瀑（山火山及岡ノ図・瀑ノ図）泉川　溝（川・溝ノ図）海　峡（湊ノ図・湾ノ図・海峡ノ図） 山脈　原野　砂漠　谷 野洲郡誌 位置境界　村数76村　戸数8千253戸　人口3万4817人　旧高反別（明治改正） 反別　地価　地租　神社　寺社　公立小学 5丁　33校〈名称・位置・設立年〉 物産　街道　6丁 朝鮮人街道 名所旧跡—守山　7丁（三上山之図）三上山麓　御上神社（兵主神社ノ図） 川流　9丁 野洲川　守山川　仁保川　星棟川 寺院　10丁 錦織寺（木部村錦織寺） 附録里程　守山郡役所起点 編輯者：巽栄蔵（堺県平民・野洲郡江頭村第35番地寄留） 出版人：沢宗次郎（滋賀県平民・滋賀郡丸屋町第12番地住）
『滋賀県管内蒲生郡小学地誌』寺田鐸馬編　1885（明治18）年　14丁 蒲生郡全図 蒲生郡地誌　1丁 第1　位置　広袤　境界　町村 第2　地勢　2～7丁 （1）山脈—綿向山・水晶嶽・龍王山・赤神山・繖山・安土山・八幡山・長命寺山（長命寺）・岡山・鏡山・長光寺山・布引山　音羽山 （2）原野—蒲生野・長谷野・沖野・千本野 （3）川流—日野川・大森川・佐久良川（以下略） （4）岬湾—松崎・伊崎・円山入江・津田細江 （5）島嶼—奥島・沖島 第3　気候　7丁 第4　都邑　7丁 八幡　日野　西大路　常楽寺　武佐　金屋　岡本　鎌掛　石原　鏡　中野　長命寺（以下略） 第5　道路　11丁 1等中山道　2等朝鮮人街道・御代参街道　3等千草越 第6　学区　12丁 第7　戸口　13丁　戸数　人口　産業　風俗 第8　物産　14丁 編輯：寺田鐸馬（滋賀県士族・蒲生郡西大路村37番地住） 校閲：川添清知 出版人：日永小三郎（滋賀県平民・同郡中野村161番地）

表4　愛知・神崎・犬上郡の地誌―『滋賀県管内愛知郡誌』明治13年　『滋賀県管内神崎郡誌』明治13年　『滋賀県管内犬上郡誌』明治14年

＊（　）内は挿画・挿図

『滋賀県管内愛知郡誌』横内平編
1880（明治13）年　18丁＋略解4丁

滋賀県管内愛知郡誌　1丁
位置境界　地形　生業　村数戸数人口（122村・9321戸・人口3万1973人）　村名
山　2丁―御池岳　甲掛山　白鹿背山　百済寺山　押立山（押立山之図）　鷹取山　岩倉山（岩倉山之図）　荒神山
原野　4丁―九条野（九条野摘茶之図）　市ケ瀬原野
川流　5丁―愛知川　宇曽川（宇曽川石橋村之図）文禄川　顔戸川　来迎川　石寺入江（石寺入江ノ図）　三津屋入江
街道　7丁―中山道　朝鮮人街道　高野街道　君畑越　八風越
橋梁　8丁―御幸橋（御幸橋ノ図）歌詰橋
神社　9丁―押立神社（押立神社ノ図）　豊満神社　石部神社
寺院　10丁―百済寺（百済寺ノ図）　金剛輪寺　東光寺　永源寺（高野永源寺ノ図）　善照寺　宝満寺
村落　11丁―茨川　君畑　政所（政所鉱山之図）　高野　小倉　鯰江　南花沢　北花沢
勝堂　平井　軽野　北虻野　東出　目加田
石橋　愛知川（愛知川市街之図）　肥田　野良田　金沢　柳川薩摩（柳川薩摩之図）
小学校　55校　物産
附録　17丁　村社々号　小学校名

『滋賀県管内神崎郡誌』松浦果編
1880（明治13）年15丁＋字類2丁

神崎郡全図
滋賀県管内神崎郡誌　1丁
位置境界　地形　村数戸数人口（83村・8948戸・人口3万6029人）　反別地価金　生業
山　2丁―釈迦カ嶽　水晶カ嶽（佐目山炭焼之図）　石崎山　箕作山　繖山俗ニ観音寺山　石馬寺山　下日吉山　伊庭山　和田山（和田山ヲ西南ヨリ望ム図）
川流　4丁―愛知川（萓尾滝ノ図）〈10里の長流、上流から下流までの詳細な説明〉（愛知川橋頭ノ風景）
村落　6丁
能登川村「近時汽船ヲ購求シテ日々大津ニ往復ス（中略）豪商アルヲ以テ近在ノ麻布多ク此地ニ聚《あつま》ル」（伊庭能登川湖辺ノ風景）
五個荘村〈中山道〉（繖山ト箕作山トノ間ニ五個荘ヲ看ル図）　八日市（八日市市場ノ図）
御園ノ荘（山上ノ東ヨリ高野山ヲ望ムノ図）
山上村　（愛知川上流捕鮎ノ図）
公立小学校　13丁　35校
神社（中部ノ村民産土神ヲ祭ルノ図）　寺院
道路　用水
物産　14丁
参照字類　1～2丁
編輯者：松浦　果（滋賀県士族・神崎郡山本村）

『滋賀県管内犬上郡誌』渡辺弘人編
1881（明治14）年　22丁

犬上郡全図
滋賀県管内犬上郡誌　1丁
位置
分界―99町106村　反別戸口　地価金　戸数人口（1万5960戸、人口7万505人）
山野　洞窟　名勝　5丁
彦根山・金亀山　佐和山（佐和山ノ図）　大洞山（大洞山ノ図）里根山（天寧寺ノ図）千鳥ケ丘（千鳥ケ丘ノ図）　荒神山　鞍掛山（鞍掛山ノ図）　勝山　鳥籠山　三国嶽　御池ケ嶽　鈴ケ嶽　鍋尻山　河内風穴（河内風穴入口ノ図）九条野（九条野茶園ノ図）
川、沢　10丁
犬上川（芹橋ノ図）　大堀川
港、島　11丁
松原港（松原港ノ図）　多景島
古跡　13丁
彦根山天神台　巡礼街道　（犀ケ淵ノ図9
千々ノ松原虎徹ノ井　百間橋　千貫水　御陵塚　天ノ井　（蓑火ノ図）八十ノ湊　正法寺
敏満寺
古城趾　16丁
彦根城（京橋口ヨリ彦根城ヲ望ムノ図）　佐和山城趾　高宮城趾　久徳城趾　多賀城趾
尼子出雲守居趾
社寺　18丁
多賀神社（多賀神社ノ図）千代神社　寺院

愛知郡誌略解　1～4丁
編輯者：横内　平（滋賀県士族・愛知郡加納村寄留）
出版人：小川九平（滋賀県平民・犬上郡彦根本町第183番地住）
発売人：高宮・北川太平、彦根・広田七次郎、八日市・山田嘉右衛門・小杉文右衛門、愛知川・中村長治郎

第2番地住）
出版人：小川義平（滋賀県平民・滋賀郡升屋町第28番地）
発売人：高宮・北川太平、彦根・小川九平、八日市・小杉文右衛門、愛知川・中村長治郎、能登川・伊藤伊織、辻村・山田嘉右衛門

気候　風俗　19丁
学校　20丁（彦根中学校ノ図）小学校所在地
製糸場　21丁（製糸場繰業ノ図）
物産
編輯者：渡辺弘人（滋賀県士族・犬上郡外舟町7番地）
出版人：小川九平（滋賀県平民・犬上郡彦根本町182番地）
発売人：彦根・広田七次郎、高宮・北川太平

表5　高島・伊香西浅井郡の地誌—『滋賀県管内高島郡誌』明治17年　『高島郡地理概略（略）』明治18年　『滋賀県管内伊香西浅井郡誌』明治17年

『滋賀県管内高島郡誌』村田巧著　1884（明治17）年8丁　版権免許1882（明治12）年

高島郡地図
滋賀県管内高島郡誌　1丁
位置境界　生業　戸口　人口　反別　地価金
村数（1市109村）　神社数　寺院数　学校数
山脈　2丁—三国嶽（2ツ）　阿弥陀山　水尾山　在原山
原野　—饗庭野（饗庭野開墾ノ図）　秦産寺野
河川　3丁—安曇川　鴨川　石田川　百瀬川　知内川
村落　4丁
勝野村（勝野ノ図）　鹿ケ瀬村　上小川村　市場村（朽木谷安曇川ノ図）　岩瀬村　今津村（今津ノ図）　海津町（海津ノ図）
道路　6丁　北国西街道　若狭街道

『高島郡地理概略（略）』東郷秀太郎編　1885（明治18）年　12丁

高島郡地理概略　1丁
位置　地勢　里程　反別町村数及ヒ戸数　人口「1町109村　1万489戸　人口5万600余人」　学区又小学校数「79小学校区86小学校」
管轄及ヒ郡衙又戸長役場—郡役所今津村　警察署　軍管—第4軍管第7師管大阪鎮台ノ所管
気候　積雪　道路
郡内高山　2丁　諸山ノ景況
川流　水質　諸川ノ産物　3丁
湖浜ノ概況　3丁—勝野港　今津港　海津港
人民　産物
勝野村　4丁　勝野村以西ノ諸村　三尾山　鴨川　鴨村近傍ノ諸村　秦山寺野　阿弥陀山
硯石ノ良材　畑山寺野ノ麓ノ諸村　5丁

『滋賀県管内伊香西浅井郡誌』同郡教育会（代表天守正信）編　1884（明治17）年　10丁

滋賀県管内伊香西浅井郡誌
伊香郡　1丁
位置境界　気候　風俗人情　生業　戸口　人口（6371戸　人口2万4081人）
反別　地価金　村数76　小学校46校　村落
山脈　3丁—金糞岳　土倉岳　横山　文室山　小谷山　橡尾山　大杉山　足海山　賤ケ岳　大岩山　田上山　己高山　涌出山　磯野山　山本山
川流　4丁—高時川　柳ケ瀬川　余呉湖（余呉湖）
道路　4丁—北国街道　脇往還（柳ケ瀬隧道）
鉄道　5丁
寺社　伊香具神社（同神社）　法華寺　浄心寺

＊（　）内は挿画・挿図

産物　7丁「高島縮海津杉山下関田ノ石灰熊 野本ノ剃刀朽木ノ木材炭阿弥陀山ノ硯石安曇 川ノ鮎等アリ」 附録　小学校名及ヒ村名 編輯人：村田巧（愛知県士族） 校閲人：木戸良峰（高島郡長・滋賀県平民） 出版人：小林造録（滋賀県平民・高島郡今津町 第394番地住）
田中村　田中村ノ東ノ村　青柳村以東ノ諸村 南舟木村　安曇川（安曇川之図）　6丁　舟 木崎　安井川村及西ニアル諸村　東ノ村北舟 木村　新庄村ヨリ北ノ諸村　安井川村ノ北ノ 諸村　今津村（今津村ヨリ竹生島ヲ望ム図） 饗庭野（饗庭野之図）　田原山　田原山ノ東 北ノ諸村　石田川 （以下は略述）白谷山　酒波寺　百々瀬川 知内川　海津　大嵜（大崎寺之図）在原山 市場村　興聖寺　途中谷村　三国岳　朽木谷 合併各村及ビ旧村名　12丁 編輯人：東郷秀太郎（福井県士族・高島郡荒川 村寄留） 校正：野々村愛三郎・本多常次郎 出版人：川上平兵衛（滋賀県平民・高島郡安井 川村7番地）川上瑞栄堂 発売者：戸井善八（安井川村）上原七右衛門（勝 野村）林久兵衛（太田村）杉原伊兵衛（桂村） 鳥居七五郎（知内村）
（木之本地蔵） 物産　7丁 西浅井郡　7丁 位置境界　気候　人情風俗　生業　戸口人口 「1860戸　7537人」反別　地価金 村数19　学校17校　村落―敦賀街道　大浦越 （菅ノ浦） 山　8丁―深坂岳　行市山　秋葉山　足海山 藤ケ崎山　饅頭ケ岳　岩熊岳　川流　9丁― 塩津川　大浦川　塩津浜 物産 編輯：伊香西浅井郡教育会総代天守正信（滋賀 県平民・伊香郡雨ノ森村第72番地） 校閲：伊香西浅井郡長小山政徳 出版人：安達湖一郎（滋賀県平民・木ノ本村第 83番地）林菊太郎（同上・千田村第109番 地）

表6　坂田・伊香・浅井郡の地誌―『滋賀県管内坂田郡誌』明治12年　『滋賀県管内伊香郡誌』明治12年　『滋賀県管内浅井郡誌』明治13年

『滋賀県管内坂田郡誌』中矢正意編 1879（明治12）年12丁 地理総説　1丁 陸地―洲　大陸（陸地ノ図）　島（島ノ図）、高 低―山　岡　火山（火山及岡ノ図）　山脈　原 （原ノ図）　野　沙漠　高原　谷（谷ノ図）（半 島地頸ノ図）　岬　浜（岬及浜ノ図）、水―大 洋（大陸及大洋ノ図）（海及瀑ノ図）（海峡ノ図）
『滋賀県管内伊香郡誌』長瀬登喜雄編 1879（明治12）年9丁 伊香郡全図 凡例 地理総論　1丁 地球　遊星（太洋及地球ノ図）（地球図形円周 ノ図）　東西　南北の長さ　東半球西半球 地球外面―水と陸（東半球ノ図・西半球ノ図）
『滋賀県管内浅井郡誌』中矢正意編 1880（明治13）年　11丁 滋賀県管内浅井郡誌　1丁 郡名由来　地勢 東浅井郡　1丁 位置境界　広狭（東浅井郡図）　気候　人情 物産 村数・村名　126村　学校数53校

＊（　）内は挿画・挿図

海　湾　港　海峡　泉　川　溝（川ノ図）（溝
ノ図）湖　瀑（湖及瀑ノ図）
坂田郡志　4丁
　位置　分界　第1～20区―村落
山　伊吹山（伊吹山之図）霊山　磨針峠（磨針嶺
　ノ図）天野川　米原　多田小路山　加田山
　磯山　佐和山　磯　入江
街道　中山道　北国街道
市邑―長浜　10丁（長浜市街ノ図）
　北国街道
附録
　区数　―各種統計
区数20区　163カ村　57町　戸数1万42
68戸　人口5万2937人（男2万913
7・女2万9653）　神社数278座　寺院
数　344カ寺　反別8434町7反7畝14
歩　地価金543万3849円8厘　地租金
15万1015円47銭1厘　学校数58校
編輯人：中矢正意（愛媛県士族・坂田郡第11区八
　幡社町第1番地寄留）
出版人：沢宗次郎（滋賀県平民・滋賀郡第4区丸
　屋町第12番地住）
発売所：中村藤平（長浜御堂前）吉田作平（同上）
　土肥輝文堂

五大洲―亜細亜・欧羅巴・亜弗利加・阿西尼
亜・亜米利加、五大洋―太平洋・大西洋・印度
洋・南氷洋・北氷洋
経線緯線（経線図・緯線図）
夏至線・北極線（至線・極線）（五帯ノ図）
伊香郡誌　5丁
　位置　境域　気候　民情　生業　戸数　人口
「5660戸　2万1366人―男1万89
　1・女1万475　反別3572町8畝28歩
　村数75　小学45校―明治12年7月
山―賤ヶ岳　金糞岳　土蔵嶽　椽尾山　大岩山
　―周辺村落
街道―北国街道沿い村落
川―高時川　杉野川　姉川
湖―余呉湖（余呉湖ノ図）
　山本山
　竹生島
木ノ本　浄信寺　伊香具神社（伊香具神社ノ図）
附録　小学校名・村名　9丁
編輯人：長瀬登喜雄（兵庫県士族・播磨国明石郡
　大明石村第390番地住）
出版人：沢宗次郎（滋賀県平民・滋賀郡丸屋町第
　12番地住）　五車堂

　戸数9330余　人口
山脈―新穂山　小谷山　山本山
川―姉川　高時川　田川　余呉川　草野川（小
　谷山之図）
竹生島（竹生島之図）
道路―北国街道　脇往還の村落を説明
西浅井郡　8丁
　位置　境界　地勢　広狭（西浅井郡図）
　戸数1770余戸　人口
　気候　人情　物産
　村落数19カ村　学校数17校（塩津港之図）
川―塩津川　大浦川
塩津浜村　大浜村　菅ノ浦
編輯者：中矢正意（愛媛県士族・坂田郡第11区八
　幡社町第1番地寄留）
滋賀県長浜講習学校蔵版
製本発行人：早瀬右内（滋賀県平民・坂田郡長浜
　呉服町8番地）
弘通販売所：辻亦平（長浜神戸町）
◎東浅井郡、西浅井郡の人口数は黒ぬりで不詳

2　湖南・湖東地域の郡地誌教科書

(1)　滋賀郡──三つの郡地誌の内容比較

滋賀県内の各郡地誌のうち、滋賀郡は最も多く四種類が発行されている。うち三郡誌が明治一〇年代で、編著者は村田巧と川添清知（二誌）である。村田巧の履歴は現段階で不明で、愛知県士族としか判明していない。村田は滋賀郡誌を皮切りに、蒲生郡誌、高島郡誌も編纂、滋賀県の三郡の地誌を編纂しており、滋賀県管内各郡の地誌に精通した人物である。一人で三郡誌を編纂したのは村田巧だけである。

川添清知の履歴は、前章の県地誌でも説明したが、愛媛県士族出身で官立大阪師範学校小学師範学科四級生時の一八七八（明治一一）年二月六日廃校となり、繰り上げ卒業した。大津・弘道学校に就職し、ほどなく大津・修道学校に転任、一八八三（明治一六）年五月に近江八幡の八幡東学校に移り、翌八四（明治一七）年三月に校長になっている。川添は、大津町内の二校在勤時に、滋賀郡地誌教科書をわずか三年間に二冊刊行している。『滋賀県管内滋賀郡地理小誌』一八八〇（明治一三）年と『滋賀県管内滋賀郡小学地誌』一八八三（明治一六）年（図2）である。この二冊は、大幅に内容構成や記述内容の異なる郡地誌教科書で、たんなる改訂版や増補版とはいえない大きい変化である。出版元は同じ大津だが、前者は杉原銕次郎・山岡幸太郎の二書堂、後者は島林専治郎・沢宗次郎である。

一八八〇（明治一三）年本と八三（明治一六）年本との間には、八一（明治一四）年の文部省令第一二号「小学校教則綱領」があった。「小学校教則綱領」では郷土地誌の扱い方として「先学校近傍ノ地形即生徒ノ親ク目撃シ得ル所から教えるよう指示していた。

川添清知による明治一三年編纂『滋賀県管内滋賀郡地理小誌』は滋賀県全体の説明が中心で、漢字と変体仮名で書かれた文体であった。挿絵は各所に多数配置されているが、小学生徒に関心を持たせるというよりも、本文との関連

で取りあげる扱い方であった。三年後の明治一六年編纂本の『滋賀県管内滋賀郡小学地誌』では、本文内容の説明を簡潔にして漢字とカタカナの文章へと変えている。また、各丁の上段に要点事項を書いて、下段の説明を理解しやすいよう配慮している。しかし、挿絵が一切無くなっており、生徒のイメージ喚起では明治一三年本より後退している。

表1（二八七頁）に、村田巧編『滋賀県管内滋賀郡誌』一八八〇（明治一三）年、川添清知著『滋賀県管内滋賀郡地理小誌』一八八〇（明治一三）年、同『滋賀県管内滋賀郡小学地誌』一八八三（明治一六）年の目次内容一覧をあげておいた。

村田巧は「凡例」において「此書ハ小学生徒ノ為ニ著ハスヲ以テ文字ノ卑俚《ひり》ヲ免レス勉メテ解シ易キヲ主トス　郡中ノ市街村落古城旧跡名山巨川等之ヲ記載スルト雖モ其著名ナルモノヲ挙ク」と述べ、最初に滋賀郡の全体的概観を、次に大津から順に郡内の町村を順次説明している（八～一四丁）。郡内の小学校の所在村の学校名をすべて記載している。

一方、川添本の二つの滋賀郡誌はともに凡例や巻頭言がなく、本文記述から始まっている。一八八〇（明治一三）年の「滋賀郡地理小誌」は、大津市街地の浜通りを次のように記述している。

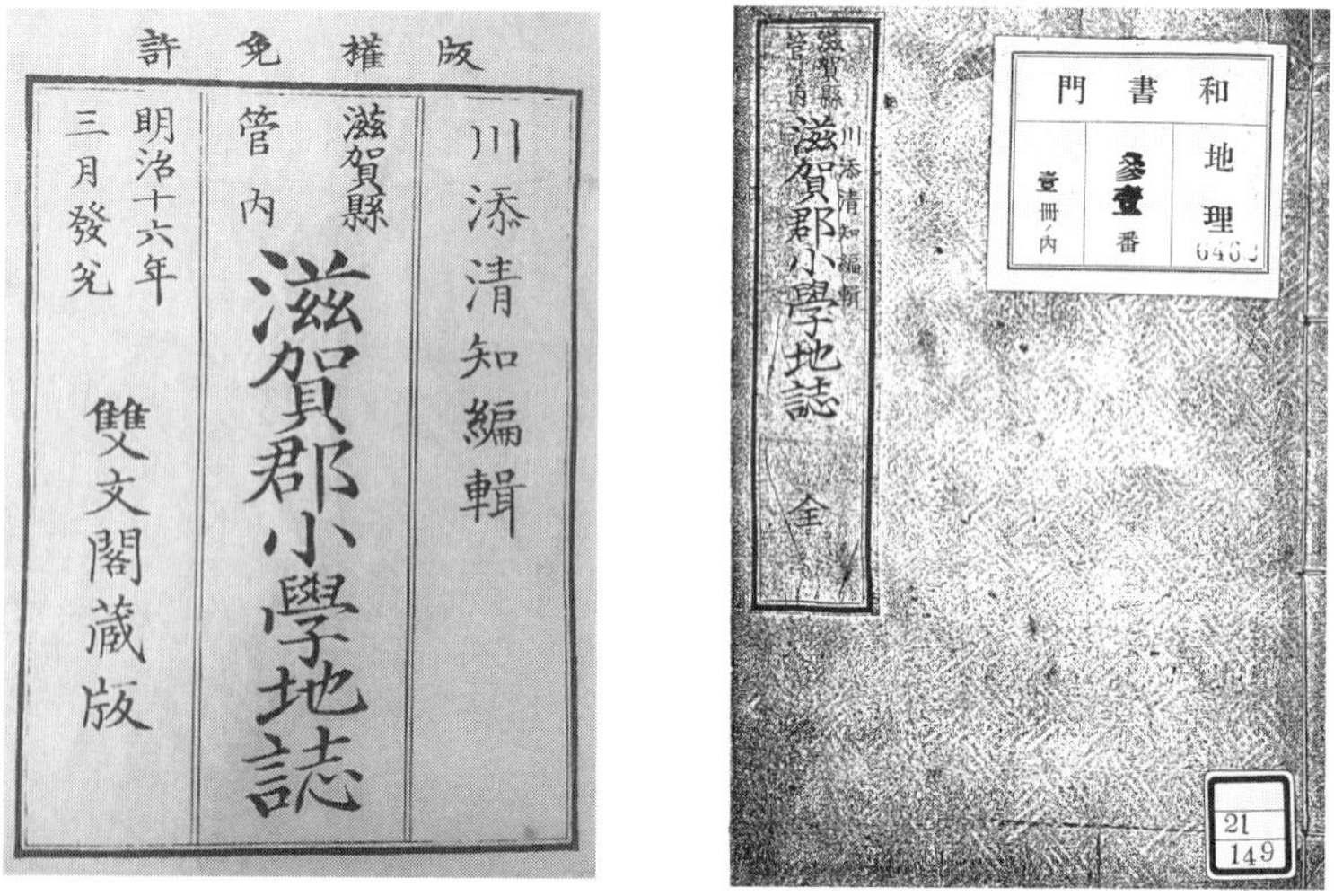

図2　川添清知『滋賀郡小学地誌』明治16年

「地形、弧鶴の翼を張るに似たり、故に鶴浦の称あり、（中略）此より湖辺に沿ふて、西に連接するを、甚七町、下平蔵町、上平蔵町、下堅田町、上堅田町、南保町、白玉町、阪（坂）本町、橋本町、湊町とて、この一帯を通称して、浜通りと云ひ、下平蔵町の湖際を小船入、又打出浜といふ、上平蔵町に京都裁判所支庁、及ひ大津区裁判所あり、南保町に大津師範学校、打出浜学校あり、坂本町に大津警察署、六十四国立銀行、近江米商会社等あり」（一〇丁）　＊かなは変体仮名

川添は一八八三（明治一六）年「滋賀郡小学地誌」では、内容を一八八〇（明治一三）年本からかなり整理した。滋賀郡の総論から入り、「山野　川流　港岬　都邑《とゆう》　道路　社寺　気候風俗　戸口物産　学区　分割」の順で説明している。分画（八～一八丁）の郡内村落数七八、市街数九一の主要箇所が本著の中核をなす。大津の市街地の叙述は、次のようになっている。

「湊、橋本、坂本、新、白玉、鍋谷、南保、上堅田、下堅田、上堅田、上平蔵、下平蔵、甚七、肥前ノ諸町トス、之ヲ通称シテ浜通トヱフ　御蔵町ニ大津停車場及ヒ電信局アリ　坂本町ニ近江米商会諸アリ鍋屋町ノ湖辺ヲ紺屋関トヱフ　南山田ニワタルノ港津ナリ　近来汽船数艘アリ　時ヲ刻シテ往復ス　南保町ニ滋賀県師範学校アリ上平蔵町ニ大津治安裁判所アリ　此辺ノ湖際ヲ総称シテ打出浜トヱフ」（一〇丁）

(2) 甲賀郡の二つの郡地誌の内容

甲賀郡の郡地誌教科書は、明治一〇年代には『滋賀県管内甲賀郡誌』一八八〇（明治一三）年と『鼇頭《ごうとう》甲賀郡小誌』一八八三（明治一六）年が発行されており、前者は山縣順編、後者は高谷柳台・平田次勝編である。甲賀郡の二つの郡地誌は、他郡地誌の叙述スタイルと異なり、独特の構成をとっている。都邑の記述で「〇〇荘」と書き込み、村落

名を記載せず荘名で分類していくスタイルを採用しているのである（図3）。

山縣順《やまがたじゅん》は、水口藩の上士出身で、水口県廃県後に滋賀県に出仕している。山縣順の親族には水口藩校翼輪堂《よくりんどう》の関係者が多く、弟は翼輪堂創立者の中村栗園《りつえん》の養子となり、栗園の後継者となった中村確堂《かくどう》である。次男虎五郎も藩校授読《じゅどく》（教員）、三男悌三郎《ていざぶろう》も藩校助教を勤めた。悌三郎は後に上京、官立東京師範学校中等師範学科で博物学を修め、宮城県中学校や愛媛県師範学校の教員を勤めた後、文部省に入省している。彼は明治二〇年代に『帝国小史』『高等読本』などの検定教科書の編纂を行い、のち児童雑誌『少年園』『少年文庫』などを創刊していった。

山縣順編の『滋賀県管内甲賀郡誌』は、自然地理や人文地理の地理的事象よりも、甲賀郡内各地域の歴史的沿革の説明に重点を置き、荘の沿革を詳細に説明している。説明は長文であり、生徒にはとても難解な内容となっている。甲賀郡は近世村落以前の各荘のまとまりが強く、郡地誌教科書編纂では各荘の歴史的沿革を重視した記述となっている。

山縣順編の『滋賀県管内甲賀郡誌』の土山荘《つちやましょう》の一例を示そう。

「土山荘ハ全郡ノ東軏《とうき》ニシテ鈴鹿山麓ニアリ　地険《けん》ニシテ林

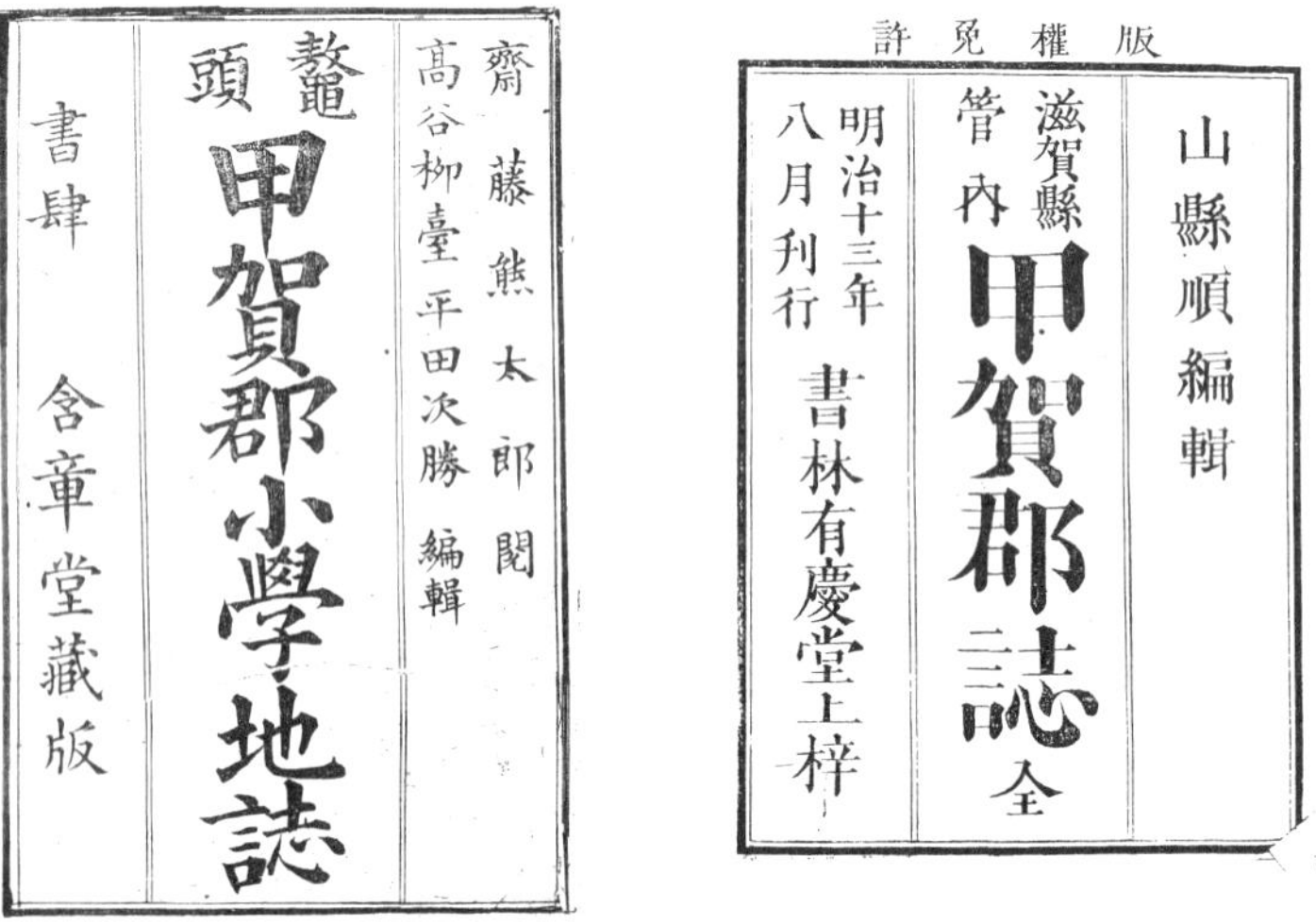

図3　「甲賀郡誌」山縣順の明治13年本と高谷・平田の明治16年本

密ナリ　松ノ尾田村ノ二水嶺ヲ遮《さえ》リテ西流ス　地質茶ヲ栽《う》フルニ適シ焙法亦精妙《ばいほうまたせいみょう》近歳紅緑《きんさいこうりょく》（製共ニ漸ク開ケ　会社ヲ設置シ日々ニ改良ニ就ク　○土山駅東ニ高座神社鎮座アリ祭神ハ倭姫命　垂仁天皇第二ノ皇女鈴鹿姫命トモ称ス　坂上《さかのうえの》田村麻呂《たむらまろ》正三位右近衛大将《うこんのえたいしょう》ノ霊ヲ合祀ス」（四丁）

高谷柳台・平田次勝編『鼇頭甲賀郡小学地誌』一八八三（明治一六）年は、地理的事象を前段で取りあげ、後段の郡内町村の説明を荘別に説明している。山県本に比べると、子どもにとって各荘の内容を読みやすくするため、説明を簡素にしている。編者の高谷柳台は滋賀県平民で水口村寄留、滋賀県小学教員伝習所を一八七五（明治八）年六月二六日に卒業している。もう一人の編者平田次勝は石川県士族で、同著発行時は下田村寄留とある。平田次勝は一八八〇（明治一三）年より下田村大成学校の首座教員で在勤している（八七年まで在任が確認できる）。彼は八三（明治一六）年に『小学教則入門初歩』二五丁　水口・藪音次郎を出版している。

同書は「凡例」で、これまでの郷土地誌教科書は教師にとっても不評だったと率直に書き、小学中等科第六級生を対象に編集して、これまで「需要ニ充ツ可キ《みっべき》相当ノ地誌アルナシ　教授ノ任ニ膺《あ》タルモノ常ニ慨嘆《がいたん》スル所ナリ」と考えて「九牛ノ一毛ヲ補ハント」として編纂したと語っている。「生徒ノ暗記《あんき》ニ供《きょう》スルニ在レハ敢テ文節ヲ作為セス」として、「上欄ノ問題及附録ハ大略ヲ示スモノナレハ　之ヲ活用シ或ハ更ニ問題ヲ設クル等ハ其意ニ随《したが》フモノトス」とした。郷土地誌は問答科で扱われるので、上欄に問題文を示し、下欄の本文内容をみて答えて暗記する工夫がなされている。

甲賀郡の「戸口物産」は、下欄で「全郡ノ戸数一万三千七百七十六　人口六万六千八百七十三ト云フ。物産ハ米穀《べいこく》茶《ちゃ》ヲ第一トシ　長野村ノ陶器《とうき》、鮎川村青土村ノ炭《すみ》。土山村ノ櫛《くし》、水口村ノ藤細工《ふじざいく》、及干瓢《かんぴょう》、三大寺村ノ鋸《のこぎり》。下田村ノ笠《かさ》及甘薯《かんしょ》等ナリ」と説明した。上欄には「全郡ノ戸数ヲ示セ」、「全郡ノ人口ハ」、「本郡第一ノ物産ハ如何」の問い

をあげている。

「附録」で、「小学校教則綱領」が掲げた学校近傍の地形、生徒の親しく目撃する所から始めるという趣旨を具体化する以下のような質問事項があげられている。

「此学校ハ村ノ何レニ位スルヤ　校名ヲ問フ　教場ノ数ハイクツ　学校ノ門ハイツレヲ向キシヤ　学校ノ有ル村ノ境界ハ如何　此学校ハ何ケ村ニ属スルヤ　学区内ノ戸数ヲ示セ　此学校ヨリ最モ近キ村ヲ問フ　学校ヨリ最モ近キ村ヘハ凡ソ幾里　此学校ハ甲賀郡ノ何レニ位スルヤ　学校ヨリ甲賀郡役所ヘ路程ハ何程　学校ヨリ滋賀県庁ヘノ里程ハ凡ソ何程　此学校創立ノ年月ヲ示セ」（一四丁）

(3) 栗太郡・野洲郡・蒲生郡の郡地誌の内容

① 栗太郡

山本清之進編纂『滋賀県管内栗太郡誌』は、一八七九（明治一二）年本とその改正版の一八八四（明治一七）年本の二点あるが、本文内容は全く同一である。ただし、一八八四年本は巻末に「称呼訓」（難読漢字の呼称ふりがな付）を一丁加えており、生徒の便宜を図っている（図4）。

山本清之進は、明治一〇年代に栗太郡誌と野洲郡誌の二郡誌を編纂している。幕末期から医業に従事するかたわら、著名な儒学者として私塾を経営していた。『日本教育史資料』八　一八九二（明治二五）年の滋賀県の私塾・寺子屋表に、山本清之進の私塾が記載されている。彼は私塾太古堂《たいこどう》塾主として旧膳所藩領の栗太郡桐生村（現大津市上田上《かみたなかみ》町桐生）で、漢学・筆道を四八人（男三六・女一二）に教えていたとある。開業年・廃業年は不明だが、隆盛年代は一八七〇年（明治三）年で調査も同年となっている。

山本清之進の履歴は、以下のようである。[2] 号は栗斎《りっさい》、諱《いなみ》が直寛、字を子温とした。一八四三（天保一四）～一九〇九

（明治四二）年。一四歳で父が没するが、その後医術を学んだ。明治維新後、一八七六（明治九）年に栗太郡第二区々長兼学区取締、医務取締に就任。爾後《じご》、栗太郡・野洲郡書記、滋賀県属、内務省山林局員を歴任する。内国勧業博覧会御用掛、県会議員、上田村村長など公務に従事して、一九〇九（明治四二）年一一月一日に病没、享年六七歳であった。

別の人物伝によると、山本清之進の家は代々医師で、父山本行直の長男で医業に従事して、「多忙な公務の間に郷土桐生に漢学塾『桐園学舎』を主宰、早朝・夜間に一〇数名の塾生を指導した。五六歳で公職から去り、医業に従う（中略）栗太郡野洲郡の地誌、史実をさぐられ将来郡誌編纂への糸口とされた」とある。(3)

山本清之進編纂の二つの栗太郡誌と野洲郡誌は、いずれも巻頭の「緒言」・「凡例」がなく、編集趣旨・目的は明示されていない。『滋賀県管内野洲郡誌』一八八四（明治一七）年は、栗太郡誌と同じく「称呼訓」を付している。目次から見ると、栗太郡誌の内容構成とほとんど同じである。

山本清之進編『滋賀県管内栗太郡誌』一八七九（明治一二）年の「草津村」は次のように記述されている。

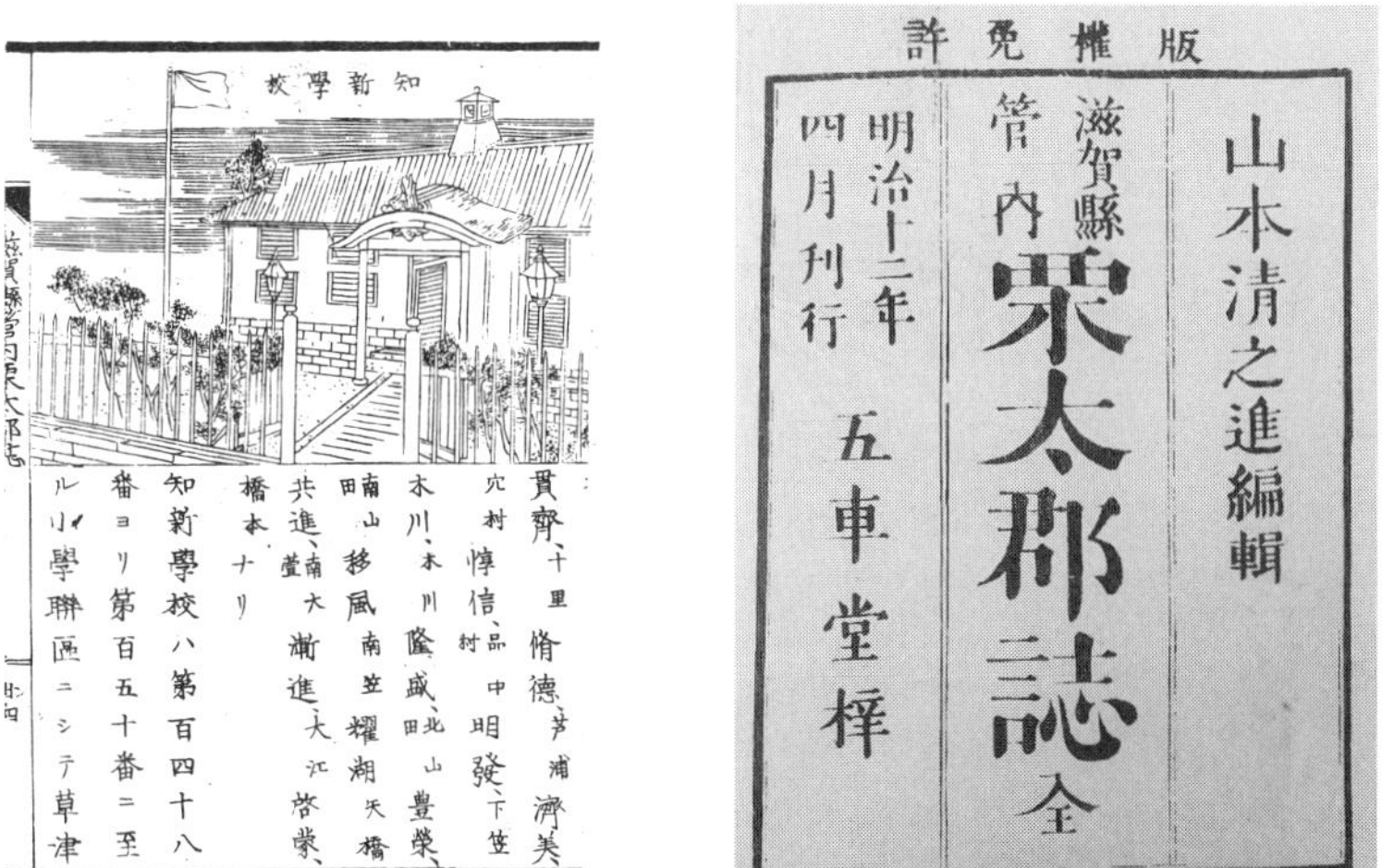

図４　山本清之進『栗太郡誌』明治１２年　知新学校図

「草津村ハ本郡ノ中央ニ在ル大駅ニシテ東海、中山二道ノ分ル所ナリ　第一街ヨリ第六街ニ至ルヲ本町ト云ヒ赤根川ノ橋南ヲ宮町又中小路ト云フ　横町ハ本町ノ第一街ヨリ右折シ草津川ノ南堤ニ沿フ部ナリ　新町ハ本村ノ西部ニシテ又留主川ト云フ　人口二千九百二十七、戸数七百三十五、村社一座、寺院九箇寺アリ　又大津警察分署四等郵便局、学区事務局等ヲ置ク　此駅往時封建ノ世中国ノ侯伯幕府ニ参侯スル者皆此地ヲ過キ車馬陸続、日ニ間断ナク最モ繁昌ノ駅地ナリシガ　近時羈旅《りりょ》ノ往来太タ鮮《すくな》ク市街漸ク衰微《すいび》セリ　然レトモ百貨ノ肆店《してん》・輻湊《ふくそう》スルヲ以テ　郡民ノ物品ヲ購求スル多クハ此地ニ於テス」（一五丁）

「学区」の項では、第一番中学区に属し、第一二九番小学区から第一八二番小学区に至る公立小学四四校のすべての校名、村名をあげている。郡内屈指の小学校として「知新学校《ちしんがっこう》」を挿図で示し、「第百四十八番小学区ヨリ第百五十番ニ至ル小学連区ニシテ草津村ニアリ　明治七年ノ設立ニシテ戸数一千零二十五戸ナリ　教員六名ヲ置キ生徒百余名アリ」と説明している。

最後の「物産」では、「大石諸村ノ製茶　黒津村ノ鰻　里村ノ石英及『トーバス』　牧村ノ米　桐生村ノ雁皮紙《がんぴし》　荒張村ノ硝子石　野路・南笠・月輪諸村ノ阿片、及甘薯　草津村ノ鞭《むち》　目川村ノ瓢　川辺村ノ銅甑《どうこしき》　辻村ノ鋳物《いもの》　木川村ノ青花紙《あおばなし》　橋本村ノ蜆《しじみ》等ナリ」（二五丁）と書いている。

② 野洲郡

野洲郡誌には山本清之進編と巽栄蔵編の書名も同じ『滋賀県管内野洲郡誌』の二種がある。ここでは巽栄蔵編纂の一八八〇（明治一三）年本を見て行く（図5）。

編者巽栄蔵は堺県平民で、履歴事項の詳細は不明である。巽栄蔵の氏名は、表紙や奥付で「栄蔵」となっているが、巻頭の野洲郡地図に「巽栄造」と記されている。ここでは「巽栄蔵」に統一していく。巽の野洲郡誌は、最初に「地

理総説」として一般地理学の基本用語（大陸、大洋、半島、陸地、岬及浜、湖及湊、山、川、瀑、平野など）を説明して、四丁後段から野洲郡地誌を説明する構成となっている。

「地理総説」の内容は、師範学校編『地理初歩』（文部省刊　明治七年）の内容と同じである。滋賀県管内の郡地誌教科書のなかで、このような最初に「地理総説」「地理総論」を配置している郡地誌には、『滋賀県管内伊香郡誌』、『滋賀県管内坂田郡誌』、『滋賀県管内滋賀郡誌』（村田巧編）の三種類がある。いずれも明治一〇年代初期に発行された郡誌で、四つの郡誌の発行年は、一八七九～八〇（明治一二～一三）年に集中している。地理教育の入門として、地球全体の自然地理を最初に教えようとした時期である。自然地理の基本用語の説明に力点を置いている分、各郡地誌の内容は簡略化された説明になっている。

巽栄蔵編の野洲郡誌は、「郡中幅員甚大ナラズ全国第一ノ小郡ナリ」と書き、七六カ村、戸数八二五三戸、人口三万四八一七人と紹介し、公立小学校数三三校の校名、位置、設立年を記している。続く「物産」では「米、野洲村ノ晒布、三上山ノ松茸、篠原村ノ餅　各村ヨリ出ダス　兵主蕉布《ひょうずしょうふ》等ナリ」と簡単な説明に終っている。街道に関しては、郡内を貫通する朝鮮人街道を詳しく書いている。

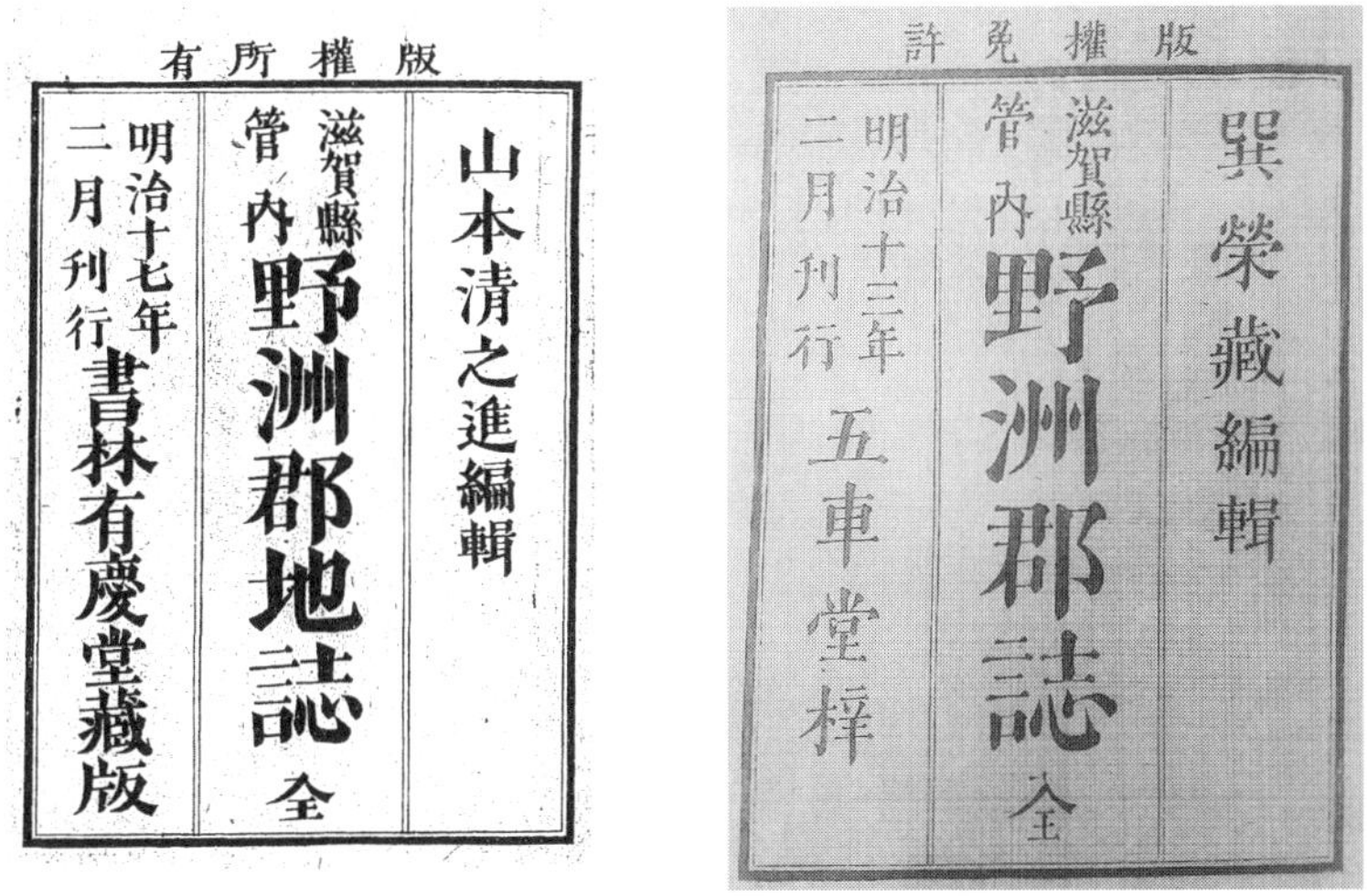

図５　「野洲郡誌」巽栄蔵の明治 13 年本と山本清之進の明治 17 年本

山本清之進編『滋賀県管内野洲郡誌』一八八四（明治一七）年は、巽栄蔵本が一一丁に対して、二四丁と分量も倍以上で多く、野洲郡内地誌を詳細に説明している。山本が特に詳しく説明しているのは、彼が学区取締や栗太郡書記、野洲郡書記を歴任していたことと深くかかわっている。

山本清之進編『滋賀県管内野洲郡誌』の「守山村」を見てみよう。

「村落ノ最モ大ニ且盛ナルモノハ守山村トス　此村ハ本郡ノ西端ニ在リ　一葦ノ川流ヲ隔テテ栗太郡今宿村ニ連ル　神社五座、寺院十一ケ寺、警察分署、小学校等ヲ置ク　人口ハ一千四百三十八、戸数ハ三百十五ナリ　往時ハ客舎軒ヲ並ヘ車馬陸続《りくぞく》タル駅地ナリシカ　維新已還旅客ノ往来漸ク鮮《すくな》キカ故ニ　民業多クハ農商ニ転シ市街ノ景況亦一変セリ　然リト雖百貨ノ肆店《してん》輻湊《ふくそう》スルヲ以テ　郡民ノ来リテ物品ヲ購求スルモノ日ニ踵《きびす》ヲ接セリ」（九丁）

「古跡」で大篠原村にある「平宗盛墓」を記している。宗盛は、いったん鎌倉に護送されたが、京都に送られる途中、この地で殺された。「源氏之ヲ京師ニ還シ遂ニ此地ニ殺ス　墓ノ側ニ蛙不鳴池アリ　宗盛ノ首ヲ此池ニ洗ヒシ時吠蛙其声ヲ止ム　故ニ名クト云フ又首洗池ノ称アリ」

また、足利義昭の矢島村寓居《ぐうきょ》では、挿絵「足利義昭航湖《こうこ》ノ図」と義昭・細川藤孝が湖水を渡り若狭に向かう説明文を掲載しており、郡誌教科書中に多くの郷土史談のエピソードを記述している。

③ 蒲生郡

蒲生郡誌には、村田巧編『滋賀県管内蒲生郡誌』と寺田《てらだ》鐸馬《たくま》編『滋賀県管内蒲生郡小学地誌』の二書がある（表3 二八九頁）。村田編本は一八八三（明治一六）年、寺田鐸馬編本は一八八五（明治一八）年で、他郡教科書に比べると明

治一〇年代で比較的遅い時期の発行である。

両著の出版は、出版元が大津や彦根でなく、地元の蒲生郡内書《しょ》肆《し》であった。村田編本が近江八幡の三書肆《しょし》（西川市左衛門・西川善次郎・大内弊六）、寺田編本が蒲生郡中野村（現東近江市、旧八日市市）の日永小三郎であった。村田巧は校閲者に真弓村晴を、寺田鐸馬は校閲者に川添清知をあげている。真弓は一八七九（明治一二）年六月大津師範学校理化学専修科卒業、翌一八八〇（明治一三）年から八二（明治一五）年一〇月まで八幡東学校に勤務し、一八八一・八二年度は校長に就任している。一八八三（明治一六）年一月より川添清知が八幡東学校の校長を引き継いでいく。

村田巧編『滋賀県管内蒲生郡誌』と表題にあるが、見開き題名が「滋賀県管内蒲生郡志」となっている。同本で郡誌と郡志の異なる題名であるが、ここでは「蒲生郡誌」とする。本著の蒲生郡誌の内容構成は、村田編の滋賀郡誌で見た内容構成と同様で、郡地誌の基本事項を説明していくスタイルである。蒲生郡全体の概観をつかませて、これを記憶させることが編纂目的とされ、生徒の関心をひく記述に欠けている。

これに対して、寺田鐸馬編『滋賀県管内蒲生郡小学地誌』（図6）は、「第一位置　第二地勢　第三気候　第四都邑　第五道路　第六学区　第七戸口　第八物産」と、蒲生郡の郡地誌を要領よく整

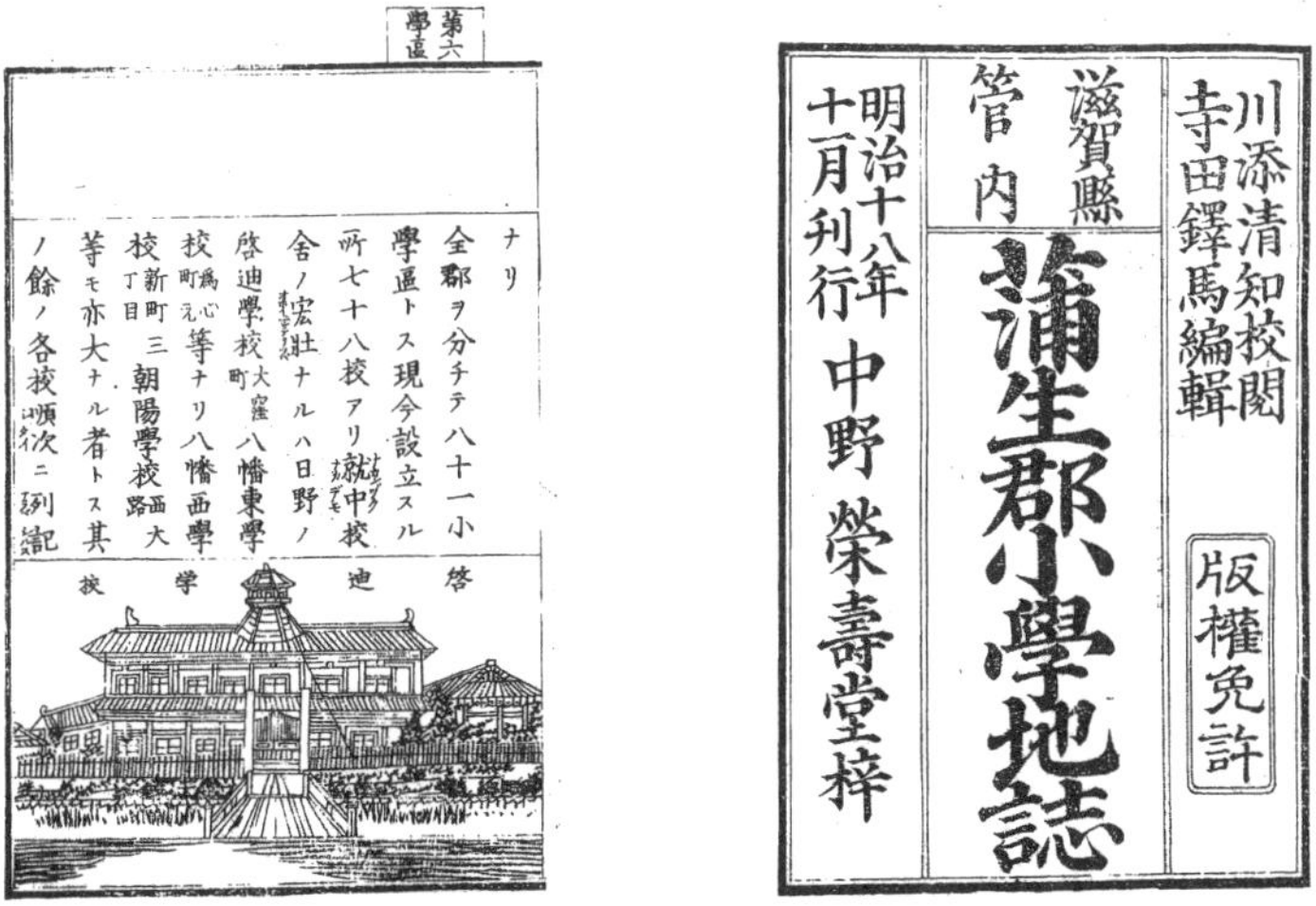

図6　寺田鐸馬『蒲生郡小学地誌』明治18年　啓迪学校図

理して記述している（表3 二八九頁）。

寺田は元西大路藩士族で、蒲生郡西大路村の仁正寺《にしょうじ》藩（西大路藩）の藩校日新館《にっしんかん》で学び、維新直後一八七〇（明治三）年一〇月に藩校の「諸学校執事《しつじ》」になり、一八七五（明治八）年六月滋賀県小学教員伝習所が設立・開所されると直ちに入所、八月一六日に小学教員伝習所を卒業している。『蒲生郡役所沿革略誌―明治二二～二七年―』によると、寺田鐸馬は卒業後、蒲生郡日野村井町の文子《ぶんし》学校に着任、首座教員になっている。一八七九（明治一二）年九月に同郡石塔村の研才《けんさい》学校に転勤して同校で首座教員、校長となり、一八八六（明治二〇）年二月まで在勤している。

寺田鐸馬編の『滋賀県管内蒲生郡小学地誌』「都邑」では、蒲生郡の主要市街地である近江八幡、日野、西大路について、次のように「傍訓《ぼうくん》」付で説明している（八丁）。

「八幡ハ西辺湖涯ニ在リ　全郡第一ノ市街ニシテ市坊《マチ》ヲ六十六ニ分ツ　豪商《オホアキンド》富戸《ブゲンシヤ》軒ヲ列子郡役所警察署電信分局郵便局銀行及ビ八幡西学校八幡東学校等アリ　八幡神社ハ宮内町ニアリ（中略）戸数一千八百二十九、人口六千七百六十余アリ」

「日野ハ東方日野川ノ上流（カハカミ）ニ在リ亦一区ノ市街ヲナセリ市坊ヲ分チ三トス　市民《マチノヒト》行商《タビアキナヒ》ヲ業トス者殊ニ多ク日野商人ノ称　東西ニ伝播《ヒロマル》シ豪富《オホカネモチ》ノ多キコト八幡ニ譲ラズ　馬見岡綿向神社（中略）啓迪学校警察分署等アリ　戸数一千二百二十　人口四千六百六十余アリ」

「西大路ハ日野ノ東ニ連リテ一市街ヲナス　市橋氏旧封《モトノリョウチ》ノ地ニシテ　藩邸址《ニシオオジハンヤシキアト》ハ中野城ノ遺跡《フルキアト》ニ在リ四等郵便局朝陽学校アリ　戸数四百零九　人口一千六百四十余アリ」

「学区」の本文は、蒲生郡で八一小学区に七八校が設立され、「校舎ノ宏壮ナルハ日野ノ啓迪学校大窪町　八幡東学校為心町元等ナリ　八幡西学校新町三丁目　朝陽学校西大路等モ大ナル者トス」と書いている。続いて郡内の小学

校名と村名をあげており、「啓迪学校図」も挿絵に掲げている。蒲生郡全体では、戸数二万四九〇戸、人口九万一二五〇余人としており、蒲生郡の特色ある「物産」には、「中野ノ煙草《たばこ》、八幡ノ蚊帳・畳表・蒟蒻《こんにゃく》、瓜生津《うりゅうづ》及ビ上下大森ノ茶、日野ノ炭、沖島ノ湖魚、豊浦ノ藍《あい》・葱《ねぎ》、円山ノ葦《よし》、奥島ノ藺《い》・野木瓜等ナリ」（一四丁）をあげている。

(4) 愛知・神崎・犬上郡地誌の内容

愛知郡・神崎郡・犬上郡の郡地誌教科書は、各郡一種類の郡誌が確認される。三郡誌とも出版元は、犬上郡彦根本町第一八三番地の圭章堂（小川九平）である。出版の販売人も、この地域の関係者で占められており、彦根の広田七次郎、高宮の北川太平、八日市の小杉文右衛門と山田嘉右衛門、愛知川の中村長治郎、能登川の伊藤伊織の名があがっている。三郡誌の出版本はそれぞれ一種であるが、神崎郡には大橋錦護編『滋賀県神崎郡伊庭《いば》村誌《そんし》』伊庭学校蔵版が一八八四（明治一七）年に発行されている。これは滋賀県で唯一の市町村誌である。

① 愛知郡

愛知郡地誌は、横内平編『滋賀県管内愛知郡誌』一八八〇（明治一三）年が刊行されている（図7）。編者横内平は、奥付に滋賀県士族で愛知郡加納村寄留とある。彦根藩校弘道館の末期に副教授を勤めていた。彼は一八七六（明治九）年滋賀県師範学校卒業、七七（明治一〇）年に愛知郡北蚯野《きたあぶの》村《むら》の研智《けんち》学校に勤務、以後八四（明治一七）年まで首座教員での在籍が判明している。

『滋賀県管内愛知郡誌』には編纂趣旨を記した緒言がない。愛知郡誌の内容構成は、自然地理を概観して主要な街道・橋梁・寺社を

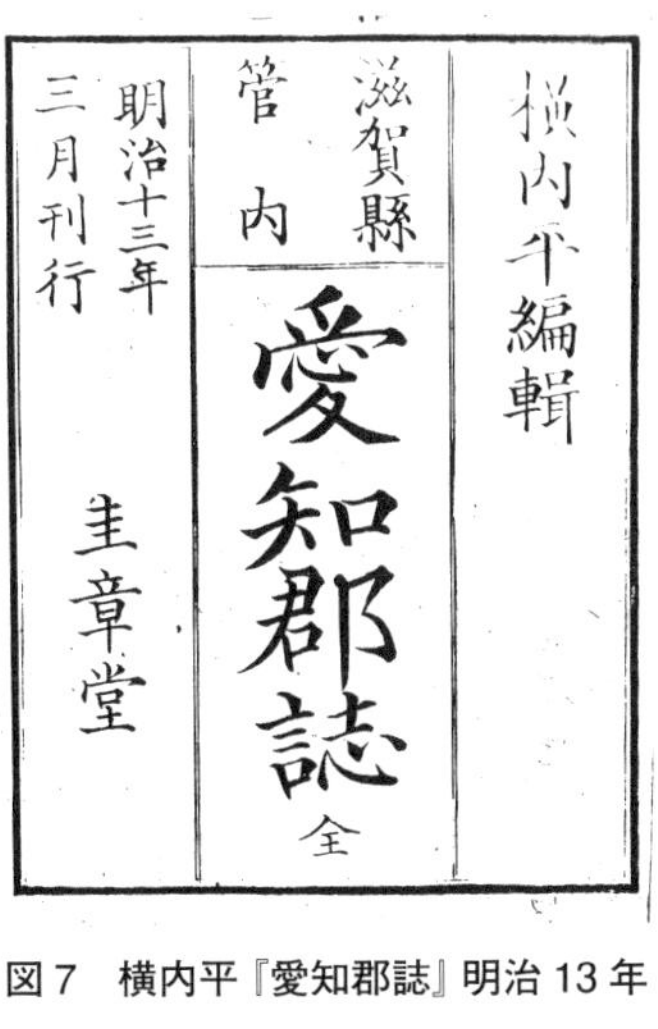

図7　横内平『愛知郡誌』明治13年

説明し、村落の説明に五丁を割き、最後は小学校・物産で締めくくっている。附録には村社々号、小学校名を加えている（表4　二九〇頁）。

「愛知川」宿は、挿絵「愛知川市街之図」を付して次のように説明している。

「愛知川ハ中山道ノ一駅ニシテ郡ノ中央ニ当ルヲ以テ物貨《ぶつか》輻湊《ふくそう》市街繁盛《はんじょう》セリ　郡区改正以来此地ニ郡役所ヲ置カレ全郡ヲ管轄ス　警察署通運会社郵便局等ヲ設ク客舎肆店許多《あまた》アリ　近時又五十ノ日《ごと》ヲ以テ市ヲ開キ庶物ヲ貿易シ繁栄稍前日ニ増加セリ　此駅旧ト神崎郡ノ部分トナリシカ明治十二年十一月本郡ノ部ニ属セラル」（一四～一五丁）

②　神崎郡

松浦果編『滋賀県管内神崎郡誌』一八八〇（明治一三）年は、明治一〇年代の郡誌教科書で最も読みやすく、文全体の流れがスムーズで説明に説得力がある。生徒にとってはやや文体が難しいが、難読用語には単なるふり仮名で無く、意味が分かるカタカタ説明（傍訓）をつけている（表4　二九〇頁）。

編者松浦果は、これまでの各章で履歴を見てきた。彼は幕末期に彦根藩校弘道館教授となり、維新後に一八七三（明治五）年四月に犬上県小学校御用掛に命じられ小学校設置に携わった。松浦果は、一八四四（弘化元）年一一月生まれ、一八七五（明治八）年六月一日に滋賀県小学教員伝習所に開所と同時に入所、六月二六日に卒業している（三〇歳七カ月）。神崎郡山本村（旧五個荘町、現東近江市）の啓発《けいはつ》学校の首座教員となり、一八八四（明治一七）年まで一〇年間の在勤が確認される。啓発学校は一八七七（明治一〇）年に教員八人（男七女一）、生徒二一三人（男一一四女九九）の大規模校であった。同校は五個荘地区の中心で、神崎郡内の中心学校であった。

『滋賀県管内神崎郡誌』「附言」で、松浦は郡地誌の編纂趣旨を次のように述べている。「児童ヲシテ神崎全郡ノ風

土ヲ概了セシメンガ為ニ編輯」したもので、「文ヲ簡潔ニシテ読講ノ労ヲ省クハ作者ノ本意トスル所ナリ」と述べ、「地理書ノ要ハ専ラ事実《じじつ》ヲ記得《きとく》スルニ在ルヲ以テ且ク其読ミ易キヲ取リ」「傍訓《ぼうくん》ヲ施ス」配慮をしたとする（図8）。

神崎郡誌の巻頭は、次の説明から始めている。「神崎ハ近江十二郡ノ一ニシテ、琵琶湖ノ東南ニ位《バショドリ》シ、東西凡ソ十里、南北平均二五六町、其形狭長ニシテ、恰《テウド》モ鯰魚《トホナマズ》ノ湖ニ臨《デカカル》ムガ如シ」。郡の位置、分界を説明し、村数・戸数・人口・反別・地価金を述べて、生業に移る。

「民俗《ヒトノナラハセ》、山僻《ヤマガ》ハ炭、茶、湖辺ハ捕魚ヲ兼ルモ、一般《シウタイ》ノ業務《シゴト》ハ耕作《ノバタラキ》ニ在ルヲ以テ、概シテ質朴《ウブデカザリケガナイ》ナリト雖、其商売ヲ事トシ、東西ニ奔走スル者ニ至テハ、怜悧敏捷《リコウキバヤ》、随テ機権《カケヒキ》ノ術《テダテ》ニ長ゼリ、世ニ江州商人ト称スルハ、多ク本郡及ヒ蒲生郡ヨリ出ル者ニシテ、其家農ニ比スレバ、大約十分ノ一ニ過キズト雖、他所ニ往来シテ、利ヲ得ル尤巧《ヅヌケテジョウズ》ナルニヨリ、独リ其屋《ウチノクラシ》ヲ潤《ユタカニスル》スノミナラズ、又其地ヲ潤ス少カラズ　故ヲ以テ豪商《オホアキウド》ノ資望《ミブン》、遥ニ農家ノ上ニ出ル者アリ」（一丁）

松浦果の「五個荘」の説明は、なかなか鋭い。宮庄、七里、石馬

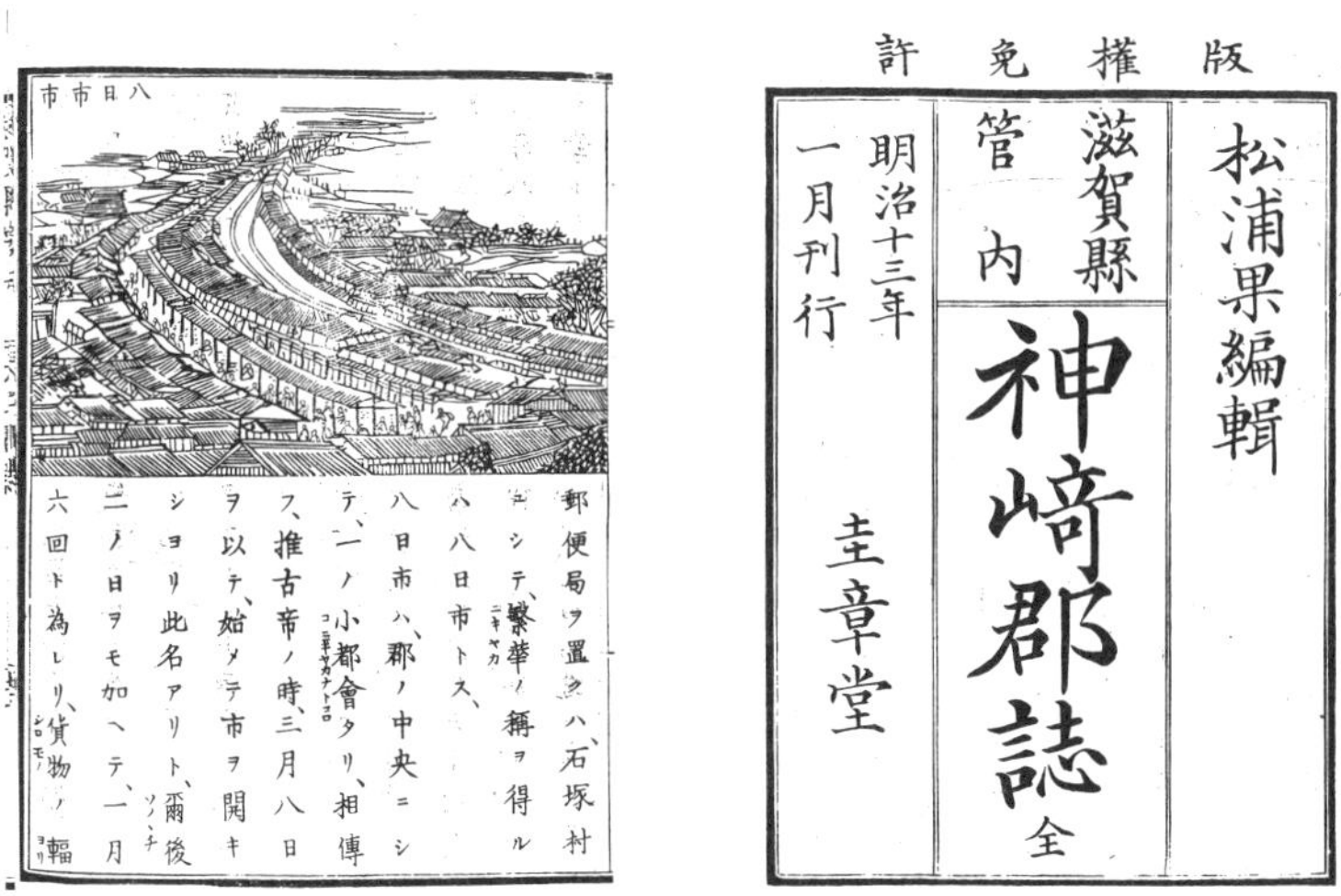

図8　松浦果『神崎郡誌』明治13年　八日市市街図

寺、金堂、竜田、塚本、石川、川並、北町屋の九カ村を指す集落の説明した後、次のように書いている。

「富商ノ巣窟《スミカ》ナリ、其豪富《オオガネモチ》ヲ以テ、呼バルルニ至リシ者、原因《コモト》一ナラズト雖、多クハ土地農《ヒャクショウハシゴトニ》利ニ乏《ニブカナイ》ク、他ニ償《カワリノモウケ》ヲ取ルニ非レハ、衣食ニ裕《ジウタン》ナラザルヲ以テナリ、其行商《タビアキナヒ》ニ勇進《イキコム》ナル、旧ク千両棒ノ諺《クチグサ》アルヲ以テ證スヘシ」(八丁)

神崎郡のもう一つの市街地「八日市」を見ておこう。上段に「八日市市場の図」の挿絵・挿画を載せ、下段で市街地について記述している。

「八日市ハ、郡ノ中央ニシテ、一ノ小都会《コニギヤカナトコロ》タリ、相伝フ、推古帝ノ時、三月八日ヲ以テ、始メテ市ヲ開キシヨリ此名アリト、爾後《ソノノチ》二ノ日ヲモ加ヘテ、一月六回ト為レリ、貨物《シロモノ》ノ幅湊スル者、多クハ野菜、果実、乾魚《ヒモノ》、鮮魚《ナマザカナ》、其他ノ飲食物、及ヒ藍、席、鉄物等、日用ノ器具ニシテ、別ニ貴重《ネガサ》ノ品ナシト雖、其衆《オホ》ク且ツ盛ナル、実ニ比類ナシトス、戸口多カラズト雖、浜野及ヒ蒲生郡ノ金屋村ト接続《ヒキツヅク》シテ、一《ヒトツ》市街《マチ》ノ姿勢《アリサマ》ヲナシ、二村共ニ八日市ノ名称ヲ冠スルニ至レリ」(九〜一〇丁)

次に、神崎郡の唯一の村地誌教科書である、伊庭村(旧能登川町、現東近江市)を扱った大橋錦護《おおはしきんご》編『滋賀県神崎郡伊庭村誌《いばそんし》』一八八四(明治一七)年を見ておこう(図7)。同書は伊庭学校蔵版とあるように、編者大橋錦護は伊庭学校の首座教員で、出版人も伊庭学校学務委員浅井滋次郎となっている。大橋は滋賀県士族、伊庭村三六番地寄留で、一八七六(明治九)年滋賀県師範学校卒業、翌七七(明治一〇)年に伊庭学校首座教員となっている。大橋の伊庭学校在勤は八四(明治一七)年まで確認でき、「小学校令」後の八七(明治二〇)年に愛知郡稲枝村(現彦根市)に転任し、尋

常科上岡部小学校・尋常科稲富小学校・尋常科稲里小学校（現彦根市稲枝東小学校）の校長を歴任している。

大橋編の伊庭村誌は巻頭の「例言」で、「本校中等科第六級生徒ノ学校内外地図ノ問答ニ供セント欲スルナリ」と書き、「誦読《しょうどく》シ易カランヲ欲シ、往々字句《じく》ニ傍訓《ぼうくん》ヲ附ス」とする。神崎郡第一小学校区内外地理を教えることが目的なので、伊庭学校の沿革を詳しく説明している（図9）。

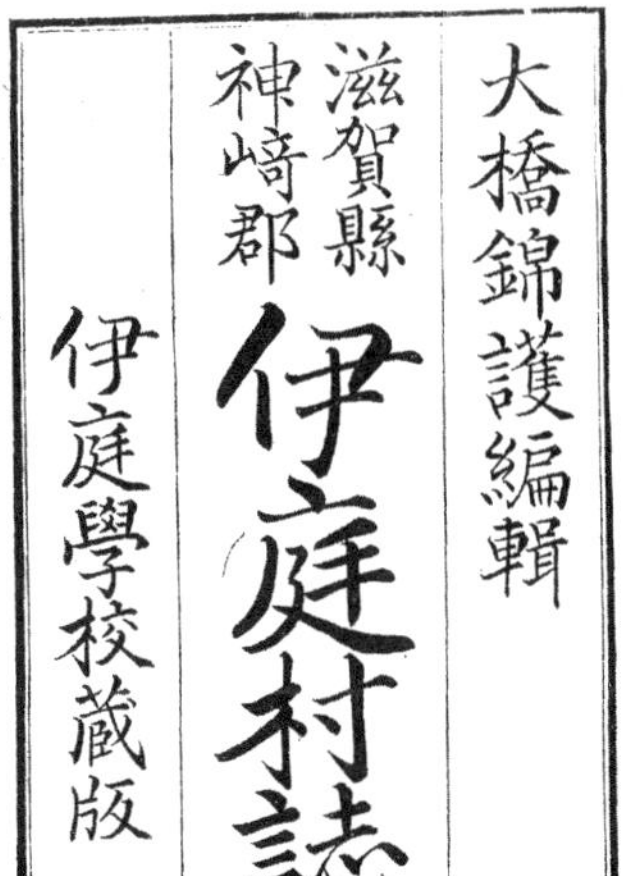

図9　大橋錦護『伊庭村誌』明治17年

「伊庭学校ハ村ノ中央字城ニ在リ　明治十三年ノ建築ニシテ本郡屈指ノ小学校ナリ　本校初メ県第三十九小学校ニシテ勤《きん》節《せつ》学校ト称シ　開校実ニ明治六年五月ニアリ当時妙楽寺書院ニ於テ仮学校ヲ設ケ生徒ヲ教育セシナリ　幅員二百七十四坪西洋造ノ新築ニシテ亜壁遠ク湖湾ニ映ズ　棟数三、建家九十一坪、教場五列ニ二階ハ四十四坪アリテ試験場トス　但平時ハ三教場ニ画ス　前面ハ北ニシテ戸長役場ニ接ス」（三～四丁）

続いての内容は、伊庭村の沿革、山・川、神社、寺院、祭祀、物産を記している。

③ 犬上郡

渡辺弘人編『滋賀県管内犬上郡誌』一八八一（明治一四）年は、彦根市街地を中心にした郡地誌である（表4　二九〇頁）。

渡辺の履歴は前章までにも説明してきたが、一八六七（慶応三）年に外村省吾と同年に彦根藩校弘道館文学教授になり、維新後の一八七三（明治五）年四月から犬上県の小学校設立計画に携わり、長浜の開知学校教員を経て、七七（明治一〇）

年七月彦根伝習学校幹事に就いている。彦根初等師範学校に改称後も幹事で在任した。同校は八〇（明治一三）年四月二日に大津師範学校本校に統合され、校名が滋賀県師範学校となるが、渡辺は引き続き在任。八一（明治一四）年二月に滋賀県師範学校幹事に就任して八五（明治一八）年五月まで在職している。『彦根伝習学校第一年報』（明治一〇年）には、渡辺弘人は「幹事兼歴史地理物理学科教員」で月俸一二円とあり、渡辺の下に四人の教員（草刈均・佐藤元・林信之・松宮太吉）がいた。草刈・佐藤はいずれも旧彦根藩士族、官立大阪師範学校を卒業した三等訓導で、月俸二〇円で渡辺より高給であった。

渡辺弘人は、『滋賀県管内犬上郡誌』「緒言」で犬上郡誌の編纂意図を次のように語っている（図10）。「那然氏曰　各地ノ境界人口産物等ヲ学フハ　其中心即チ学校所在ノ地ヨリシ此学ノ畢《おわ》ルマテ　次ヲ追フテ周囲ノ遠地ニ及ボシ　恰《あたか》モ小環ヨリ大環ニ転スルガ如クナルベシト善哉言ヤ　夫レ人苟《いやし》クモ地学ヲ学バシト欲セバ其規定如何ニ注意セザル可ラズ」と述べ、ノルゼントの教育書を引用して、地理教授の基本を「近きより遠きに及ぼす」原則を貫くべきだと強調した。生徒の感覚からかけ離れた世界や外国の万国地誌から始める地理教育を厳しく批判して、「地学ヲ受クルモノ其校舎或ハ居住スル所ノ市邑ノ分界ヲ知ラズシテ　已ニ欧州各国ノ境界ヲ学ブガ如キ自然ノ順序ニ悖《もと》レルモノナキニ至レリ」とした。彼は、八一（明治一四）年「小学校教則綱領」の趣旨を踏まえたうえで、当時翻訳紹介されたばかりの教育書『那然氏小学教育論』を引用している(4)。

地理教育は、学校近傍の地誌より始めて市邑の位置、境界、地勢に入っていくべきとしたが、現在「郡地誌編纂アルヲ未ダ見ズ」という状態にあるので、本郡誌を記し生徒の勉学に供したとする。渡辺の主張には、小学校教育が開化啓蒙思想の影響にとらわれすぎていることへの批判が見られる。

渡辺の犬上郡誌は、この時期の正攻法の地誌の叙述であったが、説明文では生徒の興味・関心を起させる郷土の自然、人文の地理的事象の内容とはほど遠かった。市街地彦根の城下町、彦根周辺の旧城址、神社、寺院などは、子ども向けではなく、きわめて一般的で概説的な説明に終始している。

彦根の市街地を、次のように紹介している。

「市街ハ郡ノ西捶《せいすい》ニアリ総テ之ヲ彦根町ト称フ　今ヲ距《へだて》ル二百八十一年前慶長五年石田三成滅亡ノ後　井伊氏ノ所領トナリ爾来世々ノ城地タリシガ　維新以来市街ノ結構大ニ趣ヲ変シ　耳目ヲ一新スルニ至レリ　京都裁判所支庁及ヒ彦根区裁判所アリ又国立銀行アリ電信分局アリ郵便局アリ其他中学アリ小学十数アリテ　管内城市中ノ最繁盛ナルモノトス」（一丁）

市街中心部から町名を順々に書きあげ反別・人口に移る。彦根市街地の戸数六一一六戸、人口二万七三七〇人とする。犬上郡全体では九九町一〇六村、一万五九六〇戸、人口七万五〇五人であった。「風俗」の本文では、維新後の彦根士族の就業の状況が書かれており、興味深い。「民俗ハ概《おおむ》ネ質素ニシテ温柔《おんじゅう》ナリ　人智《じんち》ハ地勢ニ従ヒ稍進否《ややしんぴ》ヲ異ニス　其業トスル所村民ハ概ネ耕種ヲ主トシ　市民ハ専ラ商賈《しょうこ》ヲ務メ　士族ハ多ク官途《かんと》学事《がくじ》ニ従事セリ　但東部ノ山村ハ専ラ木炭及ヒ石灰ヲ製シ之ヲ四方ニ販キ　西部ノ湖村ハ多ク捕魚ヲ以テ生業トス」（一九丁）。維新後の士族の就業先は、役人になるか学校教員かであったことがわかる。

県内で彦根だけにしかなかった施設は、「中学校」と「製糸場」

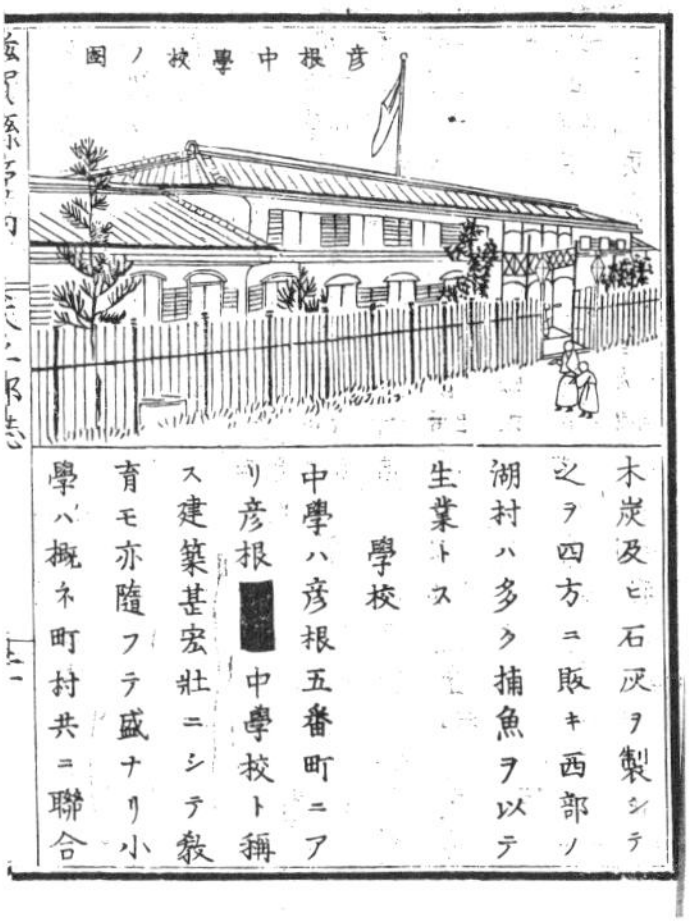

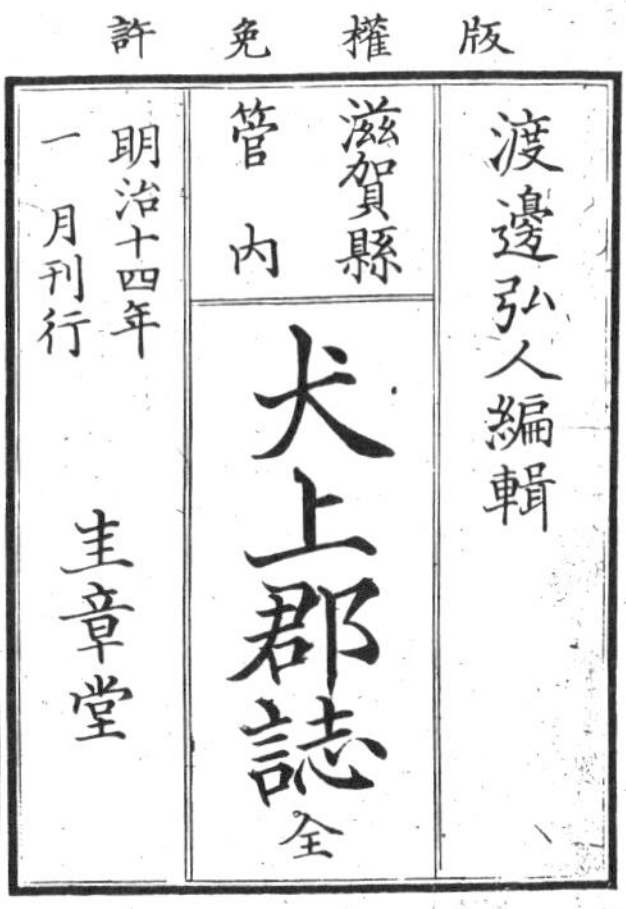

図 10　渡辺弘人『犬上郡誌』明治 14 年　彦根中学校図

である。本文の説明をしたうえで、「彦根中学校ノ図」「製糸場操業ノ図」の挿絵・挿画を付している。

「中学ハ彦根五番町ニアリ彦根中学校ト称ス　建築甚宏壮ニシテ教育モ亦随フテ盛ナリ　小学ハ概ネ町村共ニ聯《れん》合《ごう》シテ各一校ヲ置ケリ　其制地方ノ便宜ニ就テ之ヲ設ク　故ニ時トシテハ連合又分離スルコトアリ　其校舎総テ五十五校」（二〇丁）

そのあとに彦根市街地から周辺村落に小学校名、所在地を書き、製紙場の説明に移っている。

「彦根製糸場ハ平田村ニアリ　明治十一年中滋賀県ノ創設スル所ナリ　其法水車《すいしゃ》ノ機用《きよう》ト汽機開《ききかん》ヲ以テ　其業ヲ操ス　工女《こうじょ》ハ専ラ彦根士族ヨリ採用セリ　其意蓋《けだし》士族ノ就産《しゅうさん》ヲ主トスルニアリ　座繰製糸場《ざぐりせいしじょう》ハ彦根金亀町及ヒ江戸町ニアリ　共ニ有志ノ協同シテ創立スル所ナリ」（二一丁）

3　湖西・湖北地域の郡地誌教科書

(1) 湖西地域―高島郡の郡地誌内容

湖西地域の高島郡地誌は、村田巧編『滋賀県管内高島郡誌』一八八四（明治一七）年と、東郷秀太郎編『高島郡地理概略』一八八五（明治一八）年の二誌が確認できる（表5　二九二頁）。編者の村田巧は、すでにみたように滋賀郡地誌、蒲生郡地誌の編者でもあった。『滋賀県管内高島郡誌』は一八八七（明治一七）年一〇月発行だが、版権免許は五年前の七九（明治一二）年一一月となっている。編者村田は、校閲を木戸良峰（高島郡長・滋賀県平民）に依頼、出版人は鳥来堂・小林造録（滋賀県平民・高島郡今津町）であった。

同著の丁数は八丁ときわめて簡素な郡地誌で、本文内容の構成も独自性は見られない。主要な村落の記述は次のようである。旧高島町の「勝野村」に関しては、挿絵に勝野ノ図を掲げて「元大溝ト称シ天正年間織田信澄《のぶすみ》此ニ居ル後　元和五年分部《わけべ》氏此地ニ封セラレ爾来《じらい》一城市ノ形ヲ為シ繁栄ノ地ナリ」と説明し、旧安曇川町の「上小川村」については「中江藤樹ノ旧址ニシテ書院墳墓今尚存セリ」、旧朽木村の「市場村」は「元朽木氏居館ノ地ニシテ東ハ大川ヲ隔テテ遥カニ入部谷ニ向ヒ（中略）恰モ擂盆ノ底ニ在ルモノノ如シ」と書き「朽木谷安曇川ノ図」を掲載している。

また、「今津村」は「本郡中央ニ位シ東ハ湖ニ沿ヒ西ハ若狭ノ要路ニ当リ　水陸運輸ノ便アルヲ以テ　物資幅湊《ふくそう》シ郡中第一繁栄《はんえい》ノ地トス郡役所警察署アリ」と書き、「今津ノ図」を載せ、続く「海津町」は挿画「海津ノ図」を載せ、「本郡ノ北ニ在リ今津勝野ト共ニ郡中ノ湊邑ナリ」と記述している（四～六丁）。

高島郡の「物産」では、「高島縮《ちぢみ》、海津杉山下開田ノ石灰《せっかい》、熊野本ノ剃刀《かみそり》、朽木ノ木材炭、阿弥陀山ノ砥石《すずりいし》、安曇川ノ湖鮎《こあゆ》等ナリ」をあげ、最後に小学校名と所在地の村名をあげている。

東郷秀太郎編『高島郡地理概畧（略）』一八八五（明治一八）年は、村田本の翌年の発行である。

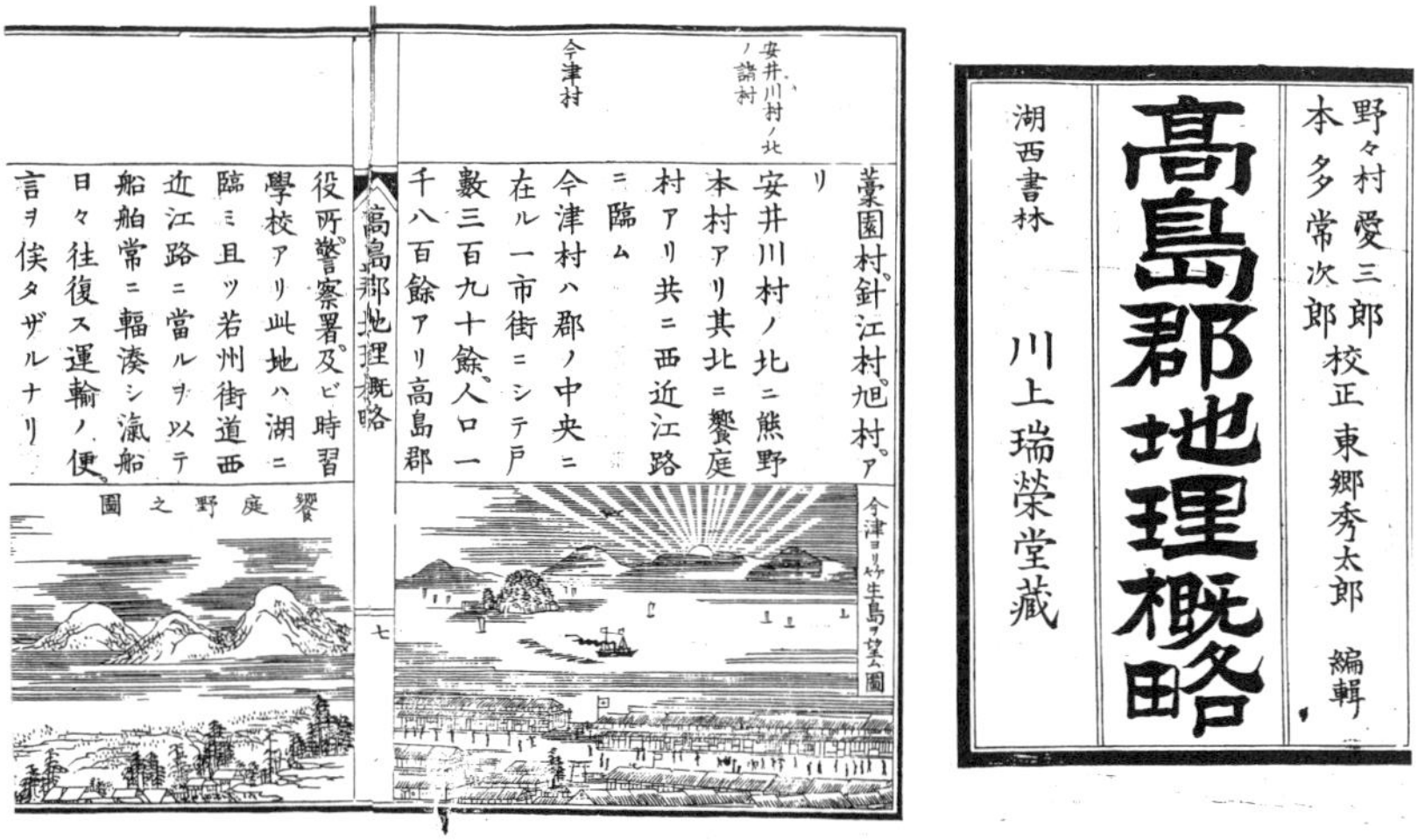

図 11　東郷秀太郎『高島郡地理概略』明治 18 年　今津村図

編者東郷秀太郎は、福井県士族で荒川村（旧安曇川町　現高島市）寄留、履歴事項は不明である。校閲人野々村愛三郎・本多常次郎の両人の履歴も不明である。出版人川上平兵衛（滋賀県平民・高島郡安井川村七番地）は、旧安曇川町域の川上瑞栄堂である。本文の中でも、旧安曇川町の村落は他村に比べてやや詳しく説明している。郡地誌の内容構成は、自然地誌や村邑《そんゆう》の記述がほとんどである。「湖浜ノ概況」には、明治初期の湖上交通のようすが丁寧に書かれている（図11）。

「郡ノ東面ハ琵琶湖ニ浜シ　沿岸皆砂礫《されき》ニシテ湖魚《こぎょ》ニ便ナリ　滋賀県明神崎ハ南端ニ出テ　鴨川磯《かもがわいそ》ト勝野港《かつのこう》ヲ包ミ一湾ヲナス　舟木崎《ふなきざき》ハ殊ニ東ニ斗出《はかりだ》シ西北ニ湾入シ今津港ヲ擁シ　海津ニ至リ更ニ湾入《わんにゅう》シテ海津湾ヲ為ス勝野今津及ヒ舟木ノ諸港ハ汽船《きせん》昼夜往復シ　運漕《うんそう》尤モ便ナリ　海津港モ亦和船蝠湊《わせんふくそう》ナリ」（三丁）

「人民」の項では「一般ニ耕作ヲ以テ業トナスト雖モ　沿湖ノ人民ハ湖猟ヲ業トスル者アリ」として、「産物」の項は「穀類、湖魚類及ビ高島硯《すずり》、高島縮《ちぢみ》ヲ主トシ其他剃刀《かみそり》、生糸、麻、材木、茶、炭、石灰、瓦、麻布、榛物、野菜類等ナリ」をあげている（三丁）。

(2) 湖北地域―伊香西浅井郡の郡誌

湖北地域の郡地誌として、まず伊香西浅井郡教育会（代表天守正信）編『滋賀県管内伊香西浅井郡誌』一八八四（明治一七）年を見ておこう（表5　二九一頁）。湖北地域の郡地誌教科書については、次項で明治一〇年代前半の発行本三誌を検討するが、ここでは湖西地域と同時期の発行本を扱う。

『滋賀県管内伊香西浅井郡誌』は郡教育会の編集である。明治一〇年代後半から滋賀県内では、郡教育会が各郡単位で結成され始めていた。各郡単位で教員が、教授法や試験法（卒業試験、定期試験）、教則の扱い方を交流して検討

し合うことが行われたのである。郡地誌の教科書編纂も日程にあがってきたが、伊香西浅井郡教育会の発行は滋賀県内では最も早い先駆的な取り組みであった。校閲人には伊香西浅井郡長の小山政徳をあてており、出版人は木之本村の安達湖一郎と千田村の林菊一郎の二人であった（図12）。

『滋賀県管内伊香西浅井郡誌』の内容構成は他郡誌とほぼ同様であるが、自然条件の厳しさが強調されている。伊香郡の「季候・風俗」で「北部ハ季候沍寒《ごかん》積雪丈余ニ至リ　時々往来絶エ動《やや》モスレハ山雪崩レ人ヲ圧死スルコトアリ」と最初に厳しい自然条件を書き、その後に「風俗質朴人情温和能ク農業ヲ勉メ又養蚕ヲ励ミ　間々漁撈ヲ業トシ或ハ商業ヲ営ムモノアリ」（一丁）と続けている。「交通」は従来は街道を軸に郡内の村落を説明していたが、「鉄道・汽船」の近代的交通機関を積極的に書きこんでいる。

「鉄道ハ郡ノ中央ヲ貫キ　柳ケ瀬ノ北ヨリ敦賀郡刀根《とね》ニ至ル間長サ拾弐町十九間ノ隧道《ずいどう》アリ　実ニ近代ノ大工事ニシテ　柳ケ瀬中之郷木ノ本高月ノ四箇所ニ停車場ヲ置キ　北ハ越前国敦賀ニ通シ南ハ坂田郡長浜ニ達ス　旅客ノ往復物資ノ運輸大ニ便ナリ」（五丁）

「飯《はん》ノ浦《うら》及ヒ片山ハ皆湖浜ニシテ　共ニ物貨運漕《うんそう》ノ地ナリ　殊

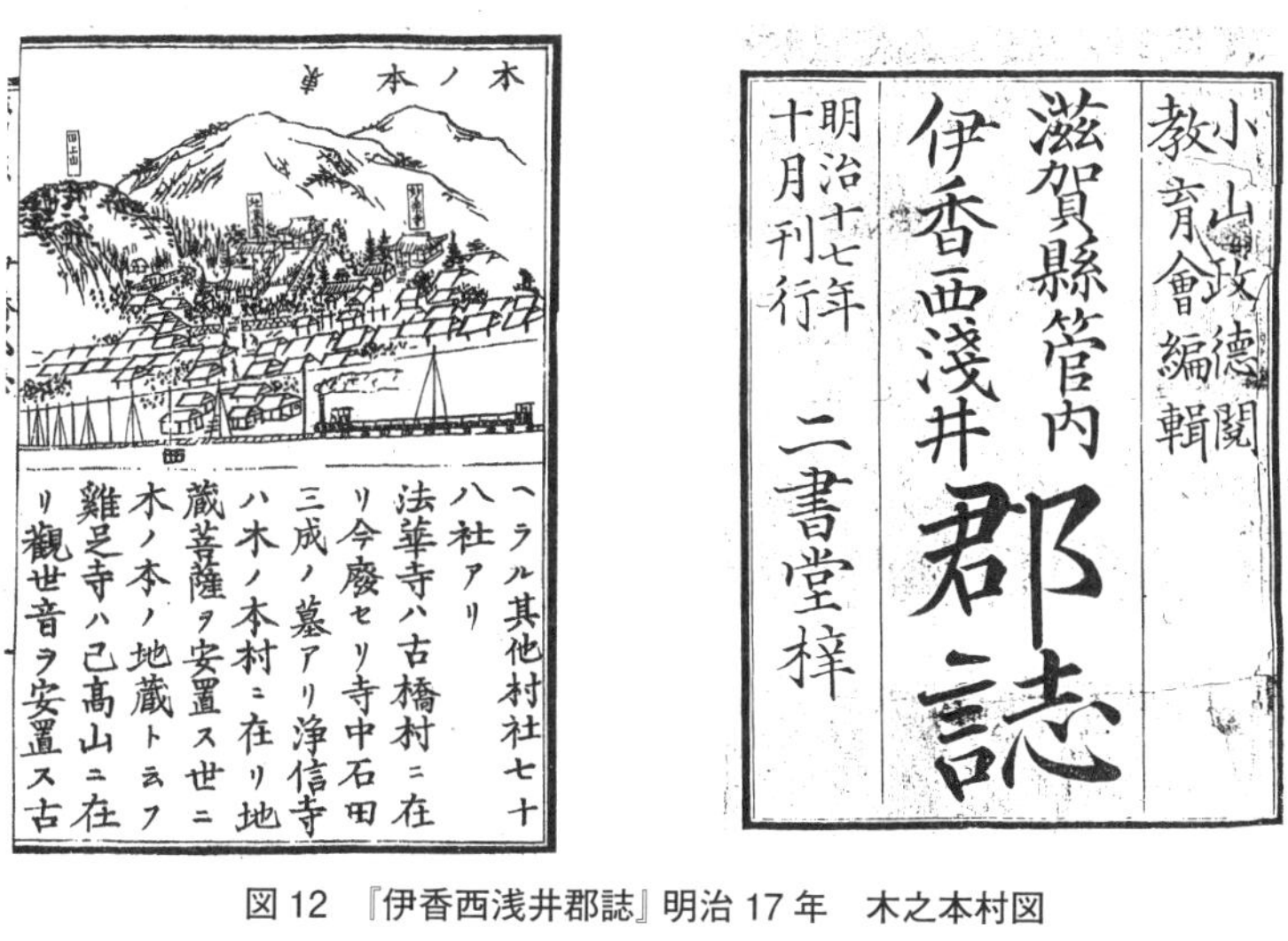
小山政徳閲
教育會編輯
滋賀縣管内
伊香西淺井郡誌
明治十七年十月刊行
二書堂梓

木ノ本

ヘラル其他村社七十八社アリ
法華寺ハ古橋村ニ在リ今廢セリ寺中石田三成ノ墓アリ浄信寺ハ木ノ本村ニ在リ地蔵菩薩ヲ安置ス世ニ木ノ本ノ地蔵トユフ雞足寺ハ己高山ニ在リ観世音ヲ安置ス古

図 12　『伊香西浅井郡誌』明治 17 年　木之本村図

ニ近来汽船往復ノ便アリ　木ノ本ハ北国街道ニ属スル一駅ニシテ　郡中最人家稠密《ちゅうみつ》ノ地ナリ　郡役所及ビ警察署等アリ」（五丁）

さらに伊香郡の「物産」に関して、「米・麦・繭《まゆ》・生糸・桑・薪炭《しんたん》・木材・菜種・栗等アリ　外ニ余呉湖ノ鮒・坂口飴・木ノ本桑酒等アリ」と簡潔に記している。

西浅井郡の地誌では、伊香郡と同じく「気候・風俗」で「季候冱寒積雪亦多シ　風俗質朴人民能ク農業ヲ勉メ又漁撈ヲ業トスルモノアリ」（七丁）とし、「塩津浜」の説明は「塩津浜ハ琵琶湖十七港ノ一ニシテ殊ニ方今汽船ノ往復大ニ開ケ頗ル繁栄ナリ木ノ本警察署ノ分署アリ」と記す。

「物産」では「米・麦・桑・生糸・菜種・葉莨・薪炭・木材・鮒・鯉・鯰等ナリ」（九丁）をあげている。

(3) 湖北地域―坂田郡・伊香郡・浅井郡誌の内容

湖北地域の坂田郡・伊香郡・浅井郡の三郡の郡地誌教科書は、滋賀県管内でも最も早い一八七九～八〇（明治一二～一三）年に発行されており、長浜講習学校教員が編纂したものである（表6　二九二～二九三頁）。坂田郡と浅井郡は、長浜講習学校幹事中矢正意編で、伊香郡地誌は同校教員長瀬登喜雄編であった。前節の伊香西浅井郡教育会編「伊香西浅井郡誌」も加えると、明治一〇年代に四種類が発行されている[5]。

中矢編『滋賀県管内坂田郡誌』一八七九（明治一二）年四月は、滋賀県内で最も早く出版された郷土地誌教科書である。一二丁本で坂田郡全図一枚、地理総説、坂田郡誌、附録という構成である（図13のⒶ）。

内容構成は「地理総説」と「坂田郡地誌」の二部からなり、「地理総説」は地球全体の説明から入り、太陽系の惑星、地球の東西や南北の長さ、東西の半球、五大洋と五大陸、緯度と経度、緯線と経線、北極と南極の説明で終る。後述する長瀬登喜雄編「伊香郡誌」が明治一二年一一月発行なので、長瀬は中矢正意の坂田郡誌を見倣《なら》って「地理総説」

から入り、「郡地誌」を教える構成にしたと考えられる。
以下に、坂田郡の郡地誌で興味ある叙述を抜き書きしてみよう。

一 「坂田郡ハ近江ノ東辺ニシテ琵琶湖又鳰《にお》ノ海ト云ノ東北ニ在ル地方ナリ　全郡二十区　分テテ一市百六十三ケ村トナス　境界東ハ美濃ニ界シ　南ハ犬上郡ト相隣リ　西方一帯湖水ノ湾ヲ受ケ　北ハ浅井郡ト相接ス　地勢ハ南北ニ広ク　東西亦タ之ト相称ス」（四丁）

二 「伊吹山ハ美濃ノ境ヒニ聳ヘ　其ノ山脈左右ニ別レ　三冬常ニ数尺ノ雪ヲ戴《いただ》キ　当国第一ノ高山トス　山中多ク艾《もぐさ》ヲ産ス　世ニ伊吹艾ト称スルモノ是ナリ」（七丁）

三 「米原ハ礒《いそ》ノ入江ニ臨メル一市駅―北国本街道及ヒ中山道ノ間路ニ当ル―ニシテ　旅客船舶ノ往来輻輳スルトコロナリ　又南方三十余町ヲ隔テ　鳥居本駅アリ　コレ中山北陸両街道ノ岐《わか》カレルトコロニシテ　多ク桐油及ヒ西瓜ヲ産ス」（八〜九丁）

四 「長浜ハ古、今浜ト称ス　東西八町南北十二町　本郡第一ノ都会ナリ―維新ノ際長浜県ヲ置キ久シカラスシテ廃セラル―大津ヲ距ル十八里　汽船常ニ湖上ニ往来シ行旅運輸ノ便　実ニ少ナカラズ　戸数千四百七十九　人口五千八百八十余　市街清潔方正ニシテ百貨ノ肆店《ミセ》略々《ほぼ》備ハレリ　人民ハ質素怜悧《れいり》ニシテ　能ク商賈紡織《ぼうしょく》ノ業ヲ営ムト雖モ　概ネ浮薄《ふはく》ヲ免カレザルナリ　銀行一　警察署一　又講習学校アリ　小学校アリ　就学ノ生徒極メテ夥《おびただ》シ（中略）　物産ハ

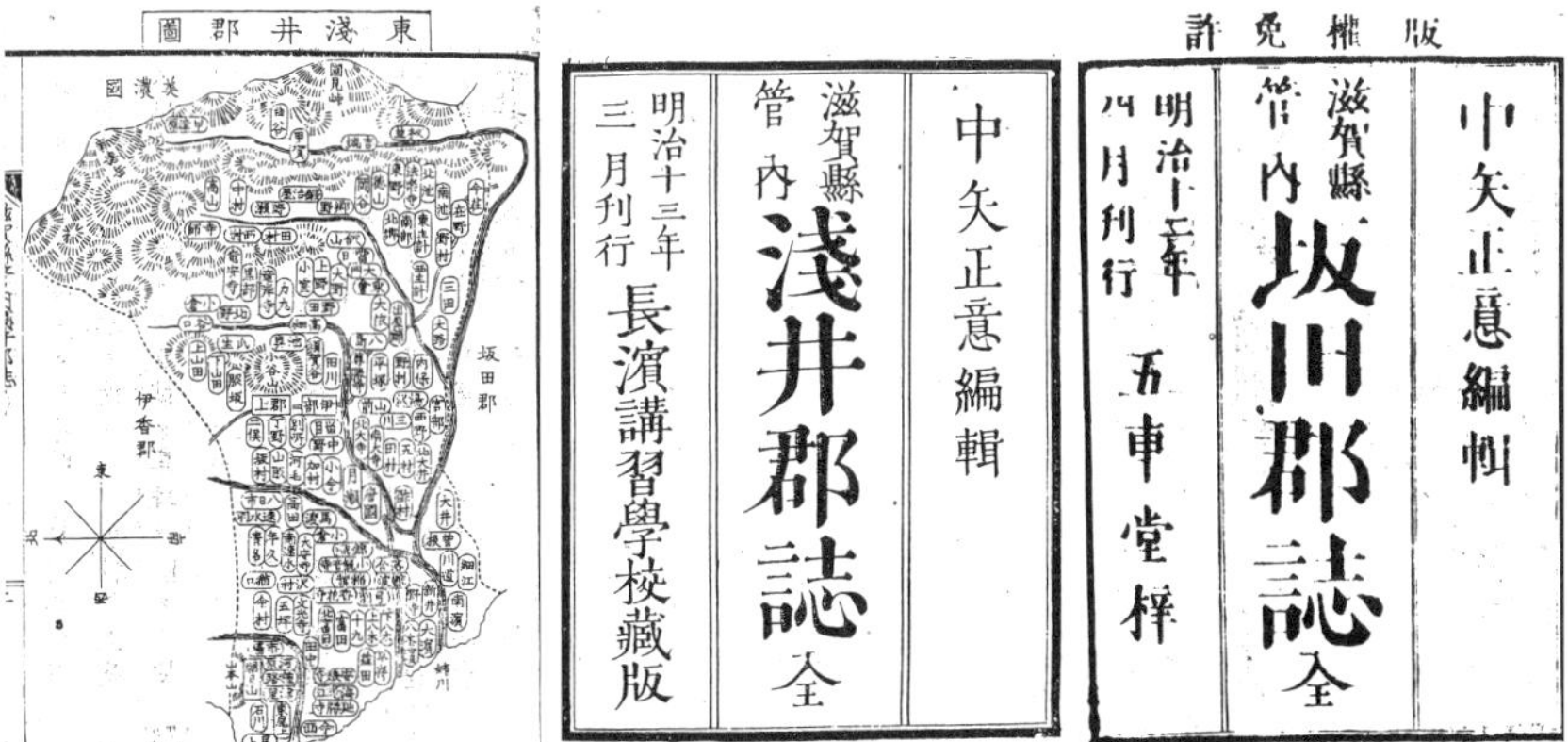

Ⓑ′　Ⓑ　Ⓐ

図 13　中矢正意『坂田郡誌』明治 12 年、同『浅井郡誌』明治 13 年　東浅井郡図

縮緬《ちりめん》・生糸・絹縮《きぬちぢみ》・奉書紬《つむぎ》・羽二重《はぶたえ》・天鵞絨《びろうど》・及ヒ龍紋《りゅうもん》・蚊帳《かちょう》等ヲ出ス」（一〇～一一丁）

巻末の「附録」に、坂田郡の統計資料を掲載している。区数二〇区、村数一六三ケ村、町数五七町、戸数一万五二六八戸、人口五万八七九〇人（男二万九一三七・女二万九六五三）、神社二七〇入座（郷社二・村社八五）、寺院三四四カ寺、反別八四三四町七反七畝一四歩、地価金五〇三万三八四九円八厘、地租金一五万一〇一五円四七銭一厘、校数五八校。

④ 伊香郡

長瀬登喜雄編『滋賀県管内伊香郡誌』一八七九（明治一二）年一一月は、坂田郡誌から七か月後の出版で、内容構成は「地理総論」と「郡地誌」と中矢編本と同じである。長瀬は、一八七七（明治一〇）年九月官立大阪師範学校卒業後に大津師範学校に招聘され、支校の長浜講習学校に派遣された。梶山弛一と交代する人事であった。長瀬の履歴は兵庫県士族、出身地が明石郡大明石村第三九〇番地である。同書は、伊香郡全図一枚、凡例、地理総論一～四丁、伊香郡誌五～九丁の構成である（表5）。

本書の内容は「地理総論」と「伊香郡地誌」からなる。地理総論は、中矢編の坂田郡誌と同じで、地球全体の説明から入り、太陽系の惑星、地球の東西や南北の長さ、東西の半球、五大洋と五大陸、緯度と経度、緯線と経線、北極と南極の説明で締めくくっている。郷土地誌とは隔たりのある地球全体の説明から入るのは、どうしてだろうか。長瀬登喜雄は「凡例」において、その理由を書いている。生徒たちに「洲洋水陸ノ区分ト至極経緯ノ線用トヲ記憶セシメ　以テ地球儀問答科ノ資料ニ供セン」ためであった。小学校入門の下等小学第七・六級（現一年後期二年前期）に「地球儀問答」から始める教科書が発行されていた。長瀬は、地球縦横の図形、周囲図の長短に差異があるが、実体の形状を図示する上でやむをえないとしている。

郷土地誌の伊香郡誌では、最初に伊香郡の郡域、産業、面積・戸数・人口・反別・村数・小学校数などをあげ、次に歴史、地勢、街道、河川、湖沼、ついで木之本村の概要を説明して、附録に小学校名と村名を書いている。

「伊香郡誌」の主な内容は、次のとおりである。

一　「伊香郡ハ近江ノ東北隅ニ位シ　其境域東ハ美濃　北ハ越前ニ界シ　南ハ浅井郡ニ隣シ　西ハ西浅井郡ニ接シ（中略）季候寒多ク暖少ナシ　冬時積雪一二尺　之ヲ常トス　風俗質朴人情温和　人々耕作ヲ事トシ　桑蚕ノ業尤モ盛ナリ」（五丁）

二　戸数五六六〇戸、人口二万一三六六人（男一万八九一人女一万四七五人）、反別三七五二町八畝二八歩、村数七五、小学四五校（明治一二年七月現在）

三　「一帯ノ山脈　木ノ本ノ東ヨリ連綿北ニ赴キ　中ノ河内ノ東ニ亘ル　コレヲ田上、実山ノ諸山トス　金糞嶽《かなくそだけ》　土蔵嶽《つちくらだけ》　中尾峠ノ諸岳ハ　金居原ノ東南美濃ノ境上ニ聳《そび》ユ」

四　「南方長浜ヨリ来リ　木ノ本　柳ケ瀬　椿坂　中ノ河内ノ諸駅ヲ通シテ　越前ニ出ツルノ街道アリ　之ヲ北国街道トス　其中ノ河内ヨリ越ユルノ　橡木峠ト云フ　坂路険悪ナリト雖トモ北陸ニ往来スルモノ　人馬共ニ此道ニ由ラサルヲ得ス（中略）木ノ本ヨリ　井ノ口、雨ノ森、馬上ノ諸村ヲ経テ　浅井郡小谷《おだに》駅ニ通スルノ官道アリ　之ヲ北国脇往還《わきおうかん》トス」（六丁）

五　「木ノ本ハ一駅市ニシテ　郡中最人家稠密ノ地ナリ　大津ヲ距ルコト二十三里　戸数二百七十六　人口千九十六　内男五百六十女五百三十六　客舎数軒アリ　日用ノ用品大抵是ヲ販売ス

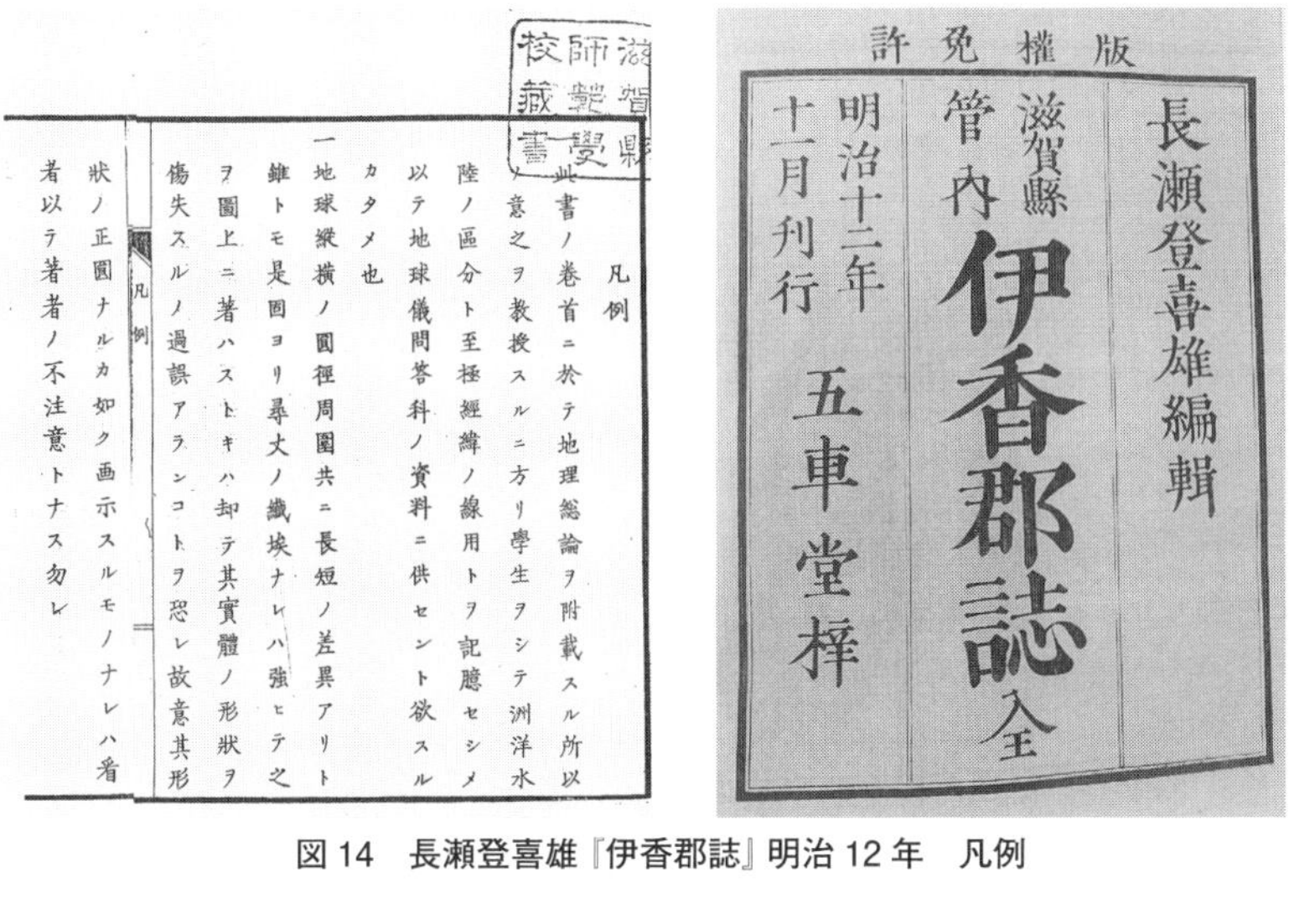

図14　長瀬登喜雄『伊香郡誌』明治12年　凡例

小学校一　警察署アリ　此歳明治十二年七月　郡庁ヲ此地ニ設ケラル」（七丁）

巻末の「附録」では、小学校名・村名を四五校すべてあげている。

⑤ 浅井郡

中矢正意編『滋賀県管内浅井郡誌』一八八〇（明治一三）年三月は、坂田郡誌と同じく長浜講習学校蔵版であり、内容構成は本文一一丁、郡図の東浅井郡地図、西浅井郡地図の地図を挿入している（表6　二九二～二九三頁）。内容の構成は三部分に分かれており、浅井郡全体の地誌（一丁）、次に東浅井郡地誌（一～八丁）、西浅井郡地誌（八～一一丁）と続いている（図13のⒷ）。

中矢は、浅井郡の説明にあたって、巻頭で浅井郡の歴史的由来と沿革から説き起こしている。

「浅井《あざい》或ハ、阿座膽《あざい》ニ作《よ》ル、古開化天皇ノ皇子、彦座命《ヒコイマスミコト》、四世ノ孫彦ノ命　北夷《ホッコクノエビス》征伐ノ功ヲ以テ、此ノ地ヲ賜ヒ、墾田ノ地トナセリ、其ノ後大海真持《オオアマノマモチ》等、又土田ヲ開キ、己レカ居地トナシ、六世ノ孫熊田ノ宮平ニ至リ、治田連《ハリタムラジ》ノ姓《カバネ》ヲ賜フト云フ」（一丁）

その後で、本郡地勢の説明に入り、東浅井と西浅井の境界について前者を東南の「伊香・坂田両郡ノ間ニ在ルモノ」、後者を西北の「伊香・高島両郡ノ中間ニ介スルモノ」としている。

「東浅井郡」の主要な内容は、次のようになっている。

一「一《いち》ニ上浅井ト称ス　東西四里南北一里余　地勢ハ東西ニ長ク　南北ニ短クシテ　東境一半山又タ山、ソノ中央ヨリ　西南ノ地ハ稍《ようや》ク平坦ニシテ、土地次第ニ低下セリ、故ニ郡中ノ水脈、東北ヨリ来リテ、皆ナ湖ニ注ク」（一丁）

二「気候、東南ハ寒冷ニシテ　冬時ノ積雪甚タ深シ　唯西南坂田郡及湖水ニ接スルノ地　較ク温暖ナリ　人情豪果《ごうか》

活達《かったつ》ニシテ　能ク事理ヲ鮮スト雖モ、極メテ人ニ下ルヲ愧《はじ》ルノ風アリ　物産ハ生糸・蚕紙・縮緬・天鵞絨《びろうど》・田川鯉・余呉川ノ鰻・尾上ノ小鮒・石川ノ蜆《しじみ》・其ノ他諸川ノ年魚、鱒・川鮭・及ヒ梨子・御所柿等ナリ」（二丁）

三　「村名」――二二六カ村名のすべてを書く、公立学校五三校

四　小谷山・山本山・虎御前山《とらごぜやま》―歴史的説明を記述。姉川・高時川・田川・余呉川・草野川―流域周辺の説明を加える

「竹生島ハ　湖中四島ノ其ノ一ニシテ　好景色ヲ以テ世ニ名アリ　周囲十九町余、高サ凡ソ三十丈、四面皆ナ断《だん》崖《がい》ニシテ　唯東方ノ一湾船ヲ繋《つな》クノ処トス　島上祠《ほこら》アリ　都久布須磨《つくぶすま》神社ト云フ　祭神ハ浅井姫命《あざいひめのみこと》　又伊呂阿邪屋加比売命ト称ス　或ハ曰フ浅井郡ノ名　此神号ニ基クト未ダ其ノ信（ママ真）偽ヲ知ラズ」（五～六丁）

五　北国街道筋、北国脇往還筋の村落を説明して、主な寺社の説明を加えている。

「速水《はやみ》駅ハ東浅井郡役所ノ在ルトコロニシテ　陣ノ森其ニ中央ニアリ　古昔、仲哀天皇ノ宿陣シ玉ヒシ地ナリト云フ」（七丁）

「西浅井郡誌」の主な内容をあげると、次のようである。

一　「一《いち》ニ北浅井ト称ス　東西一里南北二里余　地勢南低ク北高クシテ　中央一帯ノ山脈、蜿蜒《えんえん》、湖中ニ突出ス　其ノ山東ヲ塩津谷《しおづだに》ト云ヒ　其ノ山西ヲ大浦谷《おおうらだに》ト云フ　境上三面山岳重畳《ちょうじょう》シ　南方只僅《わず》カニ湖水ノ湾ヲ受ケ　実ニ一個ノ山郷《ヤマザト》ヲナス　故ニ両谷ノ水流　挙《ミ》ナ南方湖水ニ朝宗《ナガレコム》ス（中略）、戸数一七六〇余、人口（墨塗りで不詳）アリ、伊香郡役所ノ管スルトコロナリ」（九丁）

二　「気候　東浅井ニ比スレバ寒気殊ニ甚シクシテ　冬時ノ積雪人家ヲ没スルコトアリ　人情ハ偏固《カタヨリ》ニシテ　寒貧稍々《やや》多ク　土民ノ中北陸通運ノ物貨ヲ負ヒ　終身牛馬ノ労ニ服スルモノ亦タ少ナカラズ」（九丁）

次いで、村数一九カ村名をあげて、公立学校十七校の名称を掲げている。

三　塩津川・大浦川の説明から西浅井郡の中央部の塩津浜村・菅浦の説明に入っていく。

「塩津浜《しおつはま》村ハ　琵琶湖ノ極北ニ在ル埠頭《ふとう》ニシテ　数艘《すうそう》ノ汽船常ニ彦根・大津ニ往来シ　湖上運輸ノ便　管内第二ノ処トス　北方沓掛《くつかけ》集福寺ヲ経テ　疋田《ひきた》駅越前ヨリ敦賀《つるが》ニ出ヅ　此ヲ越前街道トナス」（一〇丁）

同書の巻末に、浅井郡にゆかりの次の和歌があげられている。

「沖津浪　たかしまめぐり　漕ぎ出して　はるかにうかぶ　塩津すがうら」

注

（1）高久嶺之介「郡役所のあった時代」滋賀民報社編『近代の滋賀』二〇〇二年　一三九～一四三頁
（2）滋賀県教育会編『近江人物史』一九一七年　復刻版　臨川書店　一九七三年　九五九～九六一頁
（3）滋賀県教育会編『近江の先覚』一九五一年　一五九～一六〇頁
（4）小泉信吉・四屋純三郎訳『那然小学教育論』文部省　一八七八年第一篇第二十六節「地学ヲ論ズ」二八一～二八七頁
（5）三郡誌教科書の所蔵は、中矢正意編『滋賀県管内坂田郡誌』と長瀬登喜雄編『滋賀県管内伊香郡誌』滋賀大学教育学部図書館所蔵、中矢正意編『滋賀県管内浅井郡誌』彦根市立図書館所蔵、『滋賀県管内伊香西浅井郡誌』木之本町（現長浜市）江北図書館所蔵である。

補注

『滋賀県管内滋賀県小学地誌』（図2）、『同栗太郡誌』（図4）、『同野洲郡誌』（巽栄蔵本、図5）、『同愛知郡誌』（図7）、『同神崎郡誌』（図

8）、『同犬上郡誌』（図10）、『同伊香郡誌』（図14）の七冊の郷土地誌教科書は、滋賀大学図書館教育学部分館所蔵本である。図版の撮影にあたって同図書館の許可をいただきご協力を得た。

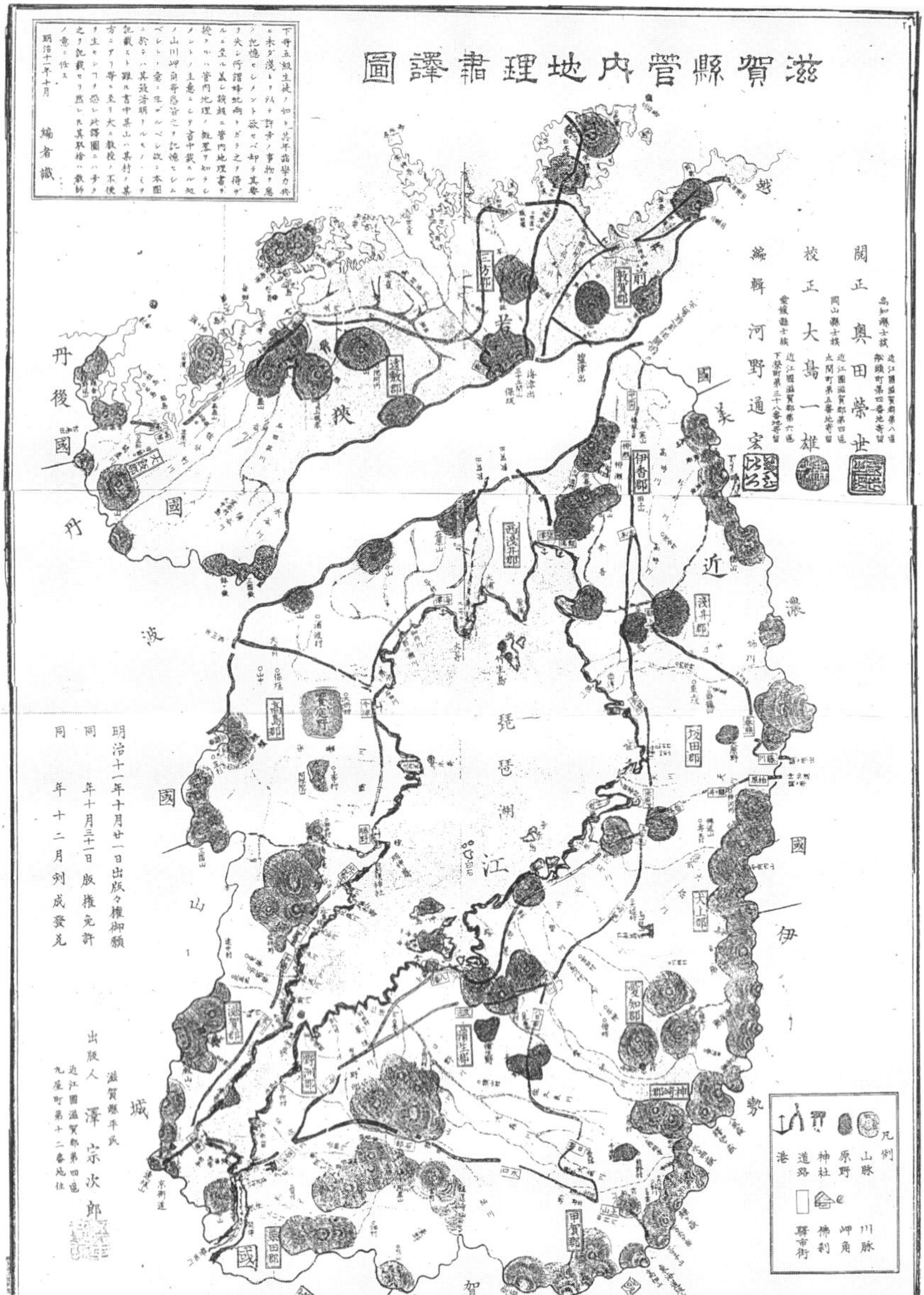

附図 1　『滋賀県管内地理書訳図』明治 11 年 1 月

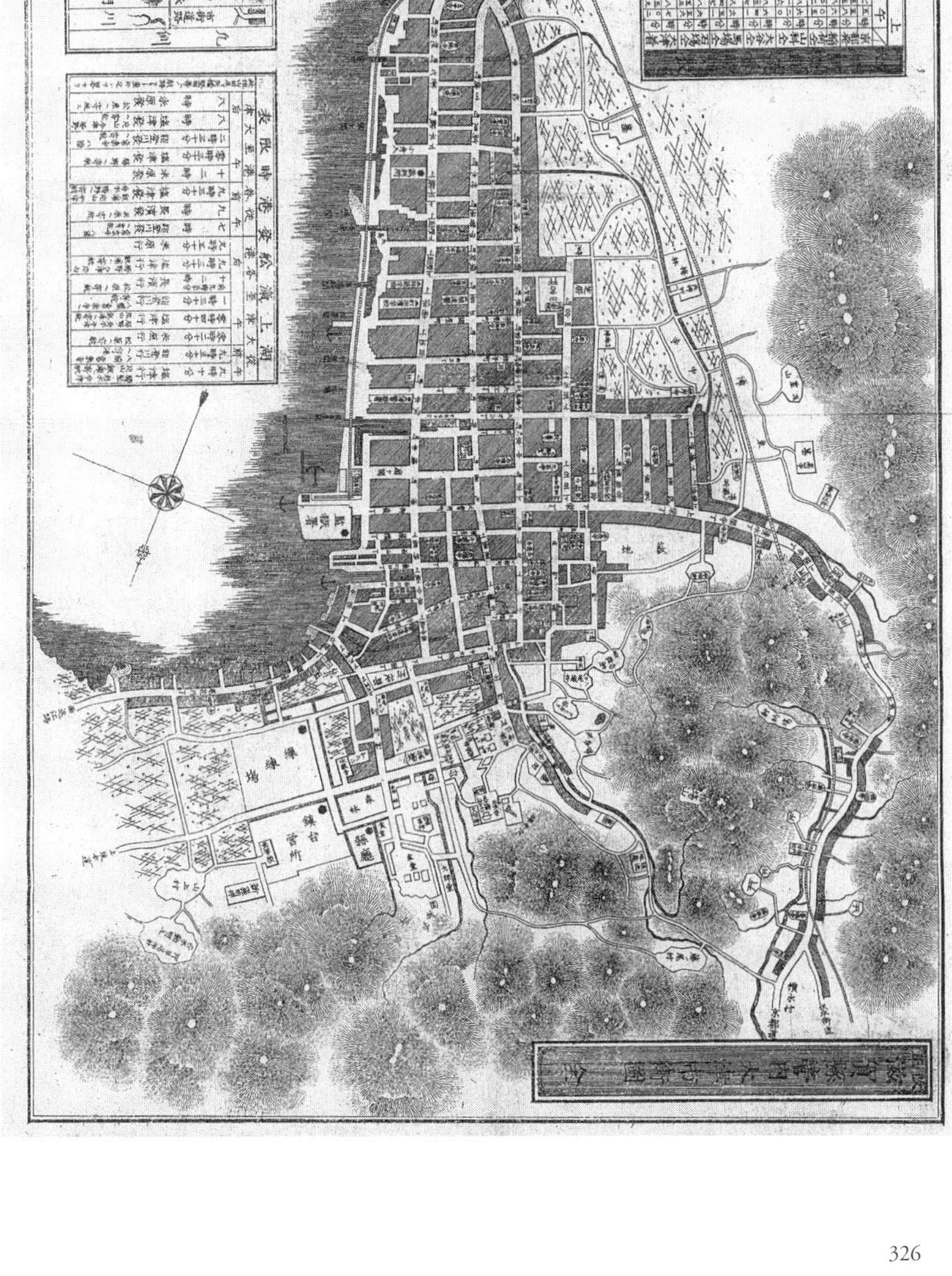

附図２　『改正滋賀県管内大津市街図』明治16年1月

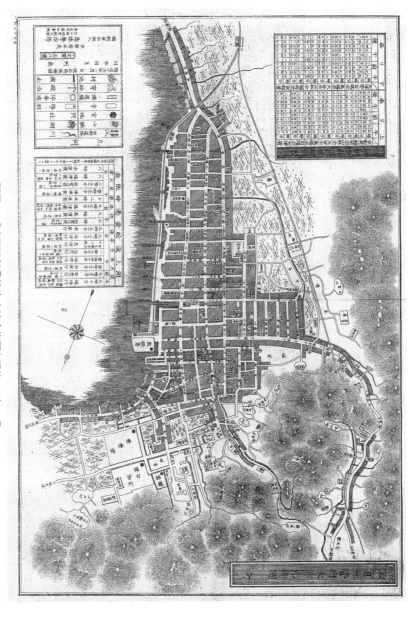

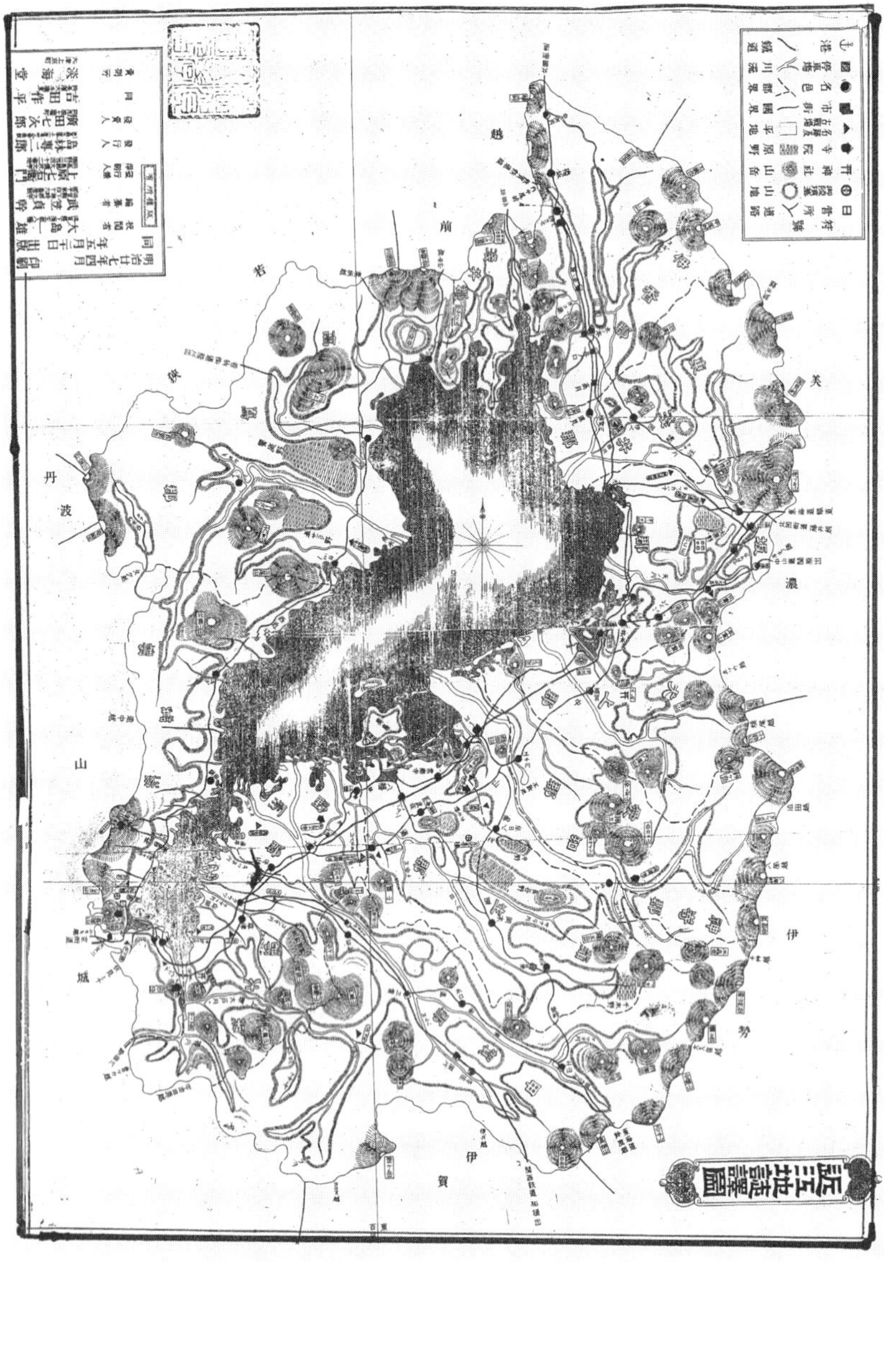

附図3　『近江地誌訳図』明治27年5月

あとがき――滋賀の地域教育史研究のあしあと

私の地域教育史への関心は、大学教員になったばかりの頃にさかのぼる。北海道教育大学岩見沢分校に一九八一年に赴任して、戦後社会科成立の資料調査をしている時に、道内最北端の宗谷管内の僻村の小学校の膨大な学校資料群に出会った。戦後の一九四七（昭和二二）年四月に誕生した社会科は、戦前日本の三教科（国史、地理、修身）の全面否定の上に成立した教科であった。私のこの時期の研究テーマは、敗戦と占領をへて戦後教育改革の中で、重要な学校改革の柱となった社会科成立史であった。敗戦直後の地域の小学校で、教師は社会科をどのように受けとめ受容していき、民主主義社会の担い手を育てる授業を行っていたかを探ろうとしていた。

宗谷管内から始めて北海道内でいくつかの地域を調査して、一九四七年から一九五五年頃まで、戦後直後の新教育と初期社会科の実践、道内のカリキュラム改革、民間教育運動の成立・展開までを追いかけて、北海道という地域における戦後教育改革期の教育状況がつかめるようになった。戦後初期の学校教育の実態的研究をすると、戦前の教育実践とのつながりを強く感じるとともに、反面で新憲法普及運動や新教育の講習や研究会で積極的に民主主義教育の実践を摂取する教師たちの真摯《しんし》な姿を学ぶことが出来た。敗戦の現実という歴史の大転換点での連続性と非連続性の内容を丁寧に見ていく必要性を考えさせられた。

滋賀大学に一九八四年に転勤すると、社会科の源流となる戦前郷土教育との関連で、昭和初期の郷土教育運動の研究を行った。滋賀県近江八幡市の島小学校は、郷土教育連盟初期の代表的実践校であり、全国各地や満州・朝鮮からの小学校教師も受け入れて、昭和戦前期に五〇冊以上もの実践書を公刊していた学校であった。滋賀大学の教員仲間

と島小の郷土教育の実践の共同研究会を重ねた。私の教育史研究は、制度史よりも教育実践史に重点をおいており、教師の実践記録や子どもの作文・詩・作品の資料発掘に関心を向けていた。島小の子どもの三〇〇頁に及ぶ文集『むべの実』(孔版)を発見した時は、飛び上がって喜んだ。島小の郷土教育から県下全域の郷土教育の研究に進み、戦前の滋賀県教育会の歴史と機関紙『近江教育』の調査のため県下の市町村立図書館をかけ巡った。

近江八幡市に何度も出かけているうちに、八幡小学校の旧校舎や市立図書館の旧倉庫、八幡商業高校同窓会館などで、明治初期の多数の和本教科書や資料と出会った。とくに、江頭町公民館には明治期の滋賀県の布令書綴や布達類、旧教科書、滋賀県学事年報・滋賀県師範学校年報などが、大切に保管されていることが分かり、何回も調査させていただいた。旧至誠学校校舎(至誠館)に隣接しており、古文書保存会の手で膨大な江頭町区有文書が残されていた(『江頭町史　生々流転』一九九八年)。

明治初年の和本教科書を手にした時、明治維新直後の小学生がこれほど難しい教科書をどのように学んだのか、維新の変革によって出来た小学校とはどういう学びの場だったのか、素朴な疑問が湧いてきた。「明治初期の教育」への関心は、地域に残る公文書類や和本教科書を手に取って読み進めていく中で、ますます強くなっていった。その後、調査地域は近江八幡市から滋賀県内の他の市町村へ広がり、調査する場所も小学校から高校まで、市町村立図書館・各種資料館から旧家の蔵までへと、教育史資料を求めて走り回った。

社会科教育史の次のテーマは、小学生の万国史(世界史)の教育の実相を明らかにすることにした。一八七二(明治五)年の「学制」から一八八一(明治一四)年「小学校教則綱領」による廃止までの短い期間だったが、近現代日本の小学生が外国史(世界史)を学んだ時期があった。本書には収録しなかったが、小学校の万国史教育と万国史教科書の検討を行い、滋賀の学校での事例を調べた。滋賀県の小学校教則で万国史教育が位置づけられ、いくつかの学校沿革史にも万国史教科書名の記載があった。しかし実際には明治一四年以前の小学生の等級実態は下級八～六級が大半

であった。万国史を学んだ生徒はごく少数にとどまっていたが分った。

歴史教育史や社会科教育史の研究では、万国史教育は明治初年の文明開化期の教育の象徴であったが、地域教育史として明治初期の小学校教育の実態としてはわずかな影響力しかなかった。明治政府の教育政策史や府県の教育制度史の制度面の法令や通達の整備だけを見ていては、現実の小学校の教育実践がどう展開しているのか、教師の教育的活動と生徒の間での教育現実がどのようであったかを押さえることはできない。

こうした考えを持ち始めたとき、都道府県教育史として編纂・刊行されていないのは全国で二県だけであることを知って驚いた。この二県のうち和歌山県はその後県教育史編纂事業を行い、二一世紀の初めには県教育史を順調に刊行していったが、滋賀県は刊行計画も持たず、滋賀県教育史の編纂に至らず現在に至っている。私は歴史教育史や社会科教育史から滋賀の教育史研究へと、自分の研究テーマの重心を移すことを決意した。

一九九〇年前後から滋賀県下の自治体史の教育史の執筆・編纂に関わる機会をいただいた。私の地域教育史研究は、この自治体史の近現代史の他分野の研究者の方々との交流と、自治体史の各市町事務局スタッフの協力により、大いに深められた。県内各地域に出かけて個人的な資料調査や発掘を行っていたがそれには限界があった。自治体史刊行を目的とする組織的な資料収集により幅広い教育史資料に出会うことが出来た。本書の第四部蒲生郡日野町の学区取締正野玄三家資料は、その代表的なものである。個人研究では到底収集できなかった資料が、自治体史に参加することによって県庁文書や旧町村の教育行政文書の資料を読むことが出来た。例えば、市町村立の小・中・高の学校の沿革史や学校日誌、各学校の学校史や教育実践の資料、旧家の所蔵者宅の学校建設・学校経済資料、地域版の教科書資料、市町村の教育行政文書など、滋賀県の地域教育史資料の発掘を深めることが出来た。私が関わった六つの自治体史の教育史では、近現代編では明治初期から現代までの教育史の全章を担当して、執筆させていただいた。以下では、通史編について簡単にみていく。

最初の自治体史は、『栗東の歴史』第三巻近現代（一九九二年）の教育史であった。里内勝次郎文庫には、明治初期の滋賀県庁文書から栗太郡の町村の村役場や区有文書が保存され、小学校の学校経済資料や各村ごとの就学・不就学調査資料があった。明治初年の子どもが労働力の担い手であった時代で、不就学理由は「病気・子守・仕事・奉公」が多いことを知った。また、明治初期から昭和戦前期の学校経済の統計資料からその重要性を学ぶことができた。

次の『蒲生町史』第二巻（一九九九年）では、大正期の一五年間にわたる学校統廃合問題の資料を発見した。町村における小学校の統廃合が地域住民にとっていかに重要であるか、学校廃校が地域社会に何をもたらすのか、現代の統廃合問題に揺れる市町村に示唆する点が多くあった。

『米原町史』（二〇〇四年）では、息郷小学校や河南中学校の資料から「連合国軍総司令部通牒帳綴」五冊、「滋賀軍政部印刷物」四冊など連合国軍総司令部（ＧＨＱ／ＣＩＥ）による日本占領期の資料類が多数発見できた。これらの占領期の教育関係資料については、県下ではその後も高宮小学校（現彦根市）、石部小学校（現湖南市）、八幡小学校（近江八幡市）、雲井小学校（現甲賀市、旧信楽町）、愛知小学校（現愛荘町、旧愛知川町）、息郷小学校（現米原市）、伊香立小学校（現大津市）、河南中学校（現米原市）、長浜北高校（旧長浜高等女学校旧蔵）などの各学校で、発見することができた（前著『滋賀の教育史』第一四章）。戦前日本の国家主義と軍国主義の教育体制が、敗戦と占領の現実の中でどのように克服されようとしたか、偏狭な国家主義や軍国主義の教育の残滓がどのように払拭されたのかを如実に示す資料であった。戦後から七九年間たった二〇二四年現在の社会で忘れてならない歴史の教訓を示す貴重な学校教育史の資料群であり、他の自治体史の戦後教育改革の叙述でも、私はＧＨＱ指令と新教育の原点の資料を使った。

三つの町史のあと、次の三つの自治体史の教育史の編纂・執筆に携わった。『東近江市史　能登川の歴史』第三巻近代・現代の歴史（二〇一四年）、『近江日野の歴史』第四巻近現代（二〇一四年）、『近江八幡の歴史』第八巻通史Ⅲ明治維新から新市誕生まで（二〇一九年）は、前三冊の自治体史の教育史の反省を踏まえて、明治末期の琵琶湖水害や姉川地震などの災害と学校史、対外戦争の日清・日露戦争の時期の戦争と学校のかかわり、一九三一（昭和六）年か

らの日中十五年戦争から太平洋戦争期までの時期では戦争賛美の軍国主義教育の実践史や神社参拝の学校行事の記録から、教師の実践記録や子どもの作文などを引用して、各時期の当事者の生の声を記録にとどめようと心掛けた。

滋賀県の自治体史の教育史の執筆に関わって、たまたま私の担当した地域は、湖南・湖東地域であった。旧郡でいうと栗太郡栗東町（現栗東市）、蒲生郡近江八幡市、日野町、蒲生町（現東近江市）、神崎郡能登川町（現東近江市）、坂田郡米原町（現米原市）であり、滋賀県では湖東平野の広大な面積を占める地域であった。近江八幡市、日野町、能登川町は、近世から近代の近江商人を輩出した地域であって、旧商家の蔵を市町村史の調査で訪れて大発見する機会に恵まれた。湖東平野には東海道筋や中山道筋、朝鮮人街道筋などの旧宿場町が各地にあって、市街地間で幅広い人的・物的交流がなされていた。

大津市、彦根市、八日市市、守山市、草津市の教育史では、主に各小学校の学校所蔵資料（沿革史や学校日誌、実践資料類）の調査を中心に行った。比較的近年に自治体史が刊行されている地域においても、教育史では制度史の表面的な叙述だけにとどまっており、地域住民の手で設立し維持・管理した学校史の視点が弱かった。

湖北地方の長浜市には、一九九二・三年に長浜城歴史博物館に寄託された開知学校資料の整理を手伝う機会があり、膨大な中村林一氏収集の資料目録を作成した。長浜小学校は一八七一（明治四）年九月創立の「第一小学校」で、明治二〇年代から昭和二三・四年頃までの開知学校・長浜尋常高等学校の学校資料であった。第一部各章でもふれたが、明治初年から一〇年代前半の設立・開校の資料は同校では残念なことに地域資料も含めてほとんど発見できなかった。

平成大合併で湖北地域は、米原市と長浜市の二市のみとなった。旧坂田郡の米原町、伊吹町、山東町、近江町は四町が合併して、米原市となった。一方、旧坂田郡に属していた長浜市は、旧東浅井郡びわ町、浅井町、湖北町、虎姫町と、旧伊香郡の木之本町、余呉町、高月町、旧西浅井郡西浅井町の三郡八町と大合併をして、現在に至っている。

北国街道筋の伊香郡旧木之本町（現長浜市）には、伊香郡役所の明治期から大正期の郡役所文書が財団法人江北図

書館に保存されていた。伊香郡西浅井郡の学事関係資料を二年間通って整理した。また、伊香郡の木之本町、余呉町、高月町の各小学校資料は調査できたが、東浅井郡と西浅井郡は、小谷小と虎姫小の二校にとどまった。江北図書館は二〇〇七年に開館百周年を迎え、二〇一五年から江北図書館文庫研究会が発足、湖北地域の地域文化研究が始められ数年間参加させていただき、同研究会で湖北の寺子屋や学校史の研究会報告を毎年行った。

湖西地域の高島郡は、平成大合併により高島町、安曇川町、新旭町、今津町、マキノ町、朽木村の六つの旧町村がすべて高島市になった。旧マキノ町、旧高島町、旧安曇川町の五校の資料収集を行うにとどまっているが、湖西地方は創立の古い小学校が多く、さらに調査と研究の必要性がある。湖北、湖西地域では、山間部の小・中学校の廃校が増大しており、学校資料保存の取り組みが緊急に求められている。

滋賀県教育史の研究において、二〇〇九年前後の平成大合併により、地域的な個性をもつ町村の学校資料を丁寧に調査して教育実践史を明らかにすることが困難になってきた。教育行政単位が大地域となっていったことと、農山村部の学校統廃合が急速に進んできたからである。最近年刊行の市史は、広い範囲の市史編纂となっているのが現状である。旧甲賀郡は湖南市と甲賀市の二市となったが、「甲賀市史」の範囲は旧信楽町、旧甲南町、旧甲賀町、旧土山町の四町である。一九九五年から九九年まで甲賀郡内の四町の一〇数校の学校をめぐり学校資料の調査をしたが、それぞれに個性的な歴史を持つ地域であり、学校教育史にも独自性があった。

平成大合併は、行政区画の大規模化により行政を効率化する名目で、短期間に十分な地域性の尊重の議論がなされずに強行されていった感がする。旧町村名を残して地名を大事にする工夫や知恵はなかったのであろうか。地域教育史の研究の観点から、明治中期から定着化して現代に至ってきた地域の地名を冠した歴史を大切に扱うべきであると考える。

二〇二四年九月一〇日

木全清博

原論文の初出・改稿

序

第一部　滋賀の小学校の設立・開校史

第1章　郷学校から小学校へ─明治四〜六年の学校設立─　全面改稿
（原題「明治四〜五年の滋賀県の小学校の設立・開校」『滋賀大学教育学部教育実践研究指導センター紀要』第三巻第一号　一九九五年）

第2章　長浜県・犬上県の「小学校開学建議書」と小学校の設立・開校　全面改稿
（原題「犬上県の教育政策と小学校の設立・開校─外村省吾と山本大造の教育施策─」『名古屋芸術大学教職センター紀要』第七号　二〇一八年）

第3章　犬上県下の「第一小学校」「第二小学校」の設立・開校　全面改稿
（第1章の原論文同じ）

第4章　籠手田安定の小学校政策と明治一〇年代の就学実態　全面改稿
（原題「明治六〜一〇年の滋賀県の小学校の設立・開校」『滋賀大学教育学部教育実践研究指導センター紀要』第四巻第一号　一九九六年）

＊第1章〜第4章の学事統計表は、「明治初期の滋賀県下小学校の統計的研究」『滋賀大学教育学部紀要』教育科学　第四六号　一九九七年よりの引用箇所あり

第二部　滋賀の小学校教育課程史

第5章　「学制」期の教則─明治七・八・一〇年教則─　一部改稿
（原題「滋賀県における明治初期の教育史資料（2）─小学校教則（その1）─『滋賀大学教育学部紀要』第二六号　一九九二年）

第6章　「教育令」・「改正教育令」期の教則─明治一二・一三・一五年教則　一部改稿
（原題「滋賀県における明治初期の教育史資料（3）─小学校教則（その2）─『滋賀大学教育学部教育実践研究指導センター紀要』第二巻　一九九四年）

第三部　滋賀の小学校教員養成史

第7章　小学教員伝習所の設立と伝習生徒の学習履歴　一部改稿
（原題「滋賀県における小学校教員養成の成立過程—滋賀県教員養成史研究（Ⅰ）—」『滋賀大学教育学部教育実践研究指導センター紀要』第五巻第一号　一九九七年）

第8章　大津師範学校における教員養成教育の開始
—大津本校と三支校（彦根・小浜・長浜）—　全面改稿

第9章　大津師範学校の教員群像と教員養成カリキュラム
—師範学科・専修学科（理化学・画術）の設置と女子教員養成の開始—　全面改稿
（第8・9章—原題「滋賀県における小学校教員養成の展開—滋賀県教員養成史研究（Ⅱ）—」『滋賀大学教育学部教育実践研究指導センター紀要』第六巻　一九九八年）

第10章　湖北三郡の公立長浜講習学校の教員養成—中矢正意・小林撰蔵・梶山弛一を中心に—　一部改稿
（原題「明治初期における長浜講習学校と三人の教師—中矢正意・小林撰蔵・梶山弛一—」『京都華頂大学現代家政学研究』第八号　二〇一九年）

第四部　学区取締正野玄三の『糞御用日誌』

第11章　学区取締正野玄三の小学校巡視—明治八～一〇年—　全面改稿
第12章　官立師範学校卒業生の招聘と権令籠手田安定の臨時試験巡視　全面改稿
第13章　地域の教員啓蒙活動と郷土習字教科書の発行　全面改稿
（原題「近江日野の学区取締正野玄三の学事日誌（1）～（4）」『京都華頂大学現代家政学研究』第四～七号　二〇一五～二〇一八年）
（1）滋賀県の学区取締人と小学校試験巡視　（2）権令籠手田安定の臨時試験巡視
（3）教員の研修活動と習字教科書の発行　（4）一八七七年八～一〇月の定期卒業試験と『定期試験立合巡視功程』

第五部　滋賀の郷土地誌教科書の編纂

第14章　明治一〇年代の郷土地誌教科書（一）—県地誌—　新稿
第15章　明治一〇年代の郷土地誌教科書（二）—郡地誌—　新稿

索　引

【事項】

あ行

か行

さ行

た行

な行

は行

ま行

や行

ら行

わ行

【人名】

あ行

か行

さ行

た行

な行

は行

ま行

や行

わ行

図表一覧

第一部　滋賀の小学校の設立・開校史

第１章　郷学校から小学校へ―明治四～六年の学校設立―

第２章　長浜県・犬上県の「小学校開学建議書」と小学校の設立・開校

第３章　犬上県下の「第一小学校」「第二小学校」の設立・開校

第４章　籠手田安定の小学校政策と明治一〇年代の就学実態

第 15 章　明治一〇年代の郷土地誌教科書（二）―群地誌―

巻末附図

【著者紹介】

木全清博（きまた　きよひろ）

1948年1月　愛知県岩倉市生まれ
1970年　愛知教育大学教育学部卒業　71年　同大学教育専攻科修了
1973年　大阪教育大学大学院教育学研究科（修士課程）修了
　　中学校教員、大阪市教育研究所員、北海道教育大学教育学部岩見沢分校を経て、
1984年　滋賀大学教育学部　89年　教授（～2013年）
2013年　京都華頂大学（～16年）、18年　名古屋芸術大学（～20年）
現　在　滋賀大学名誉教授

主要著書
『社会認識の発達と歴史教育』岩崎書店、1985年
『滋賀の学校史』文理閣、2004年
『近代日本の教科書のあゆみ』編著、サンライズ出版、2006年
『地域に根ざした学校づくりの源流―滋賀県島小学校の郷土教育』編著、文理閣、2007年
『戦後滋賀の教育のあゆみ』共著、滋賀県民主教育研究所、2008年
『滋賀の教育史―寺子屋・藩校から小学校へ』文理閣、2015年
『近代滋賀の教育人物史』共著、サンライズ出版、2018年
『滋賀の学校史』文芸社、2019年（＊改訂再版の文庫本）

明治初期の滋賀の教育―近代教育成立史―

2024年11月20日　第1刷発行

著　者　木全清博
発行者　黒川美富子
発行所　図書出版　文理閣
京都市下京区七条河原町西南角 〒600-8146
電話 (075) 351-7553　FAX (075) 351-7560
http://www.bunrikaku.com
印　刷　新日本プロセス株式会社

ISBN978-4-89259-960-6